# 마키아벨리

### 권력의 기술자, 시대의 조롱꾼

MACHIAVELLI oder Die Kunst der Macht

MACHIAVELLI
oder Die Kunst der Macht

# 마키아벨리

## 권력의 기술자, 시대의 조롱꾼

폴커 라인하르트 지음

최호영·김하락 옮김

북캠퍼스

마키아벨리 권력의 기술자, 시대의 조롱꾼

초판 1쇄    찍은 날 2022년 12월  1일
초판 1쇄    펴낸 날 2022년 12월 10일

지은이      폴커 라인하르트
옮긴이      최호영·김하락
발행인      이원석
발행처      북캠퍼스
등록        2010년 1월 18일(제313-2010-14호)
주소        서울시 마포구 양화로 58 명지한강빌드웰 1208호
전화        070-8881-0037
팩스        02-322-0204
전자우편    kultur12@naver.com

편집        신상미
디자인      책은우주다
마케팅      임동건

ISBN        979-11-88571-17-8  04080
            979-11-88571-08-6  (Set)

이 도서의 국립중앙도서관 출판시도서목록(CIP)은 서지정보유통지원시스템 홈페이지 (http://seoji.nl.go.kr)와
국가자료공동목록시스템(http://www.nl.go.kr/kolisnet)에서 이용하실 수 있습니다.

## 도발자

> 솔직히 말해 당신은 철두철미하게 해로운 사람이라 내 집에서 보고 싶지 않소. (…) 당신의 본성은 파괴적이고 속내는 석탄보다 더 시커멓소.[1]

모데나 교황령의 총독 필리포 데 네를리는 1526년 11월 1일 피렌체 시민 니콜로 마키아벨리에게 보낸 편지에서 그를 이렇게 평가했다. 총독은 왜 이렇게 화가 났을까? 이런 모욕을 당한 마키아벨리는 나흘 후에 로마냐에서 교황 클레멘스 7세의 섭정관 역할을 했던 고관 프란체스코 귀차르디니에게 다음과 같이 보고했다.

> 저는 모데나에 도착하자마자 필리포 데 네를리를 만났습니다. 그는 "내가 헛짓만 했다는 게 말이 되오?"라고 하며 저를 다그쳤습니다. 저는 웃으면서 답했습니다. "총독님, 사실이 그렇습니다. 그러나 놀랄 것도 없습니다. 그것은 총독님 탓이 아닙니다. 올해는 누구라도 제대로 할 수 있는 상황이 아니었습니다. 오히려 정반대였습니다."[2]

당시 상황은 매우 긴박했다. 스페인과 독일 출신의 남루하고 굶주린 용병들로 구성된 제국군이 이탈리아 북부를 침공했고 이제 피렌체와 로마로 진격하려 했다. 따라서 권력자들은 신경이 곤두설 수밖에 없었다.

이런 상황에서 설상가상으로 힘도 돈도 없던 피렌체 당국의 사신인 니콜로 마키아벨리가 찾아와 고관들이 현재 상황을 제대로 이해하지도 못했고 조치를 올바르게 취하지도 못했다고 대놓고 비판했다. 게다가 이 2급 외교관이 곁들인 날카로운 풍자 때문에 그의 가차 없는 비판은 더욱 아프게 느껴졌다. 마키아벨리는 다른 사람을 궁지로 몰아넣는 이런 풍자적 유머로 유명하면서도 악명이 높았다.

비교적 평화로웠던 시기에 마키아벨리는 부도덕하고 정치적 함의가 담긴 재치 있는 희극의 작가로서 인정받았다. 1525년 10월에는 마키아벨리가 쓴 희극이 공연되기도 했다. 스트레스에 시달리던 모데나의 통치자들에게 즐거움을 주기 위해서였다. 이 희극은 배신당한 남편을 포함해 모두가 행복한 결말을 맞는 간통에 관한 이야기였다. 공모자들은 간통 작전을 성공적으로 수행하고자 본격적으로 음모를 꾸몄지만 그들에게는 순수한 양심이 남아 있었다. 이를 보며 정치인들과 장군들은 크게 웃었다. 마키아벨리의 희극은 르네상스 스타일의 최고급 군대 오락이었다. 그러나 이런 찬가를 쓴 작자가 이제 등을 돌려 자신들을 정치적 낙오자로 조롱하며 내뱉는 말은 더는 재미있지 않았다. 이는 더 이상 희극이 아니라 생사가 걸린 문제였다. 이때 필요한 것은 사려 깊고 정치적 수완이 있는 지도자의 의견이었지 건방지게 역사와 현재를 해석하려 든 마키아벨리와 같은 괴짜의 의견이 아니었다.

니콜로 마키아벨리가 지적으로나 도덕적으로 엉뚱하다는 평판은 친구들 사이에서도 널리 퍼져 있었는데, 프란체스코 귀차르디니의 1521년 5월 18일자 편지에서도 알 수 있다.

그러나 나는 자네의 선택에 동의하지 않네. 이는 자네나 다른 사람들의 판단에 어울리지 않기 때문이지. 게다가 자네는 언제나 지배적인 의견에서 되

도록 벗어나 새롭고 특이한 것을 발명하려 하는 사람으로 유명하기 때문에 더더욱 그렇네.[3]

한마디로 '자네는 과장이 심하고 사회의 가치관을 짓밟고 있네'라는 뜻이다. 평소 농담을 잘 받아주었던 귀차르디니가 어째서 흥미를 잃게 되었을까? 마키아벨리는 아주 특별한 임무를 띠고 모데나에서 멀지 않은 카르피라는 소도시를 방문한 적이 있었다. 마키아벨리는 그곳에서 모임에 참석 중인 프란체스코 수도사 중 피렌체에서 사순절 설교를 할 모범적 수도사를 선정해야 했다. 수도사를 선정할 때는 좋은 기독교인으로서 갖춰야 하는 경건함과 박식, 언변, 도덕적 품행을 기준으로 삼아야 했다. 이는 피렌체 '내무부'였던 8인회에서 마키아벨리에게 내린 지시였다.

마키아벨리는 이 지시를 귀차르디니에게 설명한 것처럼 자기 방식대로 해석했다.

제가 이 세상의 기이한 일들에 관해 곰곰이 생각하던 중에 귀하의 전령이 도착해 피렌체에서 설교할 사람을 방금 소개받았는데 제 마음에도 듭니다. 저의 다른 견해와 마찬가지로 이 점에서도 제 입장은 분명합니다. 저는 기회가 있을 때마다 이 공화국에 봉사했습니다. 가능한 한 행동으로, 그렇지 않으면 말로, 행여 이마저도 불가능할 때는 암시를 써서라도 늘 충성했기 때문에 이번에도 손 놓고 구경만 하지는 않을 것입니다. 다른 많은 것에 대해서도 그렇듯이 이번에도 제 의견이 다르다는 것을 잘 알고 있습니다. 착한 피렌체 사람들은 천국으로 가는 길을 제시할 설교자를 원하지만 저는 악마의 집으로 가는 길을 제시할 설교자를 찾고 싶습니다. 귀하는 분별 있고 신중하며 정직하고 이성적인 사람을 원하지만 저는 폰초보다 더 미쳤고 지롤라모 사보나롤라보다 더 교활하며 프라 알베르토보다 더 위선적인 사람을 원합니다. 우리가 많은 수도사에게서 경험한 다양한 것들을 단 한 사람에게서 다시 경험하는 것은 멋진 일이며 현재 상황에도 적절해 보이기 때문입니다. 지옥으로 가는 길을 눈앞에 두고도 가지 않는다면 그것이야말로 천국에 이르는 진정한 방법일 것이라고 저는 믿습니다.[4]

마키아벨리의 생각은 교회 비판자로 악명 높은 귀차르디니가 보기에도 너무 과도한 발언이었다. 도대체 이 사람은 천국과 지옥을 믿기는 할까? 비록 마지막 구절은 도덕적으로 무리 없이 해석할 수도 있겠지만, 그래도 이런 발언은 관대한 동시대인에게도 고통의 한계를 넘는 것이었다.

삐딱한 사고의 소유자 마키아벨리도 자신에 대한 평판을 정확히 알고 있었다. 자신의 '별난' 의견 때문에 인기가 없고 정치적 외곽으로 내몰린다는 사실을 자신도 알고 있었다. 그래도 마키아벨리는 자신의 임무를 확신했기에 불편한 판단을 고수했다. 허튼 수다를 사랑한 많은 인본주의 학자는 고대의 수사학, 문법, 문예, 도덕철학, 역사 기술을 되살렸으며 건축가, 조각가, 화가들은 그리스와 로마의 예술 작품에 심취했다. 그러나 이 모든 부차적인 것을 넘어 후대가 간과한 고대의 진정한 보물은 역사와 정치의 영원불변한 법칙이었다. 몰락한 현재의 고루한 규칙을 직시하면서 이탈리아를 역사의 골짜기 밑바닥에서 새로운 절정으로 끌어올리는 일이 자신의 임무라고 마키아벨리는 생각했다. 그러나 인간, 특히 정치가의 고루함 때문에 정치적·역사적 구원론의 전달자인 그는 별난 사람이 되고 말았다. 무분별한 시대 탓에 정치적 선교사가 권력자의 지적 광대로 전락하고 말았다. 실망으로 가득 찬 삶의 끝자락에 선 마키아벨리의 자기평가는 아마도 이렇게 요약할 수 있을 것이다.

'과도한' 것은 사상가 마키아벨리가 아니라 세상의 흐름이었다. 그러므로 충고자이자 경고자였던 마키아벨리는 이런 확신에 걸맞게 조롱꾼이 될 수밖에 없었다. 신랄한 조롱과 신성한 엄숙함, 격정과 풍자가 그의 글 곳곳에 뒤섞여 있다. 피렌체의 사순절 설교자 선정에 관한 마키아벨리의 편지에서도 이를 확인할 수 있다. 자신이 기회가 있을 때마다 국가에 충성했고 때로는 자기희생에 가까운 봉사를 했다는 말은 아주 솔직한 고백이었다. 그러나 전도된 세계에서 이런 고백은 노골적인 조롱의 탈을 쓸 수밖에 없었다.

시대의 조롱꾼이라는 탈을 쓴 이 사절은 어떤 진리를 선포하려 했을까? 다음은 동시대인 중에서 적어도 관계자들이 접할 수 있었던 마키아벨리의 글에서 일부를 뽑은 것이다.

**성공은 모든 것의 척도다.** 성공은 도덕적으로 가장 의심스러운 방법까지 포함해 모든 것을 정당화한다. 대성공 후에는 아무도 어떻게 그것이 가능했는지를 묻지 않기 때문이다. 그러나 가장 성공한 사람은 폭력과 기만의 기술을 적시에 적절한 상황에서 능숙하게 구사하는 사람이다. 그래야 질서 정연한 공화국에서 사는 주요 가문의 대표자들이 지속해서 법을 두려워할 것이다. 그들이 규칙을 어기지 않아도 정치적 절차를 통해 그들을 제어해야 한다. 따라서 국가는 강대해지기 위해 개인의 삶을 말살할 권리뿐만 아니라 말살해야 하는 의무도 있다.

**국가의 목표는 평화가 아니라 전쟁이다.** 전쟁만이 훌륭한 내부 질서를 가능하게 한다. 훌륭한 질서는 평민과 영향력 있는 인사들이 끊임없는 경쟁 속에서 살 때 존재한다. 이 마찰을 통해 생기는 에너지는 성공적인 팽창으로 바뀔 수 있다. 따라서 모든 시민은 군인이어야 한다. 이 질서가 깨지고 전쟁이 전문 용병만의 일이 되면 정치적으로 모든 것을 잃게 된다.

**공화국의 최고 영광은 다른 국가를 정복하는 것이다.** 이때 그동안 신학자와 철학자 모두가 부도덕하다고 비난했던 폭력과 억압의 방법을 전부 동원해야 한다. 그렇게 해서 다른 공화국을 정복한 공화국은 예속된 지배계급을 말살해야 한다. 그래도 정복한 영토가 진정되지 않으면 종족 전체를 강제로 추방해야 한다. 정복할 때는 온갖 잔혹 행위를 동원한다. 목적이 수단을 정당화한다. 그러나 선택적으로 사용한 폭력은 동전의 한 면일 뿐이다.

**완벽한 정치인은 파렴치할 줄 알아야 할뿐더러 속임수도 쓰고 계약도 파기할 줄 알아야 한다.** 그렇다. 완벽한 정치인은 사자와 여우 둘 다를 체화해야 한다. 즉 정치인은 온 힘을 다해 속여야 한다. 미래의 정복자는 굴복시키려는 자에게 우정과 연대의 가면을 쓰고 접근해 선의의 맹세로 동맹을 맺은 후 서서히 예속의 올가미를 조여야 한다. 반면에 자신이 내뱉은 말을 지키는 권력자는 속일 자유를 잃었기 때문에 실패하고 마는데, 이는 치명적이다. 사람들은 기만당하길 원하기 때문이다. 사람들은 끊임없이 자신과 주위 사람들을 기만하므로 기만당하길 원한다. 사람들은 인간애와 경건함 같은 고귀한 동기가 있는 척하지만 실제로는 천박한 이기주의의 노예일 뿐이다.

**도덕과 정치는 절대적으로 대립한다.** (교회도 따르지 않는) 교회의 가르침대로 자비를 베풀려고 부자와 권세가를 속박하지 않는 군주는 실제로 무자비한 자다. 그 나약함의 대가를 평민들이 치러야 하기 때문이다. 결론적으로 말해 모든 가치가 재평가된다.

**보증된 도덕 규칙은 정치에서 무력할뿐더러 완전히 비생산적인 것으로 드러난다.** 선에서 합법적으로 악이 나온다. 마키아벨리에 따르면 늘 그랬다. 이미 역사 초기부터 가장 뻔뻔하고 가장 무자비한 자들이 부와 권력을 손에 넣었고 이렇게 발생한 지배 관계를 신과 공덕과 공익이라는 감미로운 말들로 정당화했다. 따라서 모든 사회적·정치적 질서는 원래 자의적인 지배와 착취 그리고 체계적 기만에 기초한다. 그러나 기만은 지배자에게도 해가 될 수 있다.

**권력을 얻고 행사하는 법을 터득한 사람은 그 지식을 전복을 위해 사용할 수 있다.** 최하층이 위로 오르려면 이 땅의 저주받은 자들이 권력자들을 웅장한 궁전에서 몰아내고 수도사들이 설교단에서 그들을 위해 설교하게 하면 된다. 마키아벨리는 피렌체를 지배한 메디치가에 대한 역사서에서 이 사회혁명 이론을 전개했다. 메디치가의 수장인 교황 클레멘스 7세는 이 책에서 이익집단의 우두머리이자 배후 조종자이자 피렌체의 대부였던 자신의 조상이 어떤 비열한 방법으로 권좌에 올랐는지를 자세히 읽을 수 있었다.

**가장 많은 특혜를 누린 파벌의 정상에 있는 메디치가의 지배는 진정한 공화국의 모습을 왜곡하고 있다.** 메디치가가 지배한 피렌체에서는 아첨꾼, 동조자, 간신, 기회주의자가 득세했다. 이들은 비굴한 복종의 대가로 권력의 일부를 향유했고 법을 어겨도 처벌받지 않았다.


## 금기의 파괴자

마키아벨리가 보기에 종교도 기만이다. 기독교는 저항 대신 수난을 가르침으로써 권력자의 이익을 위해 사람들을 기만한다. 따라서 역동적인 국가는 오늘날 설파되듯 기독교를 토대로 세워질 수 없다. 오히려 기독교는 적어도 이탈리아에서 정치 토대를 돌이킬 수 없게 파괴했다. 교황은 한편으로 온유와 체념, 이웃 사랑을 가르치면서 다른 한편으로는 아무것도 한 것이 없는 조카들을 위해 기만과 폭력의 온갖 수단을 동원해 독립국가들을 정복한다. 자신의 삶과 반대되는 것을 가르치는 사람과 그가 대표하는 제도는 신뢰를 잃게 된다. 교회와 함께 국가도 몰락한다. 사람들은 신을 믿어야 법에 복종하고 자기희생도 할 수 있기 때문이다. 국법을 어기면 신이 벌을 내리리라 확신할 때만 사람들은 훌륭한 시민이 될 수 있다. 마키아벨리에 따르면 종교는 또한 유익한 기만이 될 수도 있다. 영리한 지도자는 본인과 소수 내부자를 제외한 시민 모두가 무조건 신봉하는 국교를 창설하여 최고의 명성을 떨칠 수 있다. 소수 내부자는 국교를 믿으면 안 된다. 그래야 필요할 때, 예를 들어 병사의 투지를 북돋우기 위해 '신의 심판'을 조작하는 식으로 종교를 이용해 속일 수 있기 때문이다. 그러나 현재 로마교회는 교황권을 앞세워 정치를 망치고 있다. 교황의 품행으로 신뢰를 잃은 기독교는 사람들을 사생활에 몰두하게 만들어 인간을 인간답게 만드는 유일한 제도인 국가를 약화하고 있다.

　이런 내용은 마키아벨리 초기 저작에서 찾아볼 수 있는데,《군주론》[이 책의 원래 라틴어 제목은 *De principatibus*(군주국에 관하여)고 이탈리아어 제목은 *Il principe*(군주)다]과 (로마 역사가)《티투스 리비우스의 첫 10권에 대한 논고*Discorsi sopra la prima deca di Tito Livio*》(이하《로마사 논고》-옮긴이)가 그것이다. 마키아벨리는 1513년 말 군주에 관한 자신의 책을 로마에 있는 피렌체 대사에게 보냈는데, 교황 레오 10세의 동생인 줄리아노 데 메디치와 가능하다면 교황에게도 권하려 한 듯하다. 그 직전에 피렌체공화국 서기국에서 자리를 잃은 마키아벨리는 이를 계기로 공직 복귀를 꿈꿨다. 그러나 마키아벨리는 아무런 소득도 얻지 못했다. 메디치가의 이 두 인물이 군주에 관한 책을 읽었는지는 확인되지 않는다. 완벽한 군주는 여우이자 사자여야 하며 속임수를 쓸 줄 알고 약속을 어길 줄 알아야 한다는 마키아벨리의 주장에 그들이 보인 반응은 단지 추측할 수 있을 뿐이다. 레오 10세는 이런 모든 기술을 탁월하게 구사하는 인물이었다. 그러나 그렇다고 해서 레오 10세가 이런 기술들에 관해 공공연하게 조언받고 싶지는 않았을 것이다. 마키아벨리는 권력자들이 선전과 이데올로기의 배후에서 은밀하게 하던 일을 정치적·도덕적 기준으로 격상시켜 마지막 금기를 깨뜨렸다.

마키아벨리 같은 금기의 파괴자는 공직에 등용할 필요가 없다는 그들의 판단은 그 후에도 옳은 듯 보였다. 《군주론》을 쓴 지 7년 만에 마키아벨리는 피렌체의 지배 구조 재편에 관한 의견서를 제출했다. 그가 보기에 피렌체의 지배 구조는 공화제도 군주제도 아니었으며 이 둘이 치명적으로 혼합된 최악의 것이었다. 메디치가는 공화제를 전면에 내세운 채 위장한 군주로서 통치했다. 메디치가는 종신에게만 일방적으로 특혜를 베풀어 대다수 피렌체인에게 혐오의 대상이 되었다. 이런 사실을 지적한 것만 해도 매우 대담한 진술이었다. 그러나 자칭 대사상가가 제시한 처방은 훨씬 더 도발적이었다. 그 처방에 따르면 메디치가는 고대를 모범으로 삼아 군주제와 귀족제, 민주제라는 세 가지 훌륭한 정체의 핵심 요소를 혼합해 피렌체 정치 관계를 재구성해야 했다. 동시에 메디치가에는 모든 주요 직책을 추종자들로 채울 권리가 주어졌는데, 이는 지배 가문의 권력과 안전이 국가의 최고 목적임을 의미했다. 그러나 이는 한시적 권리다. 더 정확히 말하면 메디치가의 마지막 인물이 살아 있을 때까지만이다. 게다가 그마저도 그리 오래가지 않으리라 모두가 예상했다. 따라서 이 의견서 전체는 귀하가 사망해야 피렌체가 번영할 것이라고 주장하는 추도사와도 같았다. 메디치가에서 이 조언자를 공직에 등용하지 않은 것은 결코 놀라운 일이 아니다.

이 모든 것은 대담하고 때로는 너무 심한 주장이었다. 마키아벨리는

1498년부터 1512년까지 공화국의 외교관으로 활동하면서 이미 평판이 좋지 않았다. 마키아벨리 공사가 쓴 보고서에 관한 피렌체 관할 당국의 대표적 비판에 따르면 그는 외국 통치자와 나눈 대화를 충실히 기록하고 이에 기초한 결론은 임명권자에게 일임해야 했다. 마키아벨리에게 기대한 것은 오로지 객관적 사실이었다. 피렌체 당국은 오직 병력과 재정 수입에 관한 수치를 원했으며, 피렌체가 국제 무대에서 어떻게 처신해야 하는지에 관한 논의나 특히 정치적 또는 심지어 역사적 이론의 설파는 결코 원치 않았다! 피렌체공화국의 정치를 사업 이익에 맞게 최대한 위험 부담 없이 조종하려 했던 거대 상인과 은행가가 외교관으로서 마키아벨리의 직업관을 전해 들었다면 틀림없이 깜짝 놀랐을 것이다. 외교직에 복귀할 가망이 완전히 사라졌던 1522년 10월 마키아벨리는 일반에 공개되지 않은 문서에서 외교직의 본질과 이에 따라 자신이 과거에 업무상 한 일들을 폭로했는데, 이 문서의 제목은 〈대사로 전출하는 자를 위한 지침〉이었다.

이 불온한 문서의 첫 부분은 정치가답게 시작한다. 외교 임무는 모든 정치인에게 시험대다. 이를 통해 정치인은 자신의 애국심과 영리함, 관찰력을 증명할 수 있다. 이렇게 건전한 구절이 계속 이어진다. 읽는 사람이 안심하고 지루해하면서 글 읽기를 그만두려는 순간 믿기 어려운 내용이 펼쳐진다. 외교관으로 성공하려면 진실해 보여야 하지만 실제로 진실하면 안 된다. 외교관은 협상 중인 외국의 상대방뿐만 아니라 고국의 임명권자에게도 자신의 진짜 동기와 생각을 숨길 줄 알아야 한다. 더 나아가 외교관은 생각은 하고 있지만 아무도 듣고 싶어하지 않을 말을 가령 '궁정의 내부자'의 입을 빌려 말하는 식으로 임명권자를 속일 줄 알아야 한다. 따라서 마키아벨리는 협상 내용을 그저 요약하는 일만으로 만족할 수 없었다. 영리한 외교관은 훌륭한 역사가처럼 더 많은 것을 해야 한다. 즉 과거, 현재, 미래를 전체적으로 조망해 지금 당장 필요한 조치를 도출할 수 있는 분석을 제공해야 한다. 이를 피렌체의 속 좁은 귀족들이 배척하면 분석한 예측을 외국 권력자의 영리한 발언으로라도 포장해 밀어 넣어야 한다. 그러면 귀족들도 믿게 될 것이다. 결국 희망에 찬 차세대 대사들을 위한 마키아벨리의 안내문은 피렌체 공화국의 외교사절로 활동한 그의 보고서를 해독하는 열쇠가 되었다.

외교관과 역사가는 진실을 전달하기 위해 거짓말을 할 줄 알아야 한다. 그래서 역사가 니콜로 마키아벨리는 외교관 프란체스코 귀차르디니에게 다음과 같이 썼다.

> 저는 카르피 사람들의 거짓말을 이해할 수 있을 것 같습니다. 저는 오랫동안 이 분야를 스스로 연구했기 때문입니다. (…) 오래전부터 저는 더는 제가 믿는 것을 말하지 않으며 제가 말하는 것을 믿지도 않습니다. 그리고 실수로 진실을 말하더라도 사람들이 알아차리지 못하게 많은 거짓말 속에 그것을 숨깁니다.[5]

거짓말에 대한 마키아벨리의 이 고백도 일종의 농담, 즉 또 하나의 거짓말이 아닐까? 그래서 이중의 거짓말은 결국 진실이 아닐까? 그러나 1521년 5월 17일에 쓴 이 편지의 어조가 익살스럽다기보다 처절하고 신랄했다는 점에 비춰보면 그렇지는 않은 것 같다. 거짓말에 대한 이런 찬양은 구두 담화에만 해당할까, 아니면 문서에도 해당할까? 마키아벨리가 작성한 문서에서 허위가 다수 발견된다는 사실은 후자의 해석을 뒷받침한다. 게다가 이런 허위는 교묘하게 은폐되어 있지도 않다. 이는 모든 외교관과 역사가가 범하는 실수 같은 게 아니다. 그보다는 전문 지식이 약간만 있어도 바로 알아차릴 수 있는 신중하게 계산된 거짓말이다.

예를 들어 역사가 마키아벨리의 주장에 따르면 1440년 피렌체가 밀라노를 상대로 승리한 앙기아리Anghiari 전투에서 몇 시간의 교전 끝에 겨우 한 명의 전사가 그것도 적의 영향과 상관없이 사망했다고 한다. 이 불운한 사망자는 승마술이 부족해 말에서 떨어졌는데 이때 목이 부러지고 말았다고 한다. 또 카스트루초 카스트라카니의 생애에 관한 서술에서는 수많은 출처를 통해 확인되었고 토스카나 사람들의 집단 기억 속에 살아 있던 14세기 초반 루카시의 통치자이자 영웅이었던 그를 모세처럼 업둥이로 묘사했다. 그러나 카스트라카니에게 쓰라린 패배를 수없이 당했던 피렌체 사람들도 그가 안텔미넬리에서 예전부터 존경받던 루카시의 귀족 가문 출신이라는 사실을 알고 있었다. 게다가 피렌체 사람들은 언제든지 앙기아리에서 전사한 피렌체 영웅들의 긴 명단을 들여다볼 수 있었다. 그런데도 마키아벨리는 어째서 정반대의 주장을 했을까?

이에 대해 오늘날까지 가장 그럴듯한 답변은 희극적 효과 때문이다! 우선 마키아벨리는 앙기아리 전투를 통치자의 공적을 기리던 르네상스 역사서가 그랬듯이 매우 장엄하게 묘사했다. 용감한 전사들이 부딪쳐 격투를 벌였고 전세가 엎치락뒤치락했다. 이때 독자에게는 시체가 즐비한 대량 살육의 광경이 머릿속에 펼쳐지지만 이 백병전으로 결국에는 아무도 해를 입지 않았다. 이런 반전은 확실히 웃음을 낳는다. 그러나 이런 거짓말은 사태를 더 잘 알고 있었고 이로 인해 애국심에 상처를 입은 사람들을 격앙하게 하기도 했다.

나중에 마키아벨리는 한 편지에 서명하면서 자신을 '역사가, 희극작가, 비극작가'라고 명명했다. 여기에는 깊은 의미가 있었다. 이 역사가는 희극작가이기도 했는데, 이탈리아를 역사상 최저점으로 가라앉게

한 당시의 처참한 비극은 신랄한 풍자를 통해서만 서술할 수 있었기 때문이다. 나아가 이 직업명들에는 우울한 이중적 의미가 있었다. 마키아벨리가 이탈리아어로 쓴 'historico, comico et tragico'라는 표현은 '역사적, 희극적, 비극적'이라는 의미도 있다. 즉 사망하기 2년 전쯤 당시 마키아벨리는 자신을 외면받는 우스꽝스러운 사람으로 보았고 기괴하게 시대에 어울리지 않는다고 여겼다. 생전에 자신의 삶에 바친 이런 이별가는 오래전부터 그의 편지에서 울려 나왔다. 파면당한 전직 서기장에게라도 추천서를 받고자 했던 몇몇 사람의 편지에 답하면서 마키아벨리는 자신이 파면당해 강제로 놀고 있는 처지에서 스스로나 다른 사람에게 좋은 일을 베풀 능력이 없다고 썼다.

그러나 마키아벨리가 권력자의 눈에 들기를 원했다면 어째서 그렇게 권력자를 모욕했을까? 마키아벨리는 자신의 의견을 굽힘 없이 표현할 수 있기를 원했다. 냉소적인 희극작가 뒤에는 이상주의자가 숨어 있었다. 마키아벨리는 공동체의 안녕에 대한 공로를 토대로만 공직 승진이 이루어져야 한다고 확신하고 있었다. 그리고 그는 로마와 마찬가지로 피렌체에서도 비굴한 복종을 요구하는 사적 인맥의 우두머리들이 지배하고 있다는 사실을 알면서도 끊임없이 자신의 방식대로, 즉 희극적인 비극 또는 비극적인 희극의 형식으로 그들에게 엄혹한 진실을 말하려고 노력했다. 부패한 사회에서 유일하게 뇌물이 통하지 않는 사람은 희극적인 동시에 비극적이며 모두가 부자가 되고 싶어하는 시대에 가난한 자로 남을 수밖에 없다. 그래서 평생에 걸친 빈곤도, 시골에서 벌목꾼, 밀렵꾼 등과 섞여 지냈던 비참한 삶도 마키아벨리에게는 자기주장의 동기가 되었다. 그렇게 많은 기회주의자 사이에서 매수되지 않는 가난한 자로 남은 마키아벨리는 자신이 희극적이고 비극적이며 궁극적으로는 영웅적이라고 느꼈다. 자신의 빈곤은 자신이 매수되지 않왔다는 사실의 증거였기 때문이다.

반면에 다른 사람들은 모두 정치적으로든 사적으로든 매수 가능했다. 정치적으로는 타인의 매수 가능성이 절대적 악이었지만 사적으로는 마키아벨리에게 문학적 향유의 가장 큰 원천이었다. 그에게 '사적 정치'란 곧 유혹의 기술이었다. 재치 있는 수다쟁이였던 마키아벨리가 여성들에게 인기가 많았고 헌신적인 아내에게 결코 충실하지 않았다는 이야기는 그의 친구들 사이에서, 길거리에서 또는 편지에서 일상적인 화제가 되었다. 그중 어디까지가 허풍이고 어디까지가 실재인지는 확인할 길이 없다. 마키아벨리의 희극에서는 그가 자유 연애론자로서 종종 등장한다. 여기서 모험적인 성애와 전쟁의 유사성이 뚜렷이 드러난다. 전쟁이든 성애든 삶과 죽음이 걸린 문제며 따라서 성공을 위해서라면 무엇이든 허용된다. 가장 강력하면서도 가장 섬세한 기만과 이 모든 것을 정당화하는 자기기만이 허용된다. 이 경우에도 사태는 모순적으로 진행된다. 마키아벨리가 《로마사 논고》에서 묘사한 질서 정연한 공화국에서 사람들은 도덕적으로 엄격하고 정절을 지키는 생활을 한다. 일부일처제를 지키는 시민군은 국가와 군대를 위해 많은 자손을 낳는다. 그리고 현명한 군주라면 신민의 아내와 딸을 건드리지 않는 것이 무엇보다 중요하다! 그러나 이 엄격한 규칙이 모두에게 적용되는 것은 아닌 듯하다. 영리한 정치가는 신민의 종교를 믿으면 안 된다. 정치가가 신민을 마음대로 조종하려면 그저 신앙이 있는 척할 줄 알아야 하는 것처럼 이 정치적 대사상가는 대중의 도덕적 행동 규칙에도 얽매이지 않았다.

이 규칙에서 제외된 사람은 마키아벨리뿐만이 아니었다. 마키아벨리의 잘 알려지지 않은 문서 중에는 〈유흥 모임을 위한 단원Capitoli per una compagnia di piacere〉이라는 문서가 있다. 쾌락을 좇는 남녀를 위한 이 유흥 규칙은 언뜻 보면 유쾌한 사육제를 위한 지침처럼 보인다. 그러나 이 글을 조금만 읽어도 웃음기는 곧 사라지고 만다.

> 이 모임의 여성은 시어머니가 있으면 안 된다. 시어머니가 있는 여성은 6개월 이내에 독극물 또는 이와 유사한 수단을 써 시어머니를 제거해야 한다.[6]
>
> 모두가 다른 사람이 가진 것을 시샘해야 하고 이에 따라 다른 사람에게 최대한 적대적으로 행동해야 한다. 그렇지 않은 사람은 수장의 재량에 따라 처벌을 받는다.[7]
>
> 모두가 진심을 드러내서는 안 되며 정반대의 것을 가장해야 한다. 속임수와 거짓말에 가장 능숙한 사람이 최고로 인정받는다.[8]
>
> 파티 중에 계속 주위를 둘러보지 않거나 모두가 볼 수 없는 곳에 자리를 잡는 사람은 불경죄로 처벌받는다.[9]

규칙의 최종 목적은 무절제하고 방탕한 생활이다. 이런 규칙은 인간의 자연적 본성에 따라, 즉 이기적으로 무절제하게 도덕적 망설임 없이 생활하는 것을 가능케 한다. 마키아벨리가 보기에는 이탈리아 전역에 퍼져 있는 전도된 사회·국가 질서 속에서 개인에게 남은 유일한 선택은 무절제한 쾌락주의이다.

마키아벨리는 다양한 얼굴을 가지고 있으며 여러 가면을 쓰고 나타난다. 무정부주의자, 혁명론자, 군주의 조언자, 신념에 찬 공화주의자, 불가지론자, 냉소주의자, 이상주의자, 신화 창조자, 분석가 등이 그것이다. 여러 면에서 마키아벨리는 21세기의 눈으로 봐도 현대적이다. 죄의식이 전혀 없는 듯한 자유분방한 성의식, 세속주의, 심리적 인간 탐구의 기술 등이 그렇다. 반면에 현재의 관점에서 볼 때 수상쩍은 면도 있다.

국가를 신앙처럼 떠받들고 찬양하는 태도와 국가를 위해 개인을 양육해야 하며 국가의 강화를 위해 국가가 법을 자의적으로 해석해도 된다는 신념 등이 그렇다. 많은 것이 우리에게 매우 낯설게 느껴진다. 인간에 대한 부정적 견해와 역사가 영원히 반복된다는 견해, 고대를 숭배하는 경향 등이 그렇다. 마키아벨리는 대부분 먼 미래나 과거를 가리키며 사고하는 듯하다. 어떤 경우든 마키아벨리는 오늘날까지도 우리 모두에게 중요한 정치사상가다. 정치가 도덕적이어야 하는가? 유권자는 달콤한 거짓말을 원하는가? 이는 국회의원 선거 후에 늘 제기되는 물음이다. 한통속이 아닌 것을 분리할 줄 알고 사람들이 혐오하는 진실을 떳떳이 말할 수 있는 용기를 지닌 마키아벨리는 산업화 이전 시기 유럽의 정치사상가 중에서 오늘날까지도 논란을 일으키며 열띤 논쟁을 촉발하는 유일한 인물이다.

이런 현재성은 마키아벨리의 저작이 19세기에 촉발해 현재까지 이어지는 논의에서도 확인된다. 바젤의 역사가 야코프 부르크하르트가 근대를 개척한 최초의 격변기로 이탈리아 르네상스를 규정했을 때 이 규정은 마키아벨리와 밀접하게 연결되어 있었다. 부르크하르트가 보기에 마키아벨리는 당대의 대표적 특징을 순수하게 체현하고 있었다. 무지한 대중의 종교였던 기독교에 대한 경멸과 외면, 인간의 실제 모습을 탐구하려는 노력, 경험과 관찰을 향한 완전히 새로운 관심, 세계 자체에 대한 새로운 과학적 태도의 탄생 등이 바로 그것이었다. 그러나 부르크하르트는 인간에 대한 이 '근대적' 시각이 경험적 지식을 강조했을뿐더러 도덕적 무관심과도 결부되어 있다고 보았다. 그래서 마키아벨리는 르네상스 시대 '권력 국가'가 양성한 새로운 인간, 즉 연대와 공공심 같은 보증된 전통적 가치에 무관심하고 정치 공학적 법칙에 매혹된 인간의 전형이 되었다.

이런 신화가 형성된 1860년 부르크하르트는《이탈리아 르네상스의 문화》를 통해 관료화되고 고상한 체하며 당대의 대립물을 찾던 사람들의 정곡을 찔렀다. 특히 바젤대학의 젊은 동료 교수였던 프리드리히 니체에게 이탈리아 르네상스에 관한 부르크하르트의 서술은 결정적인 열쇠가 되었고 마키아벨리의 글은 해방의 체험을 선사했다. 니체는 역사적 필연성necessità과 역사의 흐름 속에서 단 한 번 찾아오는 기회occasione, 과거의 영원회귀 같은 마키아벨리 역사관의 핵심 요소를 자기 것으로 만들었다. 나아가 니체에게 마키아벨리는 기독교의 속박을 극복한 새로운 도덕의 핵심 증인이 되었다. 기독교의 멍에를 떨쳐버린 개인은 마키아벨리의 이상적인 군주처럼 양심의 가책이나 망설임 없이 자신을 당당하게 주장할 수 있다. 니체에게 기독교계의 정점에 있던 체사레 보르자는 삶의 활력이 승리를 거두는 새로운 시대의 상징이었다. 그러나 이 새로운 시대는 결국 동트지 않았다. 나쁜 수도사 루터로 기독교가 갱신되었고 마키아벨리라는 전형적 인물로 대표된 이탈리아 르네상스는 헛된 시도가 되고 말았다.

20세기에 들어와서도 마키아벨리를 둘러싼 견해는 엇갈렸다. 국가이성staatsräson을 근대 국가에서 이미 실현된 자연적 인간성으로 간주한 카를 슈미트와 이탈리아 파시즘의 지도자 베니토 무솔리니 같은 전체주의 국가의 선구자에게 마키아벨리는 진정한 정치의 예언자가 되었다. 우익 권위주의의 이 지적 전위대는《군주론》과《로마사 논고》에서 자신들의 핵심 원칙을 발견했다. 즉 성공한 인민의 지도자는 법 위에 군림하며 자신의 목적에 따라 법을 마음대로 동원 또는 왜곡할 수 있다는 사실, 진정한 통치자는 전쟁을 통해 권한과 명성을 얻는다는 사실, 대중은 양육받길 원하며 역동적인 국가는 폭력과 폭력의 신화를 배양해야 한다는 사실을 깨달았다. 반면에 비정통 마르크스주의자 안토니오 그람시는 마키아벨리가 이렇게 파시즘과 나치즘의 선구자로 간주되는 데 단호하게 반대했다. 그람시는 마키아벨리가 국가와 역사의 이른바 영원한 원칙을 설파한 선구자가 아니라 당대 문제를 해결하려고 노력한 시대의 아들이라고 보았다. 그람시에 따르면 마키아벨리가 완벽한 군주와 이상적인 공화국을 갈망한 것은 이탈리아 르네상스의 위기 증상에 보인 독창적이고 생산적인 반응이었고 그 위기 증상은 귀족적 봉건 권력과 초기 자본주의 도시 지도층의 불가피한 충돌에 기초했다. 더 합리적인 생산 형태와 함께 봉건제 이후 새로운 사회·국가 관계를 모색했던 도시 지도층은 16세기에 들어와 반동적인 반대 세력이던 스페인과 반개혁적인 교황권에 의해 점점 더 위태로운 처지로 내몰렸다. 이런 대립 상황에서 마키아벨리는 강력하고 특히 평등주의적인 국가를 옹호함으로써 미래 권력인 시민, 농민, 노동자의 편에 섰다고 한다. 그람시에게 마키아벨리는 이탈리아 역사의 발전을 주도하기에는 힘에 부쳤던 '진보적' 부르주아계급의 대변인이었다.

그런가 하면 20세기에는 특히 제2차 세계대전의 대참사를 겪은 후 불온한 사상가 마키아벨리의 당혹스러운 명제에 매우 불편한 심기를 드러낸 사람도 있었다. 유대인으로서 나치의 테러를 피해 독일에서 미국으로 도피한 철학자이자 정치이론가 레오 스트라우스는 1958년 출간한 《마키아벨리》에서 인간을 총체론적 시각에서 자연과 숭고한 종교적 힘에 기초한 역사적 존재로 고찰했던 서양 전통의 파괴를 《군주론》과 《로마사 논고》의 저자 탓으로 돌렸다. 세계와 인간을 둘러싼 마법의 파괴자 마키아벨리는 이렇게 정치의 영역에서 일체의 신비와 신적인 것의 숭배, 양심을 몰아내고 오직 성공과 폭력의 물신을 섬기는 시대의 선구자가 되었다. 스트라우스에게 이 피렌체인은 종교를 거기에 담긴 진리와 상관없이 단순한 지배 도구로 전락시켰고 일체의 숭고한 도덕적 가치로부터 정치를 분리해 정치적 악을 설파한 사람이었다. 이렇게 마키아벨리가 길을 연 냉혹하고 비인간적인 합리주의는 20세기 전체주의 국가에서 정점에 이르렀으며 유럽 민주제에서도 홉스와 루소를 거쳐 가치관의 심각한 상실을 촉진했다고 한다. 스트라우스에 따르면 이렇게 강력하게 확산된 마키아벨리식 국가관이 전혀 발붙이지 못한 유일한 나라는 미국이었다. 그럼에도 스트라우스는 다층적이고 의미심장한 분석을 통해 마키아벨리가 고독한 위인이었다고 평가했다. 어쨌든 악마도 타락한 천사인 셈이었다.

21세기에도 여전히 항의 또는 동의의 목소리를 촉발하는, 그러나 결코 무관심하게 지나칠 수는 없는 마키아벨리의 사상은 어떻게 형성되었을까? 마키아벨리는 이런 사상을 내놓기까지 어떤 경험을 했을까? 그의 인간관과 역사관의 토대가 된 관찰은 어디에서 어떻게 이루어졌을까? 이어지는 그의 전기는 이런 물음에 답하려는 시도다.

프란체스코 로셀리Francesco Rosselli가 그린 1472년경의 피렌체 전경. 1434년부터 1494년까지 약 60년간 메디치가는 이익집단의 우두머리로서 권력을 잡아 자신들에게 유리하게 피렌체를 통치했다.

르네상스 시대 이탈리아

1장

•

# 명성을 얻는 기술
## (1469~1498)

## 무명의 서기장

1498년 5월 28일에 80인 위원회는 베르나르도의 아들 니콜로 마키아벨리를 피렌체 정부의 사무관이자 제2서기국 서기장으로 선출했다. 연봉은 128두카토였는데, 이는 장인(匠人) 수입의 약 세 배에 해당하는 금액이었다. 당시 당선자의 나이는 29세 25일이었다. 우연히도 그날은 하루의 오차도 없이 마키아벨리 전 생애의 딱 절반에 해당하는 날이었다.

500여 년 전에 이루어진 이 선출은 꽤 놀라워 보인다. 당선자는 그때까지 공문서에 아무 흔적도 남기지 않았다. 피렌체는 남성 인구의 4분의 1에게 참정권을 부여한 공화국이었다. 그래서 온갖 위원회와 관청의 회의록에는 귀족뿐만 아니라 중하류층까지 수천 명의 이름이 기록되어 있었다. 그러나 니콜로 디 베르나르도 마키아벨리Niccolò di Bernardo Machiavelli라는 이름은 찾아볼 수 없었다. 사문서도 드물기는 마찬가지였다. 익명의 상태에서 갑자기 출현하기까지 마키아벨리의 존재를 증명하는 문서는 편지 두 통뿐인데, 가장 오래된 편지는 1497년 12월 2일에 작성되어 이 인물의 알려지지 않은 과거를 조명하기에는 부적합하다. 결국 마키아벨리의 과거에 관해 글을 쓰려면 그가 자신의 가족과 성장 과정을 언급한 편지 등과 같은 후기 문헌을 계속 참조할 수밖에 없다. 그러나 이런 문서도 많지 않다. 인구가 5만 명도 되지 않았던 피렌체에서는 주민들 대다수가 서로 아는 사이였으므로 공직에 지원할 때 굳이 이력서를 제출할 필요도 없었다.

따라서 마키아벨리에게 투표한 피렌체 사람들은 그가 어떤 사람인지를 잘 알고 있었다. 물론 경쟁은 치열했다. 비교적 수입이 좋은 이 자리를 위해 그럴듯한 직함이 있는 피렌체인들이 지원했는데, 수사학 교

마키아벨리는 자신의 영혼보다 피렌체를 더 사랑했다. 르네상스 화가 조르조 바사리의 이 프레스코 벽화는
아르노강 가에 있는 이 도시가 1530년 여름 스페인 군대에 포위된 극적인 순간을 보여준다.

수와 공증인, 대졸 법률가가 있었다. 그런데도 비교적 젊고 대학 졸업장도 없던 마키아벨리가 경쟁에서 이겼다. 6월 19일에 참정권이 있는 모든 시민의 대의기관인 대평의회에서 그의 임명을 승인했다. 새로 선출된 '제2서기국 서기장'에게는 중요한 지지자가 있었을 것이다. 피렌체 공화국에서는 주요 가문의 인맥이 정치를 좌우했다. 따라서 스스로 다른 사람을 후원할 만큼 힘 있는 인물이 아니라면 권세가 집단인 상층의 추천을 받아야 했다. 마키아벨리의 선출은 피렌체 역사의 전환기와 맞물려 있었다. 80인 위원회가 그의 임명을 결의하기 5일 전에 피렌체 최고 정책 결정 기구인 정무위원회Signoria는 산마르코 도미니크회 수도원장인 지롤라모 사보나롤라를 이단자로 화형에 처했다. 1494년 11월부터 이 달변의 참회 설교자는 피렌체의 헌법 개정뿐만 아니라 일상 정치에도 강력한 영향을 미쳤다. 그러나 사보나롤라가 처형된 후 그의 많은 추종자는 정치 수뇌부와 행정직에서 물러나야 했다. 이 숙청으로 한쪽에는 고통스럽고 다른 한쪽에는 반갑게도 사무관과 제2서기국 서기장 자리가 비로소 공석이 되었다. 그래서 결국 투표권이 있는 피렌체인의 과반수는 대학 졸업장도 그럴듯한 직함도 자격증도 없던 마키아벨리가 제2서기국 서기장의 업무를 잘 수행할 것이라는 데 한 표를 행사하게 되었다. 이 업무는 까다롭고도 다채로웠다. 제2서기국 서기장은 필요에 따라 군대 조직 문제부터 매우 민감한 외교 임무까지 다양한 대내외 정치 문제를 담당했기 때문이다.

나중에 마키아벨리는 자신의 공직 자격 문제를 평소처럼 냉소와 진지함이 섞인 투로 언급했다. 1513년 4월 9일에 프란체스코 베토리에게 보낸 편지에서 마키아벨리는 자신의 '직업 선택'에 관해 다음과 같이 썼다.

"신의 위임을 받아 피렌체를 개혁한 예언자 지롤라모 사보나롤라." 화가 바르톨로메오 델라 포르타는 이 참회 설교자를 이렇게 묘사했다. 그러나 마키아벨리가 보기에 이 달변의 도미니크회 수도사는 민중이 자신의 전도를 믿도록 무력으로 강제하지 못했기 때문에 목숨을 잃은 사기꾼이었다.

많은 것이 우리의 사전 숙고나 설계와 다르게 흘러가기 때문에 우리의 정치적 탁상공론에 관심이 없다고 한다면 귀하의 말씀이 전적으로 옳습니다. 저도 비슷한 생각입니다. 그러나 제가 귀하와 이야기를 나눈다면 저는 또다시 정치적 사상누각을 쌓을 수밖에 없을 것입니다. 저는 변덕스러운 운명 탓에 비단조합이나 양모조합의 사업이나 이익 또는 손해에 관해서는 무지하며 오직 국가에 관해서만 조금 아는 것이 있기 때문입니다.[1]

여기에 언급된 두 조합에는 피렌체 정치를 좌지우지하던 도매상과 은행가들이 등록되어 있었다. 자신이 이런 상업에 무지하다는 마키아벨리의 주장에는 반대의 경우도 참이라는 주장이 깔려 있었다. 즉 정치의 성공 법칙도 모르는 거대 상인들이 공화국의 운명을 좌우한다는 비판이 깔려 있었다.

1498년 5월과 6월에 피렌체인의 과반수는 마키아벨리가 국가에 관해 조금 아는 것이 있고 국가에 봉사할 수 있으리라 생각한 듯하다. 그런데 사람들은 어떻게 이런 긍정적인 판단을 하게 되었을까? 아버지 베르나르도가 작성한 가계 기록이 마키아벨리가 태어나고 400년도 더 지난 후에 발견되어 소년 니콜로의 가족 관계와 교육 과정을 조금이나마 알 수 있게 되었다. 그러나 베르나르도 마키아벨리의 《회고록Libro di ricordi》에서 얻을 수 있는 정보는 대부분 애매하다. 이 가계 기록의 저자는 출세와는 거리가 먼 변호사였다. 영향력 있는 인사의 추천으로 지방 회계사 직책을 맡기도 했지만 집안의 경제적 이익이나 정치적 출세에는 별다른 도움이 되지 못했다. 이런 옹색한 생활 형편은 마키아벨리 가문 전체의 과거와 뚜렷한 대조를 이루었다. 마키아벨리 가문은 66회에 걸쳐 정무위원회에 2개월 임기의 대표를 파견했으며 그중 10여 차례에 걸쳐서는 수석대표로서 공화국 행정부의 수반을 배출했을 정도로 잘나갔다. 마키아벨리 가문의 성공담은 15세기와 16세기에도 가문 내 여러 일가를 통해 계속 이어졌다.

베르나르도 일가가 바닥까지 떨어진 것은 성공한 친척들에게 그만큼 더 당혹스러운 일이었다. 마키아벨리에게 적대적이던 한 연대기 편자는 심지어 마키아벨리의 아버지가 '아비 없는 후레자식', 즉 사생아라고 주장하기도 했다. 마키아벨리에 반대하는 사람들은 아버지 베르나르도의 비참한 형편을 이유로 공화국의 제2서기국 서기장을 공격하기도 했다. 즉 마키아벨리는 세금 체납자의 아들로서 그 자리에 앉을 자격조차 안 된다고 했다. 이에 대처하기 위해 마키아벨리는 강력한 방어와 좋은 인맥이 필요했다. 이런 공격에는 악의뿐만 아니라 명망 있는 가문의 일가가 어떻게 그 지경까지 몰락하게 되었을까 하는 당혹감이 깔려 있었다. 이는 훗날 제2서기국 서기장에게 기묘한 상황을 안겨준다. 마키아벨리는 경제적으로나 사회적으로 또는 정치적으로 그보다 훨씬 높은 지위에 있던 인사들과 친인척 관계였다. 게다가 생전에는 성이 마키아벨리인 추기경도 있었다. 따라서 마키아벨리는 어린 시절부터 우정, 동정, 호의적 연대 등으로 위장한 경멸의 표현을 자주 접할 수밖에 없었다. 이에 그가 얼마나 무덤덤하게 반응했는지는 1513년 3월 18일 프란체스코 베토리에게 보낸 다음과 같은 편지에서 잘 드러난다.

그리고 인자한 고관들께서 시골에서 망명 중인 저를 기꺼이 다시 불러주신다면 저는 감사할 따름입니다. 저는 그분들을 기쁘게 해드릴 수 있을 것입니다. 그리고 설령 그분들이 그럴 의향이 없더라도 저는 예전과 마찬가지로 살아갈 것입니다. 어차피 저는 가난하게 태어났고 고생을 해야 즐길 수 있다는 것을 이미 배웠기 때문입니다.[2]

편지는 달콤한 삶을 누릴 자격을 가지고 태어난 '높으신 분들'을 향한 경멸로 가득 차 있다.

여기에는 어느 정도 과장도 있었다. 르네상스 시대 피렌체에서 빈곤은 상대적 개념이었다. 베르나르도 마키아벨리는 가문이 소유한 많은 부동산 중에서 조금이나마 자기 몫을 챙길 수 있었으며, 그중에는 산탄드레아 인 페르쿠시나 마을에 있는 별장도 포함되어 있었다. 이 별장은 나중에 그의 아들이 정계에서 추방된 후에 연구와 저술을 위해 이사한 곳이다. 게다가 베르나르도의 아내 바르톨로메아 데 넬리가 결혼할 때 가지고 온 재화도 있었다. 이런 재산 덕분에 넉넉하지는 않아도 비교적 안정된 소득이 보장되었으므로 베르나르도의 식구들은 굶어 죽을 염려가 없었다. 더구나 정신적 자양분도 부족하지 않았다. 아버지 베르나르도는 경제적으로 매우 검소하고 옹졸하고 때로는 인색했을지언정 책에 대해서만은 열정뿐만 아니라 돈도 시간도 많았기 때문이다. 적어도 한 가지 일에는 시간이 곧 돈이었다. 베르나르도는 인쇄업자 니콜로 델라 마그나(일명 '독일에서 온 니콜라우스')를 위해 9개월 동안 리비우스의 《로마사Ab urbe condita》 지명 색인을 만들어주고 그 대가로 증정본을 받았다. 이런 데 관심이 많았으니 변호사 사무소가 번창하지 못한 것은 어찌 보면 당연했다. 그런가 하면 인쇄물을 얻은 것으로 끝이 아니었다. 인쇄물을 제본하려면 별도의 비용을 들여야 했다. 제본은 1486년에 완성되었다. 당시 17세였던 아들 니콜로가 제본업자에게서 리비우스의 《로마사》를 받아왔는데, 그 대가로 가족의 작은 포도밭에서 나온 적포도주 세 병과 식초 한 병을 지급했다. 책을 전달받은 이 순간은 다른 의미에서도 상징적이었다. 30년 후 이 애서가의 아들은 리비우스의 역사서에 관해 방대한 정치적 저작을 집필하게 된다.

## 메디치 정권의 피렌체에서 보낸 어린 시절

베르나르도 마키아벨리의 가정은 검소했지만 교양 있는 집안이었다. 검소하게 차린 식탁 주위에는 부부와 니콜로보다 먼저 태어난 두 딸 프리마베라와 마르게리타 그리고 막내아들 토토가 앉아 있었다. 토토는 나중에 평생 이 집안의 어려운 경제 사정을 떠받치게 되는데, 이는 막내에게 흔치 않은 일이었지만 니콜로 같은 형이 있는 집에서는 어쩔 수 없었다.

니콜로 마키아벨리가 아버지를 어떻게 생각했는지는 관련 기록을 찾아볼 수 없다. 다만 니콜로가 자신의 어린 시절을 어떻게 기억하는지는 아들에게 보낸 편지를 바탕으로 적어도 하나는 추론해볼 수 있다.

> 사랑하는 아들 귀도에게. 병이 나았다는 네 편지를 받으니 무척 기쁘구나. 아버지로서는 이보다 더 좋은 소식이 없다! 하느님이 너와 내게 생명을 주셨으니 나는 너를 어엿한 신사로 키우고 싶다. 물론 그러려면 네가 제 몫을 다해야 한다. 나는 이미 맺은 많은 훌륭한 친분 외에도 최근에 치보 추기경과 놀랄 만큼 가까운 친분을 맺게 되었다. 이 같은 친분은 네게도 도움이 될 것이다. 그러나 이를 위해서는 네가 배워야 한다. 이제 더는 병을 핑계로 삼을 수 없으니 고전 연구와 음악에 온 힘을 쏟아야 할 것이다. 내가 이런 것을 이해한 덕분에 얼마나 큰 명예를 누렸는지는 너도 잘 알 것이다.[3]

58세의 니콜로 마키아벨리가 죽기 3개월 전인 1527년 4월 2일에 아들 귀도에게 쓴 편지다. 마키아벨리가 귀도에게 고전 연구와 음악을 적극적으로 권유한 데는 의심의 여지 없이 어린 시절의 기억이 반영되어 있다. 베르나르도 마키아벨리는 돈을 버는 데는 매우 무능했지만 교육은 중요하게 생각했다. 그의 아들 니콜로는 류트를 연주했으며 모데나에서 자신의 희극 〈만드라골라La Mandragola〉 공연을 위해 직접 곡조를 작곡하기도 했다. 마키아벨리가 고대 역사가와 철학자, 시인 등에 몰두했다는 사실은 그의 저작이 충분히 입증해준다.

여기에는 교육에 열정적이었던 아버지도 한몫했다. 그는 1476년 5월 6일자 가계 기록에서 니콜로가 라틴어 공부의 첫걸음인 〈도나텔로Donatello〉를 시작했다고 적었다. 일곱 살짜리 아이에게 라틴어 공부는 쉽지 않았지만 당시에는 통상적인 학습 과목이었다. 그 밖에도 이 가족은 산탄드레아 별장이나 피렌체 북쪽 무젤로에 있는 어머니 소유의 시골집에서 '휴가'를 보내곤 했다. 1479년 베르나르도 마키아벨리는 흑사병에 걸렸다가 나았는데, 이는 당시 의학 수준으로는 기적에 가까웠다. 1480년 니콜로는 산수를 배웠다. 그러나 나중에 그 스스로 비꼬듯이 말한 것처럼 큰 재능을 보이지는 못했다. 아버지의 자랑스러운 기록에 따르면 이듬해에 열두 살이 된 니콜로는 라틴어로 시를 지었다고 했지만 아쉽게도 시는 남아 있지 않다. 반면에 그리스어는 부유한 귀족 가정과 달리 마키아벨리의 가정 학습 과정에 포함되지 않았다. 아버지 또한 아들을 학자로 키울 생각은 없었기에 법률가나 상인이 되는 데 꼭 필요한 예비지식을 가르치는 데 집중했다.

인문학(문법, 수사학, 역사, 도덕철학)과 시학 공부도 베르나르도 마키아벨리의 집에서는 매우 제한된 범위에서만 이루어졌다. 그의 아들 니콜로는 고대 저술가의 글을 손에 잡히는 대로 가리지 않고 읽었다. 그러므로 로마 저술가나 라틴어로 번역된 그리스 역사가 투키디데스와 폴리비오스 등의 글을 스스로 찾아 읽은 그의 독서는 비체계적이고 비정통적일 수밖에 없었다. 어린 마키아벨리는 인문학 교육을 받은 교사의 도움 없이 '위대한 사상가'로 성장해야 했다. 이를 위해 그는 홀로, 즉 자립적으로 읽고 성찰했다. 아버지의 상대적 빈곤도 좋은 면이 있었다. 이렇게 독자적인 학습 방법이 마키아벨리의 사고에 깊은 흔적을 남겼기 때문이다. 이는 키케로의 언어에 도취해 있지만 자신이 읽은 저자들의 깊은 뜻도 모른 채 화려한 수사로 권력자를 찬양해서 돈을 버는 전문 인문학자들을 그가 경멸한 데서 여실히 드러난다. 마키아벨리가 나중에 쓴 글을 토대로 유추해볼 때 소년 니콜로는 이미 당시에도 리비우스 같은 고대 역사가나 플라우투스, 테렌티우스 같은 희극작가를 좋아했다. 반면에 플라톤이나 아리스토텔레스 같은 위대한 고대 철학자는 당시에 라틴어 번역본을 구할 수도 있었지만 니콜로에게 거의 흔적을 남기지 않았다. 다만 한 가지 주목할 만한 예외가 있었다.

바티칸 도서관에는 테렌티우스의 희극과 루크레티우스 카루스의 철학적 교훈시 《사물의 본성에 관하여 De rerum natura》가 포함된 필사본이 보관되어 있는데, 이 사본에는 "니콜로 마키아벨리가 기쁘게 베꼈다 Nicolaus Maclavellus scripsit foeliciter"라는 메모가 적혀 있다. 여기까지는 확실하다. 그러나 정말로 우리가 주목하는 그 마키아벨리가 쓴 메모일까? 기록상으로는 동명의 피렌체인이 두 명 더 있었다. 필체 조사로는 확실하게 결론을 내릴 수 없지만, 모든 정황상 나중에 제2서기국 서기장이 된 바로 그 인물이 이 사본을 만든 것으로 보인다. 카이사르와 동시대인이었고 경건한 기독교인들에게는 불손한 무신론자로 간주된 루크레티우스는 에피쿠로스를 좇아 인간 영혼의 불멸을 부정했다. 루크레티우스의 견해에 따르면 영혼은 육체처럼 늙고 소멸하는 일시적인 것이었다. 이 때문에 신에 대한 사람들의 두려움은 근거가 없을 뿐만 아니라 터무니없는 것이었다. 그 대신 지상에서 짧은 삶 동안 육체적으로나 정신적으로 적절히 즐겁게 지내는 게 중요했다. 엄격한 금욕과 무절제한 방탕은 모두 이런 이상에 맞지 않았다. 그렇다면 이 글을 기쁘게 필사한 마키아벨리는 여기에서 무엇을 배웠을까?

마키아벨리는 평생 이런 양극단을 혐오했지만 성생활만은 마음껏 즐겨야 한다고 주장했다. 이런 태도는 늘 '그것'이 화제가 되는 희극에서뿐만 아니라 로마에 있는 프란체스코 베토리에게 보낸 편지에서도 찾아볼 수 있다.

> 기준을 바로잡기 위해 한마디 하겠습니다. 만약 여자를 좋아하는 제가 대사님처럼 엄격한 은둔 생활을 하면서 사태를 지켜본다면 다음과 같이 말할 것입니다. "대사님, 이러다간 병에 걸립니다! 대사님은 문밖으로 한 걸음도 나가질 않고 여기에는 젊은 남자나 여자가 한 명도 없으니 얼마나 저주받은 집입니까?" 대사 각하, 세상에는 미친 사람들밖에 없습니다. 세상이 어떻게 돌아가는지를 아는 사람은 거의 없습니다. 매사에 사람들의 의견이 달라서 모두를 만족시키려면 아무것도 이룰 수 없다는 것을 아는 사람도 거의 없습니다. 그리고 낮에 현명한 자로 간주되는 사람은 밤에도 그렇게 간주된다는 것을 아는 사람도 없습니다. 신사로 간주되는 사람이 기분 전환과 오락을 위해 하는 일은 수치가 아니라 명예로운 것입니다. 이런 사람은 오입쟁이로 비난받는 대신에 다재다능하고 붙임성이 좋으며 사교적이라는 평판을 얻습니다. 이렇게 삶을 즐기는 사람은 남에게서 무엇을 빼앗기보다 오히려 자신의 것을 베풉니다. 마치 발효한 포도즙이 통의 썩은 내를 흡수하는 대신 쾨쾨한 통에 향미를 부여하는 것처럼 말입니다.[4]

마키아벨리는 자주 편지를 주고받던 베토리의 도덕적 망설임을 허물고자 했다. 성생활에 대한 마키아벨리의 실용적 조언은 1514년 1월 5일자의 동일한 편지에서 다음과 같이 계속 이어진다. 썩은 고기도 마다하지 않는 흰머리수리처럼 굴면 안 되지만 그렇다고 해서 제일 맛있는 먹이만 먹고 반년은 굶주리는 거만한 독수리처럼 까다롭게 굴지도 말라고 조언한다.

대사 각하, 그래야 각하의 방식대로 때로는 매우 맛있는 것도 즐기고 때로는 배도 채울 수 있습니다.[5]

44세의 마키아벨리가 제시한 삶의 지혜였다. 동시대인의 평가에 따르면 마키아벨리는 평생 베토리에게 조언한 대로 살았다.

나는 자네 아들이 몇 명인지 세기를 포기했네. 그중에 적자가 몇 명이고 서자가 몇 명인지는 자네 계산에 맡기겠네.[6]

마키아벨리가 받은 편지에 나오는 문장이다. 마키아벨리는 자신이 장기간 연애 중인 상대도 그의 평판에 걸맞게 다음과 같이 비웃었다.

제가 피렌체에 있을 때는 도나토 델 코르노의 가게와 라 리치아의 집에 머물면서 두 사람을 귀찮게 합니다. 가게 주인은 저 때문에 일을 못 하고 라 리치아의 집에서는 제가 계속 일거리를 만듭니다. (…) 라 리치아는 종종 제게 입맞춤을 당하곤 하는데, 이런 호의도 오래가지 않을 듯합니다. 제가 두 사람에게 쓸모없는 조언을 했거든요. 라 리치아는 오늘 하녀와 이야기하는 척하면서 은근히 저를 향해 다음과 같이 말했습니다. "이 영리한 신사들은 도대체 집이 어딘지 모르겠어." 제가 보기에는 그들이 크게 잘못하고 있는 것 같습니다.[7]

1514년 2월 4일 마키아벨리가 베토리에게 쓴 편지다. 끊임없이 무언가를 갈망하면서 고집불통이고 달갑지 않은 잔소리를 늘어놓는 지식인만큼 귀찮은 존재도 없을 것이다. 그러나 마키아벨리는 이런 자신에 대해서도 비웃을 수 있었다. 여러 정황에 비춰볼 때 마키아벨리는 훗날 자신의 삶을 지배했던 주제인 정치와 성생활에 일찌감치 눈을 뜬 것처럼 보인다.

## 거짓 공화국

1494년까지 이어진 메디치 통치하의 피렌체에서 마키아벨리가 어떤 역할을 했는지 그 기록을 찾아보기 어려운데, 여기에는 그럴 만한 이유가 있다. 마키아벨리는 이 도시 또는 이 국가에서 아무런 역할을 하지 않았기 때문이다. 물론 마키아벨리가 시대의 증인으로서 정치적 변동에 열정적으로 참여했으며 특정 진영을 편들기도 했다는 것은 1498년 5월에 이루어진 그의 당선이나 이후의 평가에 비춰볼 때 대체로 사실인 듯하다. 그러나 50세를 넘긴 말년에 그가 피렌체에 내린 평가는 가혹하면서도 세분화한 것이었다.

메디치가는 이익집단의 우두머리로서 권력을 잡아 자신들에게 유리하게 피렌체를 통치했다. 메디치가의 지배는 이 가문의 수장이자 엄청난 재력의 은행가였던 코시모가 피보호자들에게 베푼 많은 후원에 기초했다. 다시 말해 코시모는 피렌체의 권력을 돈으로 매수했다. 그는 영향력 있는 가문 대부분에 돈을 대출해주거나 기부했다. 돈을 받은 사람들은 빚을 갚을 필요가 없었으며 정치적 편의를 봐주거나 충성 등으로 보답할 수 있었다. 그러나 특권층에 들지 못한 사람들에게는 아무런 혜택도 없었다. 그 결과 메디치파의 지배는 끊임없이 정치적 불안정을

바사리로부터 사후에 '위대한 자'라 칭송받은 로렌초 데 메디치가 베키오 궁전에 앉아 있는 모습. '피렌체의 대부'를 예술을 사랑한 시인이자 사상가로 묘사한 이 그림에서 우리는 그의 강한 의지력과 추진력도 엿볼 수 있다. 1509년 12월의 유명한 편지에서 마키아벨리는 로렌초의 입을 지극히 무례하게 묘사한 바 있다.

초래했다. 경제적으로 성공해 메디치가의 부를 능가한 다른 가문들이 메디치가에 정치적 도전장을 던졌다. 그러나 코시모의 아들과 손자인 피에로와 로렌초는 한번 손에 넣은 권력을 내놓을 의사가 없었다. 따라서 유혈 충돌은 불가피했다. 이는 마키아벨리가 50년 후에 내린 평가였는데, 역사는 그의 진단이 대부분 옳았다는 것을 보여준다.

로렌초 데 메디치가 이끌던 이 지배 세력에 가장 큰 위협이 되었던 사건은 1478년 봄 파치가와 그 동맹 세력이 꾀한 음모였다. 교황 식스토 4세의 조카들과 우르비노의 공작 페테리코 다 몬테펠트로를 비롯한 피렌체 안팎의 불만 세력들이 파치가와 동맹을 맺고 꾸민 일이었다. 그러나 1478년 4월 26일에 대성당에서 벌어진 암살 시도의 희생자는 로렌초의 동생인 줄리아노 데 메디치뿐이었다. 로렌초 자신은 가벼운 상처만 입은 채 성물 안치소로 도망쳐 강력한 방어를 개시할 수 있었다. 로렌초는 메디치가의 추종자들을 사력을 다해 동원했다. 추종자들에게는 기존의 권력관계 유지에 확실한 자기 이익이 걸려 있었다. 그래서 뒤이은 시가전에서는 그들이 금세 더 강력한 부대가 되었다. 음모의 주모자들은 무자비하게 린치를 당했다. 삶과 죽음이 걸린 순간에 문화와 교양이라는 겉치레는 저절로 사라졌다. 피는 피로만 단죄할 수 있었으며 세련된 감성의 시인이자 예술 전문가였던 로렌초 데 메디치는 복수에 눈이 먼 잔인한 전사가 되었다. 마키아벨리의 이런 묘사는 현대 역사가들이 면밀하게 조사한 바에 비춰봐도 크게 틀리지 않았다.

그러나 마키아벨리는 실제로 무슨 일이 벌어졌는지를 기술하는 것으로 만족하지 않았다. 마키아벨리가 역사를 이야기한 까닭은 역사를 지배하는 법칙을 알아내기 위해서였다. 그런가 하면 적들을 유혈 진압한 후에 내전의 승리자 로렌초가 행한 연설은 가장 잔인하게 린치를 가했던 추종자들조차 감동해 눈물을 흘리게 했다. 연설의 내용은 다음과 같았다. 우리가 국민이다! 우리 메디치가는 국민으로부터 나왔으며 국민과 함께, 국민을 위해, 국민을 통해 통치한다. 우리는 피렌체의 가치와 자유를 구현하고 있다. 그래서 이를 시기한 반역자들이 우리를 없애려 했다. 내 동생을 죽게 한 음모는 사실상 국민에 대한 공격이었다. 우리는 전혀 중요하지 않다. 피렌체가 전부다. 국민과 자유여 영원하여라!

이런 숭고한 단어들을 접한 추종자들은 당연히 크게 감동했다. 그러나 마키아벨리의 《피렌체사Istorie Fiorentine》를 읽는 독자들은 감동하지 않는다. 애국심을 고양하는 이런 분위기를 서술하기 전에 차가운 조롱의 문장이 나오기 때문이다. 즉 전투가 시작되었을 때 파치가와 그 추종자들은 '국민과 자유'라는 구호를 외치면서 거리로 나섰다. 이는 국민에게 메디치가의 독재에 맞서는 봉기를 독려하기 위해서였다. 그러나 반응은 쌀쌀했다.

> 국민은 이미 메디치가에 매수되어 마취 상태에 있었으며 피렌체에서는 아무도 더 이상 자유를 이야기하지 않았기 때문이다.[8]

눈에 띄지 않게 삽입한 이 한 문장을 통해 마키아벨리는 '국민 영웅' 로렌초 데 메디치의 장엄한 연설이 실제로는 권력관계와 권력 행사를 은폐하는 이데올로기적 선전에 불과하다는 사실을 드러내고자 했다. 게다가 이 냉혹한 판결을 삽입한 《피렌체사》는 살해된 줄리아노 데 메디치의 아들이 집필을 의뢰한 책이었다. 마키아벨리에게 역사가의 임무란 권력자의 가장 은밀한 동기조차 숨김없이 그대로 드러내는 것이었다. 역사 서술은 권력자의 가면을 찢어버린다. 그러면 그 뒤에 있던 무엇이 드러나는가? 로렌초 데 메디치는 아버지나 할아버지와 마찬가지로 기만의 달인이었다. 마키아벨리의 해석에 따르면 실제로 메디치가는 처음부터 로마제정 시대의 원수정元首政과 같은 군주의 영구적 지배를 추구했다. 메디치가는 나라를 가문의 손아귀에 넣고 추종자들에게 특혜를 베풀고자 했다. 합법적인 수단으로 거짓 목표를 추구하는 것이다.

이는 음모 사건이 있은 지 약 반세기 후에 마키아벨리가 내린 결론이었다. 마키아벨리는 언제 어떻게 이런 평가에 도달했을까? 이런 견해는 일찌감치 확립되었을까, 아니면 많은 경험과 학습의 산물이었을까? 이 시기 증언이 없으므로 추측할 수 있을 뿐인데, 여러 정황에 비춰볼 때 메디치가의 공화국을 전제정으로 규정한 지는 꽤 오래되었으며 어쩌면 마키아벨리 집안의 전통이었을지 모른다. 배후에서 조종하는 '대부' 체제를 반대하는 세력은 주로 자칭 엘리트에 속했지만 실제로는 그렇지 못했던 사람 중에서 나타났다. 사업 실패, 정치적 실수, 잘못된 동맹 관계 등으로 엘리트 집단에서 떨어져 나간 개인들과 가문들이 이에 해당했다. 그들은 실망과 분노를 느꼈을뿐더러 더 나은 다른 공화국을 향한 열망도 품게 되었는데, 이 사실을 메디치가도 잘 알고 있었다. 그러나 메디치가는 좌절한 사람 중에 영향력 있는 인물이 있거나 반역의 낌새가 있을 때만 개입했다. 반면에 베르나르도 마키아벨리에게는 권력자들이 굳이 두려움을 느낄 이유가 없었다.

베르나르도처럼 사적 인맥의 혜택에서 배제된 사람들은 공화국의 토대가 되는 피보호자 관계와 '내가 줄 테니 너도 줘라'라는 공화국의 불문율이 터무니없다고 느끼는 거의 유일한 부류였다. 그들은 권력자에게 줄 것이 없었으므로 권력자에게서 받을 것도 없었다. 여기서 잠시 옆으로, 더 구체적으로는 길 건너편으로 시선을 돌려봐야겠다. 올트라르노구에 있던 마키아벨리의 검소한 집 맞은편에는 귀차르디니의 웅장한 저택이 오늘날까지도 우뚝 서 있다. 정치가이자 역사가인 프란체스코 귀차르디니는 마키아벨리보다 14년 늦게 태어나 그곳에 살며 마키아벨리의 글을 먼저 접하기도 했다. 귀차르디니는 출신 성분으로 인해 메디치가 체제에서 온갖 혜택을 가장 많이 받은 사람이었다. 그러나 그런 귀차르디니조차도 1469년부터 1492년까지 지속한 로렌초 데 메디치의 통치는 비록 온건한 형태이긴 했어도 전제정치였다는 결론에 도달했다. 로렌초와 피보호자 관계를 맺었거나 아예 귀차르디니처럼 가장 막강한 가문 집단인 상층에 속한 사람은 전혀 불평할 이유가 없었다. 그러나 메디치가의 측근에 속하지 않은 사람은 이 정권의 편파성을 온몸으로 느낄 수밖에 없었다. 어떤 호의도, 직책도, 명성도, 돈도 기대할 수 없었다. 이는 베르나르도 마키아벨리의 삶을 관통하는 중심 주제였다.

따라서 메디치가에 대한 니콜로 마키아벨리의 비판적 태도는 적어도 그 핵심은 물려받은 것이라고 가정할 수 있다. 또한 고위직에 있던 인문주의자들에게 보인 니콜로 마키아벨리의 적대적 태도도 유년기 경험에서 비롯한 듯하다. 서재에 처박혀 '옛날 사람들'의 책을 읽는 것은 마키아벨리에게 정신적 또는 심리적 생존을 위한 행위였다. 그러나 고전 읽기가 그 자체로 목적이 되면 이는 기회가 사라진 정치 활동을 대체하기 위한 소일거리에 불과했다. 직접적 실천과 연관이 없는 역사 연구는 마키아벨리가 보기에 당대의 가장 두드러진 타락 현상 중 하나였다. 이런 비판에 당대 유명했던 몇몇 인문주의자들은 마키아벨리의 생전과 생후에 앙갚음하기도 했다. 예를 들어 달변가이자 로마교황청에서 가장 성공적인 학자 중 한 명이었던 파올로 조비오는 마키아벨리가 제2서기국 서기장이 된 후에야 비로소 라틴어를 배우기 시작했다고 주장했다. 파올로 지오비오의 주장에 따르면 이 과외 수업을 해준 사람은 바로 피렌체공화국의 제1서기장 마르첼로 비르질리오 아드리아니였다. 그러나 아드리아니는 마키아벨리가 그토록 혐오했던 유식한 공론가이자 기회주의자의 전형이었다. 이런 혐오의 이유를 언급한 것도 지오비오 자신이었다. 그러나 베르나르도 마키아벨리의 가계 기록을 통해 이 위대한 인문주의자의 중상은 거짓으로 판명났다.

메디치가와 메디치가에 헌신한 학자들에 대한 반감, 게다가 아버지의 보잘것없는 처지는 르네상스 시대 피렌체에서 경력을 쌓기에 유리한 조건이 결코 아니었다. 변변찮은 변호사의 아들에게 관직의 문이 열리기 위해서는 많은 변화가 필요했다. 로렌초 데 메디치가 살아 있는 한 그런 기회는 꿈도 꿀 수 없었다. 특히 외교 분야에서 메디치가의 이 우두머리는 공화국의 유일한 1등 시민으로서 별도의 직책이나 권한을 부여받지 않고도 직접 외교 활동을 무한정 펼칠 수 있었다. 로렌초 자신이 대사로서 자격이 있었고 직접 사절도 파견할 수 있었으므로 실제 피렌체 외교 정책을 관할하는 10인 위원회는 주변으로 내몰릴 수밖에 없었다. 또한 피렌체의 이 대부는 국내 정치에서도 가문의 추종자들에게만 핵심 직책을 맡겼다. 메디치가는 집권 직후였던 1434년에도 이를 위해 계획한 추첨 선발 절차의 우연을 활용하는 방법과 수단을 이미 알고 있었다. 10인으로 구성되는 정무위원회와 공화국의 약 50개에 달하는 나머지 고위직 후보자는 아주 면밀한 검토를 거쳐 입맛에 맞는 사람들만을 거의 노골적으로 뽑았다. 믿을 수 있는 추종자들만이 이 충성심 검사를 통과했고, 그래서 이런 사람들의 이름만이 들어간 가죽 주머니에서 신임 관리를 뽑는 추첨이 이루어졌다. 서류상 피선거권이 있는 약 3000명의 피렌체인 중에서 실제로 '채워 넣은' 대상은 이렇게 관리 가능한 60여 명으로 줄어들었다. 따라서 메디치가의 이 우두머리는 정확히 누가 2개월 동안 정무궁에서 공직을 수행할지는 몰랐지만 이 관문을 통과하지 못할 사람이 누구라는 것과 운(運)을 잡은 사람이 그에게 충성하는 추종자이리라는 것은 확실히 예상할 수 있었다.

물론 이는 명백한 부정선거였다. 그러나 이런 사전 분류를 가리켜 '주머니 닫기'라고 완곡하게 표현하는 상황이었으므로 전혀 놀라운 일이 아니었다. 주머니를 다시 열 수밖에 없는 위기 상황도 있었다. 그럴 때는 참정권이 있는 모든 '완전한 시민'의 기회균등을 다시 약속하며 불만 세력을 달랠 수밖에 없었다. 관리직의 4분의 3은 귀족의 대조합에서 뽑았고 나머지는 수공업자와 상점 주인들의 몫이었으므로 사람들은 조합^arte^에 가입하여 하나가 되었다. 이 새로운 제도로 불이익을 받은 사람들의 분노는 일기나 그 밖의 개인 기록에 일부 흔적이 남아 있다. 공무원 수를 40분의 1로 줄인 조치로 공화국은 예전과 같을 수 없었지만 외관상 달라진 것은 없었다. 공식 성명에서 메디치가는 스스로를 자유, 정의, 공적에 따른 승진 같은 공화정 가치의 수호자라고 했다. 베네치아공화국, 밀라노공국, 선거군주제 교황령, 나폴리왕국과 함께 이탈리아의 5대 강국을 형성한 피렌체공화국의 명예는 이런 방식으로 유지되었다. 물론 아르노강 주변에서 신규 공무원 추첨이 어떻게 이루어졌는지는 피렌체인뿐만 아니라 이탈리아의 나머지 권력자들도 잘 알고 있었다.

다만 사람들은 침묵의 망토를 덮는 편을 택했다. 많은 사람은 그 문제를 자세히 알려고 하지도 않았다. '내가 줄 테니 너도 줘라'라는 원칙과 이에 기초한 인맥의 지배는 도덕적으로 잘못된 것으로 여겨졌지만 보호자와 피보호자의 관계는 이 국가와 사회의 핵심 토대였다. 이에 따른 문제는 두 가지 방식으로 해결했다. 하나는 추종자의 사전 선별을 최선의 사람을 뽑기 위한 자유로운 절차로 위장하거나 이에 관해 침묵하는 것이었다. 그리고 다른 하나는 원할 경우 권력자의 자기 묘사에 기대어 양심을 진정시키는 것이었다. 우리 메디치가는 공화국과 국민의 뜻을 지지한다! 이 메시지를 받아들인 사람은 '닫힌 주머니'를 보면서도 마음의 평화를 얻을 수 있었다. 시간이 지남에 따라 대다수 귀족뿐만 아니라 대표적인 지식인들도 같은 경향을 보였다. 예를 들어 공화국의 제1서기국 서기장이자 피렌체의 공식 역사가로서 직업상 피렌체 국민의 자유를 가장 강력하게 찬양했던 레오나르도 브루니(1370~1444)조차 메디치가의 집권으로 인한 정치체제 전복에 대해 언급할 필요조차 느끼지 않았다. 반면에 마키아벨리는 평화 교란자였다. 파치가 음모에 관한 간결한 논평에서 보듯이 마키아벨리는《피렌체사》에서 신념에 찬 공화주의자들이 가장 아파할 지점을 의도적으로 건드렸다. 메디치가의 통치 아래에서 당신들의 자유는 상상 속에만 존재한다. 마키아벨리는 50세가 넘어서도 금기를 깨는 행동을 계속했다. 그러나 말년의 글에서 표출된 뿌리 깊은 반감은 일찌감치 형성되었을 것이다.

마키아벨리가 국가를 사유재산처럼 취급한 파벌의 지배를 증오한 이유는 의심의 여지 없이 가족 및 개인과 관련이 있었다. 아버지 베르나르도는 가죽 주머니에 이름이 들어간 사람들에 속할 수 없었다. 따라서 여러 정황에 비춰볼 때 조작된 공화국에 대한 마키아벨리의 반감은 어린 시절부터 싹텄을 것이다. 변변찮은 변호사의 이 아들은 일찌감치 정치를 이익집단과 사회계층 간의 투쟁으로 보기 시작했을 것이다. 광범위한 피보호자를 둔 우두머리가 권력을 잡으면 자신과 자기편을 위해 권력을 사용한다.

승리한 파벌은 반대자의 재산을 추종자들에게 싼값에 나누어주었다. 그런 다음 새로운 법률과 훈령으로 권력을 강화했다. 그리고 무엇보다도 피선거권자 명부를 새로 작성했고 선거 주머니에서 반대자의 이름을 제거하고 대신 추종자의 이름을 채워 넣었다. (…) 승리한 파벌은 짧은 시간 안에 적

대 세력을 몰아내거나 경제적으로 파멸시켰고 이런 방식으로 국가를 장악했다.[9]

메디치가는 로비와 함께 피렌체는 우리와 우리 편의 것이라는 원칙에 따라 공화국을 통치하면서 공화국의 정체성을 심각하게 훼손했다.

이 도시에서 시민들은 두 가지 방법, 즉 공적인 경로와 사적인 방법으로 명성을 얻을 수 있다. 공적인 경로로 명성을 얻으려면 전투에서 승리하거나 새로운 영토를 정복하거나 사절로서 성실하고 신중하게 임무를 다하거나 공화국에 현명하고 성공적인 조언을 해야 한다. 사적인 방법으로 명성을 얻으려면 시민에게 불법 이익이 돌아가게 해야 한다. 예를 들어 시민이 정당한 처벌을 면하게 조치를 취하거나 부당한 명예를 얻게 돈으로 지원하거나 특히 공공자금으로 마련한 선물이나 놀이 등으로 하층민을 즐겁게 해줘야 한다. 이로써 이익집단이 형성되고 추종자가 생기면 이렇게 얻은 명성과 함께 공화국은 훼손되고 만다. 반면에 공적 경로로 얻은 명성은 내부 분열 없이 이루어지기 때문에 공화국에 도움이 된다. 이는 사익이 아니라 공익에 기초하기 때문이다. (…) 그러나 피렌체의 내부 갈등은 항상 이익집단을 통해 발생했으므로 유해한 것이었다.[10]

이런 생각을 하는 사람은 틀림없이 메디치가의 몰락을 희망했을 것이다. 모든 정황에 비추어볼 때 마키아벨리는 일찌감치 더 나은 공화국을 고대했을 것이다.

## 무장하지 않은 예언자

로렌초 데 메디치는 이탈리아 무대에서 성공적 외교 활동을 통해 피렌체 내부의 긴장을 완화한 동시에 은폐했다. 그러나 1492년 4월 그가 갑작스럽게 사망하자 소유 은행의 파산으로 이미 돈이 바닥난 이 가문의 권세도 지속될 수 없었다. 로렌초의 장남 피에로는 '피렌체 일인자' 역할에 매우 부적합한 인물이었다. 피에로의 어머니는 농촌 지역이던 라티움의 많은 부분을 200년 동안 작은 왕처럼 통치한 로마 명문 귀족인 오르시니가 출신이었는데, 그의 권위주의적 거동 때문에 피렌체 귀족들은 심기가 불편했다. 게다가 추종자를 핵심 직책에 적절히 등용했던 아버지의 능숙한 솜씨는 아들에게서 전혀 찾아볼 수 없었다. 피에로의 뜻은 무조건 헌신하고 아부한 일부 추종자들에게만 유리하게 집행되었다. 이는 힘 있는 가문들이 상상한 권력 분배가 아니었다. 메디치가는 이들의 사회적, 경제적, 정치적 특권을 보장하고 정치에 굶주린 중간층을 달래며 지배 세력 내에서 갈등이 생길 때는 공정한 중재자가 되어야 했다. 그런데 피에로처럼 그 역할을 제대로 못 하면 사람들이 대체물을 찾는 것은 당연했다.

1494년 가을 프랑스 왕 샤를 8세가 나폴리를 정복하면서 촉발된 위기 상황에서 외교적으로 미숙한 메디치가의 우두머리가 전투도 하지 않은 채 피렌체 영토를 포기하자 더는 참을 수 없었다. 피에로 데 메디치가 프랑스 군주와 협상을 마치고 돌아왔을 때 도시의 성문은 굳게 닫혀 있었고 그는 가장 가까운 일족과 함께 망명길에 올라야만 했다. 이에 따라 앞으로 피렌체의 정치를 어떻게 할 것인가라는 물음이 제기되었다. 상층 핵심부에게 해답은 분명했다. '열린 주머니'로, 즉 1434년 이전의 상황으로 돌아가는 것이었다! 그러나 역사는 되돌릴 수 있는 게 아니었다. 새 시대를 예감한 수공업자와 상점 주인들은 더 광범위한 요구 조건을 내세웠다. 그들의 눈에는 메디치가뿐만 아니라 은행가와 거대 상인의 체제 전체가 의심스러웠다. 이제 전면적으로 새로 시작할 때가 되었다. 당시 견해에 따르면 새로운 시작이란 더 나은 과거를 기준으로 삼는 것이었다. 정치적 구원의 손길은 미래가 아니라 역사의 품 안에 있었다. 선조의 가치관을 다시 살펴서 집단 이기주의와 개인숭배 대신 공동체 의식을 회복하고 모두의 안녕을 위해 공화국의 정치를 펼쳐야 했다. 이를 위해 이제 새로운 도덕적, 개인적, 헌법적 기초를 마련해야 했다. 엄격한 법률을 통해 사치와 방탕을 억제해야 했다. 지금까지 지도층에 속하지 않았던 새로운 사람들이 국가의 수반이 될 수 있어야 했고 새로운 도덕 원칙에 따라, 즉 매수되지 않고 사욕을 탐하지 않는 자세로 국가를 통치해야 했다. 이를 위해 더 이상 전제군주와 가신의 이기심에 휘둘리지 않고 국민의 뜻에 따라 국정이 결정되도록 헌법을 개정할 필요가 있었다.

1494년과 1495년 사이 겨울 피렌체의 많은 교회가 이 같은 개혁을 설파했다. '뿌리로 돌아가자!'라는 구호를 내건 이 개혁 운동의 가장 중요한 대변자는 페라라 출신의 산마르코 도미니크회 수도원장 지롤라모 사보나롤라였다. 사보나롤라는 많은 피렌체인에게 구원자 또는 더 나아가 예언자로 통했다. 옛 엘리트가 제구실을 못 하던 결정적 순간에 그는 샤를 8세와 협상해 무방비 상태였던 도시의 약탈을 막았다. 게다가 사보나롤라는 전체 이탈리아와 마찬가지로 피렌체도 허황하고 오만한 권력자의 죄로 인해 하늘의 벌을 받게 되리라고 이미 오래전에 예언한 바 있었다. 신이 이 벌을 내리려고 프랑스군을 이탈리아로 보냈다. 그런데 마지막 순간에 이 예언자의 중재로 최악의 상황을 막을 수 있었다. 신이 피렌체에서 얼마나 위대한 일을 하시려는지를 사보나롤라가

청중에게 설명했을 때 대다수 피렌체인은 그 말을 믿었다. 아르노강 가의 이 도시는 회개와 정화, 개선의 과정을 거친 후에 기독교 신앙을 바탕으로 세계를 통일할 것이다. 그런 다음 예수 그리스도가 재림해 지상에 평화와 정의의 천년왕국을 세울 것이다. 다만 이 자칭 예언자가 반복해서 설파한 메시지에 따르면 피렌체인이 믿음과 형제애를 바탕으로 모든 파벌의 경계를 넘어 정치적으로 단합하고 모범적인 기독교 국가의 엄격한 규율에 따라 생활해야 한다는 조건이 있었다. 신이 이를 원하신다. 결국 사보나롤라의 메시지는 공화국의 완전한 재편을 가져왔다. 이제 성년이 된 모든 피렌체인은 조합의 회원이고 3세대 전부터 피렌체에 거주했으며 미납 세금이 없으면 온전히 참정권을 행사할 수 있었다. 이들은 모두 이 저변이 넓은 정체governo largo에 신설된 기초 기관인 대평의회에서 참석권과 의결권을 갖게 되었다. 그동안 적어도 서류상 3000명에 달하는 의원이 속했던 평의회의 규모와 임기는 절반으로 줄었다.

귀족과 수공업자가 공직과 권한을 두고 나란히 경쟁하는 상황은 사적인 인맥과 지위 세습을 극도로 혐오한 니콜로 마키아벨리가 보기에 의심의 여지 없이 올바른 방향으로 나아가는 것이었다. 귀족과 평민이 화해하고 엄격한 규칙에 따라 지속해서 경쟁을 벌이는 체제도 후기 저작에서 알 수 있듯이 공화국에 대한 마키아벨리의 이상에 부합했다. 그러나 자세히 들여다보면 '저변이 넓은' 정체에는 심각한 결함이 있었다. 물론 이제 귀족과 수공업자는 형식상 평등했지만 애국적으로 단결할 정도로 사이가 좋지는 않았다. 오히려 정반대였다. 명문 가문과 조합 사이의 진지전은 과거 어느 때보다도 더 격렬해졌다. 정치적 기적 요법의 치료사 행세를 하던 사보나롤라는 여기에서 한계에 부딪혔으며 시간이 흐르면서 오히려 내부 갈등을 더욱 부추겼다. 1498년 3월 9일 리차르도 베키에게 보낸 편지에서 마키아벨리는 다음과 같이 말했다.

귀하가 수도사(사보나롤라)와 관련된 최근 상황에 관해 궁금해하시므로 보고를 드립니다. 귀하가 사본을 가지고 있는 2회의 설교 후에 그는 사육제 주일에 설교를 통해 많은 말과 함께 모든 추종자에게 산마르코의 사육제 성찬식에 동참할 것을 촉구했습니다. 그리고 자신의 예언이 신에게서 온 것이 아니라면 아주 분명한 징표를 보내달라고 기도하겠다고 했습니다. (…) 그리고 이어서 고향(산마르코)에서 행한 설교는 정말로 대담한 말들로 시작되었습니다. 뒤이은 말들도 매우 놀라웠습니다. 그는 자신의 신변에 대한 두려움을 표출하면서 새로 구성된 정무위원회가 자신을 해칠지 모르며 만약 그렇게 된다면 많은 시민이 함께 망할 것처럼 말했습니다. 그러면서 사보나롤라는 섬뜩한 공포의 시나리오를 자세히 묘사하기 시작했습니다. (…) 이때 그는 자신의 추종자를 최고의 시민으로 묘사했고 반대자는 사악한 악당으로 묘사했으며 그 밖에도 반대파를 약화하고 자기편을 강화하려고 많은 이야기를 했습니다.[11]

마키아벨리의 보고에 따르면 사보나롤라는 자신을 정당화하고 적의 신용을 떨어뜨리기 위해 종말론의 공포를 자극했다. 나를 해치면 악이 득세할 것이다. 여러분에게 행복을 약속하는 나를 제거한다면 여러분은 다시 다투게 될 것이며 결국에는 피에 굶주린 폭군이 집권해 도시와 땅을 황폐하게 할 것이다. 심지어 이 수도사는 이스라엘 백성을 이집트의 속박에서 구출해 약속의 땅으로 인도한 모세에 비유해 자신을 묘사하기까지 했다. 마키아벨리에게 이는 도를 넘은 것이었다. 피렌체를 통일하려고 했던 사보나롤라 자신이 피렌체를 과거 어느 때보다도 더 심각하게 분열시킨 파벌의 우두머리가 되었다. 마키아벨리의 결론에 따르면 "이렇게 그는 여론에 편승해 자신의 거짓말을 감추었다."[12]

마키아벨리는 신에게서 받았다는 메시지가 선전에 불과하다고 폭로한다. 비록 이런 냉혹한 결론은 편지 수신자의 최종 판단에 맡겨야 했지만 마키아벨리에게 이 사건은 분명했다. 종교는 거짓된 사람들의 손안에서 지배 수단에 불과했다. 15년 후 마키아벨리가 사보나롤라에 대해 내린 결론은 다음과 같았다. 무장하지 않은 예언자는 민중에게 믿음을 강요할 수 없기에 망할 수밖에 없다.

사보나롤라와 달리 로마교회는 막강했다. 자신의 정당한 이익을 관철하고자 하는 사람은 고위 성직자와 잘 지내야만 했다. 이것은 마키아벨리가 1497년 12월 2일 추기경 조반니 로페츠에게 보낸 편지의 주제였다. 마키아벨리의 전해지는 편지 중 가장 오래된 이 편지에서 그는 완전히 다른 모습을 보인다.

이 세상에서 사람들이 소유한 모든 것은 경험에 비춰볼 때 두 종류의 기증자에게서 받습니다. 하나는 모든 것을 공평하게 분배하는 신에게서 받고 다른 하나는 부모의 재산상속, 지인의 증여 또는 상인이 믿을 만한 중개상에게 하듯 이익 증대를 위한 대출 등을 통해 받습니다. 그리고 사람들이 소유한 것은 그 기증자가 고귀할수록 더 가치가 있습니다. 저희 조상이 파나에 있는 재산에 부담했던 조세를 교황의 폐지령을 통해 면제해주신 전하께서는 이번 기회에 전하께 절대적으로 순종하는 아들인 저희에게 자애심과 아량과 동정심을 보여주셨습니다. 이제 저희는 이 재산이 이전보다 훨씬 더 고귀한 기증자에게 달려 있다는 것을 알게 되었습니다.[13]

신의 공평함을 수신자에게 맞게 적절히 언급하면서 극도로 정중하게 표현한 아첨이다. 이 편지에서는 상대를 설득하기 위한 온갖 전략 외에도 편지의 작성자와 그 가문의 자기평가에 대해서도 많은 것을 엿볼 수 있다.

> 그리고 온갖 권력을 동원해 (때로는 전하를 끌어들이면서까지) 이런 재산을 빼앗으려는 자들에 비해 고귀함과 인간적인 품성의 측면에서 전혀 뒤지지 않는다고 느끼면서 명예와 이런 재산의 이용을 통해 구원받고자 하는 사람들에게 전하의 절대 권력으로 무언가를 선사하는 것보다 더 전하의 품격에 어울리는 일은 진실로 없습니다. 만약 저희 가문을 선입견 없이 파치가와 비교하는 사람이 있다면 적어도 관대함과 강인한 정신력 면에서는 저희가 월등하다고 판단할 것입니다.[14]

이는 극도로 열악한 처지에서 내뱉은 강력한 표현이었다. 당시에 파치가는 베르나르도 마키아벨리 가문에 마지막으로 남아 있던 영지의 소유권을 주장했다. 그래서 베르나르도의 아들은 경제적, 사회적 생존을 위해 싸웠으며 이는 편지에서도 고스란히 드러난다. 이를 위해 마키아벨리는 영향력 있는 추기경의 도움이 필요했다. 그런데도 마키아벨리는 만약 세상이 공정하다면 상황은 완전히 달랐을 것이라는 지적을 포기할 수 없었다. 마키아벨리 가문은 파치 가문과 적어도 대등하며 내적 가치 측면에서는 오히려 더 우월한 가문이라고 했다. 이는 한편으로 1478년 4월에 발생한 파치가의 비겁한 암살 시도를, 다른 한편으로는 당연히 자기 가문의 품성을 시사하는 발언이었다. 자신의 아버지에 대해서는 아무리 좋게 봐도 자랑할 만한 게 없었다. 따라서 추악한 경쟁자보다 더 월등한 '관대함과 강인한 정신력virtù d'animo'을 지녔다는 이 자부심 넘치는 표현은 자기 자신, 즉 니콜로 마키아벨리를 의미할 수밖에 없었다.

이런 특성은 실제로 이 편지에서 확인할 수 있다. 마키아벨리는 일찌감치 초기 문서에서부터 세계를 설명하고 세계에 질서를 부여했는데, 이는 그가 나중에 정치적 주요 저작에서 한 것과 크게 다르지 않다. 즉 두 종류의 증여가 있으며 두 번째 범주는 다시 그리 많지 않은 수의 하위 유형으로 나뉜다. 이는 '양자택일'의 문제이며, 어느 쪽을 선택하느냐에 따라 다른 성공 규칙이 적용된다. 몸을 낮추어 구걸하는 편지에서 매우 이례적인 어조다. 또한 동시에 한 가지 모순이 눈에 띈다. 집안의 불안정한 상황 때문에 영향력 있는 지지자가 필요했고, 이 점에서 마키아벨리에게는 다른 선택의 여지가 전혀 없었다. 그러나 이로 인해 추기경과 주종 관계를 맺으면 추기경을 보호자로 받아들여야 하고 추기경의 호의에 보답해야 할 빚이 생긴다는 사실을 마키아벨리도 잘 알고 있었다. 정치적, 도덕적 가치를 추구하는 사람에게 이는 용납하기 어려운 종속 관계였다. 따라서 순종적인 자기부정의 언어는 자부심에 가득 찬 자기주장의 표현과 극명한 대조를 이룰 수밖에 없었다. 제가 어떤 인물인지 한번 보십시오! 제게 호의를 베풀면 귀하 자신과 공동체 전체에 도움이 될 것입니다. 추기경이 이 편지를 읽고 얼마나 놀랐는지는 알 수 없다. 그러나 어쨌든 이 작전은 성공한 듯하다. 이 '불쌍한' 마키아벨리 가문은 추기경의 보호 덕분에 자그마한 영지를 지킬 수 있었다.

1498년 5월 마키아벨리는 제2서기국 서기장으로 선출되었다. 겨우 3개월 간격으로 작성된 위의 두 편지를 함께 고려할 때 당시 취임한 인물은 이미 '완전한' 마키아벨리였던 듯하다. 다시 말해 마키아벨리는 '문란한' 공화국을 비판하고 종교에 회의적인 태도를 보이며 신의 메시지 뒤에 숨겨진 정치적 음모를 폭로하는 사람이었다.

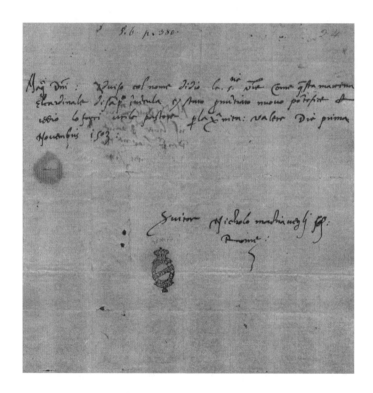

마키아벨리가 작성한 보고서.

## 2장

# 외교의 기술
## (1498~1510)

## 1498년의 피렌체

사보나롤라의 술책에 관해 마키아벨리가 편지를 쓴 지 3개월도 지나지 않아 사보나롤라는 죽었다. 피렌체는 이 산마르코 수도원장을 이단자이자 사기꾼으로 단죄해 화형에 처했다. 1498년 봄 공화국에는 새로운 인물과 새로운 용기와 새로운 사상이 시급히 필요했다. 예언자의 몰락과 함께 공화국의 영적 토대가 흔들렸기 때문이다. 암울했던 시기에 그 수도사는 장차 피렌체가 신의 도움으로 모든 위기를 극복하고 세계적 강국으로 도약하리라는 믿음을 심어주었다. 그리고 이런 희망은 완전히 사라지지 않았다. 특히 중간층에는 화형당한 예언자를 추종하는 사람이 여전히 많았다. 영향력 있는 몇몇 인물도 그를 계속 지지했다. 그러나 이제 사보나롤라가 신의 대변자가 아니라 사기꾼이라고 강요에 의해서든 자발적으로든 자백했으므로 나라 전체에 어두운 그늘이 드리웠다. 자칭 예언자의 설교와 마찬가지로 광범위한 정치적 지지 세력에 기초한 저변이 넓은 정체라는 것도 잘못된 것일까?

이런 정신적 불안감에 더해 위기 증상이 구체적으로 나타났다. 피렌체는 사보나롤라의 온갖 약속과 달리 1494년에 함락된 피사를 탈환하는 데 실패했다. 이로써 공화국의 가장 중요한 예속 영토이자 항구 역할을 하던 곳이 사라졌다. 피사와 그 주변 지역의 부동산을 구매했던 많은 귀족은 이제 투자 수익을 날려버리게 되었다. 게다가 (피렌체의 공식 표현이었던) '피사의 반란'으로 외부 세력이 피렌체 내정에 개입할 여지가 매우 커졌다. 일례로 토스카나의 지역 갈등이 유럽의 정치 문제로 비화했으며 이 때문에 피렌체도 상당한 압박을 받게 되었다. 우리가 원하는 대로 하지 않으면 우리가 직접 피사를 지원할 것이다. 피렌체 대사들은 유럽 전역에서 수시로 최후통첩에 직면했다. 특히 니콜로 마키아벨리

화형당하는 사보나롤라. 피렌체는 이 산마르코 수도원장을 이 단자이자 사기꾼으로 단죄해 화형에 처했다. 이보다 앞서 마키아벨리는 한 편지에서 사보나롤라를 사기꾼이라 평한 바 있었다.

는 이런 요구를 가장 많이 들어야만 했다. 1498년부터 공화국은 조금이라도 지지를 얻어내기 위해 크고 작은 정치적 분쟁 지역으로 마키아벨리를 파견했기 때문이다. 마키아벨리의 임무는 제안을 전달하고 필요하면 양보도 하면서 상대방의 의견을 듣고 관심사를 탐색해 유용한 정보를 최대한 많이 고국으로 보내는 것이었다. 마키아벨리는 피렌체의 협상자이자 대변인이었고 동시에 지역 연구자이자 심리학자이자 스파이였다. 위기에 처했던 1498년에 이는 결코 쉬운 임무가 아니었다.

이런 모든 분쟁에서 공화국이 지원을 호소한 곳은 무엇보다도 프랑스였다. 그래서 공화국은 사보나롤라가 추천했던 외교 정책을 중단 없이 이어가며 훨씬 더 오래된 전통을 따르게 되었다. 피렌체는 한때 프랑스로부터 백합 문장紋章 방패를 빌려 쓰기도 했다. 게다가 프랑스의 '가장 독실한' 왕(roi très chrétien. 15세기 중반 이후 프랑스 왕에게 붙은 명예 칭호였다-옮긴이)이 모든 정치적 구원을 선사할 것이라는 확신은 자칭 예언자가 등장하기 오래전부터 국민 사이에 널리 퍼져 있었다. 그러나 이런 믿음과 달리 정치적 현실은 점점 더 냉혹해졌다. 물론 프랑스의 나폴리 진군 때 부끄럽게도 비우호적인 중립의 태도를 보였던 피렌체를 샤를 8세가 공격한 것은 아니었다. 그러나 뒤이어 곤경에 처한 '그의' 도시를 그가 실제로 도운 것도 아니었다. 그러다 샤를 8세는 1498년 4월에 공놀이 경기를 보러 가던 중 들보에 머리를 부딪힌 후 얼마 지나지 않아 뇌출혈로 사망했다. 독실한 피렌체인들은 피렌체와 피렌체의 예언자에게 지원이 절실했을 때 이를 외면한 샤를 8세에게 내려진 마땅한 처벌이라고 생각했다.

이제 피렌체의 희망은 새로 왕위에 오른 오를레앙가의 루이 12세에게로 향했다. 루이 12세는 비스콘티가의 계승권을 주장하면서 밀라노를 정복하려 했다. 따라서 루이 12세는 피렌체의 도움이 필요할 것이며 그 대가로 피사를 둘러싼 싸움에서 피렌체를 지원할 것이라고 피렌체인들은 계산했다. 1498년 피렌체는 남부에서도 위협을 느꼈기 때문에 지원은 그만큼 더 절실했다. 로마 교황령에 이웃한 속주에서 1494년 이래로 오르시니가는 친척 관계인 메디치가의 편을 점점 더 노골적으로 들었고 추방된 메디치가가 피렌체로 돌아갈 수 있게 무력으로 돕겠다고 공언했다. 그러나 동시에 오르시니가는 로마 캄파냐에서 가문을 선도적 위치에 올려놓기 위해 온갖 수단을 동원하던 교황 알렉산데르 6세(로드리고 보르자)와 점점 더 충돌하게 되었다. 오르시니 가문과 보르자 가문이 싸우면서 서로를 견제하는 동안 피렌체는 이를 즐기는 제3자였다. 그러다 힘의 균형은 점점 교황과 그의 가문 쪽으로 기울었다. 1498년 8월에 알렉산데르의 친아들 체사레는 피렌체공화국의 북쪽 국경에 있는 로마냐공국을 정복하기 위해 추기경 작위를 내려놓았다. 이와 관련해 그의 아버지는 프랑스의 루이 12세와 협상을 벌였다. 루이 12세는 샤를 8세의 미망인 안 드 브르타뉴와 결혼하기 위해 루이 11세의 딸인 잔 드 프랑스와 자녀도 없이 지속해온 혼인 관계를 파기해야 했다. 안 드 브르타뉴는 아름답고 영리했을뿐더러 재혼 시 브르타뉴공국을 지참물로 가지고 올 수도 있었다.

루이 12세의 첫 번째 결혼을 무효로 선언할 수 있는 사람은 교황뿐이었다. 이렇게 볼 때 칼자루를 쥔 쪽은 알렉산데르 6세였다. 다른 한편으로 보르자가는 프랑스의 군사적 지원에 의존하고 있었다. 1498년 가을에 어렵고 지루한 협상이 개시되었다. 협상이 성공하면 피렌체는 좋을 게 없었다. 북쪽의 강력한 체사레 보르자가 교황과 프랑스 왕에게서 이중 지원을 받게 되면 공화국이 받을 위협은 심각했다. 이 경우 루이 12세가 즉위 직후 피렌체에 했던 지원 약속이 심하게 흔들릴 수밖에 없었다. 로마냐 북쪽에서는 베네치아공화국이 호시탐탐 팽창의 기회를 엿보고 있었다. '세레니시마'공화국(베네치아공화국의 공식 국가명은 '산마르코 세레니시마공화국La Serenissima Repubblica di San Marco'이었다 - 옮긴이)은 한 세기에 걸쳐 이탈리아에서 영토를 꾸준히 확장해 서쪽으로는 베르가모까지 그리고 남쪽으로는 페라라의 성문 앞까지 진출했다. 과거에 종종 떠들던 베네치아와 피렌체 사이의 '공화국 연대'를 1498년에는 더 이상 기대할 수 없었다. 베네치아는 공화국의 국익에 기초한 정복 정책을 추구했으므로 군사적으로 훨씬 약하고 이미 혼란스러운 정치판 위에 놓여 있던 피렌체에는 지속적인 불안 요인일 수밖에 없었다.

반면에 합스부르크가 출신의 로마 왕이자 선출 황제(당시 실제 칭호) 막시밀리안은 이탈리아에서 '하나의' 불확실한 요인에 불과했다. 1498년 막시밀리안은 동맹국과의 전쟁을 준비하고 있었다. 불안정하고 변덕이 심한 이 통치자는 다음 해에 이 전쟁에서 패하자 적어도 명목상 제국의 원수로서 중요한 역할을 하던 이탈리아 쪽으로 점점 더 관심을 쏟기 시작했다. 당시 독일 민족의 신성로마제국에 속한 '이탈리아 왕국'은 교황령의 북쪽 국경까지 뻗어 있었다. 따라서 서류상 로마 왕은 이탈리아에서 피렌체에 대해서도 광범위한 권리를 주장할 수 있었는데, 다만 이런 권리 주장이 실제로 얼마나 관철될지는 아무도 예측할 수 없었다.

이상이 니콜로 마키아벨리가 1498년 6월 제2서기국 서기장으로 취임했을 당시의 외교 상황이었다. 조만간 마키아벨리는 파견 임무를 수행하면서 위에서 언급한 거의 모든 통치자를 직접 관찰할 수 있게 되었다. 그러면서도 동시에 피렌체의 내부 상황을 계속 주시해야 했다. 마키아벨리는 반反사보나롤라파의 지지를 받아 선출되었다. 공화국 내부의 권력관계가 바뀌면 마키아벨리의 직책도 금세 사라질 수 있었다.

귀족과 중간층은 표면상 평등했지만 공화국의 정치는 여전히 주요 가문으로 구성된 상층이 좌우했다. 피렌체에서는 오직 상층 출신만 외국 통치자들에게 대사로 보냈다. '옛 귀족'인 마키아벨리는 일급 고위직인 공식 사절의 직책을 단 한 번 수행했으며 그것도 그리 중요하지 않은 모나코의 해적 소굴에서 수행한 것이었다. 그 밖에는 정무위원회 또는 공화국의 '외무부'인 10인 위원회의 사무관 직책으로 왕위에 있는 수장들을 알현했다. 이 하급 직책으로 마키아벨리는 까다로운 탐색과 예비 협상 임무를 수행했다. 그러면 '적절한' 가문의 대사가 나서서 마키아벨리가 준비해놓은 절차를 공식적으로 마무리하고 일이 잘되면 모든 공적을 차지했다.

공화국의 나머지 최고 기관들에서도 귀족 대표의 수가 비율상 과도하게 많았다. 특히 지위가 높고 영향력 있는 소수가 무대 뒤에서 방향을 조종하는 것이 이른바 관행이었다. 그래서 참정권이 광범위하게 확장된 저변이 넓은 정체에서도 예전 지도층의 명성은 거의 흔들림 없이 지속되었다. 이는 니콜로 마키아벨리에게 불리한 점이었다.

수공업자와 상점 주인은 비록 관직에서 대가문의 후손에게 자주 밀렸지만 그렇다고 해서 입법과 선거에 대한 통제력을 완전히 포기하지는 않았다. 그래서 두 계층이 함께 결정해야 하는 대평의회에서는 상층과 중간층이 종종 대립했다. 특히 새로운 조세를 도입하려 할 때는 과반수의 거부권 행사가 수시로 발생했다. 새로운 조세에 대한 저항이 표결 거부로까지 이어져 공화국을 마비시키는 일이 자주 있었다. 세금 없이는 전쟁도 외교 활동도 불가능했다. 피사를 탈환하는 일은 여러 가지 경제적 이해관계가 맞물려 있던 상층에게는 매우 중요한 문제였지만 평민에게는 그렇지 않았다.

그러나 중간층과 상층의 대립은 당시 적지 않은 역사가와 일기 기록자의 주장과 달리 결코 공화국의 중심 문제가 아니었다. 조세 표결 거부를 제외하면 대평의회의 주요 전선은 영향력 있는 가문과 그 동맹 세력 사이에서 형성될 때가 훨씬 더 많았다. 1434년부터 1494년까지는 메디치가가 지도층의 의장이자 중재자 역할을 했다. 영향력과 명성을 두고 분쟁이 있을 때는 '공화국의 일인자'인 위대한 로렌초Lorenzo il Magnifico가 최종 결정을 내렸다. 그의 판정은 비록 한쪽을 편들어 다른 쪽을 실망하게 하더라도 어쩔 수 없었다. 그런데 이제는 이런 중재 판정조차 없는 것을 한탄하는 분위기가 점점 더 강해졌다. 물론 이런 아쉬움이 겉으로 드러나지는 않았다. 추방된 '전제군주'에 대한 그리움을 공개적으로 표출할 수는 없었기 때문이다. 그래도 피렌체에는 여전히 메디치가의 추종자들이 있었다. 거만한 피에로를 안타까워하는 사람은 거의 없었다. 반면에 1489년 교황 인노첸시오 8세가 추기경으로 임명한 로렌초의 둘째 아들 조반니는 점점 더 인기를 얻었다. 조반니는 피렌체인이 로마교황청에 중재를 간청할 때마다 친절하게 도우려는 태도를 보였다. 그리고 그의 남동생인 줄리아노 데 메디치도 온화하고 친절한 성품으로 대체로 좋은 평가를 받았다. 공화국에 위기가 닥치거나 풀리지 않는 문제가 있으면 추방된 메디치가에 우호적인 사람들이 늘었고 공화국이 성공을 거두면 메디치가의 귀환에 대한 바람은 사그라졌다. 피렌체의 저변이 넓은 정체는 외국은 물론 로마에 있던 이 피렌체의 '그림자 내각'과도 이렇게 은밀한 싸움을 벌여야 했다.

'저변이 넓은' 공화국에 있는 귀족들의 상황을 마키아벨리는 훗날 《피렌체사》에서 세세하게 묘사했다. 그의 자세한 서술은 주로 코시모 데 메디치의 말년에 관한 것이었지만 그 묘사는 의심의 여지 없이 다음과 같은 관찰에 기초했다.

재판관은 이제 권력자의 뜻에 따라 재판하는 대신에 자신의 판단에 따라 재판했기 때문에 권력자의 지인도 법의 엄중함을 경험하는 일이 잦아졌다. 그래서 자신의 집에 아첨꾼과 청원자가 들끓던 것에 익숙했던 사람들은 갑자기 추종자와 영향력을 잃게 되었다. 게다가 지금까지 얕보던 사람들과 동등한 취급을 받게 되었고 예전에 동등한 지위에 있던 사람들을 상관으로 대하게 되었다. 그들은 더는 특혜와 존경을 받지 못했으며 오히려 종종 무시와 조롱의 대상이 되었다. 특히 거리와 광장에서는 그들과 공화국에 대해 노골적인 이야기가 오갔다.[1]

마키아벨리의 역사적 또는 정치적 저작에서 흔히 볼 수 있듯이 이 역시 과장된 서술이다. 1458년이든 1498년이든 상층이 그렇게 영향력도 없이 무기력하지는 않았기 때문이다. 그러나 정말로 몰락할지도 모른다는 불안은 널리 퍼져 있었다.

피렌체공화국의 주요 가문들은 망명 중인 메디치가가 자신들을 매우 면밀히 관찰하고 있다는 사실을 잘 알고 있었다. 누가 아직도 배신하지 않았고 누가 중립적이고 누가 새로운 공화국을 위해 몸과 마음을 다 바치고 있는가? 언젠가 고국에서 메디치가가 다시 권력을 잡는다면 이 '평판을 증거'로 삼아 누가 메디치가의 후원을 받아 지도적 지위에 오르고 누가 메디치가의 분노를 살지가 결정될 것이다. 잊히지 않았고 때에 따라서는 용서받지 못할 것이라는 사실 때문에 상층은 수공업자와 상점 주인과 나란히 행정에 참여하는 게 편치만은 않았다. 게다가 귀족의 핵심부는 공동의 이익을 위해 단합할 능력도 없었다. 오히려 정반대였다. 피렌체의 지도층은 중간층과의 경쟁 압박을 받자 심하게 분열했고, 이제는 같은 가문 내에서도 종종 균열이 발생했다. 이때 중요한 역할을 한 세 가문이 루첼라이가와 소데리니가, 살비아티가였다. 첫 번째 가문의 수장인 베르나르도 루첼라이는 귀족이 이끄는 공화정을 지지했다. 그와 대다수 젊은 추종자들에게 대평의회는 가급적 빨리 더 작은 지도부로 대체되어야 할 필요악이었다.

　루첼라이의 주요 경쟁자인 피에로 소데리니는 평민에게 훨씬 더 우호적인 태도를 취했다. 소데리니의 전략은 중간층의 가장 영향력 있는 대표들과 협력하고 타협하는 것이었는데, 리돌피가도 비슷한 입장을 취했다. 살비아티가의 일당은 이 두 입장 사이에서 관망하는 태도를 보였다. 살비아티가의 두 수장은 사촌 사이인 야코포와 알라만노였다. 은행가이자 거대 상인인 이들은 당시 피렌체에서 큰 부자에 속했다. 1494년 전 메디치가와 매우 가까운 사이였던 또 다른 귀족 가문의 수장인 피에로 귀차르디니는 중립적 태도를 보였으므로 잠재적 중재자로도 간주되었다. 나중에 역사가로서 유럽 전체에서 명성을 얻은 그의 아들 프란체스코는 아버지가 피렌체의 영광을 위해서만 헌신한 청렴한 애국자였다고 썼다. 그러나 이런 애국심은 자기 가문과 추종자들의 편익을 위해 개입하기를 마다하지 않았다. 피보호자를 위해 나서기를 게을리하면 금세 이들이 떠나가고 경쟁자에게 뒤처질 터였다. 마키아벨리가 보기에 이는 피렌체공화국이 짊어진 저주였다. 아무 속셈 없이 공익에 헌신하는 사람은 몰락할 수밖에 없었다. 그러나 마키아벨리의 비판은 훨씬 더 광범위한 것이었다. 즉 지배적인 파벌들은 만성적 분열로 내부 안정을 보장하고 외부 적을 견제할 능력이 없었다.

　마키아벨리가 나중에 회고하면서 냉정하게 열거한 피렌체의 오류는 이것만이 아니었다. 그에게 피렌체는 모든 면에서 영광스러운 로마 공화국의 허약한 대립상이었으며, 특히 군사와 재정의 측면에서 그랬다. 1498년 이 두 측면은 서로 아주 밀접하게 결부되어 있었다. 피사를 탈환하기 위해 피렌체는 군대가 필요했다. 정부는 오래전부터 자국민의 무장을 꺼렸기 때문에 용병과 용병대장condottiere을 구해야 했다. 여기에는 돈이 들었으며, 공화국의 영토에서 거두는 세금과 공과금 등으로는 이를 감당할 수 없었다. 반란을 일으킨 예속 도시에 무장한 군대를 보내려면 특별 자금을 사용할 수밖에 없었다. 그리고 이를 위해 피렌체의 부자들은 이른바 '기금monte'에서 발행한 채권accatti을 매입해야 했다. '기금'은 국책은행의 역할을 했으며 이 강제 예금에는 그런대로 최소한의 이자를 지급했다. 그러나 재정이 극도로 어려울 때는 종종 이자가 지급되지 않았다. 이 은행의 지급 능력은 그 재원이 되는 국가의 정규 수입에 달려 있었고, 이는 관세와 소금, 포도주, 육류 같은 소비재에 대한 각종 간접세로 채워졌다. 이 같은 공과금은 대부분 모든 소비자가 납부했으므로 가난한 사람들에게 가장 큰 타격을 입혔다. 나아가 부자들은 공적 기금인 '지참금 기금'에 자발적으로 투자해야 했다. 이 기금에 투자한 명문 가문은 딸이 시집갈 때 일정 비율까지 복리 이자가 붙은 원금을 받을 수 있었다. 극심한 위기 상황일 때 공화국은 단기 대출을 받아야 했는데, 위험부담 때문에 이자가 매우 높았다. 전반적으로 피렌체는 재정적 측면에서 위기와 빈곤 사이를 오갔다. 신규 조세는 대평의회에서 막힐 때가 많았고 어쩌다 이 바늘구멍을 통과해도 상당 부분 징수가 불가능했다.

마키아벨리가 공무원 신분으로 작성한 의견서와 비망록 등에서 확인되듯이 이런 만성적 재정 위기는 그가 보기에 두 가지 측면에서 용납하기 어려운 것이었다. 질서 정연한 공화국이라면 시민은 가난하고 국고는 넘쳐나야 했다. 그러나 부자들에게 이는 도발적인 주장이었다. 부자들의 견해는 오히려 정반대였다. 국가는 되도록 적은 비용이 들어야 했으며 국가가 그들에게 요구하는 것보다 더 많은 것을 공직과 명예의 형태로 그들에게 제공해야 했다. 마키아벨리의 또 다른 불만은 강제 채권까지 발행하게 만든 피렌체의 군사 제도였다. 일찌감치 마키아벨리는 용병제 폐지와 민병대 창설을 주장했다. 이런 시민군은 비용이 덜 들뿐더러 임명권자의 지급 능력에 따라 충성도가 달라지는 용병대장보다 더 신뢰할 수 있을 것이다. 고대 로마의 영광스러운 군단이 좋은 예였다. 피렌체도 이 빛나는 모범을 따라야 할 것이다.

이런 생각을 품은 채 니콜로 마키아벨리는 1498년 여름 제2서기국 서기장의 직무를 시작했다.


## 첫 번째 임무

마키아벨리의 첫 번째 피옴비노 출장은 피사 전투와 관련이 있었다. 피옴비노에는 야코포 다피아노라는 참주가 있었는데, 그는 작은 '나라'에서 거두는 빈약한 수입을 보충하기 위해 피렌체의 용병대장으로 복무하곤 했다. 마키아벨리의 임무는 결국 군대와 돈과 관련이 있었다. 다피아노는 병력 강화와 급료 인상을 원했다. 이 요구에 대한 피렌체의 입장은 1499년 3월 24일에 마키아벨리에게 내려진 훈령에 담겨 있었다.

> 우리는 그에게 필요한 것을, 즉 전하께서 우리 공화국에 보여주신 충성과 헌신에 매우 감사하며 이 때문에 전하의 소망에 진심으로 응하고자 한다는 사실을 당신이 직접 통지하는 게 최선이라고 결정했습니다. 당신은 이 감사를 상세히 전해야 합니다. 당신은 그에게 우리의 긍정적인 태도를 설명하되 우리가 어떤 의무도 지지 않게 매우 일반적이고 구속력 없는 말을 사용해야 합니다.[2]

다시 말해 마키아벨리는 이 뻔뻔한 용병대장을 달콤한 말로 달래야 했다. 안건 자체에 대한 정무위원회의 입장은 확고했다. 즉 정무위원회는 첫째로 돈이 없었고 둘째로 이 탐욕스러운 군주에게 돈을 지급할 의사가 없었다. 그러나 정부의 대리공사mandatario인 마키아벨리는 이를 공개적으로 말할 수 없었다. 이 달갑지 않은 첫 번째 임무를 마키아벨리는 탁월한 기량으로 처리했다. 야코포 다피아노는 마키아벨리가 공화국의 선물로 제시한 두 개의 달갑지 않은 조건을 받아들였다. 이 조건은 마키아벨리의 달변으로 인해 다피아노에게 매우 달콤해 보였을 것이다. 그러나 나중에 마키아벨리가 언급했듯 이 일로 피옴비노의 참주가 믿을 만한 용병대장이 된 것은 아니었다. 즉 "그는 말은 잘했지만 판단력이 형편없었고 행동은 더욱 형편없었다."[3]

'말은 잘했지만'은 마키아벨리에게도 해당했다. 권력자와 벌인 협상에서 마키아벨리가 발휘한 심리술은 금세 소문이 퍼졌다. 심리술은 때로 그의 유일한 무기였다. 공화국의 대리공사에 불과했던 마키아벨리에게는 임무에 덧칠할 만한 개인적 명성이 없었다. 게다가 그에게는 흔히 협상의 재량권도 없었다. 따라서 마키아벨리는 오직 말로만 상대에게 깊은 인상을 심어주어야 했다. 외교의 기술은 현실을 실제보다 아름답게 보이게 하는 데 있었다. 마키아벨리는 이 사실을 첫 번째 파견에서부터 깨달았다. 다피아노가 이 아름다운 외관을 토대로 피렌체에 탐탁지 않은 결론을 도출한다 해도 어쩔 수 없었다. 마키아벨리의 임무는 속이는 것이었다. 속이려는 상대편에서도 기만술을 사용한 것은 어찌 보면 당연했다.

이런 용병대장들과 함께 피사를 탈환해야 한다는 것을 마키아벨리는 이해할 수 없었다. 용병대장들은 급료가 낮고 제공된 병력이 적으면 수동적으로 움직였다. 급료와 병력을 많이 주면 경솔해지거나 때로는 피렌체에 위협이 되기도 했다. 이를 어떻게 개선해야 할지를 제2서기국 서기장은 1499년 당시 정치 문제와 직접 관련된 문서에서 다음과 같이 설명했다.

> 저는 이(피사 정복)를 위한 수단과 방법만을 설명할 것입니다. 제가 보기에는 두 가지뿐입니다. 폭력 아니면 사랑이 그것입니다. 즉 피사를 포위 공격해서 되찾거나 이 도시가 자발적으로 우리에게 항복하는 수밖에 없습니다. 그리고 이 두 번째 방법이 더 안전하고 바람직하므로 저는 이것이 가능한지를 설명하려고 합니다.[4]

올바른 전략 문제는 양자택일의 문제로 압축된다. 그러나 자연스러워 보이고 특히 비용도 적게 드는 평화로운 해결책은 마키아벨리가 보기에 치명적인 판단 착오다.

> 비록 현재는 피사가 절망적인 상황에 처해 있지만 피사인들의 용기는 꺾이지 않을 것입니다. 그러므로 그들이 자발적으로 우리의 멍에를 받아들이리라 믿으면 절대로 안 됩니다.[5]

피사인들은 자유의 맛을 보았다. 사람들은 자유에 취해 있었으므로 이제 아무도 자유를 포기하려 들지 않을 것이다. 따라서 공화국의 의사 결정자들 앞에서 행한 이 짧은 연설의 결론은 분명했다. 즉 피사를 무력으로 탈환해야 한다.

이제 '언제 어떻게'의 문제만이 남았다. 반란을 일으킨 도시를 어느 시점에 어떤 방법으로 공격해야 성공할 수 있을까? 이는 도덕의 문제가 아니라 승리의 문제였다. 이 목적이 수단을 정당화했다. 자유 또는 속박이 걸린 문제에서 모든 계약은 무의미했다. 피사인들은 모든 수단을 동원해 자유를 위해 싸울 자유가 있었고 피렌체인들은 이 자유를 폭력과 간계로 억압할 수 있었다. 모든 공화국은 자신의 특권을 완고하게 주장하는 배타적 국가였다. 사실이 그랬으며 그것은 잘못된 게 아니었다. 그러나 피사와 관련한 문제는 좀처럼 진척되지 않았다. 그러다 피렌체는 파올로 비텔리라는 새로운 용병대장을 고용했는데, 그는 임무를 적극적으로 수행해 피사 영토의 일부 마을을 신속하게 점령했다. 그러다 이 작전도 결국에는 급속히 활력을 잃고 말았다.

1499년 7월에 마키아벨리는 공화국의 대리공사로서 다음 목적지인 로마냐의 포를리로 향했다. 포를리는 이탈리아의 가장 유명한 여군주인 밀라노 공작 가문의 카테리나 스포르차가 거주하며 통치하는 곳이었다. 카테리나 스포르차는 교황 식스토 4세의 조카인 지롤라모 리아리오와 첫 번째 결혼을 했다. 교황은 지롤라모에게 포를리와 이몰라를 통치하게 했으며, 이때 교황 대리로서 교회를 대신해 공식적으로 통치할 수 있게 백작 칭호를 수여했다. 그러나 영광은 오래가지 못했다. 변변찮은 가문 출신인 이 백작은 1488년에 음모의 희생양이 되었다. 그러나 카테리나 스포르차는 당시로서는 전혀 여성스럽지 않은 강인함으로 아들 오타비아노 리아리오에게 이몰라와 포를리에 대한 권한을 넘겨줄 수 있었다. 카테리나는 많은 적이 덧씌운 '남자 같은 여자'라는 이미지와 달리 매우 아름다웠다. 오히려 '사내를 죽이는 요부'에 가까웠으며, 실제로 이 백작 부인은 1499년 세 번째로 미망인이 되었다. 그러나 카테리나는 당당했을뿐더러 외교적 수완도 전설적이었다.

백작 부인은 당당함과 외교적 수완으로 점점 더 드세지는 정치적 난기류를 뚫고 자신의 아주 작은 '나라'를 이끌어갔다. 북부에서는 삼촌 루도비코 스포르차 공작의 통치가 지극히 위험한 상황에 처해 있었다. 1499년 프랑스 왕 루이 12세는 밀라노 정복을 위해 엄청난 군대를 집결했다. 상황이 심각해지자 공작의 남동생인 아스카니오 마리아 스포르차 추기경이 황급히 로마에서 롬바르디아의 수도 밀라노로 왔다. 그 직전에 추기경은 최대한 많은 추가 용병을 긴급하게 모집하기 위해 자신의 막대한 재산을 밀라노로 옮겼다. 위기의 순간에는 가문의 결속이 최우선이라고 루도비코 스포르차는 주장했다. 카테리나 스포르차도 제한된 자금이 허용하는 한에서 무장 병력을 지원해야 했다. 그러나 백작 부인에게는 다른 계획이 있었다. 이런 위기에는 모두가 자기 자신을 먼저 생각해야 했다. 게다가 카테리나 스포르차도 빚이 많았다. 1499년 3월 9일에 교황 알렉산데르 6세는 포를리와 이몰라에서 리아리오가의 교황 대리직을 취소했다. 카테리나와 오타비아노는 교황청에 대한 가신의 의무를 다하지 않았다는 이유로 어둠의 딸과 아들이라는 정죄를 받았다. 그러나 이는 핑계에 불과했다. 로마냐의 많은 소참주는 체사레 보르자에게 정복의 길을 열어주기 위해 자리에서 물러나야 했다. 분위기는 호의적이었다. 1499년 5월 교황과 프랑스 왕은 마침내 양측의 이익에 부합하는 동맹을 맺었다. 루이 12세는 마침내 잔 드 프랑스와의 결혼 무효 재가를 받고 안 드 브르타뉴와의 결혼 허가를 받았다. 체사레 보르자는 나바르 왕가 출신인 샤를로트 달브레를 신부로 맞이했으며 로마냐에서 프랑스 군대의 지원을 받게 되었다.

이탈리아 소국들은 15세기 중반 이래로 충성과 존경을 바칠 강력한 보호자를 찾았으며, 이몰라와 포를리의 리아리오가는 큰 이웃 국가인 피렌체를 따랐다. 백작 부인은 이에 어울리는 공손한 태도로 공화국과 협상에 임했다. 백작 부인은 아들 오타비아노는 밀라노에서 사령관직<sup>condotta</sup>을 맡아달라는 부탁을 받았다고 했다. 그리고 계약을 체결하려면 피렌체의 승인을 받아야 한다는 것을 잘 알고 있다고 했다. 문제는 오타비아노가 1년 전에 피렌체를 위해 사령관직을 맡았는데 계약을

로렌초 디 크레디가 그린 카테리나 스포르차 리아리오. 그녀는 고운 자태의 이상적인 초상화만큼 실제로 온화하고 사랑스럽지는 않았다. 만약 카테리나가 자신의 인생을 기록한다면 세상이 깜짝 놀랄 것이라고 스스로 논평했다고 한다.

연장하지 않은 것이었다. 결국 관건은 급료 계약 갱신이었다. 밀라노에서 받았다는 제안은 백작 부인의 노골적인 암시에 불과했다. 마키아벨리를 포를리로 파견한 피렌체 정무위원회도 이 바람을 들어줄 의사가 있었으나, 다만 이 두 번째 계약의 조건을 유리하게 정하고자 했다. 즉 숙련된 지휘관이 병사 500명을 지휘하는 조건으로 1년에 1만 피오리노의 급료를 제시했다.

마키아벨리가 전달한 이 조건을 백작 부인은 받아들일 수 없다고 했다. 오타비아노는 첫 번째 사령관직 복무 시 1만 5000피오리노를 받았는데, 급료를 3분의 1이나 깎으면 아들의 명예가 깎인다는 것이었다! 정무위원회 역시 이런 격한 반응을 예상했기에 마키아벨리에게 까다로운 임무를 맡겼다. 그의 임무는 피옴비노에서와 마찬가지로 불쾌한 문제를 기분 좋게 말하는 것이었다! 마키아벨리의 수사적 재능은 피렌체에서 꽤 유명했다.

> 그리고 당신은 이 사령관직이 원하던 만큼 물질적 이익을 가져다주지 못하더라도 우리 시가 예전의 지위와 영토를 되찾아 힘을 얻으면 위신과 더 나은 것에 대한 희망을 가질 수 있으리라고 그에게 설명해야 합니다.[6]

이 말은 쉽게 말해 다음과 같은 의미였다. 우리가 일단 피사를 탈환하면 공화국에 대한 충성이 보답을 받을 것이다. 이는 미래에 대한 불확실한 어음이었다. 그러나 마키아벨리는 임명권자의 인색함을 관대함으로 포장하기 위해 최선을 다했다.

> 그래서 귀하가 저를 여기로 보내셨겠지요. 귀하에게는 아무 의무도 없지만 우리 시에 보여준 호의를 생각해 아들을 다시 복무하게 할 의사가 있다는

점을 제가 백작 부인에게 설명해야 합니다. (…) 그리고 저는 사령관직이 이익이 될 것이며 지금까지 쌓은 많은 공적에 또 다른 공훈을 추가할 기회라는 점을, 그리고 피렌체 정부가 결코 은혜를 잊지 않는다는 사실을 차차 알게 될 것이며 피렌체를 위해 또다시 선행을 베푼 일을 결코 후회하지 않을 것이라는 점을 제게 가장 그럴듯해 보이는 이유를 들어 백작 부인에게 설명했습니다.[7]

그러나 카테리나 스포르차는 막연한 약속으로 만족하는 여자가 아니었다. 카테리나가 자신의 견해를 밝히자 외교적 감언이설도 더는 소용이 없었다.

피렌체는 늘 그럴싸하게 말했지만 백작 부인의 공적에 걸맞은 행동을 보여준 적은 없다고 했습니다. 그러나 그녀는 피렌체공화국이 그간의 공적을 절대로 잊지 않았다는 것을 알기에 이제 와서 특히 자신을 외면하리라고는 생각지 않는다고 했습니다. 백작 부인은 오랫동안 그 어느 피보호자보다도 피렌체를 위해 많은 일을 했기 때문이라고 말했습니다.[8]

불리한 쪽은 백작 부인처럼 더 나은 계약 조건을 얻어내기 위해 자신의 과거 공적을 들먹여야만 하는 쪽이었다. 그리고 칼자루를 쥔 쪽은 피렌체처럼 가격을 깎기 위해 상대방의 과거 공적을 강조하는 쪽이었다. 게다가 보은은 정치적 범주가 아니었다. 통치자는 살아남기 위해 오히려 은혜를 저버릴 줄 알아야 했다. 이는 백작 부인과 공화국의 대리공사가 모두 알고 있는 사실이었다. 즉 오타비아노의 사령관직은 그의 어머니에게 목적을 위한 수단에 불과했다. 그 목적은 극도로 위태로운 시기에 생존을 위한 지원을 얻는 것이었다. 그러나 이 같은 사실을 있는 그대로 말하면 체면이 손상되고 상대에게 완전히 굴복할 수밖에 없었다. 게다가 백작 부인은 자신의 영토에서도 절대적 군주가 아니었다. 마키아벨리가 피렌체에 보고한 바에 따르면 포를리에는 밀라노 사절들이 우글거렸다. 그들에게는 피렌체와 협상하는 것이 좋게 보일 리 없었다. 용감한 카테리나 스포르차는 이렇게 여러 전선에서 동시에 싸움을 벌이고 있었다. 그러므로 체면을 잃지 않는 일이 더욱더 중요했다. 명예는 그에 걸맞은 사람의 것이다.

이 게임에서 마키아벨리는 상대에게 패를 쉽게 내보이지 않았다. 마키아벨리는 피렌체가 이번에 제안한 사령관직의 급료가 낮게 책정되었지만 다른 용병대장들의 급료는 오른 것이 사실이라고 했다. 그러나 아주 특별한 시국에 이는 오타비아노에게 불명예가 아니며 오히려 더 높은 명성을 가져다줄 것이라고 했다.

> 그리고 저는 피렌체 정부가 다른 용병대장과 사령관의 급료는 올린 반면에 오타비아노의 급료를 내리게 된 이유를 자세히 살펴보면 이것이 백작 부인의 주장처럼 오점이 아니라 오히려 최고의 명예임을 알게 될 것이라고 백작 부인에게 설명했습니다. 즉 다른 용병대장은 피렌체가 필요해서 그렇게 했지만 오타비아노와 계약은 오로지 호의와 사랑 때문이라고 했습니다.[9]

이는 정중하게 포장된 엄중한 진실이었다. 당신은 정치적으로 생존하기 위해 우리가 필요하지만 우리는 당신에게 의존할 필요가 없다. 따라서 우리는 기다릴 것이며, 시간은 당신 편이 아니다. 그러나 이것이 전부가 아니었다. 카테리나 스포르차는 아들을 위해 국가를 지키고 동시에 자신의 명예도 지키고 싶었다. 오타비아노의 급료는 카테리나에게 명예 문제였다. 그리고 피렌체가 오타비아노의 과거 공적에 다시 한번 분명하게 감사를 표해야 하는 것도 명예 문제였다.

마키아벨리는 다음과 같이 글을 쓰면서 아마도 탐탁지 않은 표정으로 머리를 흔들었을 것이다. 그래도 그들은 군주가 아닌가? 그들은 생존을 위해 싸우면서도 명예와 보은과 호의를 이야기한다. 살려면 지푸라기라도 잡아야 할 상황에서도 체면을 지키려 한다.

> 또한 제가 보기에 백작 부인은 본성적으로 피렌체를 좋아합니다. 그녀는 어떤 대가를 치르더라도 이 도시의 사랑을 받고 싶다는 점을 분명히 했습니다.[10]

따라서 마키아벨리에 따르면 정무위원회는 백작 부인에게 호의를 보이고 그 아들의 급료를 2000피오리노 인상해야 했다. 그러면 그녀도 만족하고 공화국에 충성할 것이었다. 마키아벨리는 현재 상황을 이렇게 평가하면서도 다만 때에 따라서는 사정이 달라질 수도 있다고 덧붙였다. 이는 권력과 권력자의 비합리성에 기초한 이례적 제한이었다.

그리고 실제로 게임은 아직 끝나지 않았다. 오타비아노의 사령관직에 대한 협상 뒤에는 보호자를 찾는 스포르차가와 리아리오가가 있었다. 암호화된 외교 언어를 통해 양측이 이를 분명히 알고 있었다. 용병대장이 피렌체를 지키는 게 아니었다. 피렌체가 용병대장을 지켜야 했다. 정무위원회가 마침내 지급을 결정한 1만 2000피오리노는 이몰라와 포를리의 충성이 피렌체에 얼마나 소중했는지를 보여주는 징표가 되어야 했다. 16세 소년의 '최고 지휘관직'을 위해 검소한 공화국에서 이렇게 많은 돈을 쓰는 일은 두 번 다시 없을 것이다.

이런 상황에서 백작 부인은 마키아벨리와 협상을 마치려는 찰나 또 다른 명예 조건을 내걸었다. 이에 따르면 피렌체는 사령관직 계약과 함께 이 아들의 통치권을 보호할 의무를 져야 했다. 마키아벨리는 임명권자의 동의를 얻은 후 백작 부인에게 이를 약속했다. 이제 계약서에 서명할 때가 되었다. 이제야 피렌체의 협상자는 안도의 한숨을 쉴 수 있었다. 임무 완수! 그러나 기쁨도 잠시였다. 조금 전까지도 카테리나 스포르차는 구두 지원 약속만으로도 충분하다고 수차례 말했다. 카테리나는 로마냐 전체가 걸린 상황이 닥치더라도 피렌체가 약속을 지키리라 확신한다고 했다. 그러나 다음 날 아침이 되자 모든 것이 달라졌다. 마키아벨리는 정무위원회의 서면 약속을 받아 와야 했다. 마키아벨리는 한계에 다다랐다.

> 심경의 변화에 대해 들었을 때 저는 불쾌감을 감출 수 없었고 백작 부인에게 불만을 드러냈습니다. 그러면서 저는 어떤 추가 조건도 없이 동의한다고 이미 선언한 마당에 피렌체 정부가 이 소식을 들으면 매우 놀랄 것이라고 백작 부인에게 온갖 몸짓을 섞어가면서 설명했습니다.[11]

마키아벨리는 더는 협상에 응하지 않았다. 마키아벨리는 피렌체로 돌아갔고, 그곳에서는 상관의 칭찬이 기다리고 있었다. 또한 에로틱한 공상에 빠졌었을 서기국 동료 둘은 호기심 어린 눈으로 마키아벨리를 맞이했다. 아름답고 도도한 백작 부인과 매력적인 바람둥이 마키아벨리가 만났다. 협상이 정지되고 다른 관심이 피어나는 밤에는 무슨 일이 일어났을까? 마키아벨리 주변에서는 카테리나 스포르차의 모습을 그려 오라고 부탁한 동료도 있었다. 마키아벨리가 실제로 이 초상화를 그렸는지는 알려지지 않았다. 다만 이 도도한 백작 부인과 공화국의 대리공사가 인간적으로 가까워지지 않은 것은 분명해 보인다.

## 서기국 근무 시절

1499년 9월 초 루이 12세는 밀라노를 전투 없이 정복했다. 루도비코 스포르차와 추기경은 마지막 순간에 탈출할 수 있었다. 1500년 2월 그들은 수도를 탈환했지만 얼마 지나지 않아 이어진 프랑스의 두 번째 공격에는 맞설 수 없었다. 두 사람은 프랑스의 포로가 되었고 8년 후 루도비코는 석방되지 못한 채 사망했다. 이몰라와 포를리는 이미 몇 달 전에 함락된 상태였다. 체사레 보르자는 자신의 군대와 프랑스 군대를 이끌고 로마냐로 빠르게 진격했다. 1499년 12월 이몰라의 도시와 요새가 넘어갔다. 카테리나 스포르차는 무기력하게 항복하지 않았다. 포를리가 포위된 상황에서 카테리나는 손에 검을 쥔 채 아수라장인 전쟁터로 뛰어들었고 처음에는 승리를 거두기도 했다. 그러나 1500년 1월 12일 카테리나도 결국 항복할 수밖에 없었다. 체사레의 나머지 적들과 달리 그녀는 포로 생활에서 살아남았다. 프랑스 왕은 보르자 가문의 전설적인 독으로부터 카테리나 스포르차를 보호했다.

이 전투에서 피렌체는 자신의 피보호자들을 위해 손도 까딱하지 않았다. 마키아벨리에게 백작 부인과 벌인 일주일간의 협상은 중요한 경험이었을 것이다. 마키아벨리는 한편으로 권모술수가 판치는 궁정정치를 경험하며 그를 능가하는 상대를 감당하는 능력을 확실히 보여주었다. 다른 한편으로 이 협상은 명예가 성공에 장애가 되며 보은이 공허한 말에 불과하다는 것을 보여주었다. 정치에서 과거의 공적이 참작되길 바라는 사람은 이미 실패한 것이다. 반대급부는 '선행을 베푸는 사람'에게 이로울 때만 기대할 수 있다. 그러나 이 경우 반대급부는 더 이상 보은이 아니며 정치를 좌우하고 그 법칙을 규정하는 순전한 이기심의 발로일 뿐이다. 이는 포를리에서 신경을 곤두세우며 배운 소중한 교훈이었다.

제2서기국 서기장이 로마냐에 머무는 동안 서기국의 최근 소문을 마키아벨리에게 전한 사람은 보좌관coadiutore 비아조 부오나코르시였다. 부오나코르시는 남을 험담하는 것만큼 단결심을 높이는 것은 없다는 듯이 소문을 열심히 퍼 날랐다. 마키아벨리와 부하 직원들은 자신들보다 더 힘 있고 봉급도 더 많은 제1서기국 서기장의 보좌관 안토니오 델라 발레를 몹시 싫어했다. 서신에 따르면 안토니오 델라 발레는 매우 거만했다. 부오나코르시는 1499년 7월 19일 마키아벨리에게 보낸 편지에 다음과 같이 썼다.

제게는 포를리의 장미수만 많이 가져다주시면 됩니다. 여기는 온통 안토니오 델라 발레의 악취가 진동하고 있거든요. 그가 상관에게 우리를 비방했어요. 어서 그가 피를 봐야 할 텐데![12]

부오나코르시는 포를리에 머물던 마키아벨리에게 좋은 이야기도 전했다.

제가 보기엔 서기장님께서 영광스러운 큰일을 하셨습니다. 저도 너무 기쁘고 앞으로도 매우 기대됩니다.[13]

이렇게 계속 이어진 아첨은 소인배 부오나코르시가 위대한 사상가 마키아벨리에게 품은 감탄의 표현처럼 보이기도 한다. 그러나 이런 찬양은 무엇보다도 '보좌관'이 상관에게 보인 충성의 표현이라 하겠다. 이런 상하 관계나 어쩌면 충성의 표현으로 인한 어색함을 완화하기 위해 부오나코르시는 앞에서 본 험담처럼 점잖지 않은 문장을 종종 곁들였

이 테라코타 흉상은 외교관 마키아벨리가 베키오궁 사무실에
서 근무하는 모습을 묘사한 것이다. 독창적 정치사상가였던 마
키아벨리는 1512년 가을에 해임된 후 한동안 베키오궁에 출입
할 수 없었다.

다. 게다가 부오나코르시는 자신이 마키아벨리와 친구처럼 가까운 사이라는 것을 자주 과시하곤 했다.

마키아벨리도 부오나코르시가 전한 서기국의 따끈한 소식을 반겼을 것이다. 지위 고하를 불문하고 모든 공사는 정치적으로 중요한 정보의 흐름에 민감할 수밖에 없었기 때문이다. 특히 피렌체에서는 고위 공무원의 교체 간격이 매우 짧았기 때문에 더더욱 그랬다. 고국에서 멀리 떠나온 대리공사는 누가 자신에게 중요한 상관이고 임명권자인지를 정확히 알고 있어야 했다. 이 과제를 부오나코르시는 14년 동안 모범적으로 수행했다. 부오나코르시는 또한 마키아벨리 집안과 수시로 연락하면서 뒷바라지해주었다. 그래도 부오나코르시가 상관에게 쓴 편지는 부자연스러운 면이 있었다. '우리가 함께하면 무엇이든 할 수 있어!'라는 식의 연대감을 강조할 때가 많았고 음흉한 간계에 관한 이야기는 지나치게 억지스러웠다. 게다가 부오나코르시가 예고한 대사건은 마키아벨리가 돌아와서 보면 아무것도 아닌 일로 넘어갈 때가 많았다. 분명 부오나코르시는 자신의 충성과 연대감을 표현하려 했을 것이다. 어쨌든 이런 편지는 제2서기국 서기장이 동료들을 얼마나 격의 없이 대했는지를 보여준다.


## 지상의 지옥

이 무렵부터 마키아벨리는 외교 서신과는 다른 형태로 인간과 세계에 대한 견해를 표출하기 시작했다. 그는 제2서기국 서기장이 된 지 얼마 지나지 않아 대악마 벨파고르에 관한 우화를 집필했다. 이 우화는 빠르게 진행된다. 지옥에 소집된 악마들은 하느님의 분노를 사 지옥으로 떨어지는 거의 모든 남성이 이 저주의 책임을 아내 탓으로 돌린다는 사실을 알아차린다. 이로 인해 저승의 왕 플루톤은 자신의 명예가 걸린 문제에 직면한다. 플루톤은 지하 왕국을 명예롭게 통치하고자 한다. 그러나 만약 아내 탓을 하는 남편들의 주장을 그대로 받아들인다면 그는 순진하다는 평을 받게 될 것이다. 그렇다고 해서 판결을 보류하면 결단력이 없다는 평을 받게 될 것이며 더 심하면 무고한 자에게 정의를 베풀지 않는다는 비난을 받을 것이다. 따라서 지옥의 명예를 지키려면 어떻게든 조치를 내려야 한다. 이 점에서 악마 평의회의 의견은 모두 일치한다.

여기에서 지옥은 관료정치가 펼쳐지는 궁정과도 같다. 이야기를 몇 줄만 읽어도 이런 패러디가 쉽게 눈에 들어온다. 사탄과 부하들은 카테리나 스포르차처럼 평판에 신경 쓸뿐더러 구사하는 언어도 정치인과 다르지 않다. 이들은 회의에서 적절하게 신중한 태도와 적법한 절차, 올바른 공식 경로 등을 이야기한다. 이들은 하느님의 현명한 뜻에 따라 악인에게 고통을 주는 임무를 부여받았다. 이들은 최선을 다해 이 임무를 수행하고자 한다.

이를 위해서는 남편들이 지옥에 떨어진 이유가 정말로 아내 탓인지를 밝혀내야 한다. 그러나 어떻게 밝혀낼 수 있을까? 누구는 이미 고통받고 있는 가엾은 영혼에게 특별히 가혹한 고문을 가해 심문하자고 제안한다. 그러다 이내 유일한 해결책을 찾아낸다. 방법은 진실을 밝히기 위해 악마를 세상으로 파견해 인간의 탈을 쓰고 인간 세상을 경험해보게 하는 것이다.

세상에서는 빈곤, 지하 감옥, 질병 등 온갖 불행으로 사람들이 고통을 겪는다. 다만 몇몇은 기만과 간계로 이런 불행을 모면하기도 한다.[14]

88

이 제안을 들은 악마들은 깜짝 놀란다. 인간의 삶에 비하면 지옥은 얼마나 좋은가! 자원하는 악마가 없어 추첨했는데, 지옥으로 떨어지기 전에 대천사였던 대악마 벨파고르가 뽑힌다. 벨파고르는 사양했지만 결국 마왕 플루톤의 명령을 따를 수밖에 없다. 그리고 마침내 엄숙하게 계약서가 작성된다. 이 밀사는 지옥만도 못한 지상의 임무를 10년 동안 수행해야 하며 그 후에는 다시 악마가 될 수 있다. 밀사는 10만 두카토의 여비를 받는다. 벨파고르의 목적지는 피렌체다. 피렌체에서는 모든 것을 매수할 수 있고 돈 있는 모리배에게는 모든 것이 가능했기 때문이다. 이 장면에서 마키아벨리의 독자들은 또다시 미소를 지었을 것이다. 피렌체도 대사를 추첨으로 뽑았다. 그리고 이름이 뽑힌 많은 사람은 이를 사양했다. 비용이 많이 드는 반면에 수입은 적고 성공 전망도 불확실했기 때문이다. 금전적인 면에서 벨파고르는 형편이 나은 편이지만 피렌체의 대사들과 달리 계약을 거부할 수는 없다. 정무위원회의 사무관인 마키아벨리처럼 벨파고르도 상관에게 복종할 수밖에 없다.

인간의 탈을 쓴 이 악마는 피렌체에서 카스티야 출신의 로드리고라고 불린다. 그는 이 도시에 들어올 때부터 위풍당당한 모습으로 사람들의 시선을 끈다. 훌륭한 외모에 돈도 잘 쓰는 그가 세계에서 가장 문명화된 피렌체에서 가정을 꾸리려 한다는 소문을 퍼뜨리자 딸이 있는 탐욕스런 귀족들이 떼를 지어 몰려온다. 벨파고르는 여러 규수 중에서 영락한 옛 귀족 가문 출신의 아름다운 오네스타 도나티를 고른다. 두 자매와 세 형제를 데리고 신랑 집에 들어와 함께 살게 된 신부는 매우 오만했다. 오네스타의 오만함이 가장 오만한 악마 루시퍼를 능가할 정도라는 사실을 벨파고르는 결혼한 지 몇 주도 되지 않아 깨닫는다. 그러나 그는 오만한 아내를 너무나 사랑하기에 어찌할 도리가 없다. 오네스타는 이런 예속 관계를 최대한 활용한다. 벨파고르는 아내의 소원이라면 무엇이든 들어준다. 처제의 결혼 지참금과 처남의 사업 자금을 마련해주고 아내를 위해 호화로운 파티를 연다. 매주 바뀌는 피렌체 패션에 맞춰 둘은 끊임없이 쇼핑을 한다. 그러다 결국 올 것이 왔다. 얼마 지나지 않아 벨파고르는 큰 빚을 지게 되고 야음을 틈타 도주하는 신세가된다.

채권자를 피해 달아난 벨파고르는 잔마테오라는 농장 일꾼의 집에 몸을 숨기면서 그 대가로 그에게 큰 보상을 약속한다. 쫓아온 채권자를 따돌린 잔마테오에게 고마움을 느낀 벨파고르는 자신의 진짜 정체를 밝히면서 그를 기적의 치료사로 만들어주겠다고 한다. 이를 위해 벨파고르는 부유한 피렌체인의 딸에게 악령으로 들어가고 잔마테오는 많은 돈을 받고 악령을 퇴치해준다. 이 '기적'이 나폴리까지 전해지고 그곳에서 절차를 반복한다. 이번에는 사례금으로 자그마치 5만 두카토를 받는다. 이로써 신세를 다 갚았다고 생각한 벨파고르는 잔마테오에게 이제 악령 퇴치 놀이는 그만할 테니 더 이상 자신을 찾지 말라고 말한다.

의무 계약에서 벗어나 느긋해진 벨파고르는 장난삼아 프랑스 왕의 딸 안에 둥지를 튼다. 그러자 프랑스 왕이 곧바로 잔마테오에게 도움을 청하고, 그는 피렌체 정부의 명령으로 어쩔 수 없이 프랑스로 가야만 했다. 악마와 계약이 끝난 것을 아는 잔마테오는 겁에 질린 채 왕에게 온갖 평계를 대지만 왕은 딸을 치료하지 못하면 그를 교수형에 처하겠다고 말한다. 벨파고르는 온갖 간청을 해도 꿈적하지 않는다. 벨파고르는 지상에서 겪은 모든 굴욕에 복수하고 싶었고 하필 잔마테오가 그 희생양이 된 셈이다. 벨파고르는 잔마테오를 교수대에 매달아 지상의 모든 사람에게 악마와 게임을 하면 큰일이 난다는 것을 알려주려 한다.

그러자 영리한 잔마테오는 꾀를 생각해낸다. 잔마테오는 화려하게 꾸민 야외무대에서 높은 분들이 보는 가운데 성대하게 악령 퇴치 의식을 거행하고 싶다고 왕에게 말한다. 드디어 미사가 열리고 주교 두 명이 저주받은 딸을 무대 위로 데려온다. 이를 보며 벨파고르는 코웃음을 친다.

> 도대체 이 멍청한 시골뜨기는 무엇을 하려는 것일까? 이것으로 나를 쫓아내겠다고? 천국의 영광과 지옥의 공포를 모두 아는 나를? 제대로 쓴맛을 보여줘야지![15]

잔마테오가 신호를 보내자 모든 연주자가 일제히 아주 요란한 곡을 연주한다. 악마가 어리둥절한 표정으로 무슨 짓이냐고 묻자 '기적의 치료사'가 답한다.

> 이를 어쩌나, 로드리고! 네 아내가 너를 데리러 오고 있다네![16]

이 말을 들은 벨파고르는 즉시 왕의 딸에게서 나와 지옥으로 줄행랑을 친다. 지옥에서 벨파고르는 지상의 결혼이 얼마나 지옥 같은지를 공식적으로 증언한다. 반면에 악마보다 더 영리한 잔마테오는 부자가 되어 행복하게 피렌체로 돌아간다.

《벨파고르》의 소재는 마키아벨리가 지어낸 것이 아니다. 영리한 농부, 결혼이라는 무거운 멍에, 악마와 벌인 게임 등은 모두 사육제의 해학극이나 음란 소설 등에서 자주 사용하는 이야깃거리였다. 다만 마키아벨리는 여기에 자신만의 특징을 부여했다. 피렌체 정치에 대한 패러디나 이익이 되는 결혼을 위한 흥정 등은 그래도 관객이 너그러이 미소를 지으며 지켜볼 수 있었다. 그러나 이 우화의 메시지를 접하는 순간 웃음은 사라지고 만다. 이 세상은 악마도 치를 떨 만큼 악하다. 이 세상의 법칙은 기만이다. 약속을 어기지 않는 자는 망한다. 벨파고르는 이런 현실을 매우 빠르게 체험했다. 결혼 후 얼마 지나지도 않아 벨파고르는 인내심을 잃고 말았다. 그는 10년 동안 사람의 탈을 쓴 채 사람들이 서로에게 행하는 온갖 못된 짓을 인내하기로 엄숙하게 약속했지만 결국 이 기간이 끝나기도 전에 사람들의 성화를 피해 다시 악마로 돌아갔다. 벨파고르가 계약을 위반했다고 지옥에서 비난받지는 않을 것이다. 지상에서는 약속을 지킬 수 없다는 것을 지옥에서도 잘 알 것이기 때문이다. 사랑과 같은 순진한 감정에 이끌리는 자는 처참하게 이용당하고 빈털터리가 된다. 인간의 탐욕은 결코 채워지지 않기 때문이다. 살아남으려면 속이는 수밖에 없다.

## 피사를 거쳐 프랑스로

마키아벨리가 포를리에서 돌아온 후 피사를 둘러싼 전쟁은 일단 기대한 대로 전개되었다. 피렌체의 새 야전 사령관 파올로 비텔리는 여러 요새를 잇달아 정복한 후 1499년 8월 6일에는 시의 성벽 안으로 진격했다. 이에 깜짝 놀란 피사인들은 항복 조건을 협상할 대표를 뽑기 시작했다. 그러나 비텔리는 최후의 공격을 준비하는 대신에 머뭇거리다가 다시 퇴각했다. 그러자 피사인들은 용기를 되찾았고 좋은 기회는 다시 오지 않았다. 9월 중순에는 말라리아가 창궐해 더 이상 도시를 포위할 수 없었다. 피렌체인들은 배반의 냄새를 맡았다. 비텔리가 매수되지 않았을까? 정무위원회는 비밀회의를 열어 이 불운한 야전 사령관에게 유죄판결을 내렸다. 파올로 비텔리는 고문을 당하면서도 결백을 주장했지만 결국 참수되고 말았다. 마키아벨리는 제2서기국 서기장으로서 극비로 진행된 회의에 참석한 듯하다. 피사에 대한 공격이 성공적으로 마무리될 가능성이 남아 있었을 때 마키아벨리는 정부의 의뢰로 용병 대장에게 격려의 편지를 쓴 바 있었다.

마키아벨리가 비텔리의 처형과 이와 관련해 공무원의 의무에 관해 어떻게 생각했는지는 루카공화국의 서기장에게 보낸 다음과 같은 편지에서 엿볼 수 있다.

> 귀하의 공화국 사무관이 우리 공화국을 모욕하는 것이 적절한지는 귀하의 판단에 맡기겠습니다. 그러나 한번 생각해보십시오. 귀하가 이탈리아의 통치자에게 무슨 비난을 하든 그것은 귀하의 공화국으로 되돌아갈 것입니다. 귀하는 정부를 대변하므로 귀하의 정부가 귀하의 발언에 동의했다고들 생각할 것이며 따라서 부득이하게 귀하의 정부에 대한 증오를 불러일으킬 것이기 때문입니다.[17]

공무원은 국가에 해를 끼치면 안 된다. 오히려 공무원은 통치자를 어떻게 생각하든 상관없이 국가의 명예와 이익을 증진해야 한다. 마키아벨리 자신은 이 규칙을 철통같이 지켰지만 이름이 알려지지 않은 루카의 이 동료는 그렇지 않았다.

> 비록 귀하의 편지에서 충분히 증명되지만 귀하의 악의적인 태도는 문제 삼지 않겠습니다. 저는 보고받은 것을 그대로 믿거나 피렌체공화국의 명예를 훼손할 목적으로 소문을 퍼뜨리는 귀하의 어리석음에 대해서만 언급할 것입니다.[18]

여기서 명예훼손이란 비텔리의 결백을 주장하며 피렌체인들이 국가 범죄를 저질렀다고 비난하는 것을 말한다. 그러나 마키아벨리가 보기에는 야전 사령관의 기만이 분명했다. 퇴마사 잔마테오의 기만과 달리 국가를 속인 이 행동은 용서받을 수 없었다. 마키아벨리는 다양한 형태의 기만을 언급한 다음 이 부정직한 서기장에게 앞으로 어떻게 처신하는 게 좋을지를 다음과 같이 조언했다.

> 저는 귀하가 기존 관행에 너무 안주하지 않기를 바랍니다. (…) 형제애를 바탕으로 다음과 같이 경고하고자 합니다. 귀하가 나쁜 품성으로 인해 앞으로도 계속 다른 사람을 공연히 모욕하려 한다면 부디 실제보다는 더 영리하게 비치도록 유의하시기 바랍니다.[19]

마키아벨리를 화나게 하는 자는 무사하지 못할 것이다! 과연 마키아벨리가 주장대로 비텔리의 배신을 정말로 아주 굳게 확신했는지는 알 수 없다. 어쨌든 마키아벨리에게 유죄 여부 자체는 중요하지 않았다. 질서 정연한 공화국이라면 거물이 법 위에 있지 않다는 사실을 국민에게 보여주어야 한다. 비텔리처럼 정복의 기회를 날려버리는 자에게는 참혹한 처벌을 내려야만 미래의 야전 사령관들이 후퇴보다는 차라리 전장에서 죽는 편을 선택할 것이다. 마키아벨리는 15년 후에 《로마사 논고》에서 이런 원칙을 재확인한 바 있다.

1500년 5월 니콜로 마키아벨리는 아버지 베르나르도가 사망하자 집안의 가장이 되었다. 마키아벨리는 아버지에 대해 농담 섞인 몇 줄만을 남겼다. 예를 들어 한 익살맞은 소네트에서는 아버지의 인색함을 한탄하면서 부디 베르나르도가 오리나 거위를 사더라도 직접 먹지는 말기를 바란다는 말로 끝을 맺었다. 아버지가 사망한 지 몇 년 후 산타 크로체의 가족 묘역에 외부인이 묻혔다는 소식을 수도사에게서 전해 들은 마키아벨리는 다음과 같이 말해 상대방을 어이없게 만들었다.

> 그래요? 그냥 놔두세요. 아버지는 원래 이야기하는 것을 좋아했어요. 같이
> 떠들 사람이 많을수록 더 좋아할 거예요.[20]

돈 벌기보다 친구와 어울리기를 더 좋아했던 아버지에 대한 애틋한 농담인 듯한데 어찌 보면 내세와 부활에 대한 기독교의 믿음까지 조롱하고 있는 것처럼 보이기도 한다.

1499년 여름 수치스러운 사건 이후 피렌체는 전적으로 프랑스의 도움에 의존했다. 프랑스 왕 루이 12세는 보몽 장군이 이끄는 남프랑스와 스위스 출신의 용병들을 피렌체공화국에 보내주었다. 그러나 이 외국 군대 때문에 피렌체의 상황은 더욱 나빠졌다. 얼마 지나지 않아 보몽은 능력도 의욕도 없다는 사실이 드러났으며 특히 지휘관으로서 권위가 서질 않았다. 지휘관의 나태함 때문에 이내 군량을 비롯해 모든 것이 부족해졌다. 이런 위기 때면 늘 그랬듯이 정무위원회는 마키아벨리를 사건 현장으로 보냈다. 그곳에서 마키아벨리는 긴급하게 필요한 정보를 수집하고 피렌체의 전쟁 특사 루카 델리 알비치를 지원하는 임무를 맡았다. 점점 악화하는 사태의 추이를 피렌체에 보고하는 것은 알비치의 일이었다. 알비치는 형편없는 급식과 급료 미지급 때문에 스위스 용병들이 반란을 일으키기 시작했으며 이미 합의된 피사의 항복이 두 차례나 수포로 돌아간 일 등을 보고했다. 알비치에 따르면 마키아벨리는 이 모든 혼란 속에서도 꿋꿋하게 그를 도왔다. 외국 군인들의 소요가 커지자 알비치는 도움을 요청하기 위해 마키아벨리를 피렌체로 보냈고 그 직후에 스위스 군인들의 볼모로 잡히고 말았다. 성난 동맹군은 몸값으로 1300두카토를 받은 후에야 이 불운한 특사를 풀어주고 북

쪽으로 물러났다. 피렌체인들은 안도의 한숨을 쉬었지만, 더욱 안도한 것은 계속해서 자유를 누릴 수 있게 된 피사인들이었다.

비텔리의 실패와 마찬가지로 이 사건도 여파가 이어졌다. 프랑스 왕이 보낸 야전 사령관을 간단히 재판에 넘길 수는 없었다. 그러나 피렌체인들은 이 치욕을 그냥 넘어가려 하지도 않았다. 루이 12세도 마찬가지였다. 피사 앞에서 벌어진 이 황당한 사건으로 자신의 명예가 실추되었다고 느낀 왕은 '공격이 최선의 방어'라는 식으로 오히려 피렌체에 강력한 비난을 퍼부었다. 상황이 급박하게 돌아가자 1500년 7월 마키아벨리는 이제까지보다 더 긴 출장길에 오르게 되었다. 다만 프랑스로 출발할 피렌체 특별 사절단의 수장은 알비치의 후임으로 피사 전투에서 전쟁 특사를 맡았던 귀족 프란체스코 델라 카사였다. 제2서기국 서기장은 사무관이자 정보원이자 아이디어 제공자로서 델라 카사를 보좌했다.

델라 카사와 마키아벨리에게 내려진 지시에는 피렌체의 입장이 단호하게 표현되어 있었다. 모든 것은 보몽의 책임이다! 그러나 이렇게 강력한 발언은 다른 방법이 없을 때 그리고 피의자에게 영향력 있는 후원자가 없다는 사실을 먼저 확인했을 때만 할 수 있었다. 우선은 훨씬 부드럽게 대화를 시작해야 했다. 즉 프랑스 장군은 야전 사령관의 고된 임무를 맡기에는 너무 마음이 여렸다. 죄송하지만 피렌체는 이 치욕스러운 사건의 책임이 프랑스 측에 있다고 생각한다. 델라 카사와 마키아벨리에게 그 이상의 협상 재량권은 없었다. 다른 문제가 주제로 떠오르면 새로운 지시를 받아야 했다. 피렌체 정무위원회는 피렌체를 향한 일체의 비난을 배척했으므로 이 두 특사에게 추가 권한을 위임할 생각도 하지 않았다. 그러나 이는 외교적 선견지명과는 거리가 멀었다. 루이 12세는 자신의 국민이 아니라 스위스인들과 피렌체인들에게 책임이 있다는 입장을 이미 분명히 밝힌 상태였다. 따라서 냉정히 볼 때 델라 카사와 마키아벨리의 임무는 결코 간단치 않았다. 그러나 아르노강 가의 임명권자들은 이런 사실을 직시하지 않았다. 그들은 프랑스와 프랑스 왕과 왕의 정치에 대해 착각에 빠져 있었다.

불행은 프랑스에 퍼진 흑사병과 함께 이미 시작되었다. 이 때문에 피렌체 사절단은 길을 돌아갈 수밖에 없었다. 왕도 전염병 때문에 이 성에서 저 성으로 피해 다니는 중이었다. 따라서 사절단의 첫째 임무는 루이 12세를 찾는 것이었다! 말처럼 쉬운 일은 아니었다. 많은 시간과 비용이 드는 일이었다. 피렌체 외교관의 봉급은 적었으며 별도의 여비도 없었다. 한 달이 지나자 마키아벨리가 받은 80피오리노의 거의 절반이 지출되었다. 델라 카사의 봉급은 마키아벨리보다 많았다. 이는 제2서기국 서기장의 자존심과 명예에 좋은 것이 아니었다.

출발 시 제게 얼마의 봉급이 제공되었고 프란체스코 델라 카사는 얼마를 받았는지 알고 계실 것입니다. 어쩌면 귀하는 그가 저보다 더 많이 지출하리라 생각하실지 모르겠습니다. 그러나 실제로는 그렇지 않습니다. 저희는 리옹에서 전하를 뵙지 못했고 전하를 쫓기 위해 말과 하인과 옷을 마련해야 했습니다. 다시 말해 저희 두 사람은 같은 비용을 쓰면서 왕을 쫓고 있습니다. 따라서 제가 그보다 적은 임금을 받는 것은 신과 인간의 모든 정의에 어긋나 보입니다. 제게는 너무 과한 지출이라고 생각하실지 모르지만 어차피 결론은 둘 중 하나입니다. 즉 이 돈은 저희 둘에게 똑같이 가치가 있거나 아니면 제게 20두카토를 지급하는 것은 쓸데없는 낭비일 것입니다. 후자의 경우라면 저를 소환해주시기 바랍니다.[21]

놀랍게도 정무위원회는 이의를 받아들여 마키아벨리가 원하는 대로 봉급을 올려주었다. 정무위원회는 그래야 하는 이유를 알고 있었다.

얼마 후 두 외교관은 느베르에서 왕을 알현했는데 협상은 처음부터 완전히 예상을 빗나갔다. 루이 12세와 수상인 조르주 당부아즈(그의 원래 직업이 루앙의 추기경이므로 마키아벨리는 이를 줄여서 '로아노Roano'라고 불렀다)는 책임 소재의 객관적 규명에 전혀 관심이 없었다. 마키아벨리가 금세 알아챘듯 왕의 명예가 크게 손상되었다는 것도 정말로 중요한 문제가 아니었다. 그 같은 문제는 왕에게 정말로 중요한 것을 관철하기 위한 핑계에 불과했다. 중요한 것은 오직 돈, 돈 그리고 또 돈이었다! 비록 스위스 용병은 프랑스 측에서 모집했지만 실패한 '보몽 작전'에 든 모든 비용을 피렌체가 부담해야 했다. 피사 정복의 실패와 관련해 루이 12세는 자신과 보몽의 책임을 전혀 인정하지 않았다. 가스코뉴에서 모집한 불충한 용병들은 왕이 이미 처벌했다고 한다. 그 밖에는 무엇보다도 반란을 일으킨 스위스 용병들, 즉 매수 가능하고 반항적인 인간들이 문제였다고 한다. 그러나 변덕스러운 피렌체인들도 그다지 잘한 것은 없다고 한다. 피렌체인들이 상인처럼 소심하게 구는 바람에 프랑스인들의 과감한 작전이 방해를 받았다고 한다. 따라서 이제 이에 대한 재정적 책임을 져야 한다는 것이다.

왕이 두 사람에게 제시한 청구서는 3만 8000프랑이었다. 그것도 즉시 현금으로 달라고 했다. 이를 지불하면 서로의 빚이 청산되고 동맹국의 행복한 미래가 열릴 것이라고 했다. 두 피렌체인은 귀를 의심했다. 신성한 루이 9세의 후손이 고리대금업자의 말을 하다니! 이는 노골적인 협박이었다. 피렌체공화국의 북쪽 국경에서는 체사레 보르자가 프랑스 군대의 지원을 받아 로마냐를 정복했으며 이것으로 끝이 아닐 것이라는 소문을, 따라서 피렌체도 조심해야 한다는 소문을 고의로 퍼뜨렸기 때문이다. 루이 12세는 피렌체공화국이 협상을 중단할 수 있는 처

프랑스 왕 루이 12세가 제노바시의 항복을 받고 있다. 왕이 고귀한 기사로서 승리한 군대의 선두에서 말 위에 앉아 있다. 실제로 이 왕의 가장 큰 재능은 피렌체 같은 이탈리아 동맹국을 상대로 돈을 받아내는 데 있었다.

지가 아니라는 사실을 정확히 알고 있었다. 그러나 늘 재정적 어려움에 시달리던 정무위원회도 이 터무니없는 몸값을 낼 의사가 없었다.

왕과의 첫 번째 면담 후 델라 카사와 마키아벨리의 임무는 사실상 실패한 상태였다. 그런데도 이 협상은 4개월 동안 계속되었다. 양측은 만나서 각자 준비한 입장을 교환한 후 성과 없이 헤어졌다. 왕은 자신의 명예 회복을 위해 피렌체가 3만 8000프랑을 지불해야 한다는 주장을 굽히지 않았다. 델라 카사와 마키아벨리는 피렌체의 시각에서 사태의 전말을 설명했지만 상대는 들으려 하지도 않았다. 프랑스 협상단은 공화국 사절의 마음을 돌리기 위해 온갖 수단을 동원했다. 그들은 아버지처럼 훈계하기도 했고 양심에 호소하기도 했으며 차가운 경멸과 노골적인 협박을 하기도 했다.

내용 없는 형식으로 전락한 협상은 마키아벨리에게 정치적, 심리적 탐색의 기회를 많이 제공했다. 프랑스 협상단의 입장 뒤에는 무엇이 숨어 있는가? 기독교 세계에서 가장 부유하다는 왕이 그에게는 보잘것없는 액수를 어째서 이렇게 고집하는가? 이 궁정에서 결정권을 가진 사람은 누구이고 여기서 적용되는 법칙은 무엇인가? 궁정에서 어떻게 해야 왕과 장관에게 영향력을 행사할 수 있는가? 대악마 벨파고르가 인간이 된 것처럼 마키아벨리는 궁정의 신하가 되어 낯설고 기괴한 느낌까지 드는 이 집단의 법칙을 탐구했다. 놀랍게도 그의 첫 질문은 다음과 같았다. 여기가 정말로 궁정인가?

앞으로 예의에 어긋나는 몇 가지를 말씀드리더라도 부디 용서해주시기 바랍니다. 이 왕은 전임자보다 지극히 작은 궁정에서 살고 있습니다. 그리고 이 작은 궁정의 3분의 1은 이탈리아인으로 구성되어 있습니다. 사람들은 왕이 기대만큼 지출하길 원치 않기 때문에 궁정이 축소되었다고 말합니다. 그래서 궁정 안의 모든 이탈리아인은 아주 불만이 많습니다. (…) 이런 처우가 자신의 평판에 어울리지 않는다고 생각하기 때문입니다. 이 모든 것은 이곳에 있는 모두가 아는 사실입니다.[22]

한마디로 '가장 독실한' 왕은 구두쇠라는 말이다. 그것도 지독한 구두쇠다! 프랑스를 숭배하던 피렌체 정무위원회에 이 같은 폭로는 정말로 받아들이기 힘든 것이었다. 고리대금업자는 구두쇠지만 왕은 관대함을 보여줘야 했기 때문이다. 왕은 가난한 사람뿐만 아니라 예술가와 학자에게도 관대해야 했다. 신이 임명한 왕은 과학과 문학을 아낌없이 후원해야 한다고 목소리 큰 인문주의자들은 왕의 의무 목록에 기재하곤 했다. 이를 거부하는 왕은 정당성을 의심하는 불쾌한 질문에 직면해야 했다. 당연히 귀족도 자신들이 군대와 궁정에서 봉사하는 데 왕이 감사를 표하리라 기대했다. 그러나 이 왕은 모든 오락 행사를 축소했고 특히 사냥에 인색했으며 신하들에게 서민 음식을 제공했고 8시가 되어야 신하들을 쉬게 했다.

마키아벨리가 왕을 인색한 사람으로 평가했다는 사실은 프랑스에서 공공연한 비밀이었다. 그러나 피렌체에는 새롭고도 중대한 일이었다. 이는 빌어먹을 3만 8000프랑이라는 노골적인 청구서 때문만이 아니었다. 루이 12세가 집요하게 이 금액을 요구하는 데는 마키아벨리가 보기에 틀림없이 또 다른 이유가 있었다.

저희가 보기에는 이변이 없는 한 상황이 좋아질 것 같지 않습니다. 저희는 왕이 이 작전 비용을 인수하리라 생각지 않기 때문입니다. 저희가 이렇게 생각하는 이유는 금전 지출과 관련한 왕의 성품 때문입니다. 구체적으로 말하자면 왕은 지금까지 이탈리아와 관련한 사안에서 그랬던 것처럼 외국의 돈을 끌어모으려고만 하고 한 푼도 잃지 않으려 합니다. 그러면서 나중에 발생할지 모를 일보다는 현재의 이익을 더 우선시합니다.[23]

전염병 때문에 두 피렌체인을 데리고 계속 옮겨 다녀야 했던 궁정에서 3주를 머문 후인 1500년 8월 27일자 편지에서 마키아벨리가 내린 총평이었다. 그러므로 이 동맹에서 손을 떼야 한다는 것이 논리적 결론이었다. 프랑스에 운명을 거는 자는 실패하고 말 것이다. 그러나 고국에서 반기지 않을 이런 결론을 마키아벨리가 직접 이끌어내지는 않았다. 피렌체의 통치자들이 이를 직접 깨닫게 해야 했다.

이 난국을 어떻게 타개할 수 있을까? 무엇이 안 되는지에 대해서는 마키아벨리가 임명권자에게 다음과 같이 분명하게 말했다.

그동안 피렌체가 프랑스 왕가에 얼마나 충성했는지, 루이의 선왕 시절에 무슨 일이 있었는지, 피렌체가 프랑스를 위해 얼마나 많은 돈을 지출했고 얼마나 많은 위험을 감수했는지, 피렌체의 희망이 얼마나 자주 좌절되었는지, 보몽의 지휘 아래에서 최근에 무슨 일이 있었고 이 불행으로 피렌체가 어떤 피해를 보았는지, 우리가 조금만 더 강했더라면 왕이 우리에게 무엇을 기대할 수 있었는지, 이탈리아에서 우리의 국력이 막강하면 왕에게 어떤 이익이 돌아갈지, 이탈리아의 나머지 도시국가들이 얼마나 믿기 힘든지 등을 아무리 상기시키고 이야기해도 모두 헛수고일 뿐입니다![24]

물론 이런 공적을 끊임없이 언급하는 것도 마키아벨리가 정부를 대신해서 해야 할 일이었다. 그러나 왕은 이런 설교를 들으려 하지도 않았다. 정부 책임자에게 이런 전략이 쓸모없다고 노골적으로 지적하는 것은 아슬아슬한 행동이었다. 이는 내가 당신들에게 하지 말아야 할 일과

해야 할 일을 제시하겠다는 것과 마찬가지이기 때문이다.

마키아벨리에 따르면 피렌체가 성공할 수 있는 유일한 전략은 궁정 사람들을 자기편으로 만드는 것이었다! 마키아벨리의 궁정 탐색은 신속히 진전되었다. 그의 조사 결과 궁정의 제2인자는 '로아노'였다. 추기경의 조언이 없으면 왕은 아무것도 하지 않았다. 어렵거나 불편한 협상이 있으면 항상 추기경을 먼저 보냈다. 모두가 알다시피 추기경에게는 약점이 있었다. 로아노는 교황이 되고 싶었으며 이를 위해서라면 무엇이든 할 태세였다. 그런가 하면 왕은 마키아벨리가 보기에 무슨 일을 벌일지 몰랐다. 피렌체는 루이 12세가 피사를 정복해 프랑스 총독이 통치하는 국가를 토스카나에 세우려 할지도 모른다는 점을 고려해야 했다.

> 이것이 재정적으로도 이익이기 때문입니다. 실제로 피사인들은 적의 지원을 받아 매년 조세를 납부하는 것 외에도 10만 두카토를 왕에게 제공했습니다. (…) 수많은 적이 왕에게 이를 설득했는데, 왕은 이미 피렌체에 화가 나 있을뿐더러 이를 통해 이익을 얻을 수 있어서 그만큼 설득이 통할 가능성이 큽니다. 여기에서 피렌체는 모두의 미움을 받고 있습니다. 그리고 왕은 피렌체를 괴롭혀도 손해 볼 일이 없다는 사실을 잘 알고 있습니다.[25]

한때 훌륭한 동맹자였던 이 왕은 실제로는 탐욕스럽고 매수 가능하며 반역적 기회주의자다! 루이 12세에 대한 이런 성격 묘사가 자신의 임명권자에게는 인내의 한계를 넘는 것이라는 점을 마키아벨리도 알고 있었다.

> 귀하도 알다시피 저희는 이곳의 사태를 보고 이해한 대로 허튼 생각 없이 아주 솔직하게 보고하고 있습니다. 혹시 너무 과하게 말한 부분이 있다면

그것은 저희가 침묵해서 우리 도시를 위험에 빠뜨리느니 차라리 때에 따라 잘못된 것을 적어서 저희가 피해를 입는 편이 낫다고 믿기 때문입니다. 저희가 감히 이렇게 하는 까닭은 귀하의 현명함을 믿기 때문입니다. 부디 저희 글을 검토하시고 올바른 판단과 결정을 내려주시기 바랍니다.[26]

그러나 현실은 정반대였다. 마키아벨리는 자신의 임명권자가 보고서를 토대로 어떤 결론을 내려야 하는지를 거의 노골적으로 암시했다. 가장 시급한 조치는 바로 왕 주변에서 영향력 있는 동맹자를 찾는 것이었다. 마키아벨리는 그 방법도 알고 있었다. 즉 돈으로 매수하는 것이었다! 쓸모 있는 자기편에게 먼저 돈을 치러야 한다. 피렌체가 이런 뇌물을 아끼면 끔찍한 결과를 초래할 수도 있다. 그러나 루이 12세뿐만 아니라 임명권자도 마키아벨리의 말을 듣지 않았다.

정무위원회는 왕의 금전 요구에 응하지도 않으면서 사절들에게는 너그럽게 굴라고 설교했다. 이것은 그 자체로 모순이었다. 피렌체는 분란을 만들지 말라는 틀에 박힌 지시만 했다. 그러나 바로 이 때문에 델라 카사와 마키아벨리는 점점 더 신임을 잃어갔다. 마키아벨리가 보기에는 돌이킬 수 없는 약점이 노출될 상황이었다. 결국 공화국은 어쩔 수 없이 치욕적인 3만 8000프랑을 지불해야 할 것이다. 아르노강 주위에서도 이런 상황 판단이 긴 탄식 소리와 함께 지배적이었다. 이런 낌새를 보이자 루이 12세는 대금을 징수할 특임관을 피렌체로 보냈다. 피렌체인들은 전체 금액의 4분의 1만을 즉시 융통할 수 있다고 지연작전을 폈지만 루이 12세에게는 통하지 않았다. 왕은 신속한 전액 인도를 고집했다. 그리고 결국 피렌체는 이 쓴 약도 집어삼켜야만 했다.

이 모든 불화와 굴욕의 시간 동안 프란체스코 델라 카사는 병에 걸렸고 마키아벨리는 자신의 교체를 수차례 요청했다. 처음에는 이 요청이 효과가 없었다. 피렌체에서 새로운 사절을 추첨으로 뽑아도 임명이 되지 않았기 때문이다. 추첨으로 뽑힌 귀족들은 한결같이 이 임무를 사양했다. 그러다 1500년 12월 12일 마침내 고대하던 정무위원회의 귀환 통지서가 전령을 통해 프랑스에 도착했다. 그리고 1501년 1월 14일 마키아벨리는 집으로 돌아올 수 있었다. 마키아벨리가 보기에 이번 임무는 완전히 실패였다. 피렌체는 불가피한 결정을 미루는 바람에 쓸데없이 굴욕을 맛보았다. 게다가 공화국 정치는 루이 12세에 대한 부정적인 경험에도 불구하고 털끝만큼도 달라지지 않았다. 통치자들은 계속해서 프랑스에 전적으로 의존했다. 마키아벨리가 자리를 비운 동안 예전처럼 피렌체의 최신 정치 동향과 관료들 사이의 풍문을 상관에게 전달한 보좌관 비아조 부오나코르시의 말이 맞다면 프랑스에서 보낸 마키아벨리의 보고서는 그 예리함 때문에 정무위원회의 감탄을 자아냈다. 그러나 이 말은 당연히 믿을 것이 못 된다. 이는 부오나코르시가 전문적인 아첨꾼이기 때문만은 아니다. 제2서기국 서기장은 프랑스 왕을 노골적으로 솔직하게 평가함으로써 피렌체의 금기를 깨뜨렸다. 나아가 마키아벨리는 면담 내용을 그저 전달하는 데 그치지 않고 자신의 임명권자에게 정치를 가르치려 들었다.

마키아벨리가 프랑스 출장을 통해 얻은 진정한 소득은 새로운 깨달음이었다. 사람들은 권력에 가까울수록 야망에 사로잡힌다. 이는 궁정에서 잘 확인할 수 있다. 루이 12세 같은 권력자도 탐욕의 지배를 받는다. 탐욕은 설령 나중에 훨씬 더 많은 것을 얻을 수 있더라도 지금 당장 자신이 가진 권력과 부를 조금도 포기하지 않으려는 채워지지 않는 욕구다. 가장 쓰라린 통찰은 피렌체 정치에 관한 것이었다. 즉 망설임과 너그러움으로는 아무것도 이룰 수 없다는 사실이었다. 공화국은 너무도 분명하게 불안에 떨고 있었다. 그리고 이를 간파당한 순간 이길 수 없는 게임이 되었다. 또 다른 영원불변한 교훈은 다음과 같이 표현할 수 있을 것이다. 궁정처럼 권모술수가 판치는 환경에서는 이에 맞서는 권모술수를 통해서만 자신의 권리를 주장할 수 있다. 인맥은 인맥을 통해서만 물리칠 수 있다. 그러므로 더 나은 국가를 건설하려면 먼저 부패한 제도의 규칙에 따라 이런 제도적 무기를 사용해 그 제도를 무너뜨려야만 한다. 목적이 모든 수단을 정당화한다.

## 고국에서 울린 간주곡

귀국 후 제2서기국 서기장은 숨 돌릴 틈이 없었다. 1501년 2월 7일 마키아벨리에게 까다로운 임무를 위한 지시가 또다시 떨어졌다. 피스토이아에서 일어난 소요가 번져 이 예속 도시가 피렌체에 반기를 들었다. 정무위원회는 군사 조치를 취하는 동시에 니콜로 마키아벨리를 현장에 보내 폭동의 이유와 배경에 대한 자세한 정보를 수집하게 했다. 마키아벨리가 직접 쓴 원본 보고서는 남아 있지 않지만 이듬해에 그는 이 조사 결과를 토대로 의견서를 작성했다. 그가 보기에 소요의 원인은 피스토이아의 두 파벌, 즉 메디치가를 추종한 판차티치파와 저변이 넓은 정체의 편에 선 칸첼리에리파 사이의 분쟁이었다. 이는 마키아벨리에 따르면 정무위원회의 권위에 대한 도전이었다. 이 내전이 정무위원회의 종말을 초래할 빌미가 되지 않게 하려면 단호하게 대처해야 한다고 마키아벨리는 주장했다. 그렇지 않으면 메디치가의 추종자들이 이를 신호탄으로 여길 것이다. 따라서 피렌체는 어떤 타협도 받아들이면 안 된다. 그 대신에 반란을 일으킨 도시를 강력한 군사력으로 굴복시켜 무조건 항복을 받아내고 승자의 이익에 맞게 정치적으로 완전히 새로운 질서를 구축해야 한다. 그러나 이때도 공화국은 제2서기국 서기장의 조언을 듣지 않았다. 공화국은 우유부단한 태도로 갈등을 질질 끌더니 결국에는 이 예속 도시를 상대로 마키아벨리가 보기에는 불안정했던 옛 법률관계를 복구하는 것으로 그쳤다.

피스토이아의 봉기가 한창일 때 그사이 32세가 된 니콜로 마키아벨리는 별 볼 일 없던 자신의 사생활을 완전히 새롭게 정비했다. 혼자 사는 남자는 짐승처럼 생활한다. 마키아벨리의 희극 〈만드라골라〉에 나오는 이 문장은 그냥 던진 농담이 아니었다. 이런 판단에 따라 마키아벨리는 1501년 여름 마리에타 코르시니와 결혼했다. 당시에 결혼은 오로지 사회경제적 관점에서 이루어졌으며 감정은 거의 아무런 역할도 하지 않았다. 피렌체의 결혼 시장에서 이 신랑은 인간이 된 대악마 벨파고르와는 전혀 다르게 상당히 한물간 가문의 이름과 공직 외에는 내세울 게 많지 않았으므로 신부에게 기대할 것도 별로 없었다. 신부는 그와 마찬가지로 명망 있는 가문의 몰락한 집안 출신이었는데, 이 가문은 한참 뒤에 교황 클레멘스 12세(1730~1740)를 배출하기도 했다. 어쨌든 신부의 지참금도 특별하지 않았을 것이다. 반면에 마리에타가 결혼과 함께 가져온 사회적 자본은 그리 적지 않았다. 마키아벨리는 코르시니 가문에 속한 몇몇 영향력 있는 인물과 유익한 관계를 맺을 수 있었다.

두 사람의 개인적 관계에 대한 증거는 매우 적다. 본인의 진술에 따르면 마키아벨리는 결코 아내에게 충실한 남편이 아니었다. 다만 당시 도덕 기준으로는 이런 것을 남편에게 기대하지도 않았다. 오히려 외도에 관심이 없는 남자는 피렌체 남자들 사이에서 이내 신랄한 조롱의 대상이 되었다. 그런가 하면 마리에타 코르시니는 마키아벨리에게 당시 기준에 따른 아내의 의무를 다했다. 마리에타는 생존력 있는 아들을 다섯 명이나 낳았고, 검소하고 용의주도하게 살림을 꾸렸으며 남편이 공화국을 위해 수차례 출장길에 올랐을 때는 음식과 옷을 보내주었다. 두 사람 사이에 유일하게 남아 있는 편지를 보면 순전히 실용적 관점에서 맺어진 이 혼인 관계에서 적어도 아내 쪽은 어느 정도 감정이 있었던 듯하다.

> 사랑하는 니콜로, 당신은 나를 꾸짖지만 그것은 옳지 않아요. 당신이 여기에 있다면 얼마나 좋을까요? 당신이 더 이상 로마에 머물지 않는다면 내가 얼마나 행복할지 당신도 잘 알 거예요. 특히 지금 그곳에서 끔찍한 전염병이 돈다고 들었어요. 내가 어떻게 지내는지는 상상할 수 있을 거예요. 그래서 나는 밤이나 낮이나 마음이 편치 않아요! (…) 그동안 당신에게 편지를 쓰지 않았다고 놀라지 마세요. 특별한 일은 없었어요. 열이 좀 있었을 뿐이고 내가 화가 난 것은 전혀 아니에요. 아기는 잘 있어요. 아기는 당신을 많이 닮았어요. 피부는 눈처럼 희지만 머리카락과 털은 검은색이에요. 그리고 당신처럼 온몸에 털이 있어요. 당신을 닮아서 잘생겼어요. (…) 아기는 태어나자마자 눈을 뜨더니 온 집 안이 떠나갈 듯이 울어댔어요.[27]

마리에타도 말재주가 있었다. 아버지와 아들의 닮은 점은 당연히 머리카락과 털만이 아니었다. 세상의 빛을 그렇게 빨리 본 아기는 아버지의 전설적인 언변과 임기응변 능력도 확실히 물려받았다. 전에 이미 루카 우골리니라는 친구는 마키아벨리에게 피렌체식 농담을 섞어가면서 아기가 그의 친자식이 틀림없다고 말한 적이 있었다. 루카는 아기가 레오나르도 다 빈치도 더 잘 베낄 수 없을 만큼 아버지를 쏙 빼닮았다고 했다.

마리에타와 계속 늘어난 자식 외에 마키아벨리의 삶에서 '집안'은 거의 없는 셈이나 마찬가지였다. 남동생 토토와의 관계, 더 정확히 말해 니콜로를 대하는 남동생의 태도는 토토가 쓴 다음과 같은 짧은 편지 한 통에서 엿볼 수 있다.

> 어젯밤 형의 편지를 받고 형이 처한 위험에 대해 알게 되었어. (…) 이리저리 돌아다니면서 많은 사람을 만나면 이런 위험이 따르기 마련이지. 그리고 더 나쁜 일만 생기지 않는다면 다행이겠지. 물론 조심할 필요가 없다는 얘기는 아니야. 다만 형처럼 단 한 사건 때문에 흥분하는 것은 아닌 것 같아. (…) 아무튼 힘내길 바라. 이럴 때 기가 꺾이는 것은 아이나 여자가 할 짓이니까 말이야.[28]

아무도 마키아벨리를 나약하다고 비난한 적이 없었다. 이런 비난을 한 사람은 동생 토토가 유일했다. 두 사람의 관계는 이렇게 늘 허물이 없으면서도 형식적이었을 것이다. 토토는 다양한 상업에 종사했는데 이를 통해 큰돈을 벌지는 못했다.

1501년 여름에 또다시 검은 구름이 정계에 드리웠다. 특히 보르자가가 피렌체를 위협했다. 교황의 아들 체사레는 알렉산데르 6세가 봄에 넘겨준 로마냐공국을 정복하는 데 만족하지 않았다. 프랑스의 지원을 받은 체사레의 군사 작전은 점점 더 남쪽으로 확장되었다. 체사레가 다음에는 어디를 공격할지에 대한 정치적 토론으로 이탈리아 전역의 술자리가 뜨거웠다. 피렌체를 공격할까, 아니면 시에나만 공격할까? 아니면 토스카나의 두 공화국을 동시에 공격할까?

먼저 피옴비노의 야코포 다피아노가 공격을 받았다. 야코포 다피아노는 카테리나 스포르차와 마찬가지로 피렌체의 보호를 받고 있었지만 지금은 거의 쓸모가 없었다. 피렌체는 체사레의 명령에 복종했고 예전의 용병대장이 곤경에 처하는 상황을 치욕스럽게 지켜볼 뿐이었다. 1501

년 9월 3일에 피옴비노는 새 주인인 체사레 보르자에게 항복했다. 그후 체사레는 군사 활동을 일단 중지했다. 체사레에게도 복종해야 할 주인이 있었기 때문이다. 루이 12세와 아라곤의 페르난도 왕은 나폴리왕국을 서로 나누기로 합의했고 교황은 영주로서 이에 동의한 바 있었다. 이를 통해 프랑스는 수도 나폴리와 그 주변을 확보했고 스페인은 남부의 변방 속주를 얻었다. 이로써 나폴리왕국 전체가 프랑스 왕에게 넘어가는 것은 그저 시간문제처럼 보였다. 이제 체사레 보르자는 프랑스군과 함께 나폴리로 이동해야 했다. 다만 나폴리에서는 크게 전투를 벌일 일이 없었다. 아라곤 왕조의 마지막 후손인 페데리코 왕이 자리에서 물러났다. 그는 그 대가로 프랑스에서 연금을 받았다.

그래서 1502년 봄 교황의 아들은 다시 자유롭게 토스카나에서 무시무시한 일을 벌일 수 있게 되었다. 그사이 피렌체도 대비책을 세웠다. 4월에 공화국은 프랑스 루이 12세와 놀라울 만큼 유리한 조건으로 새로운 동맹 관계를 맺었다. 프랑스 왕은 피렌체가 이탈리아 진격을 예고한 막시밀리안 황제와 한패가 될까 두려워했다. 강력한 동맹국의 약속을 받은 피렌체는 새롭게 힘을 내어 피사를 공격했다. 그러나 이내 충격적인 일이 발생했다. 1502년 6월 4일 아레초가 피렌체의 지배에 반기를 들었고 발디키아나 대부분 지역이 바로 그 뒤를 따랐다. 몬테 산사비노, 코르토나, 카스틸리오네가 차례로 반군의 손에 넘어갔다. 이 반란에는 체사레 보르자가 관여하고 있었다. 아레초의 폭동이 시작되자마자 체사레의 부사령관인 비텔로초 비텔리가 금세 군대를 이끌고 와서 도시를 점령했다. 비텔로초는 피렌체에서 3년 전에 반역자로 처형당한 파올로 비텔리의 형이었다. 자신의 동생을 살해한 자들에 맞서 반란을 일으킨 아레초인들을 돕는 일은 비텔로초에게 뼈에 사무칠 만큼 절실한 문제였다. 그는 이를 통해 가문이 겪은 치욕에 복수했을뿐더러 가문의 명예도 다시 회복할 수 있었다.

상황이 이런데도 맹세코 비텔로초의 주인이 이 작전과 아무 관계도 없다는 주장은 전혀 믿기지 않았다. 체사레는 자신의 용병대장들을 마음대로 통제했으며 무단 행동은 엄격히 처벌했기 때문이다. 게다가 이 봉기는 무슨 대가를 치르더라도 피렌체를 굴복시키려던 체사레의 계산과도 너무나 잘 맞아떨어졌다. 혹시 그다음에는 피렌체를 정복하려는 것이 아닐까? 보르자가의 계획에 관해 점점 더 험악한 소문이 돌았다. 이것은 로마에 대한 지배와도 관련이 있었다. 이미 몇 달 전 마키아벨리는 서기국 직원에게 테베레강 주변에서 보르자가가 벌이는 난잡한 행동에 대한 소문을 들은 바 있었다. 이에 따르면 교황은 추기경들의 유산을 직접 회수하기 위해 유언장 작성을 금지했으며 사망 시에는 교황이 적극적으로 나선다고 한다. 추기경직이 가장 비싼 값에 팔리고 있으며 바티칸에서는 연일 난잡한 연회가 벌어진다고 한다. 대중의 과열된 상상이 빚어낸 방탕한 얘기를 제외하고 이 소문은 대체로 사실이었다.

보르자가에게는 이런 소문이 나쁘지 않았다. 오히려 그들은 온갖 방법을 동원해 이를 최대한 널리 퍼뜨리려 했다. 우리의 길을 막는 자는 테베레강에서 익사체로 떠오를 것이다. 그 본보기가 된 것은 파엔차의 몰락한 젊은 영주 아스토레 만프레디였다. 체사레는 그에게 치외법권을 엄숙하게 약속했지만 이는 지켜지지 않았다. 가문의 권력에 도움이 된다면 약속 위반은 물론 살인도 서슴지 않는다. 이것이 교황과 그 아들의 이미지였다. 로마냐 공작 체사레의 이런 공포 전략은 잘 먹혀들었다. 체사레는 적과 신민이 그를 두려워하게 만들었다. 마키아벨리도 피사와 피스토이아 사태 때 비슷한 주장을 한 적이 있었다. 나아가 자신의 프랑스 영지의 이름을 따서 '발렌티노 공작'이라고도 불린 이 교황 아들은 패배를 두려워하지 않았다. 신속하고 격렬하게 싸웠으며 때로는 온갖 책략을 사용해 전쟁을 벌였다. 이는 곧 성공적 전쟁 수행에 대한 마키아벨리의 견해에 부합했다.

이런 방식으로 체사레 보르자는 1502년 6월 우르비노공국을 정복했다. 우르비노공국은 토착 귀족 가문인 몬테펠트로가가 수백 년간 지배하던 곳이었다. 그러나 체사레 보르자에게 전통은 중요하지 않았다. 최후의 순간에 탈출한 귀도발도 공작은 이탈리아 전역에서 체사레의 앞잡이들에게 쫓기는 신세가 되었다. 보르자가와 우호 관계를 유지하려는 도시국가는 모두 이 추방자의 망명을 허용하지 않겠다고 엄숙하게 서약해야 했다. 중병에 걸린 이 도주자는 마침내 협박에 굴하지 않은 베네치아에서 은신처를 찾았다. 반면에 피렌체는 고압적인 공작 앞에서 또다시 납작 엎드렸다. 정무위원회는 그에게 우르비노 정복을 축하하는 메시지를 보낼 정도로 비굴한 태도를 보였다. 사실 보르자가의 급격한 성장은 정무위원회에 전혀 반가운 일이 아니었다. 보르자가는 모든 규범과 금기를 깨뜨렸다. 이제 어떻게 될 것인가? 무엇을 두려워해야 하고 무엇을 기대할 수 있는가? 이 모든 것을 알아내려면 발렌티노 공작에게 정찰자를 보내야 했다. 그리고 그 적임자는 오직 니콜로 마키아벨리뿐이었다!

## 체사레 보르자 1: 전주곡

마키아벨리는 혼자 우르비노로 향하지 않았다. 이번 사절단에서도 마키아벨리는 서열상 두 번째였다. 이에 대해 정무위원회는 1502년 6월 22일 신임장에서 훨씬 더 품위 있고 완곡하게 다음과 같이 표현했다.

각하께서 편지에서 요청하신 대로 저희는 지체 없이 볼테라 주교 프란체스코 소데리니를 파견합니다. 저희 도시의 덕망 있는 시민이자 최고위 신분인 그는 그곳에서 각하와 마찬가지로 최고의 명성과 신뢰와 권위를 지닌 분입니다.[29]

우르비노에서 피렌체로 보내는 모든 서신을 처리하게 될 마키아벨리는 이 편지에서 언급도 되지 않았다. 그런데 프란체스코 소데리니는 순전히 외교적 격식을 차리기 위한 동반자가 아니었다. 높은 교육을 받았고 정치적으로 활발하게 활동하며 로마교황청과 밀접한 관계를 유지한 소데리니는 제2서기국 서기장의 상관이자 진지한 대화 상대이기도 했다. 따라서 마키아벨리는 체사레 보르자의 계획과 그에게서 받은 인상을 사전에 소데리니와 상의하고 작성한 보고서도 소데리니의 검토를 받아야 했을 것이다. 민첩한 고위 성직자 소데리니가 마키아벨리의 근무 능력을 얼마나 높이 평가했는지는 드물게도 직접 작성해 피렌체 외무부인 10인 위원회에 보낸 편지에서 잘 드러난다.

그러므로 저는 다시 한번 요청합니다. 저를 면직하거나 아니면 아무리 사소한 것이라도 협상할 것이 있다면 마키아벨리를 저와 동행하게 해주십시오. 그래야 제가 제대로 근무할 수 있습니다. 만약 이를 거절하신다면 저는 반드시 필요한 것 외에는 하지 않을 것을 선언합니다.[30]

이는 제2서기국 서기장에 대한 대단한 칭찬이었을뿐더러 앞으로도 많은 것을 기대하게 하는 칭찬이었다. 두 특사가 우르비노에서 협상을 벌이는 동안 피렌체에서는 선거운동이 개시되었기 때문이다. 오랜 설왕설래 끝에 평의회는 근본적인 헌법 개정을 단행하기로 의견을 모았다.

이에 따르면 피렌체에 종신 공화국 수반이 생길 판이었다! 이 종신 최고 행정관은 중요한 모든 위원회에서 의석과 의결권을 가지며 정무위원회에 법률과 행정 조치를 제안할 수 있는 권한도 있었다. 따라서 공화국의 새로운 최고 행정관은 법적으로 대략 베네치아의 총독과 동등한 지위였다. 최고 행정관이 실제로 얼마나 큰 영향력을 발휘할지는 위임받은 전권을 얼마나 잘 행사하느냐에 달린 문제였다. 이 권위 있는 직책에 출마한 후보 236명 중에서 주교의 형인 피에로 소데리니는 가장 유력한 후보군에 속했다. 내부 관계자들은 협상력과 사교술을 겸비했고 동생의 능숙한 선거 지원까지 받는 피에로 소데리니가 경쟁에서 이길 것이라고 수군거렸다.

마키아벨리에게는 이런 상황이 나쁠 리 없었다. 당대 잔혹하고 교활하기로 악명이 높았던 군주 체사레 보르자와 벌인 협상은 마키아벨리의 능력을 제대로 보여줄 절호의 기회였다. 1502년 6월 25일 사절이 도착하자마자 저녁 늦게 협상이 시작되었다. 발렌티노 공작은 처음부터 터무니없는 요구를 했다.

> 나는 당신네 정부 체제가 마음에 들지 않고 그것을 믿을 수 없소. 따라서 이를 바꿔야만 당신네가 약속을 지키리라 믿을 수 있을 것 같소. 그렇지 않으면 내가 그냥 좌시하고만 있지 않는다는 것을 곧 알게 될 것이오. 당신들이 나를 같은 편으로 여기지 않는다면 나는 적이 될 것이오.[31]

200년 된 체제를 뒤엎으라고 상대방에게 요구하는 것은 결코 점잖은 외교술이 아니었다. 발렌티노 공작의 유례 없는 무례에도 피렌체의 협상자들은 냉정을 유지했다.

작가 불명의 이 그림은 강하고 멋진 행운아로 후세에 알려진 체사레 보르자를
그린 상상화다.

우리는 존재하는 정부 형태 중에서 피렌체가 최고이며 이를 토대로 공화국은 그와 그의 친구들을 모두 만족시킬 것이라고 답했습니다. 그리고 약속 이행과 관련해서는 이탈리아 전체에서 그 신뢰성을 피렌체보다 문서로 더 잘 증명할 수 있는 국가는 없을 것이라고 했습니다.[32]

발렌티노 공작은 아르노강 가의 공화국이 근본적으로 재편되길 원하는 또 다른 이유를 곧바로 제시했다. 그는 이탈리아의 모든 전제군주를 몰아낼 계획이라고 했다!

아버지에게 빌린 권력을 이용해 토착 왕조들을 차례로 몰아내거나 아예 절멸시키고 졸지에 출세한 자가 전통적인 정치적 가치에 대한 신념을 밝히는 것은 그저 노골적인 조롱으로밖에 들리지 않았을 것이다. 이런 종류의 발언은 이뿐이 아니었다.

내가 당신들에게 호의를 베풀 것이라고 기대하지 마시오. 당신들은 그럴 자격이 없을 뿐만 아니라 오히려 그 반대의 대우를 받아 마땅하오. 물론 비텔로초는 내 사람이오. 그러나 나는 맹세컨대 그가 아레초를 공격한 일을 전혀 알지 못했오.[33]

이 남자는 스스로 거짓 맹세를 밥 먹듯 하면서 상대방에게는 절대적인 신뢰를 요구한다! 그러나 협상에서 체사레 보르자처럼 고압적 태도로 허풍과 위협을 일삼는 사람은 자신의 주장처럼 자신감에 차 있지는 않다. 마키아벨리는 막강한 듯한 권력자의 아킬레스건을 정확히 알고 있었다.

그리고 우리는 프랑스 군대와 왕의 분노와 관련해 정반대의 조치와 준비가 이루어지고 있다는 소식을 들었다고 답했습니다.

두 사절은 출발 직전에 프랑스에서 안심이 되는 정보를 입수한 바 있었다. 정보에 따르면 루이 12세는 '봉신封臣'인 발렌티노 공작이 독단적으로 행동하는 데 크게 분노했다고 한다. 피렌체는 왕의 보호를 받고 있는 셈이었다. 발렌티노 공작이 공화국 신민의 반란을 조장해 공화국을 약화하는 것은 '가장 독실한' 왕의 명예를 훼손하는 짓이었다. 그리고 감히 이런 짓을 벌이는 자는 아무리 교황의 아들이라도 처벌을 피할 수 없었다. 프랑스에 직접 가서 왕을 알현했던 니콜로 마키아벨리는 왕이 어떻게 생각하고 행동하는지를 알고 있었다. 마키아벨리의 이런 주장은 적중했는데, 이는 상대방의 즉각적인 반응에서 알 수 있었다.

> 그러나 그는 이탈리아의 누구보다도 프랑스에 대해 더 잘 안다고 계속해서
> 주장했습니다. 그는 자신이 아니라 피렌체가 착각하고 있다는 것을 잘 안다
> 고 했습니다.[34]

그사이 새벽이 되었고 피렌체 사절단은 고된 여행으로 매우 피곤했다. 공작의 입장이 달라지지 않으리라 본 사절단은 협상 연기를 제안했다. 그러나 정오가 되어야 일어나는 야행성 인간 체사레는 정신이 멀쩡했다. 그의 입장은 확고했다. 그는 피렌체에 4일의 기한을 주겠다고 했다. 4일 안에 공화국을 재편하라 했다!

다음 날인 6월 26일에 발렌티노 공작은 봉신들을 불렀다. 메디치가의 추종자이자 공화국의 철천지원수인 줄리오와 파올로 오르시니가 원하는 바도 공작과 다르지 않았다. 그러나 줄리오와 파올로는 뻔뻔하게도 정반대의 주장을 펼쳤다. 그들은 자신들이 아끼는 도시인 피렌체의

안녕을 진심으로 걱정하며 피렌체를 위해 발렌티노 공작 앞에 기꺼이 나서겠다고 했다. 그러나 그러려면 우선 공작에게 확신을 주기 위해 정부를 바꿔야 한다고 했다. 마키아벨리는 고압적인 공작에게 수수께끼 같은 약간의 말장난을 섞어서 이미 설명한 것처럼 정부의 체제 변경은 사절단이 위임받은 협상 임무가 아니라고 했다. 그러나 발렌티노 공작을 제외하고 우르비노의 누구도 이 중의적 표현을 알아차리지 못했다. 이제 두 사절 중 한 명은 피렌체로 돌아가 요구 사항을 전달하고 새로운 지시를 받아야 했다. 지위가 더 높은 프란체스코 소데리니는 몸 상태가 좋지 않다고 핑계를 댔다. 결국 니콜로 마키아벨리가 야밤에 바람을 헤치며 피렌체로 말을 타고 달려가 모두가 보는 앞에서 공작을 대신해 자신의 정부를 모욕해야만 했다. 발렌티노 공작이 노린 대로였다. 반면에 마키아벨리의 목표는 자신의 임명권자가 더 확고하고 위엄 있게 나서도록 설득하는 것이었다. 그러나 헛된 희망이었다.

정무위원회는 이탈리아의 조롱거리가 될 만한 짓만 골라서 했는데, 이는 채소 장수이자 70년 동안 일기를 적은 독실한 노인 루카 란두치의 비통한 기록에 잘 묘사되어 있다. 자신의 정체政體를 정당화할 필요가 있다고 인정하는 것 자체가 극심한 자기 비하였다. 무엇이든 논의할 수 있지만 공화국의 변경에 대해서는 아니었다. 이런 황당한 너그러움의 이유는 간단했다. 피렌체는 두려움에 떨었고 두려움이 판단력을 흐리게 했다. 특히 핵심 전략이 공포 조장이고 멀리서 이미 두려움을 눈치챈 자와 협상을 벌이는 상황이라면 이는 치명적이었다. 공포 조장을 위해 체사레 보르자는 피렌체의 아픈 곳을 집중적으로 건드렸다. 당신네 공화국은 체제가 잘못되었을뿐더러 약하고 소심하다. 당신네는 나처럼 잽싸고 무자비하며 과감하게 상대를 무찌르는 장군을 보호자로 두어야 한다. 섬뜩한 인물 체사레는 경멸과 조롱, 불안과 공포의 감정을 번갈아 야기하면서 피렌체 정부를 끌어당겼다. 그러나 피렌체 사절 니콜로 마키아벨리는 겁먹지 않았다. 오직 그만이 냉정을 잃지 않았다.

아르노강 가의 정부가 체사레 보르자를 두려워해야 하는가? 이는 니콜로 마키아벨리가 받은 질문이었다. 마키아벨리는 다음과 같이 답했다.

> 이 군주는 매우 현란하고 위엄이 있습니다. 특히 전쟁에서 그는 자신에게 필적할 만한 대규모 작전을 본 적이 없다고 자신합니다. 그는 명성을 얻고 국가를 확장하기 위해 결코 멈추지 않으며 어떤 수고와 위험도 마다하지 않습니다. 그리고 그는 사람들이 그가 떠났다는 말을 듣기도 전에 다른 곳에 도착해 있습니다. 그는 병사들에게 인기가 좋으며, 특히 이탈리아에서도 최정예 병사들을 거느리고 있습니다. 바로 이 모든 이유로 그는 강력하며 위협적인 인물이 되었습니다. 게다가 계속 운도 따르고 있습니다.[35]

이런 특성 묘사가 어떤 결론을 시사하는지는 읽는 사람에 따라, 더 정확히 말하자면 중의적인 메시지를 해독하는 능력에 따라 다를 것이다. 순전히 군사적인 측면에서 보면 이 발렌티노 공작은 틀림없이 강력한 요인이었고 따라서 최대 위협이었다. 마키아벨리의 정밀한 사전 계산에 따르면 체사레는 전쟁 발발 시 병력 1만 6000명을 동원할 능력이 있었다. 이는 피렌체에 놀랄 만큼 많은 숫자였지만 그래도 체사레가 주장한 병력 2만 5000명보다는 적었다. 체사레의 놀라운 속도도 강점이자 허점이었다. 이는 부정할 수 없는 강한 전투력뿐만 아니라 상당한 혼란도 의미했기 때문이다. 벼락출세한 체사레는 자신을 진짜 군주보다 더 군주답게 포장해야 했다. 부정할 수 없는 힘 뒤에는 약점이, 특히 의존 관계가 있었다. 체사레는 일반 병사에게도 환심을 사려 했을 정도로 병사들에게 의존했을뿐더러 휘하의 장군들에게 의존하고 있었다. 게다가 프랑스에도 의존하고 있었다. 그러나 마키아벨리에 따르면 체사레 보르자는 변덕스러운 운에 훨씬 더 의존하고 있었다.

통제 불가능한 우연이 정치에 얼마나 영향을 미칠까 하는 문제는 그 후로 마키아벨리의 지속적인 관심사가 되었다. 그리고 약 10년 후에 마키아벨리는 50 대 50의 결과를 제시했다. 즉 절반은 운의 여신 포르투나Fortuna가 좌우하고 나머지 절반은 인간의 덕목인 이성과 추진력이 좌우한다고 보았다. 만약 이 비율이 대강으로라도 맞는다면 불안한 쪽은 피렌체라기보다 오히려 체사레 보르자일 것이다. 포르투나가 다음 번에는 그를 외면할 확률이 높기 때문이다. 체사레의 운은 모두를 놀라게 한 전면전과 충격적인 기습 작전 등의 성공에만 있지 않았다. 무엇보다도 그의 아버지 교황 알렉산데르 6세가 10년을 통치했으며 71세의 나이에도 여전히 건강을 자랑한다는 사실이 그에게 큰 행운이었다. 그러나 이야말로 언제든 바뀔 수 있는 상황이었다! 따라서 이 모든 것이 뒤섞인 결론이 나왔다. 이 남자는 위협적이다. 그러나 그의 위에는 언제 떨어질지 모를 날카로운 칼이 가는 실에 매달려 있었다.

마키아벨리가 피렌체에서는 별다른 영향을 미치지 못했지만 우르비노에서는 평정심을 잃지 않고 상대방의 약점을 지적한 전술이 어느 정도 먹힌 듯했다. 체사레 보르자도 피렌체에 대한 간섭이 위험한 게임이라는 사실을 잘 알고 있었다. 명예가 훼손된 프랑스 왕의 분노는 마키아벨리와 벌인 협상과 함께 진정시킬 수 있었지만 피렌체를 건드리지 말라는 한 가지 조건이 붙었다! 이런 상황에서 여전히 고압적이고 무뚝뚝한 발렌티노 공작은 자신의 요구 조건을 축소했다. 이제 그는 '겨우' 피렌체의 최고 지휘관이라는 지위와 상호 안전보장을 요구했다. 사령관직에 대해서는 이전에도 협상한 적이 있는데 소박해 보이는 이 요구가 현 상황에서는 터무니없는 것이었다. 체사레 보르자를 용병대장으로 고용하는 것은 나중에 마키아벨리가 언급하듯 끊임없는 협박에 몸을 맡기는 셈이었기 때문이다. 피렌체인들이 정복자 행세를 하려는 사람을 순순히 받아들이지 않으리라는 점은 공작도 잘 알고 있었다. 그러나 수용하기 어려운 요구는 공화국을 당황하게 만드는 압박 수단으로 쓸모가 있었다. 그래도 피렌체 정무위원회는 이 공격을 막아낼 수 있었다. 정무위원회의 위임을 받은 마키아벨리는 검증된 지연 전술을 구사했다. 이는 상대방에게 굳건한 우호 관계를 선언한 후 가격 조건이 맞지 않는다는 것이 분명해질 때까지 사령관직에 대한 협상을 질질 끄는 전술이었다. 이렇게 3주 동안 계약 체결 없이 줄다리기가 계속되었다.

마키아벨리의 임무가 아무 성과도 내지 못해 임명권자가 크게 만족하던 즈음에 피렌체에서는 드디어 주사위가 던져졌다. 수많은 계략과 계략이 대립한 끝에 피에로 소데리니가 피렌체의 국가 원수로 당선되었다. 최종 선발 단계까지 간 유일한 후보인 그는 상층과 수공업자들 사이에서 똑같이 좋은 점수를 받을 수 있었다. 다만 이로 인해 피에로 소데리니는 양측의 강경파에게는 미심쩍은 존재가 되었다. 그의 가장 강력한 경쟁자는 베르나르도 루첼라이였는데, 그는 귀족이 지배하는 공화국을 지지해 중간층을 기겁하게 했다. 자신의 패배에 화가 치민 이 부유한 은행가는 피렌체를 떠나고 말았다. 베르나르도 루첼라이가 특히 분을 참지 못한 까닭은 살비아티가의 사촌들이 경쟁자인 소데리니에게 투표했기 때문이기도 했다. 그러나 이들은 지지의 대가로 기대한 그 어떤 보상도 받을 수 없다는 것을 이내 깨닫게 되었다. 그래서 이들도 반대 진영으로 넘어갔다. 반면에 마키아벨리는 피에로 소데리니의 당선을 매우 반겼을 것이다. 1502년 9월 말 프란체스코 소데리니는 우르비노에서 마키아벨리가 수행한 역할을 다시 한번 크게 칭찬했다. 그리고 10월 중순에 헌신적인 비아조 부오나코르시는 마키아벨리에게 보낸 편지에서 새로 선출된 최고 행정관이 '완전히 우리 편'이라고 썼다.


## 체사레 보르자 2: 심리전

니콜로 마키아벨리는 또다시 공화국의 위임을 받아 길을 떠났는데, 이번에도 상대는 다름 아닌 체사레 보르자였다. 피렌체에서는 로마냐의 발렌티노 공작이 다시 화제의 중심으로 떠올랐다. 충격적인 소식이 들려왔는데, 이에 따르면 오르시니가와 비텔로초 비텔리를 포함한 부사령관들이 공작에게서 등을 돌렸다고 한다. 그들은 체사레나 프랑스와 동맹을 맺어도 얻는 게 많지 않다는 결론에 도달했다고 한다. 마키아벨리가 판단한 대로 루이 12세가 인색하고 모든 것을 독차지하려 한다는 것을 결국 확인한 셈이었다. 그러나 이 용병대장들의 눈에는 보르자가도 마찬가지였다. 이제 보르자가에 대한 평판은 좋지 않게 흘러갔다. 다음번에는 자신이 배신당하고 재산을 빼앗기거나 살해당할지도 모르는 것 아닌가? 콜론나가처럼 말이다. 콧대 높은 귀족 가문이자 오르시니가의 경쟁자인 콜론나는 보르자가와 동맹을 맺었지만 어느새 하느님과 로마교회의 적으로 내몰려 모든 재산과 권리를 박탈당하고 말았다. 체사레의 부사령관들은 이런 운명을 원치 않았다.

이런 상황이 피렌체에는 반가운 소식이었을 것이다. 오르시니가는 메디치가 다음으로 공화국의 두 번째 적이었기 때문이다. 그러나 마키아벨리는 사절로서 당연히 이런 말을 하면 안 되었다. 늘 그렇듯이 조심스러운 어조로 작성된 훈령에 따르면 그의 임무는 체사레 보르자에게 공화국과의 밀접한 우호 관계를 재확인시켜주는 것이었다. 소심한 아첨이 전부가 아니었다. 마키아벨리는 피렌체 상인이 더 이상 습격받지 않게 공작이 신경을 써준 데 정무위원회의 진심 어린 감사를 전하고 앞으로는 이들에게 정식 통행증을 발급해주면 좋겠다고 공손하게 요청해야 했다. 마키아벨리는 이런 표면적 임무 외에 정보를 수집해 최대한 신속하게 피렌체로 보내야 했다. 이런 종류의 외교는 나쁘게 말하자면 첩보 행위라고 할 수 있는데, 체사레 보르자는 첩자를 발견하면 익히 알려진 대로 주저하지 않고 죽였다. 따라서 피렌체 사절로 발렌티노 공작을 두 번째 접견한 마키아벨리는 특별히 조심해야 했다.

마키아벨리는 1502년 10월 6일에 출발해 7일에서 8일로 넘어가는 밤에는 이몰라에서 체사레 보르자와 1차 협상을 시작할 수 있었다. 3년 전 이 도시는 카테리나 스포르차의 것이었으나, 이제 그녀는 새로운 군주의 지하 감옥에서 고초를 겪고 있었다. 체사레의 전술에는 변화가 없었다. 체사레는 이번에도 상대방을 탓하고 주눅 들게 하고 협박했다.

> 비텔리가와 오르시니가는 캄피에 있을 때 종종 발렌티노 공작을 찾아와 피렌체 또는 피스토이아에 대한 공격을 허락해달라고 조르면서 작전이 틀림없이 성공할 것이라고 귀찮게 굴었다고 합니다. 공작은 이런 요청을 절대로 들어주지 않았으며 오히려 이에 반대하면서 모든 수단을 동원해 이를 막을 것이라고 천 번이나 설득했다고 합니다.[36]

또한 발렌티노 공작은 메디치가가 피렌체로 귀환하는 것을 절대로 허락하지 않을 것이라고 오르시니가에 분명히 말했다고 했다. 오직 이런 이유로 용병대장들이 공작에게 화가 났다고 했다. 이는 다시 말해 공작이 아무 대가도 받지 않은 채 피렌체를 위해 희생하고 있다는 뜻이었다. 그리고 이제는 이런 상황을 끝내야 한다는 것이었다.

이는 양쪽이 모두 정확히 알고 있었던 것처럼 정말로 어처구니없는 거짓말이었다. 그래도 어쨌든 잘 지어낸 거짓말이었다. 이제 피렌체의 차례였다. 공작은 공화국이 반란을 일으킨 야전 사령관들에 맞서 자신을 즉시 도와야 한다고 구체적으로 요구했다. 마키아벨리는 그 이유를 알고 있었다. 우르비노는 부글부글 끓고 있었으며 도시 주민들은 옛 군주인 귀도발도 다 몬테펠트로의 신세를 안타까워했다. 놀랍게도 체사레 보르자도 이를 인정했다. 그가 처음으로 자신의 약점을 인정한 것이었다. 그러나 곧바로 이를 철회하는 발언이 이어졌다. 서기장 이걸 보시오. 프랑스 왕이 내게 쓴 편지들이오! 그는 그의 적이기도 한 내 적에 맞서 나를 돕겠다고 발 벗고 나섰소. 볼로냐를 상대하든 베네치아를 상대하든 프랑스는 내 편이오! 피렌체도 이를 거울삼아야 할 것이오. 나는 이중적인 태도나 타협을 용납하지 않소. 내 편이 아닌 자는 내 적이오.

이례적이게도 이런 장광설에 파묻혀 마키아벨리는 거의 말할 기회조차 없었다. 그러나 체사레 보르자가 바로 이렇게 장황하게 강점을 늘어놓은 덕분에 마키아벨리는 그 뒤에 숨은 약점을 간파할 수 있었다. 여름에만 해도 그렇게 기세등등하던 자가 피렌체 상인들을 위한 통행증을 바로 발급해준 것도 체사레의 불안정한 처지를 시사했다. 오르시니가 자신에게 충성한다는 체사레의 주장도 피렌체 사절의 눈에는 허울 좋은 허세일 뿐이었다. 마키아벨리에 따르면 실제로 교황의 아들 체사레 보르자는 자신의 부사령관들을 전혀 믿지 않았다. 게다가 이런 불신은 타당했다.

1502년 10월 9일에 트라시메노 호수 근처 마조네에서 보르자가의 적들이 회동했다. 그들은 모두 보르자가로부터 피해를 보았거나 위협을 받았거나 좌절을 겪은 사람들이었는데 그 수가 엄청났다. 불만을 품은 용병대장 파올로와 프란체스코 오르시니, 비텔로초 비텔리와 리베로토 다 페르모 외에 페루자의 젠틸레와 잠파올로 발리오니, 볼로냐의 에르메스 벤티볼리오 그리고 시에나의 권력자인 판돌포 페트루치가 보낸 사신까지 왔다. 카메리노의 다 바라노가와 우르비노의 몬테펠트로가는 보르자가를 피해 도주 중이었으므로 불참했지만 그들도 당연히 이 모임의 계획을 지원했다. 이제까지의 결과는 분명했다. 보르자가는 로마 교황령에 속한 과반수의 지방 군주를 반대 세력으로 키운 셈이었다. '함께하면 강하다'라는 신조에 따라 그동안 속은 자들과 쫓겨난 자들이 이제 공개적으로 들고일어나 옛 권리를 되찾고 이를 짓밟은 파렴치한 벼락출세자에 맞서 싸우려 했다. 그리고 말은 행동으로 이어졌다. 10월 중순에는 반보르자가 연합군이 벌써 우르비노와 카메리노를 점령하고 그곳의 토착 지배자를 대신해 두 지역을 접수했다.

이런 상황에서 발렌티노 공작의 허세는 마키아벨리에게 매우 가식적으로 느껴졌다. 공작에게 실제로 필요한 것은 지원이었다. 공작은 자기편이 되어 현명하게 처신하면 얻을 게 많다는 신호를 피렌체로 보내고 있었다. 그러나 발렌티노 공작이 원하던 협상을 위한 훈령은 떨어지지 않았다. 피렌체는 우호 관계를 강조했을 뿐 협정이나 심지어 보르자를 위한 군대 파견에는 선을 그었다. 우리도 스스로를 보호하기 위해 용병이 필요합니다. 또한 프랑스 왕의 명시적인 허가 없이는 추가 조치를 할 수 없습니다. 마키아벨리는 이런 내용의 사과 편지를 피렌체 정무위원회로부터 전달받아 발렌티노 공작 앞에서 낭독해야 했다. 게다가 공작의 불편한 심기를 더욱 자극하려는 듯 마키아벨리는 다음과 같이 고약한 논평까지 달았다. 피렌체는 작은 국가여서 군대도 작습니다. 귀하에게 필요한 것은 저희처럼 겁에 질려 머뭇거리지 않고 빠르고 단호하게 공격하는 장군입니다. 이 점에서 마키아벨리는 발렌티노 공작의 능력을 인정했다. 공작은 위기의 순간에도 자신감과 활력이 넘쳐났다. 공작이 '반군'이라고 부른 마조네의 동맹군에 대해 그에게 남은 것은 경멸감뿐이었다. 발렌티노 공작이 보기에 그들은 곧 자비를 구걸할 비겁한 배신자에 불과했다.

10월 말 공작이 보인 기세등등한 자신감이 마키아벨리에게는 점점 더 의심스럽게 느껴졌다. 무대 뒤에서 뭔가가 벌어지고 있었다. 무슨 일일까? 의심스러운 것은 마키아벨리 자신도 마찬가지였다. 공화국의 정중한 거절을 전달한 후 실제로 협상할 것은 아무것도 없었다. 그런데도 피렌체 사절은 본국으로 소환되지 않았다. 마키아벨리는 귀국을 허락해달라고 간청했지만 로마냐에 더 머물러야만 했다. 이런 상황에서 임명권자의 칭찬은 아무런 위안이 되지 않았다.

> 당신의 마지막 두 편지는 힘이 넘치고 매우 훌륭한 판단을 담고 있어서 최고의 박수갈채를 받았습니다. 나는 피에로 소데리니와 자세히 의논했는데, 그도 당신이 절대로 떠나면 안 된다는 의견입니다.[37]

이것이 충성스러운 공무원에게 제공된 보상이었다. 열심히 일해서 꼭 필요한 존재가 된 공무원은 그 보상으로 위험이 도사리는 전방 초소에서 무리하게 더 머물러야만 했다. 마키아벨리에게 주어진 임무는 예전과 다르지 않았다. 협상을 질질 끌고 시간을 벌면서 예의 주시하라! 피렌체 서기장의 유일한 임무가 체사레 보르자의 진짜 계획을 알아내는 것이라는 사실은 체사레 보르자에게도 분명히 보였다. 공작은 자신에게 줄 것이 없는 피렌체를 더는 배려할 필요가 없었다. 마키아벨리는 조심하기 위해 최선을 다했다.

저는 공작에게 제 나름대로 적절히 답하면서 긴 논의 시간 동안 일관되게 제 전략을 좇았습니다. 제 전략이란 다른 어떤 권력보다도 피렌체를 신뢰할 수 있다는 점을 공작에게 확신시키는 것이었습니다. 이를 위해 저는 과거의 여러 사건을 예로 들었습니다. 배신자들이 어떻게 음모를 꾸미고 실행하는지와 끝내 어떻게 밝혀졌는지 등을 설명했습니다. (…) 그래서 제가 신뢰할 수 있는 정직한 사람으로 비치고 이에 맞게 친밀한 대화를 이어갈 수 있도록 최대한 노력하고 있습니다.[38]

이 위장의 목적은 정직하고 성실하게 보이는 것이었다. 이는 영리한 전략이었다. 그러나 이를 통해 체사레 보르자의 의심을 잠재울 수 있을까? 그의 궁전에서는 잘 알려진 대로 낮말은 새가 듣고 밤말은 쥐가 들었다. 공작이 정말로 무엇을 계획하고 있는지를 염탐하는 일은 위험했다. 그러나 마키아벨리는 1502년 10월 17일 편지에서 설명한 것처럼 이런 위험을 불평 없이 감수했다.

공작 주변에서 가장 영향력 있는 인물 중 한 사람이 제게 말한 것도 알려드리고자 합니다. 이름은 그의 요청대로 말씀드릴 수가 없습니다. 제가 현재 사태에 대해 그와 이야기를 나누었을 때 그는 우리 공화국과 공작 사이의 협정이 이렇게 늦어지는 데 대해 저를 꾸짖었습니다.[39]

미지의 이 거물은 다름 아닌 마키아벨리 자신이었다. 이로부터 20년 후 마키아벨리는 미래 대사를 위한 지침에서 자신의 카드를 공개한 바 있다. 자신의 결론을 제3의 익명의 내부자가 말하게 해야 한다. 그렇지 않으면 임명권자가 메시지를 진지하게 받아들이지 않기 때문이다. 더 심한 경우에는 묻지도 않았는데 감히 판단을 내렸다는 비난을 받기도 한다.

마키아벨리가 실제로 어떻게 했는지는 같은 편지에서 잘 드러난다.

그의 이야기를 들은 후 그리고 여기서 일일이 설명할 수는 없는 그의 단어 선택에 비춰볼 때 이번에는 공작이 과거 어느 때보다도 공화국과 협정을 맺기를 열망하는 것 같았습니다.[40]

사절과 공작은 똑같이 진정성을 강조했지만 그 말이 덧없음을 둘 다 잘 알고 있었다. 두 사람 모두 상대방이 인위적으로 꾸민 전면의 뒤를 호시탐탐 엿보려 했다. 진실을 찾기 위한 마키아벨리의 비법은 다음과 같았다. 먼저 공작의 성격을 조사한 다음에 이를 토대로 그의 소망과 목표를 도출한다. 여기에 정세를 추가해 고려 대상이 되는 전략의 수를 줄이고 현재의 사태 전개를 반영하면 진짜 전략을 정확히 추론할 수 있다. 결론적으로 말해 체사레 보르자는 아직 교묘하게 진짜 의도를 숨기고 있지만 결국에는 이를 드러내고 말 것이다. 이는 이 니콜로 마키아벨리가 권력자의 가장 비밀스러운 계획을 밝혀낼 것이라는 자부심에 가득 찬 선언이었다.

공작의 진정한 의도를 밝히겠다는 주장을 마키아벨리는 그 후에도 굽히지 않았다. 예를 들어 10월 말 공작이 뜻밖의 전환을 예고했을 때 마키아벨리는 이에 깊은 불신을 표현했다.

그 후 파올로 오르시니는 볼로냐로 갔다가 오늘 저녁에 돌아왔습니다. 그리고 (마조네의) 동맹군과 공작 사이에 합의가 이루어졌고 오르시니 추기경의 승인만 기다리고 있다는 얘기가 사람들 사이에 퍼졌습니다. 그러나 이른바 합의의 배경을 살펴볼 때 그 타당성을 확신케 해주는 것은 아무것도 없습니다. (…) 설령 조약이 체결되어도, 설령 그것이 적힌 대로 체결된다고 하더라도 저라면 이를 토대로 아무것도 내주지 않을 것입니다.[41]

하필이면 모든 사기꾼의 우두머리인 교황 알렉산데르 6세와 이에 절대 뒤지지 않는 그의 아들이 평화의 천사로 변신해 산상수훈을 설파하듯이 그동안 겪은 불의에 용서를 구하고 다른 쪽 뺨까지 내민다고? 마키아벨리는 이에 반대하면서 공작이 군비 확장을 멈추지 않으리라고 주장했다. 바로 전날에 공작이 병사를 모집하기 위해 두둑한 전쟁 자금과 함께 요원을 롬바르디아로 보냈다고 했다.

저는 또한 공작의 측근들이 은밀하게 오르시니가를 헐뜯고 그들을 배신자라고 부르는 것을 들었습니다. 그리고 어제 아가비토(체사레 보르자의 사무관)와 이에 관해 얘기했을 때 그는 웃으면서 이 협정이 계속 지연될 것이라고 제게 말했습니다.[42]

이틀 전 마키아벨리는 체사레 보르자의 성격을 다음과 같이 묘사한 바 있었다.

그리고 양쪽의 특성을 조사한 사람이라면 이 군주가 용감하고 운이 좋으며 매우 낙관적이라는 결론에 도달할 것입니다. (…) 그러나 그가 과연 어떻게 모욕을 용서할지 그리고 모욕한 자가 과연 어떻게 불안에서 벗어날 수 있을지 도무지 이해되질 않습니다.[43]

이 주장은 논리 정연했다. 그런데 어째서 아무도 이를 보지 못했을까?

크리스토파노 델 알티시모Cristofano dell'Altissimo가 묘사한 교황 알렉산데르 6세.
본명은 로드리고 보르자이며 로마교회 사상 최악의 교황으로 꼽힌다.

저는 다른 사람들이 이 기만을 보지 못한다는 게 믿기지 않습니다. 도무지 이해할 수가 없습니다.<sup>44</sup>

비록 아무도 마키아벨리의 판단에 동의하지 않았지만 그는 흔들리지 않았다. 이른바 화해는 마키아벨리가 보기에 함정이었다. 이전 반역자와 동맹을 맺는 것은 피렌체에 해가 될 뿐이었다. 체사레 보르자 같은 정치 행위자는 정치 상황, 반대자의 심리, 동맹군의 이해관계를 분석한 다음 이를 종합해 무엇을 할지 결론을 도출했다. 그러나 정치사상가 마키아벨리는 이를 넘어서 결정적인 한 걸음을 더 나아가야 했다. 마키아벨리는 체사레의 가장 깊은 내면으로 파고들어 본질을 인식하고 이를 토대로 무엇이 그에게 필연적으로 보이는지를 추론해야 했다. 마키아벨리에 따르면 망상적 필연성과 진정한 필연성이 있기 때문이었다. 전자는 환상일 뿐이고 파멸을 낳는다. 오직 후자만이 정치 행위의 진정한 법칙을 구성한다. 1502년 10월과 11월에 마키아벨리는 발렌티노 공작은 주관적 필연성과 객관적 필연성이 일치한다는 결론에 도달했다. 체사레 보르자의 처지가 실제로 불가피했으므로 다르게 행동할 수 없었다. 게다가 성공을 위해서라면 체사레 보르자는 달리 행동할 수 없었다. 이는 공작에 대한 칭찬이었지만 이런 법칙성을 간파한 마키아벨리 자신에 대한 더 큰 칭찬이기도 했다.

1502년 10월 23일 마키아벨리의 최종 판단은 이미 확고했다.

제가 우리 논의의 절반만 적었지만 공작의 말을 충분히 알았을 것입니다. 이제 이런 말을 한 사람을 자세히 살펴서 귀하의 평소 통찰력으로 판단할 수 있을 것입니다. 제가 가까이서 연구한 공작의 국가는 전적으로 운에 기초합니다. 즉 그의 권력은 프랑스 왕이 군대로 그리고 교황이 돈으로 그를 지원하리라는 확고한 생각에 기초합니다. 그리고 이에 버금가는 또 다른 중요한 요인은 상대방의 망설임과 우유부단입니다.[45]

외교적 메시지를 이보다 더 중의적으로 전달할 수는 없을 것이다. 처음에 마키아벨리는 임명권자의 통찰력에 고개를 조아렸지만 어느새 따귀를 세차게 때리고 있다. 애당초 임명권자의 두려움과 지연 전술 탓에 교황의 아들이 이렇게 커버렸다. 그러나 실제로 체사레 보르자는 운과 프랑스에 의존하고 있으니 운에 기대는 사람에 지나지 않았다.

1502년 12월 말 프랑스군이 로마냐에서 철수하자 실제로 체사레 보르자에게 비상 상황이 닥친 듯했다. 공작은 더 이상 프랑스군이 필요하지 않은가? 그는 마침내 군사적으로 독립한 것인가? 아니면 그렇게 많이 독단적으로 행동한 그가 마침내 프랑스 왕의 신임을 잃은 것인가? 신중하게 상황을 검토한 마키아벨리는 교황의 아들이 회복 불가능하게 약해졌다고 평가했다. 루이 12세가 없는 체사레의 전투력은 이전의 절반이었으며 명성은 이전의 3분의 1에 불과했다. 반면에 공작의 다음 행보는 그의 가치를 다시 올렸다. 그는 부하 레미로 데 오르코를 처형했다. 레미로는 정복한 로마냐를 정리한 인물이다. 반대파 지도층을 청산하고 엄격한 법과 질서에 따라 체사레의 권위를 강화한 바 있었다. 그런 자의 목을 벤 것은 일석이조의 효과가 있었다. 공작은 자신의 권력을 증명했을뿐더러 레미로의 강경 조치에 동의하지 않는 모습을 보여 주민의 인기도 얻을 수 있었다.

그러다 마키아벨리가 예견한 대대적인 기습 공격이 발생했다! 12월 31일 공작이 초대한 세니갈리아의 화해 모임에 많은 사람이 참석했다. 그렇게 반항적이던 부사령관들도 도살장으로 들어가는 어린 양처럼 순순히 몰려들었다. 이들을 불러 모은 것으로 작전은 이미 성공한 셈이나 다름없었다. 비텔로초 비텔리와 리베로토 다 페르모는 그날 밤에 교살 당했고 프란체스코와 파올로 오르시니는 인질로 잡혀 일단 목숨은 건졌다. 마키아벨리가 승리했고 옳았다! 그러나 훨씬 더 큰 승리는 체사레 보르자의 몫이었다. 이 극적인 사건 직후 한밤중에 공작이 마키아벨리를 불렀다. 승리감에 도취한 이 순간에 공작은 처음으로 가식 없이 말했다. 승리의 행복감이 그를 수다스럽고 순진하게 만들었다. 공작은 로마 교황령에서 모든 전제군주를 몰아내고 로마냐만 차지할 생각이라고 했다. 이런 사심 없는 행동으로 후임 교황들의 감사하는 마음을 얻고 누구의 방해도 받지 않는 자신만의 국가를 통치할 것이라고 했다. 행복감에 들뜬 공작은 피렌체의 적들을 청산한 자신이 피렌체에도 엄청나게 기여했다고 주장했다. 다음번에는 시에나의 군주 판돌포 페트루치를 쳐서 피렌체의 성가신 경쟁자를 몰아낼 것이라고 했다.

마키아벨리는 깊은 인상을 받았다. 강력한 적대자를 이렇게 능숙하게 제거할 수 있는 사람은 진지하게 고려해야 할 세력 요인이었다. 마키아벨리가 보기에 체사레는 초인적 용기를 증명했고 이 날벼락 같은 공격으로 자신의 지배를 강화했다. 그러나 긍정적 평가에는 여전히 단서가 붙었다. 공작은 좋은 기회를 최대한 활용했다. 동시에 엄청난 운도 따랐다. 게다가 용병대장들의 눈먼 행동을 이해할 수 없었다. 어떻게 이런 덫에 걸릴 수 있었을까? 이 승자는 자신의 성공을 노골적으로 자랑했다. 결국 이 모든 것은 우연히 성공한 복수극에 불과한 것일까?

자신의 소환을 줄기차게 요청했었고 지금은 중병에 걸린 마키아벨리에게 보르자의 승리는 적어도 한 가지 좋은 선물을 선사했다. 마키아벨리는 마침내 피렌체로 돌아갈 수 있었다. 혹독한 겨울 날씨에 전령이 제때 도착하지 않아 피렌체에서 편지를 초조하게 기다리던 임명권자들이 짜증을 낼 때도 자주 있었지만 어쨌든 마키아벨리도 개선장군

같은 느낌을 가질 수 있었다. 마키아벨리는 공작이 곤경에 처했을 때 이를 이용해야 한다고 정무위원회에 조언했었다. 그리고 그 후에는 뜨뜻미지근한 반역의 실패 가능성을 정확하게 예측했었다. 체사레 보르자가 위험이 큰 정치 행위를 하면서 앞으로도 '모 아니면 도'식의 게임을 벌일 것이라는 전망도 머지않아 진실로 드러났다.

## 체사레 보르자 3: 피렌체를 위한 교훈

피렌체 사절로서 체사레 보르자와의 만남은 마키아벨리에게도 많은 도움이 되었다. 정치적 성공 법칙에 대한 지식이 늘었기 때문이다. 추종자들이 군주에 대한 충성을 취소할 때 군주는 체사레 보르자처럼 책략과 폭력을 사용해야 한다. 일단 반역자를 안심시킨 다음에 급작스럽게 덮쳐야 한다. 세니갈리아의 기습 공격은 이렇게 영원한 가치를 얻었다. 이 사건을 마키아벨리는 몇 년 후 작가의 자유로운 상상력을 발휘하면서 상세하게 다시 설명했다. 마키아벨리에게 이 이야기의 교훈은 다음과 같았다. 적의 정신적 약점을 알아내 이용하라! 용병대장들의 정신적 약점은 양심의 가책과 이로 인한 반신반의하는 태도 그리고 교황의 정직함에 대한 믿음에 있었다. 특히 이 마지막 약점이 치명적이었다. 비텔로초 비텔리와 리베로토 다 페르모와 같은 잔인한 악한도 '그리스도의 대리인'이 교활한 사기꾼이리라고는 상상조차 못 했다. 그들은 실제 세계가 아니라 당위의 세계를 보았다. 이를 보여주는 것이 니콜로 마키아벨리의 과제였다.

그렇다면 세상은 체사레 보르자를 어떻게 보았을까? 교황의 아들은 전형적인 운의 통치자였다. 공작은 우연히 권력을 잡았고 그 후에도 포르투나는 계속 그를 편애했다. 그러나 이것이 전부가 아니었다. 공작은 운명의 힘으로 소임을 완벽하게 수행했다. 공작은 통치자로서 지위를 강화하기 위해 기만과 폭력의 모든 수단을 동원했다. 그리고 로마와 프랑스의 지원을 이용해 이중적 의존관계를 벗어나기 위해 전력을 다했다. 그 결과 1503년 초 마키아벨리가 보기에 상당한 성과를 거두었다. 로마냐에서 공작의 권력은 공고했다. 신민은 공작을 두려워하면서도 높이 평가했다. 몇 주 전 평가와는 정반대였다. 1502년 10월에만 해도 마키아벨리는 우르비노와 카메리노의 주민들이 매우 보수적이라고 강조했다. 그들은 옛 군주의 신세를 안타까워하며 귀환을 위해 전력을 다했다. 그러나 이제 마키아벨리가 보기에 모든 것이 달라졌다. 공작의 성공에 매혹된 것은 마키아벨리도 마찬가지였다.

마키아벨리에게 공작의 성공은 시대를 아우르는 훌륭한 교훈극이었다. 그러나 마키아벨리는 본질적으로 피렌체를 위한 교훈을 도출하는 데 초점을 맞춰야 했다. 공화국이 교황의 아들에게서 배울 것은 무엇이고 두려워할 것은 무엇인가? 1503년 여름 제2서기국 서기장이 작성한 두 편의 의견서에는 체사레 보르자를 경험한 흔적이 뚜렷이 나타난다. 이 두 기록은 피렌체가 아레초와 발디키아나의 반역적 신민을 어떻게 대해야 하는지에 관한 것이었다. 그들은 오랜 저항 끝에 결국 항복할 수밖에 없었다. 그러면 이제부터는 어떻게 해야 하는가? 그리고 앞으로 이런 봉기는 어떻게 막을 수 있는가?

마키아벨리의 답은 다음과 같았다. 피렌체가 지금까지 했던 방식은 절대 아니다. 공화국은 아레초의 주민들을 처벌하고 명예를 박탈했지만 완전히 파멸시키지는 못했다. 패배자들은 당연히 복수를 궁리했고 이로 인해 피렌체는 경계를 강화해야만 하는 역효과가 나타났다. 이는 전형적인 중도의 방법이었으며 모든 타협이 그렇듯이 쓸모없었다. 피렌체인들은 과감한 양자택일 앞에서 주춤했다. 반역자들을 강력히 진압해 다시 저항하지 못하게 하려면 엘리트를 제거하고 종족 전체를 추방해야 한다. 그것이 아니라면 그들에게 호의를 베풀어 영구적으로 통합해야 한다.

> 한 가지만 말씀드리겠습니다. 신민이 군주에게 충성하고 헌신할 때만 진정으로 안정된 통치가 가능합니다. 그리고 이를 위해 결정할 것은 신속히 결정해야 합니다. 많은 신민이 희망과 두려움 사이에서 흔들리기 때문입니다. 따라서 이런 불확실성으로부터 그들을 해방해야 합니다. 그리고 처벌이나 보상을 통해 그들을 우리 편으로 만들어야 합니다. 제 임무는 여러분을 이에 대한 심판관으로 만드는 것이었습니다. 이를 위해 제가 한 것이 바로 이것입니다.[46]

정무위원회의 서기장이 공화국의 권력자들에게 발언한 가혹한 평가는 이것뿐이 아니었다.

> 다른 사람들은 이웃의 위험을 통해 지혜로워지는데 여러분은 자신의 위험을 통해서도 현명해지지 않습니다. 여러분은 자신을 믿지 못할뿐더러 얼마나 많은 시간을 이미 허비했고 또 앞으로 허비할지를 보지도 못합니다. 여러분은 태도를 바꾸지 않으면 쓰라린 눈물을 흘리게 될 것입니다. 질서가 바뀌지 않는 곳에서는 운명의 판정도 바뀌지 않기 때문입니다. 그리고 포르투나가 어떻게든 파괴하려 하는 것은 하늘이 도우려 하지 않고 도울 수도 없습니다.[47]

이는 기독교적 도덕과 전혀 상관없는 대담한 표현이었다. 지도층을 말살하고 지역의 전 주민을 추방할 것인지 여부는 전적으로 성공에 달렸다. 오로지 성공을 통해서만 포르투나를 즐겁게 할 수 있다. 포르투나는 용감하고 강한 자를 편애하기 때문이다. 포르투나가 자기편인 사람은 신과 악마를 모두 두려워할 필요가 없다. 믿을 수 없는 신민은 당근이나 채찍으로 다루되 이 두 가지를 동시에 사용하면 안 된다는 이야기를 마키아벨리는 리비우스의 《로마사》에 나오는 고대 로마 정치인 푸리우스 카밀루스의 입을 빌려 말했다.

리비우스의 《로마사》는 피렌체의 제2서기국 서기장에게 이제부터 무한한 인용의 출처가 되는 성경과도 같았다. 좋았던 시대, 즉 초기 공화정 시대의 로마로부터 배운다는 것은 마키아벨리에게 승리하는 법을 배운다는 의미였다. 반면에 전제군주를 몰아내고 공화국을 건설한 브루투스와 피렌체 최고 행정관 피에로 소데리니 사이에 놓인 2000년이라는 시간은 중요하지 않았다.

저는 역사가 우리 행동, 특히 권력자의 스승이며 이 세상에는 항상 동일한 열정을 가진 사람들이 동일한 방식으로 살아왔다는 것을 깨달았습니다.[48]

그러나 사람들은 모든 시대에 똑같지 않았다. 이런 주장은 초기 로마 시대 영웅들에 대한 모독일 것이다. 1503년의 타락한 피렌체인들에 비해 그들은 더 고상한 존재처럼 보이기 때문이다. 그런데도 모든 사람에게는 동일한 소질이 잠재해 있다. 따라서 올바른 국가 제도와 훌륭한 법률이 짝을 이루면 현재 사람들이 다시 옛 로마인들처럼 될 수 있다. 사람들의 파괴적 속성을 몰아낼 수는 없으므로 이를 국가를 위해 활용해야 한다. 여기서 마키아벨리는 자신의 신조를 발견했다. 내세에 대한 기독교 신앙을 통해서가 아니라 이기적 본능의 인간을 헌신적 국민으로 교육함으로써 피렌체의 정치적 속세를 벗어날 수 있다는 희망이 있었다. 국가 간 관계도 국가 없는 인간과 마찬가지였다.

> 민간인 사이에서는 법률과 서면 약속 및 계약을 통해 신의 성실의 원칙이 지켜지지만 권력자 사이에서는 무기만이 통합니다.[49]

이런 사실을 확인할 때도 유감의 흔적은 찾아볼 수 없다. 국가는 늑대와 같다. 조금이라도 약점을 보이면 갈기갈기 찢길 것이다. 따라서 피렌체를 위한 교훈은 다음과 같다. 아레초가 결코 회복하지 못하게 가혹하게 처벌하라! 그리고 제발 강력한 군대를 마련해 존중받는 자가 되어라! 그렇지 않으면 노리갯감이 되거나 더 심하면 체사레 보르자와 같은 다른 강자의 조롱거리가 될 뿐이다. 덧붙이자면 이 군주는 여전히 우리 주위를 배회하고 있다. 로마 교황령과 토스카나를 합쳐 이탈리아왕국을 만들기 위해서다. 체사레 보르자는 이를 위한 시간이 얼마 안 남았음을 알고 있다.

이런 어조는 피렌체 귀족들의 귀를 날카롭게 파고들었을 것이다. 서기장이 그들을 매섭게 비판했다. 나아가 혐오스러운 모범을 설파했다. 피렌체는 더 좋고 더 자유롭고 더 인간적이고 더 공정한 로마였다. 이것은 위대한 인문주의자 콜루치오 살루타티와 레오나르도 브루니가 공화국을 위해 선포한 피렌체의 가장 오래된 국가 이데올로기였다. 이런 가치 체계를 제2서기국 서기장이 뒤엎었다. 그가 권고한 정치는 상관들이 이끄는 방향과 조화할 수 없었다. 그들은 어려움을 요리조리 피하고 주저하고 시간을 벌면서 돈으로 매수해 모든 불편에서 벗어나려 했다. 반면에 마키아벨리는 위험이 큰 전략을 조언했다. 이런 정책과 이런 서기장이 잘될 수 있었을까?

## 체사레 보르자 4: 후주곡

1503년 8월 18일 체사레 보르자에게 비상 상황이 발생했다. 아버지 알렉산데르 6세가 말라리아에 걸려 사망했다. 당시 공작도 말라리아 때문에 병상에 누웠다. 이 벼락출세한 공작은 빼앗은 국가들을 지킬 수 있을까? 이는 누가 새 교황으로 선출되느냐에 달렸다. 그리고 이는 다시 여전히 무시무시한 체사레가 추기경들을 위협해 자신의 마음에 드는 후계자를 선택하게 할 수 있느냐에 달렸다. 그러나 그들은 그렇게 하지 않았다. 9월 22일 추기경들은 교황 비오 2세의 조카인 프란체스코 토데스키니 피콜로미니 추기경을 베드로좌(성좌라고도 불리는 베드로좌는 교황이 취임식 때 앉는 의자다 - 옮긴이)에 앉혔다. 새로운 최고 사제 비오 3세는 보르자가 치하의 상황에 강한 거부감을 표시한 보수 개혁가로 유명했다. 그러나 체사레는 이 온화한 노인을 크게 두려워할 필요가 없었다. 존망의 기로는 비오 3세가 1503년 10월 18일에 겨우 4주간 교황직을 수행한 후 사망했을 때 다시 찾아왔다.

5일 후 모든 것이 아직 미정인 상태였고 10인 위원회는 특사 니콜로 마키아벨리에게 훈령을 내렸다. 그의 공식 임무는 다음과 같았다. 마키아벨리는 최대한 빨리 로마로 가서 기독교계의 현 상황이 요구하는 합당한 교황이 선출될 수 있게 친분이 있는 고위 성직자들과 함께 노력해야 했다. 한마디로 우리에게 우호적인 추기경이 교황 선거에서 승리하도록 최선을 다하라는 뜻이었다. 로마에 있는 마키아벨리의 대화 상대자는 오랜 좋은 친구인 프란체스코 소데리니였다. 그는 그사이 추기경이 되어 투표권이 있었을뿐더러 어쩌면 자신이 선출될 수도 있었다.

마키아벨리가 로마로 가던 중 로마냐에서는 새벽이 밝고 있었다. 오르델라피가가 포를리로 귀환했고 만프레디가는 파엔차로 귀환했다. 강력하다던 체사레의 국가가 도처에서 잘게 부서졌고 공화국의 사절에게 급보가 잇달아 전달되었다. 따라서 3일 후 로마에서 공작을 다시 만났을 때 마키아벨리는 공작의 권력이 어떤 상태인지를 알고 있었다. 대화 장소는 공작이 저당물로 점유 중이던 테베레강의 난공불락 요새인 황제의 묘였다. 그곳에서 발렌티노 공작은 안전했을뿐더러 상황을 완전히 통제할 수 있다는 느낌을 받았다.

> 황제의 묘에서 공작은 과거 어느 때보다도 큰 꿈을 꿨습니다. 그는 추종자들의 생각대로 교황이 선출되리라 여겼기 때문입니다.[50]

마키아벨리는 생각이 달랐다. 마키아벨리의 정보원에 따르면 줄리아노 델라 로베레 추기경을 지지하는 쪽이 뚜렷한 과반을 이루었다. 델라 로베레 추기경은 교황 식스토 4세의 조카이자 보르자가를 이몰라와 포를리에서 몰아낸 리아리오가와 가까운 친척이었다. 델라 로베레가 체사레와 철천지원수인 까닭은 이 때문만이 아니었다. 알렉산데르 6세가 통치하던 시기에 델라 로베레는 프랑스 궁정에 장시간 머물면서 그를 초대한 샤를 8세의 나폴리 출정을 부추겼다. 교황 선거에서 가장 유력한 후보는 노골적인 권력정치인인 셈이었다.

도시 전체가 선거운동에 열광하는 사이 마키아벨리는 여유롭게 산책하면서 로마 역사를 돌아볼 수 있었다. 이때 마키아벨리를 사로잡은 것은 고대의 잔해가 아니라 과거와 현재의 조화할 수 없는 대립이었다.

> 영원한 증오심에 사로잡힌 로마 지역의 사람들은 군인이라기보다 초라한 노상강도에 가깝습니다. 그리고 그들은 자신의 열정을 맹목적으로 추구하기 때문에 임명권자에게 아무런 쓸모가 없습니다.[51]

한때 로마인들은 세계 주인이었다. 그러나 이제 그들은 용병으로도 쓸모가 없다. 이는 설명이 필요한 몰락이었다. 어떻게 푸리우스 카밀루스의 로마가 알렉산데르 6세의 로마로 몰락할 수 있을까? 마키아벨리는 나중에 다시 이 물음과 씨름했다.

그사이 줄리아노 델라 로베레가 선출되리라는 예측이 점점 더 힘을 얻고 있었다. 이에 대한 명백한 징후는 교황 선거 때마다 하는 내기에서 나타났다. 교황 선거가 시작된 10월 31일 식스토 4세의 조카에게 건 돈은 60퍼센트에서 90퍼센트로 상승했다. 그러다 자정 즈음에 소식이 전해졌다. 델라 로베레가 교황이며 이제부터 그를 율리오 2세라고 부른다!

그날 밤 마키아벨리는 이 소식을 품은 긴급 전령을 피렌체로 보냈는데, 이때도 자신만의 논평을 잊지 않았다.

> 그리고 줄리아노 델라 로베레가 얻은 지지를 자세히 들여다본 사람은 이를 기적miracolosi이라고 여길 것입니다. 교황 선거에 참여한 그렇게 많은 파벌이 모두 그에게 찬성표를 던졌기 때문입니다. 프랑스 왕과 스페인 왕도 그를 적었고 적대 관계인 남작들까지도 그에게 투표했습니다. 또한 리아리오 추기경도 발렌티노 공작도 그에게 투표했습니다.[52]

정말 기적이었다. 그러나 신의 섭리 없이도 설명할 수 있는 기적이었다. 후속 편지에 담긴 마키아벨리의 다음과 같은 논평을 고려할 때 이 '기적'은 그저 반어적 표현인 게 분명하다. 즉 율리오 2세는 선거인들에게 지킬 수 없는 약속을 했다. 그것도 각각의 선거인이 가장 원하는 것을 약속했다. 예를 들어 발렌티노 공작에게는 로마냐에 대한 점유권과 강력한 요새인 오스티아를 개인적 안전을 위한 장소로 이용할 수 있는 권

라파엘로가 묘사한 백발의 율리오 2세는 내향적이고 하느님 앞에서 교회의
통치에 관해 설명하려는 듯한 모습을 하고 있다. 그러나 마키아벨리는 이 '끔
찍한 교황'을 그림처럼 그리스도의 숭고한 대리인이 아니라 파렴치하고 예측
불가능한 권력정치인으로 보았다.

리 그리고 교황군 통솔권을 약속했다. 또한 공작은 강력한 군대를 모집할 수 있는 막대한 자금도 갖게 되었다. 그래서 발렌티노 공작은 변덕스러운 운을 또다시 자기편으로 만든 것일까?

일단 그렇게 보였다. 마키아벨리의 상관도 발렌티노 공작이 계속 프랑스의 지원을 받으므로 공화국이 그와 좋은 관계를 유지해야 한다고 지시했다. 그러나 마키아벨리의 생각은 달랐다. 마키아벨리는 자신의 판단을 공식적으로도 전달했다.

> 교황은 약속을 지키는 데 어려움을 겪을 것입니다. 많은 약속이 서로 상충하기 때문입니다.[53]

줄리아노 델라 로베레 추기경은 권력에 매우 민감한 사람으로 통했다. 그렇다면 이제 율리오 2세로서는 어떤 모습을 보일까? 그리고 이렇게 강력한 교황이 로마 교황령의 상당 부분과 함께 군대 통솔권을 철천지원수에게 양도할까? 굳이 그렇게 믿고 싶다면 믿어도 될 것이다.

> 교황은 의기양양하고 자신감이 넘치는 사람입니다. 교황은 자신이 통치하는 로마교회의 권력이 감소하기보다 계속 증가하기를 원합니다.[54]

그러나 발렌티노 공작은 이렇게 믿고 싶어했다.

> 어쨌든 공작은 자신의 대담한 기대에 도취해 있습니다. 그리고 그는 교황의 말이 과거 어느 때보다도 믿을 만하다고 여깁니다.[55]

발렌티노 공작은 희망적 관측에 이끌려 현실을 오판했다. 특히 피렌체처럼 동요하는 권력들을 더는 적으로 내몰지 않으려면 섬세한 감각이 필요했다. 그러나 공작은 사납게 날뛰면서 격분했다. 피렌체는 늘 자신에게 적대적이었다. 그러나 복수의 시간이 다가오고 있다. 이제 피렌체를 나락으로 떨어뜨릴 것이다.

> 그렇게 공작은 독과 격정이 가득한 말을 쏟아냈습니다. 항변의 논리와 단어가 떠올랐지만 저는 그를 달래기로 마음먹었습니다. 그리고 최선을 다해 그와 작별 인사를 나눴습니다. 제게는 천년이 흘러간 듯한 느낌이었습니다.[56]

그 직후에 마키아벨리는 두 명의 오랜 지인인 볼테라의 추기경 프란체스코 소데리니와 루앙의 추기경 조르주 당부아즈를 찾아가서 공작과 나눈 따끈따끈한 얘기를 보고했다. 그러자 '로아노'는 발렌티노 공작의 말에 분개했다. 하느님이 그의 죄를 벌할 것이오! 마키아벨리는 이에 논평을 달지 않았다.

날마다 저울추가 발렌티노 공작에게 유리하게 기울었다. 그리고 그는 여전히 환상에 잠겨 있었다. 이때 마키아벨리도 공작을 강하게 부추겼다. 공작의 앞날은 밝다. 피렌체는 그가 로마냐를 탈환할 때 적극적으로 도울 것이다. 발렌티노 공작은 이 말을 전부 믿었고 거창한 계획을 세웠다. 그는 배를 타고 라스페치아로 가서 거기에서 누이 루크레치아가 알폰소 공작과 결혼한 페라라로 진격할 계획을 세웠다. 그리고 그의 군대는 육로를 이용해 이몰라로 진격할 계획이었다. 이를 위해 교황은 공작에게 로마 교황령과 토스카나에서 길을 열어줄 교서教書를 발급해 주기로 했다. 이는 정말로 훌륭한 계획이었지만 아쉽게도 작은 흠이 있었다. 피렌체는 공작의 군대가 피렌체 영토를 통과하도록 허락할 의사가 없었다. 그리고 마키아벨리도 이런 입장을 지지했다. 피스토이아, 아레초, 발디키아나 등에서 일어난 사건의 충격이 아직도 기억에 생생했다. 루앙 추기경의 적절한 표현처럼 지상의 모든 죄악은 벌을 받기 마련이다. 마키아벨리는 이를 조금 다르게 표현했다. 끊임없는 협박이 이제 협박자를 향했다.

조금 전까지도 전능했던 발렌티노 공작은 곤경에 처하자 상황에 대한 통제력을 완전히 잃었다.

프란체스코 소데리니는 공작이 불안정하고 의심에 차 있으며 결단력을 상실한 것처럼 보였다고 합니다. 이는 공작의 본성에 따른 결과일지 모릅니다. 어쩌면 포르투나가 가한 타격에 정신이 혼미해진 것일지도 모릅니다.[57]

어느 쪽이든 마키아벨리의 판단은 확고했다. 발렌티노 공작은 시험을 통과하지 못했다. 그는 아버지가 사망한 후 전개된 불리한 상황을 극복할 능력이 없었다. 게다가 불운이 찾아왔을 때도 운이 좋았을 때처럼 행동해 비참한 존재가 되었다.

이제 여기 있는 모두가 공작과 그의 사건을 비웃고 있습니다. 바람이 그를 어디로 데려갈지 두고 볼 일입니다.[58]

교황 율리오 2세는 공작의 터무니없는 희망을 계속 부풀리면서 다른 한편으로는 피렌체와 협력해 공작을 최종적으로 제거하기 위한 조치를 했다. 1503년 11월 중순 교황은 안전한 장소로 약속했던 오스티아 성채로 후퇴하도록 발렌티노 공작을 설득하는 데 성공했다. 그리고 피렌체를 3년 동안이나 두려움에 떨게 했던 공작은 그곳에서 포로 신세가 되고 말았다. 마키아벨리는 이 수감자가 어떻게 온갖 방법으로 협박을 당했는지 묘사하면서 감출 수 없는 만족감을 드러냈다. 교황은 아직도 보르자가의 수중에 있는 마지막 요새들의 인도를 요구했고 발렌티노 공작은 먼저 신변의 안전을 보장해달라고 했다. 그러나 그는 이미 요구를 내세울 처지가 아니었다. 결국 공작은 수많은 적이 원했던 것처럼 테베레강에 빠져 죽지 않은 데 만족해야 했다. 그렇지만 보르자가의 이루 다 말할 수 없는 범죄를 철저히 파헤쳐 엄하게 처벌하겠다는 교황 율리오 2세의 선언은 계속 유효했다.

외교관 마키아벨리에게 체사레 보르자의 단원은 이렇게 끝을 맺었다. 반면에 체사레 보르자는 정치사상가 마키아벨리를 오랫동안 잊지 못했을 것이다. 로마로 파견된 피렌체 특사 마키아벨리는 이제 새로운 영역으로 발을 들여놓았다. 공화국은 새로운 교황에게 무엇을 기대할 수 있는가? 율리오 2세의 최초 성명은 많은 것을 기대하게 했다. 피렌체는 우호국이며 피렌체 정부에 많은 것을 기대한다고 했다. 피렌체인들이 희망한 것도 바로 이것이었다. 율리오 2세는 자신을 삼촌 식스토 4세의 유언집행자로 이해했다. 마키아벨리 앞에서 그는 식스토 4세를 자신의 아버지라고 부르기까지 했는데, 물론 이는 정신적 유대 관계와 나아가 델라 로베레 가문 전체의 선택받은 지위를 표현한 것이었다. 혹은 식스토 4세가 아버지 하느님이고 율리오 2세 자신은 하느님의 아들이라는 뜻이었을까?

마키아벨리에 따르면 이 교황은 로마교회의 위대함을 자신의 깃발에 적었는데 이를 개인적 명예로 여겼다. 이것이 교황에게 어울리는 구호이긴 한데 과연 그 의미는 무엇일까? 율리오 2세의 전력에 비추어 추론하자면 그는 보르자가뿐만 아니라 로마 교황령의 나머지 군주들도 몰아내려는 것일지 모른다. 그의 길을 가로막는 자는 무사하지 못할 것이다! 새로운 교황은 다혈질이었다.

1503년 말 또 하나의 중대한 결정이 기다리고 있었다. 나폴리왕국에서 프랑스와 스페인의 평화롭고 우호적인 분할은 오래가지 못했다. 모든 예측과 달리 수적으로 열세였던 스페인군은 카리스마 넘치는 야전 사령관 곤살로 페르난데스 데 코르도바의 지휘 아래 우세를 유지하면서 프랑스군을 북쪽으로 밀어냈다. 11월과 12월에 걸쳐 두 군대는 가릴리아노강에서 대치했다. 마키아벨리가 피렌체에 보고한 바에 따르면 이제 전쟁의 운명은 확실히 프랑스에 유리하게 전개될 상황이었다. 스페인군은 큰 손실을 보고 패배 직전에 있었다.

이 소식은 공화국을 안심시켰는데, 공화국은 과거 어느 때보다도 프랑스 왕 루이 12세와 가깝게 연결되어 있었기 때문이다. 이로써 로마와 더 남쪽에서는 모든 것이 정상인 것처럼 보였다. 게다가 체사레 보르자는 마침내 적들의 노리갯감이 되었다. 따라서 마키아벨리는 마음 편하게 귀국할 수 있었다. 1503년 12월 23일 마키아벨리는 10인 위원회에 구두로 다음과 같이 보고했다. 모든 것이 훌륭하니 피렌체는 평온한 성탄절을 맞이할 수 있겠습니다.


## 피렌체의 나약함

피렌체의 평온한 휴일은 오래가지 않았다. 1503년 12월 28일 스페인 야전 사령관은 야음을 틈타 군대를 이끌고 물이 크게 불은 가릴리아노강을 건넌 다음 며칠간 계속된 폭풍우를 피해 아무것도 모른 채 숙소로 퇴각한 프랑스군을 공격했다. 끔찍한 도륙이 벌어졌고 스페인은 완벽하게 승리했다. 대혼란 속에서 피에로 데 메디치도 익사하고 말았다. 이로써 피렌체공화국의 적이 한 명 줄었지만 동시에 새로운 위협의 시나리오가 펼쳐졌다. 이제 남부 이탈리아 전체가 스페인에 속했다. 곤살로 페르난데스 데 코르도바는 여기서 멈출까, 아니면 프랑스의 동맹인 피렌체로 진격할까? 이탈리아 전체는 모두가 '대장군'이라고 부르는 야전 사령관에게 대단한 것을 기대하게 되었다.

그러나 마키아벨리는 예외였다. 마키아벨리가 보기에 곤살로는 그저 운이 좋았으며 날씨로 인한 호기를 놓치지 않았을 뿐이었다. 이 대장군이 전법의 기존 규칙을 깨부수고 가까운 미래에 스페인군이 아스테카왕국과 페루를 정복할 때 사용한 새로운 전략을 개발한 사실을 마키아벨리는 인식하지 못했다. 더 정확히 말해 인정하지 않았다. 적의 신경중추를 공격하고 새로운 게릴라 전술을 사용한 스페인 야전 사령관은 로마의 전법과 전혀 다른 전투를 벌였다. 게다가 대장군 휘하의 직업군인들은 이미 이수한 군사교육을 토대로 단기간에 복잡한 작전을 익혔고 가릴리아노강 횡단처럼 지금까지 유례없는 놀라운 전투력을 발휘했다. 특히 이렇게 전문화된 전투는 초기 로마 군단처럼 농민과 시민으로 구성된 민병대로는 절대로 달성할 수 없는 것이었다. 그러나 마키아벨리에게는 이런 것들이 대부분 새로운 형태의 악화에 불과했다. 그러므로 마키아벨리의 견해에 따르면 곤살로는 임명권자인 스페인 왕과 마찬가지로 장기적으로 성공을 거둘 수 없었다.

그러나 마키아벨리의 임명권자들에게는 프랑스의 패배로 인한 공포가 뼛속까지 스며들었다. 패배한 보호자를 과연 믿을 수 있을까? 보호를 보장받기 위해 10인 위원회는 즉시 루이 12세의 궁정으로 특명대사를 파견했다. 그러나 이것만으로는 모든 근심을 날려버릴 수 없었다. 그래서 얼마 후 첫 번째 사절인 귀족 니콜로 발로리에 이어 특별 임무와 특별 능력을 지닌 두 번째 사절을 보냈다. 그가 바로 최초 프랑스 파견 시 프랑스어까지 습득해 피렌체인들을 놀라게 했던 프랑스 전문가 니콜로 마키아벨리였다.

1504년 1월 19일 마키아벨리가 받은 훈령은 공포 속에서 작성된 것이었다. 이 행동 지침에서 피렌체는 한껏 몸을 낮추고 비굴한 자세를 취했다. 우리에게 남은 것은 자유뿐이며 우리는 이것을 잃고 싶지 않습니다. 그러나 사악한 세상은 우리에게 이를 허락하지 않습니다. 우리는 율리오 2세에게서 어떤 도움도 받지 못하고 있으며 피사, 스페인, 베네치아에서는 나쁜 일만 예상됩니다. 우리의 구원을 위해 우리는 기꺼이 변함없는 충성으로 위대한 왕이신 귀하와 함께하고자 하니 귀하께서도 이를 위해 무언가를 해주셔야 합니다. 귀하가 직접 강력한 군대의 선두에서 위풍당당하게 이탈리아로 오신다면 가장 좋을 것입니다. 또는 프랑스 장군이 이끄는 군대나 지원금으로 이를 대신하실 수도 있습니다. 부디 무엇이라도 해주시길 부탁드립니다! 그렇지 않으면 우리는 다른 방법을 모색할 수밖에 없습니다. 최악의 상황에 우리는 스페인의 수중에 들어갈 것이고 이것은 귀하도 원치 않을 것입니다. 추신: 우리는 귀하가 요구하는 1만 두카토를 빚진 적이 없습니다.

울먹이는 태도와 완강한 불복종이 기묘하게 혼합된 메시지를 짐에 넣은 채 마키아벨리는 우선 롬바르디아의 수도 밀라노로 향했다. 그가 밀라노에 도착하기까지 이틀밖에 걸리지 않았는데, 이는 대사 중에서 가장 빠른 기록이었다! 아마도 마키아벨리는 체사레 보르자의 전설적인 속도를 모범으로 삼았을 것이다. 밀라노에서 마키아벨리는 프랑스 사령관 샤를 당부아즈(조르주 당부아즈의 조카―옮긴이)를 만났다. 그는 마키아벨리를 진정시키려 했다.

그리고 제가 작별 인사를 했을 때 그는 주위 사람들이 들을 만큼 큰 소리로 말했습니다. "Ne dotté di rien!"

프랑스 전문가라는 평판은 부담이 되고 맞춤법은 어차피 허망한 것이다. 마키아벨리가 인용한 프랑스어 문장은 실제로 "Ne doutez de rien!", 즉 아무 걱정하지 말고 자신들을 믿으라는 뜻이다. 그리고 콧대 높은 이 귀족이 한 말의 실제 의미는 다음과 같을 것이다. 늘 기가 죽어 있는 아르노강의 쩨쩨한 상인처럼 굴지 마시오!

루이 12세의 영향력 있는 장관인 루앙의 추기경, 즉 '로아노'가 보기에도 그랬다. 처음에 '로아노'는 불쾌감의 표시로 니콜로 발로리와 니콜로 마키아벨리의 알현을 허락하지 않았다. 이 때문에 가엾은 발로리는 불안과 공포에 휩싸였다. 그러다 마침내 알현이 허락되었을 때 사절들은 꾸짖음을 들어야 했다. 하찮은 패배를 한 번 했을 뿐인데 피렌체인들은 감히 '가장 독실한 왕'의 위대함을 의심했다! 아주 작은 후퇴에도 이탈을 생각하면서 어떻게 훌륭한 동맹이라 하겠는가? 그러나 마키아벨리는 물러설 생각이 없었다.

이 지점에서 니콜로 마키아벨리가 아주 능숙하게 끼어들어 피렌체인들이 토스카나를 구원하려 하며 이를 위해 방어벽을 지키려 한다고 말했습니다. 반면에 곤살로의 보루는 교황과 시에나와 페루자라고 했습니다.

프랑스 성벽에 대한 언급은 없었다. 이 소식의 작성자는 발로리였는데, 그는 이런 방식으로 부하 동료인 마키아벨리의 장점을 부각했다. 이런 종류의 칭찬은 또 있었다. 1504년 3월 7일 마키아벨리에게 쓴 편지에서 발로리는 모든 것을 알고 모든 것을 할 수 있는 제2서기국 서기장의 보조를 받게 해준 운명에 감사를 표했다.

마키아벨리의 일격은 효과가 있었다. 다음 날 추기경은 훨씬 더 친근한 태도를 보였다. 프랑스와 스페인 사이에 3년간 휴전을 준비 중이니 피렌체는 두려워할 필요가 없다고 했다. 루이 12세가 이 휴식기를 얻기 위해 나폴리왕국을 포기했다는 사실은 당연히 체면상 언급되지 않았다. 이 희소식 외에 두 피렌체인이 고국에 보고할 만한 좋은 소식은 없었다. 루이 12세에게 피렌체는 점점 더 성가시게 구는 어린 동맹국이라고 했다. 그리고 설령 왕이 원한다고 해도 포괄적인 도움은 줄 수 없다고 했다. 공화국은 자신의 위치를 스스로 살펴 적과 타협해야 한다고 했다. 이런 논리를 끝까지 일관되게 밀고 나아가면 결론은 스페인과 동맹을 맺는 것이었다. 그러나 이는 여전히 프랑스에 대한 믿음을 잃지 않은 피렌체에 정치적 배교 행위나 다름없었다. 마키아벨리는 프랑스 궁정에서 계속 버텨야 했고 1504년 2월 13일 마침내 휴전 협정 체결 소식이 날아왔다. 이제 마키아벨리는 피렌체로 돌아갈 수 있었다.

## 시인이 된 외교관

이제는 그동안 받은 인상과 겪은 경험을 평가할 시간이었다. 이 결산을 위해 마키아벨리는 아주 다른 두 가지 문학 장르인 풍자시와 운문 서사시를 선택했다. 마키아벨리의 논문《프랑스인의 본성에 관하여 De natura gallorum》는 순수한 풍자시다. 당시에는 민족 특성을 간단히 묘사하는 게 유행했다. 이런 글을 통해 다른 민족을 대할 때 유용한 지침을 얻을 수 있었다. 이 프랑스 전문가는 프랑스인을 사랑하지 않았기 때문에 결코 듣기 좋은 평을 내놓지 않았다. 핵심 주제는 루이 12세가 했다는 다음과 같은 발언이었다. 나는 피보다 돈을 더 사랑한다. 이 말로 마키아벨리는 역습을 시도했다. 프랑스인들은 우리가 상인의 관점에서 정치를 한다고 비난한다. 그러나 그들이야말로 진짜 고리대금업자이며 게다가 지독하게 인색하다. 글은 이런 식으로 계속 진행된다. 프랑스인들은 행복할 때는 난리를 피우고 불행할 때는 질질 짠다. 그들은 눈앞에 이익만 좇을 뿐 과거는 모르고 미래는 생각하지 않는다. 프랑스인들은 현재 모습처럼 경박하고 이기적이며 허황하게 궁정의 화려함과 명예를 사랑한다. 그러나 최악인 것은 다음과 같다. "그들은 로마와 그 영광의 적이다."[59]

마키아벨리는 많은 것을 용서할 수 있었지만 그가 사랑한 로마에 대한 고약한 험담은 용서할 수 없었다. 책임감 있는 정치인이 이 고약한 단문에서 도출한 결론은 평소와 다르지 않았다. 피렌체가 이 왕과 이 민족과 맺은 동맹을 해체하자!

1504년 11월 8일 알라만노 살비아티에 대한 화려한 헌사와 함께 발표한 첫 《십년기Decennale》에서 마키아벨리는 아주 다른 어조를 선보였다. 이 날짜는 매우 상징적인데, 1494년 11월 8일에 피에로 데 메디치가 피렌체에 대한 지배력을 상실했기 때문이다. 반면에 알라만노 살비아티는 마키아벨리가 헌사에서 찬양했듯 아레초 봉기 때 확고부동한 의지로 피렌체를 구했다. 《십년기》는 지난 10년간의 이탈리아 역사를 피렌체 관점에서 550행으로 설명하고 해석한다. 또한 이 시는 숭고한 분위기로 가득하다. 이후의 증거가 보여주듯이 마키아벨리는 자신이 단테의 뒤를 잇는, 루도비코 아리오스토와 동급인 위대한 시인이라고 생각했다. 그리고 이런 재능을 피렌체 사람들에게 적극적으로 홍보했다. 마키아벨리는 자신의 시를 영향력 있는 사람들에게 보냈고 이에 그들도 박수갈채로 화답했다.

그 이유는 그들도 알고 있었다. 첫 《십년기》에서 피렌체의 유명한 조롱꾼 마키아벨리는 정치인다운 신념을 드러냈다. 실제로 그의 역사 서사시는 애국적 상투어로 가득 차 있었다. 이탈리아의 불운과 권력자들의 분열이 1494년 프랑스인들을 이탈리아로 유혹해 이 나라의 불행이 시작되었다. 메디치가는 60년간 지배한 피렌체를 가장 위험한 순간에 배신했지만 공화국은 저변이 넓은 정체로 다시 번성했다. 그러나 포르투나가 노골적인 시기심으로 피사 탈환을 방해하는 바람에 피렌체인들의 모든 영웅적 노력은 아무런 결실도 보지 못했다. 또한 발렌티노 공작이 토스카나를 불안과 공포에 떨게 했지만 용감한 알라만노 살비아티가 아레초 사태 때 그와 맞섰다. 그 후 얼마 안 있어 발렌티노 공작의 몰락이 확정되었다.

> 하늘이 알렉산데르 6세를 죽였을 때
> 발렌티노 공작의 국가도
> 여러 조각으로 쪼개져 분배되었다네.
> 율리오만이 보르자가의 희망에 물을 주었기에
> 공작은 스스로 한 번도 베푼 적 없는 동정을
> 그에게서 받으리라 기대했다네.[60]

그러나 발렌티노 공작은 이런 동정을 받을 자격이 없었다. 뒤이은 35행에 걸쳐서 마키아벨리는 "그리스도를 반역한 자에게 마땅한" 운명을 그에게 선고했다.

제2서기국 서기장이 정말로 이렇게 독실해졌을까? 또 다른 표현들은 이런 전향에 합리적 의심을 불러일으킨다. 예를 들어 율리오 2세는 천국의 문지기로 표현되는데, 이 교황은 교황직에 있는 내내 지치지 않고 전쟁을 벌인 인물이었다. 알렉산데르 6세의 종말을 묘사할 때도 신랄한 풍자가 터져 나온다.

체사레 보르자가 병에 걸렸다네. 그리고 그에게 휴식을 선사하기 위해

영광스러운 알렉산데르의 혼백이

축복받은 영혼들에게 운반되었다네.[61]


마키아벨리가 마지막에 발렌티노 공작에게 선고한 기독교적 유죄판결에도《십년기》에서 그는 맞수가 없는 책략을 발휘하는 완벽한 군주로 등장한다.


그리고 그는 그들을,

즉 페르모의 배신자와 비텔로초

그리고 그에게 적대적이었던 오르시니가를 함정으로 유인하는 데 시간을 허비하지 않았다네.

그래서 그들이 빠진 함정은

곰이 발을 한 개 이상 잃었고

송아지가 두 번째 뿔까지 잘려 나간 곳이었다네.[62]


이런 언어유희는 피렌체인들에게 큰 웃음을 선사했을 것이다. 곰의 이탈리아어 오르소orso는 오르시니가였고 송아지의 이탈리아어 비텔로vitello는 비텔리가로 이때 공화국이 처형한 이는 파올로 비텔리였다. 송아지의 잘려 나간 첫 번째 뿔은 비텔로초 비텔리였다.《십년기》에서 피렌체는 고질적인 결단력 부족과 프랑스에 대한 의존 때문에 비판을 받지만 이런 망설임과 나약함 덕분에 영웅들의 추진력이 더욱 빛을 발한다. 공화국은 다시 기운을 내어 종신 최고 행정관을 선출하고 마침내 발렌티노 공작의 책략으로부터 공화국을 지켜줄 살비아티라는 구원자를 발견한다. 그러나 공작의 몰락 후에도 공화국은 안전하다는 느낌이

들지 않았을 것이다.

> 변덕스러운 포르투나는 아직 만족하지 않았고
> 이탈리아의 분쟁은 아직 끝나지 않았으며
> 그렇게 많은 악의 원인은 아직 제거되지 않았다네.[63]

이 세계의 권력자들은 끊임없이 정복과 전쟁을 궁리한다. 게다가 그들은 과거 어느 때보다도 더 사이가 나쁘다.

> 따라서 쉽게 알 수 있듯이
> 권력자들 사이에서 새로운 불이 일어나면
> 그 불꽃이 하늘까지 치솟을 것이라네.[64]

한때 이런 종말론적 공포를 불러일으킨 사람은 사보나롤라였다. 그런데 회의주의자 마키아벨리가 어째서 이런 애국적 종말론을 선포했을까? 모든 좋은 수수께끼가 그렇듯이 해답은 마지막에 있다.

> 그러나 군신軍神의 신전을 다시 열었다면
> 구원의 길이 쉽고 짧았을 것이라네.[65]

로마인들은 전쟁을 벌일 때 복수의 신 유피테르를 위한 신전을 열었다. 548행을 지나 드디어 이 이야기의 교훈이 나타난다. 피렌체가 여러 도시국가 사이에서 국가로서, 다시 말해 여러 늑대 사이에서 늑대로서 생존하길 원한다면 새로운 군사 제도가 필요하다네.

## 유능한 용병대장을 찾아

주변의 참주를 용병대장으로 고용하여 피사를 공격하는 낡은 방식은 성공하지 못했다. 피렌체는 연거푸 실패를 경험했다. 1505년 3월 말 피사를 둘러싼 싸움 때 적대적 소국 연합은 카펠레세 다리에서 공화국에 쓰디쓴 패배를 안겼다. 용병대장은 실력이 변변찮았을뿐더러 으레 불신을 받았다. 그런데도 1505년 봄 공화국은 마키아벨리에게 적합한 군 지휘관을 물색하게 했다.

공화국 사절인 마키아벨리는 1505년 4월에서 7월 사이 용병대장의 그 악명 높은 불충을 세 번이나 경험했다. 마키아벨리는 첫 번째 공무 여행으로 페루자의 실력자 잠파올로 발리오니를 찾아갔다. 발리오니가는 여러 대에 걸쳐 이 도시를 지배했지만 어떤 법적 소유권도 없었고 신민들에게 평화를 가져다주지도 못했다. 그들 간에 평화는 한 번도 유지되지 않았다. 1500년 7월 서로 으르렁거리던 가문 내 집안들이 결혼 잔치를 계기로 짐승처럼 끼리끼리 공격을 가했고, 그 살육은 이탈리아의 흑역사에 기록을 남겼다. 잠파올로는 가까스로 공격에서 살아남아 암살자에게 피의 복수를 했다. 이 피의 복수는 용병대장의 명성에 해롭기만 했다. 피렌체는 잠파올로 발리오니와 후한 용병 계약까지 체결한 터라 그가 느닷없이 징집에 응하지 않겠다고 선언했을 때 깜짝 놀랐다. 여기서 마키아벨리는 탐색 기술을 발휘했다. 제2서기국 서기장은 임명권자를 실망시키지 않았다. 잔인한 깡패 발리오니는 마키아벨리의 심리적 술책을 감당할 수 없었다.

마키아벨리는 발리오니를 사실상 대질신문하며 그의 명성에 호소했다.

피렌체가 그대에게 어떤 이득을 가져다주는지 아는 자는 용병 계약이 체결되었다는 것을 알고 피렌체가 제때 지불한다는 것을 알며 모든 것이 그대가 바라는 대로 서명할 준비가 되어 있다는 것을 압니다. (…) 아무도 그대를 용서하지 않을 것이고 다들 그대의 배은망덕과 변심을 책망할 것입니다.[66]

페루자의 학식 있는 자들이 자신의 행위를 정당화했다는 발리오니의 궁색한 변명에 마키아벨리는 신랄한 경멸로 응수했다.

갑옷을 입고 명예를 얻으려는 자에게 신뢰를 잃는 것보다 더 큰 손실은 없습니다.[67]

이 말은 곧바로 이중으로 상처를 입혔다. 한마디로 용병대장으로서 명성과 자격을 잃을 것이라는 말이다. 용병 계약 위반에 관한 소문이 이탈리아에 퍼지면 더는 고용주를 구하지 못할 것이다. 피렌체 사절은 이런 도발적인 말로 상대방을 머리끝까지 화나게 만들고 실토하게 했다. 발리오니는 살아남은 비텔리가의 일원과 판돌포 페트루치 등과 모종의 비밀 협정을 체결했고 2주 전 카펠레세 다리에서 피렌체에 군사적 굴욕을 가져다준 연합국에 속해 있었다. 공화국은 하마터면 이 배신자를 피렌체 군사령관으로 임명할 뻔했다!

　그 직후 마키아벨리는 두 번째 용병대장 물색의 사명을 띠고 만토바로 갔다. 이곳은 상황이 훨씬 나았다. 곤차가 출신인 만토바 변경의 참주들은 200년 전 발리오니가처럼 쿠데타를 통해 권력을 장악했지만 그사이에 더욱 귀족적 예법을 받아들였다. 그들의 궁정은 알프스산에서 베수비오산에 이르기까지 세련미와 예술미에서 모범으로 여겨졌다.

게다가 통치권이 있는 후작 프란체스코 곤차가는 최고 지휘관으로서 큰 명성을 누리고 있었다. 프란체스코 곤차가는 1495년 포르노보 전투에서 프랑스를 물리쳤다. 마키아벨리는 이례적으로 만토바에서 어떤 비밀도 폭로하지 않고 용병 계약만 체결할 생각이었다. 그는 여느 계약보다 쉬우리라 생각했다. 프란체스코 곤차가는 특별 요구 조항을 내세웠다. 자신의 영토가 위험에 처하면 직책을 그만두겠다고 했다. 이는 위험한 조항이었다. 이런 비상사태는 곧잘 전시와 결부될 수 있었기 때문이다. 그런데도 정무위원회는 이 특별 조항을 수락했다.

그러나 그것이 끝이 아니었다. 프란체스코 곤차가는 또 다른 추가 조항을 내세웠다. 프랑스 루이 12세와 황제에 맞서서는 절대로 출정하지 않겠다는 조항이었다. 피렌체는 프랑스와 무조건적 동맹을 맺고 있었고 합스부르크 왕가의 막시밀리안과는 반목한 적이 없으므로 이는 사실상 당연한 것이었다. 그러나 임명권자가 원했으므로 이 조항도 계약에 포함되었다. 곤차가는 세 번째로 꼬투리를 잡았다. 피렌체 방어나 피사 탈환에 도움이 되지 않는 군사적 계획은 미리 프랑스 왕의 허가를 받고 싶다고 했다. 이는 해도 너무 한 요구였다. 이 특별 조항을 용인하면 이 용병대장은 무슨 쓸모가 있을까? 마키아벨리와 피렌체 정부는 그런 용병대장은 거의 쓸모가 없다고 생각했다. 그래서 마키아벨리는 1505년 5월 빈손으로 만토바에서 돌아왔다.

마키아벨리는 이 특별 임무를 통해 피렌체가 귀족 출신 용병대장에게 임명권자로서 매력이 없다는 사실을 깨달았다. 그리고 1505년 7월 시에나 공무 여행에서 마키아벨리는 다음과 같은 결론을 얻었다. 체사레 보르자 같은 사람이 없으면 피렌체는 더 작은 나라의 노리갯감이나 조롱거리가 될 것이다. 시에나에서는 교활한 권력자 판돌포 페트루치가 사울에서 바울로 변해 있었다(적어도 그렇게 보였다). 지붕의 참새들이 판돌포 페트루치가 카펠레세 다리에 함께 있었다고 지저귀었다. 이제 와서 그는 공화국의 좋은 친구인 양 행세했다. 페트루치와 몇 마디를 나눈 후 마키아벨리의 판단은 분명해졌다. 이중적 태도를 보이는 이 모사꾼에게서 손을 떼라는 것이었다!

## 마키아벨리의 군대

1506년 초 마키아벨리는 공화국의 위임을 받아 다음번 출장지인 무젤로로 갔다. 피렌체의 이 산악 지방 주민들은 유달리 강인해 좋은 병사로 여겨졌다. 그 직후 제2서기국 서기장은 카센티노 주민들도 유달리 방어에 유능하다고 보고했다. 두 출장의 목적은 같았다. 마키아벨리는 그곳에서 병사를 모집하고 선별했다.

자체 신민을 무장시킨다는 낡은 생각에 대해 이론이 분분했다. 아득한 옛날 피렌체는 시민군을 전장으로 보냈다. 그러나 14세기 전투가 전문화되면서 상인이나 수공업자, 상점 주인을 소집해서는 이제 경쟁력이 없었다. 정치적으로 지나치게 신중한 것은 부질없는 짓이었다. 귀족이 공화국을 강하게 지배하면 할수록 중간층을 무장시키는 것은 그만큼 더 위험해졌다. 하찮은 분규가 내전으로 치달을 위험이 있었다. 이에 반해 용병대장과 용병은 비교적 작은 위해였다. 이에 대해 16세기 초 이탈리아 모든 권력자는 생각이 같았다.

마키아벨리만 견해를 달리했다. 질서 정연한 공화국이라면 민병대를 두려워할 일이 없었다. 오히려 기대할 게 많았다. 로마는 무장한 시민으로 세계를 정복했다. 로마에서 병역을 이행하는 자는 오로지 시민뿐이었다. 그런데 왜 피렌체에서는 민병대가 불가능한가? 정부는 민병대 문제에 완강했다. 그래서 정부는 서기장 마키아벨리가 작성한 의견서를 통해 냉혹한 진실을 접해야 했다.

> 제국에서부터 왕국, 공국, 공화국 그리고 작은 배의 선장에 이르기까지 지휘권자는 정의와 무기를 갖춰야만 한다는 사실을 누구나 알고 있습니다. 귀하는 정의는 별로 없고 무기는 전혀 가지고 있지 않습니다. 합법적으로 결의되고 유지되는 병역법을 통해서 무기는 물론 정의도 얻을 수 있을 것입니다.[68]

피렌체공화국은 최상의 정치체제 지녔다고 자평하고 있었다. 그러나 제2서기국 서기장이 매긴 순위에 따르면 피렌체공화국은 한참 뒤였다! 마키아벨리는 비판함으로써 분발하게 하고 굴욕이라는 상처를 아프게 건드림으로써 건전한 야심을 부추겨 정치적, 군사적 구원의 길을 가리키는 방법을 썼다.

"위대한 일은 처음에는 매우 신중하게 행해야 한다."[69] 이는 마키아벨리의 비망록에 나오는 잠언이다. 따라서 군 개혁은 작게 시작해야 했다. 즉 신민이 사는 마을의 선별된 모병 지역에서 시작해야 했다. 마을과 마을 간의 적대심이 크므로 신중하게 선별해야 했다. 마키아벨리의 평가에 따르면 도시 지도자 간의 반목이 마을 구석구석에 미치고 있었다. 마을과 마을 사이에는 목초지와 밭의 경계 문제나 신용 문제가 항상 미결인 채로 남아 있었다. 이 분쟁을 해결하지 못하면 전투력을 갖춘 민병이 아닌 도둑 떼를 모으는 꼴이 될 것이었다. 이 대담한 시도를 더욱 잘 관리하기 위해서는 피렌체에서 먼 지방의 주민을 모아서는 안 되었다. 비교적 가까운 곳의 신민을 모아야 했다. 신중함도 필요했다. 건전한 불신은 맹목적 확신보다 나았다. 마키아벨리는 이 점을 의심했다.

고대 로마인이 좋은 병사를 길러낼 수 있었다면 오늘날 토스카나에서도 틀림없이 성공할 수 있었다. 적절한 법률만 있다면 언제든 로마공화정의 성공 역사가 반복되게 할 수 있다는 생각에 마키아벨리는 희망에 차 있었다. 적절한 교육으로 인간을 도야할 수 있다는 마키아벨리의 믿음은 거의 종교적 열정에 가까웠다. 인간의 파괴적 이기주의를 집단적 애국주의와 영웅주의로 바꾸는 것이 마키아벨리식 군 개혁 계획의 목표였다. 이 개혁에서 교육 수단은 규율이었다! 새 민병대는 규율을 따르게 될 것이다. 그렇지 않으면 몰락뿐이었다. 규율은 적응의 문제였고 적응은 훈련을 통해 이루어졌다. 공화국의 신병은 열병식을 위해 12~16번 집합하여 총 5000명이 30개 부대bandiere(원래는 깃발이라는 뜻이다—옮긴이)를 이루어 의무 훈련을 받아야 했다. 이때 부대별로 사용하는 깃발이 달랐다. 마키아벨리에 따르면 이는 충성과 복종을 강화했다. 성직자도 애국심을 세우는 데 협조하여 피렌체를 위해 복무하는 자는 하느님에게 순종하는 것이라고 설교해야 했다. 그러면 병사들에게 공화국에 대한 사랑과 공화국의 위대함에 대한 믿음이 불어넣어질 것이다. 그러나 완벽한 규율을 위해서는 이것만으로는 부족했다. 무조건적 복종이 불가결한 민병에게 유익한 공포를 불어넣기 위해 일벌백계가 필요했다. 일찍이 고대 로마인이 했던 것을 피렌체인은 본받아야 했다.

그러나 아무런 제한 없는 모방은 잘 될 수 없다. 피렌체인과 그 신민이 고대 로마인이 되는 데는 시간이 필요했다. 옛 로마군은 분명 공화국을 위해 복무했지 유력자를 위해 복무하지 않았다. 그러나 피렌체에서는 그 반대였다. 이를 고려해야 했다. 따라서 한 마을 유지가 장교에 임명되면 같은 마을 출신의 병사를 지휘할 수 없었다. 또한 빠른 교체 원칙도 중요했다. 즉 부대장의 교체 시기를 짧게 해 한 자리에서 몇 년간 지내며 개인적 군신 관계를 형성하지 못하게 했다.

잘 실행된 이 질서는 마을에서 자리 잡기만 하면 당연히 도시에도 차츰 도입될 것입니다. 그때는 더 쉬워질 것입니다. 지금처럼 시민군을 매수하지 않고 그 능력에 따라 선발하면 어떤 차이가 생기는지는 귀하가 살아생전에 보실 수 있을 것입니다.[70]

마키아벨리는 처음부터 농민군 이상의 것에 관심이 있었다. 마키아벨리의 대담한 계획은 새 군제로 피렌체를 근본적으로 바꾼다는 것이었다. 사적 인맥이 지배하는 공화국에서 성과와 공로가 지배하는 공화국으로 바뀌어야 한다! 제2서기국 서기장은 외교사절로서 쓴 보고서뿐만 아니라 민병대에 관한 의견서에서도 상사에게 엄혹한 진실을 말해야 했다.

그러나 마키아벨리의 새로운 제도가 제대로 작동할지는 의문이었다. 농민군이 타지 출신 장교에게 복종할 것인가가 문제였다. 농민군의 전투 자세도 문제였다. 예속 지역 주민들은 피렌체공화국의 정치 생활에 참여권이 없었으나 지역에 따른 자유와 특전을 누렸다. 그러나 이특전마저 새 병역 의무 때문에 제한되었다. 마키아벨리가 무젤로와 카센티노에서 그렇게 감동적으로 고취시킨 애국심은 어디에서 왔는지 알수 없었다. 호시절에는 도시의 지배를 어느 정도 자발적으로 받아들였으나 위기 때는 동요할 수밖에 없었다. 새 시민군의 충성심은 그 가족과 친구, 기껏해야 마을에 유효했다. 피렌체공화국에 상당한 충성심을 가진 토스카나의 '우리 의식'은 좁은 엘리트층을 형성하는 데 그쳤다.

마키아벨리의 수많은 예방 조치가 증명하듯 그는 이 모든 것을 익히 예상했다. 봉기에 대한 두려움으로 새 민병대에 동의하지 않은 많은 귀족과 달리 마키아벨리는 정치 군사적 교육의 무한한 감화력을 믿었다. 교육은 필요한 규율을 엄히 가르칠 것이고 이는 다시 고대 로마의 비르투$^{virtù}$, 즉 조국애, 자기희생의 용기, 의연함을 낳을 것이었다. 민병의 무장에 관한 한 마키아벨리는 고대 로마의 모델만 따르지 않고 고대 로마 군단의 무장을 현대 스위스 보병의 무장과 결합했다. 이리하여 무젤로와 카센티노 농민의 아들들은 아우구스투스 황제가 곧잘 묘사한 철흉갑과 100년 넘게 유럽 기사단을 두려움에 떨게 한 스위스 용병의 창으로 무장했다. 붉고 흰 멋진 제복과 두건도 준비해 새 피렌체 군대가 완성되었다.

자칭 군사 이론가인 마키아벨리는 열과 성을 다해 이 부대를 훈련한 첫 번째 인물이었다. 중대와 그 훈련 교관들은 기이한 이미지를 연출해야 했다. 여러 세대 동안 전쟁과 담을 쌓은 지역 출신의 신병 모습과 호전적이지 않은 듯한 지식인, 즉 허약한 체격에 활발한 제스처로 열변을 토하는 지식인 모습을 연출해내야 했다. 초반의 어려움이 마키아벨리의 열의를 가로막지 못했다. 이것도 해결할 수 있었다. 루카 란두치에 따르면 마키아벨리의 부하들은 1506년 피렌체에서 열린 사육제 때 열병식에서 당당한 모습을 보여주었다. 루카 란두치는 이 열병식은 피렌체에서 열린 어떤 행사보다 더 장관이었다고 한다.

마키아벨리는 이 자랑스러운 부대를 창설하고 시민들의 환호를 받을 수 있었다. 프란체스코 소데리니 추기경은 듣기 좋은 말을 늘어놓았다.

다른 나라들은 이탈리아에서 오래전에 사라진 규율에 더 큰 가치를 둔다는 이유만으로 우리 보병보다 나았습니다. 그러나 이제야 우리는 그대 덕분에 조국의 안녕과 위엄을 위해 우리의 기대에 부합하는 군제를 제대로 이해하게 되었습니다. 그대는 분명 흡족해할 것 같습니다. 그대 손으로 매우 가치 있는 일의 초석을 놓았기 때문입니다. 계속 정진하여 계획을 열망하는 목표

로 이끌기 바랍니다!<sup>71</sup>

9개월 후 프란체스코 소데리니가 마키아벨리에게 더 큰 존경을 표했다.

> 실로 이 군 제도는 하느님이 만드신 것 같습니다. 적들의 사악함에도 매일
> 성장하기 때문입니다. (…) 우리가 보는 바로는 이 도시는 잘 적용된다는 것
> 을 전제로 할 때 이 개혁만큼 존경할 만하고 확실한 것을 오랫동안 한 적이
> 없습니다. 선한 사람은 모두 같은 목표를 지향해야 합니다. 선한 사람은 새
> 로운 자유에서 사욕 때문에 이 도시의 행복을 사랑하지 않는 자에게 현혹되
> 어서는 안 됩니다. 이 새로운 자유는 악의와 무지 때문에 망가지지만 않는
> 다면 인간이 노력한 대가가 아니고 신이 주신 선물입니다. 이에 큰 역할을
> 한 그대는 하느님과 인간을 노하게 하지 않으려면 쉬어서도 안 되고 멈춰서
> 도 안 됩니다.<sup>72</sup>

어쨌든 고위 성직자는 농민 민병대가 하늘의 선물임을 분명히 알았다. 이 찬가는 사욕과 무관한 것은 결코 아니었다. 피렌체 최고 행정관이자 추기경의 형인 피에로 소데리니는 군 개혁을 최우선 과제라고 선언했다. 그러므로 국가 원수를 지지하는 사람이 선한 사람이었다. 반대로 소데리니의 적은 공화국의 적이었다. 그래서 편지는 의도와는 달리 민병대가 더 이상 통합을 가져다주지 않고 지도층의 더 깊은 분열을 초래했다는 것을 보여준다. 또한 편지 말미에 은근한 위협은 소데리니의 지위뿐만 아니라 마키아벨리 자신의 지위도 이 모험의 결과에 따라 좌우됨을 분명히 하고 있다.

운은 혼자 오는 법이 드물다. 마키아벨리의 첫 《십년기》가 인쇄되며 큰 반향을 불러일으켰다. 이 역사 서사시의 인기는 복제판까지 나돌

정도였다. 볼로냐의 군주 가문 출신으로 현재 공화국의 용병대장을 맡고 있는 에르콜레 벤티볼리오는 시인의 명민함과 재주를 그야말로 듣기 좋은 말로 평하고 싶은 충동을 느꼈다. 그러나 그는 편지를 암울한 비전으로 끝맺었다. 이탈리아의 불행은 아직 끝이 아니고 포르투나의 시기만이 이 불행에 책임이 있지는 않다고 했다. 국가의 권력자들이 한 짓은 죄다 민족의 쇠퇴를 가속하는 것이었다.

군 개혁가 마키아벨리가 막 얻은 명성은 예기치 않은 결과를 초래했다. 이제 사방의 마을 유지들이 마키아벨리에게 보고했다. 그들은 능력 때문에 무조건 복무해야 할 아들들이 시골 중대를 지휘하게 해달라는 추천장을 부탁했다. 니콜로 발로리가 프랑스에서 우호적인 편지를 보내왔다. 편지에서 발로리는 마키아벨리를 더 이상 고문으로 자기 곁에 둘 수 없게 되었다면서 솔직한 유감을 표명했다. 편지에서 이 유력한 귀족은 마키아벨리를 두뇌를 가진 사람이라고 했다. 제2서기국 서기장은 이런 명성을 누릴 만했다. 고대 로마처럼 공로가 보답을 받는 공화국에서 지도급 위치로 승진을 기대할 만했다. 어쨌든 마키아벨리는 민병대에서 한자리를 차지했다. 그러나 추가 급료는 없었다. 1506년 12월 9인의 시민군위원회가 설립되었고 마키아벨리는 이 위원회에서 농민군의 정신적 아버지로서 비서관으로 선출되었다.


## 끔찍한 교황

에르콜레 벤티볼리오의 비관주의에는 그럴 만한 이유가 있었다. 1506년 여름 벤티볼리오 가문의 권력은 볼로냐에서 심각하게 위협받았다. 교황 율리오 2세는 자신의 선언을 실행에 옮겼다. 그는 교황령에서 '전제군주'를 몰아내는 일에 착수했다. 이 선언 뒤에는 제도로서의 교황제와 그의 가문에 이익을 가져다줄 계획이 감추어져 있었다. 물론 귀도발도 다 몬테펠트로의 우르비노 지배는 이 정치적 경지 정리에서 제외되었다. 교황의 조카이자 귀도발도의 양자인 프란체스코 마리아 델라 로베레가 자식이 없는 이 대공의 뒤를 이을 것이었다. 그러나 교황령에 있는 도시의 군주들은 이제 하나같이 극도의 위험에 처했다. 성좌에 앉은 이 정정한 늙은이가 계획대로 자신의 군대를 이끌고 북쪽으로 진군하면 벤티볼리오가는 십중팔구 페루자의 발리오니가와 함께 맨 먼저 위험에 처할 수밖에 없었다. 피렌체공화국은 이 모험에서 비켜날 수 없었다. 율리오 2세의 모험은 바로 이웃에 영향을 미쳤다. 게다가 교황은 출정을 위해 부대 지원을 요청했다. 교황은 무엇을 계획하고 있었는가? 교황은 축자적 뜻이나 비유적 뜻에서 얼마나 멀리 가려고 하는가?

단 한 사람만 이 질문에 답할 수 있었다. 1506년 8월 28일 피렌체공화국의 특사 니콜로 마키아벨리는 교황과의 첫 면담에 대해 보고했다.

제가 한 말과 제가 들은 답변을 곧이곧대로 이해할 수 있게 제 말과 교황 성하의 답변을 글자 그대로 재현할 것입니다. 그것은 그만큼 중요한 문제입니다.[73]

10인 위원회는 정식 대담 기록을 보존했다. 이 대담은 루이 12세 또는 체사레 보르자와 나눈 다른 많은 대담보다 정말로 더 중요했는가? 결국 '끔찍한 교황'(로마 사람들은 율리오 2세를 경탄하는 어조로 이렇게 불렀다)의 출정은 피렌체를 목표로 하지는 않았다. 마키아벨리의 임무도 틀에 박힌 것이 되어버렸다. 마키아벨리는 시간을 끌며 구속력 없는 확약으로 교황에게 기대감을 불어넣어야 했다. 따라서 이 보고서가 유난히 꼼꼼하고 세밀한 데는 다른 이유가 있었을지도 모른다. 즉 인물 탐색자 마키아벨리가 교황에 대해 내린 판단이었을지도 모른다. 피렌체의 통치자들이 마키아벨리를 믿으려면 자신들이 그 장소에 있었던 것처럼 그의 말을 들어야 했다. 또한 마키아벨리는 자신의 당당한 행동을 자랑스러워했다.

> 제 임명권자(10인 위원회)에게는 다른 것이 중요합니다. 교회 일을 군주의 일처럼 해결할 수 없다는 점을 성하께서 양해해주시기 바랍니다. 한 문으로 교황령에서 쫓겨난 자는 즉시 다른 문으로 다시 들어갑니다.[74]

한마디로 교황령에는 법이 통하지 않고 연속성이 없다는 뜻이었다. 무엇보다도 귀족들은 자신이 원하는 것을 한다. 범죄는 즉시 용서된다. 따라서 공화국은 교황을 믿을 수 없다. 교황이 오가는 곳에는 조카, 이해관계, 전략도 함께 따라다니기 때문이다. 교황이 외교사절에게 이렇게 엄혹한 진실을 들은 적이 있었는가?

마키아벨리의 말은 진실이자 도발이었다. 피렌체공화국은 교황의 모험에 그다지 투자할 준비가 되어 있지 않다는 것을 은연중에 분명히 했기 때문이다. 율리오 2세는 이 정치적 경멸을 알아챘다. 교황은 이에 대한 대답으로 마키아벨리에게 루이 12세의 편지를 환기했다. 프랑스 왕이 깰 수 없는 신의와 지원을 교황에게 약속한 편지였다. 그러나 이로써 교황은 피렌체 사절에게 허점을 보이고 말았다. 프랑스 왕의 확약에 대해서는 생각해봐야 한다는 점을 마키아벨리는 아주 잘 알고 있었다. 마키아벨리의 첫 평가는 꽤 회의적이었다. 교황은 잠파올로 발리오니 같은 군주에게서 권력을 빼앗지 않고 여러 군주와 반목하게 하여 어부지리를 얻으려고 할 것이다.

그러나 이는 마키아벨리의 오판이었다. 사실은 곧 드러났다. 율리오 2세는 마키아벨리와 대담하고 곧바로 의기양양하게 페루자로 진군하여 이 영토를 다시 교황의 지배하에 두었다. 결국 피렌체도 따르지 않을 수 없었다. 공화국은 페루자와 같은 일이 일어나지 않기를 바라면서 기독교 수장에게 군대를 보내는 맨 마지막 도시가 되지 않겠다고 약속했다. 1506년 10월 중순 군대가 소집되었고 정무위원회는 이 군대에 행군 명령을 내렸다. 10월 16일 피렌체군이 카스트로카로에 도착하자 호전적 교황은 뛸 듯이 기뻐했다.

> 저는 교황 성하께 편지(피렌체군이 오고 있다는 소식)를 읽어드렸습니다. 성하는 이 소식을 듣자마자 뛸 듯이 기뻐하며 장새원장과 배은망덕한 카를로를 불러 "조반니(벤티볼리오)의 친구가 누구고 이웃은 교회와 그중에 누구를 더 높이 평가하는지 너희가 들었으면 한다"라고 말했습니다.[75]

교황의 말에는 모순이 있다. 즉 평범한 사람의 아들인 이 교황은 공식적으로는 교회의 명예를 증진하려 했으나 실제로는 모든 것을 자기 위주로 생각하며 기회가 있을 때마다 개인의 명예를 집요하게 추구했다. 이미 그의 전임자들도 교황직의 힘을 이용해 가문을 위한 정치를 정당화했다. 알렉산데르 6세조차도 아들 체사레 보르자의 정복을 정당화했다.

문제는 율리오 2세가 이 진부한 상투어로 무엇을 주장하려고 했느냐는 것이다. 전임자들을 본받아 율리오 2세도 조카를 보호해줄 것과 그의 우르비노 지배권 승계를 지지해줄 것을 피렌체에 강요했다. 마키아벨리는 교황청 수행원의 일원으로 그 주둔지를 방문한 적이 있는데, 그가 보기에 출정은 델라 로베레의 위대함이 아니라 오로지 교황령의 안정을 목표로 했다. 친척들의 후원에도 불구하고 이 교황은 수십 년 이래 처음으로 교황권 강화를 통해 자기 개인의 위대함을 입증하는 데만 관심이 있었다. 이를 위해 교황령 북쪽 지역의 권력자들을 타도해야만 했다. 그러나 교황은 그 정도로 끝낼 것인가?

> 볼로냐 탈환에 성공하면 교황은 곧바로 더 큰 일에 착수할 것입니다. 지금이 아니면 이탈리아를 집어삼키려던 자들로부터 안전해질 기회는 다시 오지 않을 것입니다.[76]

우리 나라를 황폐화하는 스페인인과 프랑스인을 몰아내자는 말은 마키아벨리 같은 애국자들의 귀에 좋게 들렸다! 교황이 이 고상한 모험을 어떤 방식으로 착수하려고 하느냐가 문제였다. 이는 또한 교황의 성격에 달려 있었다. 마키아벨리는 10인 위원회에 보낸 9월 25일자 보고서에서 교황의 성격에 대해 다음과 같이 썼다.

> 교황의 과격하고 성급한 기질을 잘 아는 자들은 그가 볼로냐를 성급히 탈환하려는 것은 그나마 덜 위험한 성급함이라는 것을 알고 있습니다.[77]

이 교황은 끊임없이 괴롭힐 것이다. 그는 첫 번째 모험에 실패하면 덮어놓고 두 번째 모험을 감행할 것이다. 율리오 2세는 이 집요함으로 교황령의 '전제군주'를 몰아내는 데 성공을 거두고 싶어했다. 그러나 프랑스나 스페인 같은 강대국은 이 고압적인 어조를 달가워하지 않았을 것이다. 마키아벨리는 자신의 말이 얼마나 예언적인지를 알아차리지 못했다.

볼로냐에 대한 율리오 2세의 모험은 성공했다. 조반니 벤티볼리오는 달아났고 교황은 개선장군으로 볼로냐에 입성했다. 1506년 10월 26일 마키아벨리는 이몰라에서 이 임무와 관련한 마지막 편지를 보냈다.


## 막시밀리안 황제

볼로냐 정복 후 제2서기국 서기장은 족히 1년간 피렌체에서 공무에 몰두할 수 있었다. 여느 시기와 마찬가지로 마키아벨리의 개인사나 가정사에 대한 기록은 남아 있는 게 별로 없다. 다만 이 무렵 마키아벨리 가족이 늘었다는 사실은 주로 서신으로 미루어 알 수 있다. 첫아들 베르나르도를 낳은 지 1년 후인 1504년 10월 말 마리에타는 둘째 아들 로도비코를 낳았다. 1520년대 초까지 또 다른 세 아들 귀도, 피에로, 토토와 라 바치나라고 불린 딸 바르톨로메아가 잇달아 태어났다. 자식들 가운데 귀도는 아버지의 사랑을 독차지했다. 귀도는 온유하여 공부에 관심이 있었지만 로도비코는 난폭하여 법적으로 문제를 일으키기도 했다. 귀도는 피렌체 한 시골 마을의 주임 신부로 살았지만 로도비코는 레반테에서 상인으로서 그다지 성공을 거두지 못했다. 니콜로의 아들들은 직업적 성공과 사회적 신분 상승과는 거리가 멀었다. 그러나 니콜로의 딸 바르톨로메아는 명망 있는 리치 가문과 결혼했다. 바르톨로메아의 한 손자가 어느덧 유명해진(또는 악명 높아진) 외증조부의 유물을 정리하여 유럽인에게 알리는 일에 매진했다. 그래서 후세 사람들은 종교적, 도덕적, 정치적 관점에서 마키아벨리의 글들을 받아들일 수 있게 되었다.

마키아벨리가 어떻게 살림을 꾸려나갔는지도 몇몇 편지로 미루어 알 수 있다. 얼마 안 되는 집안 소유지에서 땔감과 식초, 포도주를 충당할 수 있어서 어느 정도는 적은 비용으로 자급할 수 있었다. 그러나 관리인들이 보고한 유일한 수익은 이뿐만이 아니었다. 한 관리인이 새끼 곰을 빌라에 데리고 왔다. 마키아벨리는 곰을 기르게 했다. 곰은 잘 자랐다. 로렌초 데 메디치처럼 고상한 군주들은 방문객들에게 깊은 인상을 주기 위해 이국적 맹수를 동물원에서 사육하기도 했다. 마키아벨리는 곰으로 이 위압적인 행동을 비꼰 것일지도 모른다.

1507년 7월 말 제2서기국 서기장은 마침내 완쾌 축하를 받았다. 이 가벼운 병은 정치적 굴욕으로 초래되었을 것이다. 6월 19일 공화국은 신성로마제국의 막시밀리안 황제를 만날 대리공사로 마키아벨리를 선임했으나 며칠 후 임명을 취소했다. 제2서기국 서기장 임명 취소는 다음과 같은 이유로 공식적으로 정당화되었다. 공화국의 빛나는 궁정에 명예를 가져다주기 위해 그리고 이 임무를 통해 스스로 얻을 명예를 위해 황제의 피렌체 대리인은 상층 출신이어야 한다고 했다. 반면에 마키아벨리의 지적 탁월함은 전혀 중시되지 않았다. 그러나 동시대인들은 이 매정함 뒤에 다른 의도가 숨어 있으리라 이미 짐작했다. 피에로 소데리니의 정적들은 마키아벨리를 최고 행정관의 아첨꾼이라 여겼다. 제2서기국 서기장의 대리공사 발탁이 무효로 돌아가자 알라만노 살비아티와 그 추종자들이 흡족해했다.

독일 사절단에 대해서는 국내 정치적으로 의견이 분분했다. 외교상 무엇을 목적으로 황제와 접촉해야 하는가? 막시밀리안이 로마에서 대관식을 거행하고 '이탈리아왕국'에서 제국의 권리를 강화하기 위해 이탈리아로 출정하려고 한다는 소문에 그 답이 있었다. 적어도 경로상 피렌체도 이 계획에 포함될 수밖에 없었다. 따라서 황제의 목적에 대한 더 자세한 정보가 필요했다. 게다가 공화국은 피사 탈환을 위해 그 어느 때보다 외국의 지원에 의존하고 있었다. 막시밀리안이 프랑스 왕과 잠시 화해했다가 다시 사이가 틀어진 상황도 황제에게 보낼 사절단에 불리했다. 불화의 씨는 여느 때처럼 밀라노였다. 황제는 프랑스의 롬바르디아 지배를 인정하지 않고 변함없이 스포르차가를 총애했다. 피렌체가 프랑스의 적에게 도움을 요청하면 루이 12세는 어떤 반응을 보일 것인가? 그러나 막시밀리안은 만성적 재정 궁핍에 시달렸으므로 독일과의 더 밀접한 관계도 불투명했다. 독일인들은 오래전부터 이탈리아인의 부에 환상을 품고 있었다. 피렌체 정부는 막시밀리안이 터무니없는 돈을 요구하리라 생각했다. 막시밀리안은 정치가로서 최고의 명성을 누리지도 못했다. 그는 변덕스럽고 괴팍한 사람으로 여겨졌다. 그와 동맹을 맺은 자는 예측 불허의 위험에서 늘 재정 궁핍에 시달리는 모험가 편에 말려들 위험이 있었다. 이는 신중하고 검소한 피렌체 귀족들이 결코 반길 만한 것이 아니었다.

마침내 전형적으로 피렌체인다운 타협이 이루어졌다. 공화국은 대리공사를 황제에게 보냈다. 그러나 큰 권한을 위임하지는 않았다. 마키아벨리 대신 티롤로 출장을 가야 했던 사절 프란체스코 베토리는 명문가 출신의 귀족이었지만 소데리니의 추종자도 아니었고 적도 아니었다. 그는 마키아벨리보다 다섯 살 어렸는데 공화국의 파당 싸움에 조심스러운 태도를 보였으며 유능한 자로 여겨졌다. 그러나 베토리는 외교 경험이 전혀 없었고 독일어에 능통하지도 않았다. 이로 인한 문제는 금세 드러났다. 베토리는 티롤에서 황제를 만나자마자 잇달아 안 좋은 소식을 전해왔다. 막시밀리안은 모든 중요한 제국의 군주들에게서 지원을 기대할 수 있었고 거액을 조달하여 이탈리아를 정복하기 위한 무시무시한 군대를 모집할 수 있었다. 피렌체는 자구책으로 황제의 재정적 요구에 되도록 빨리 동의해야 한다 했다. 이것이 피렌체 대리공사가 전한 걱정스러운 소식이었다. 대리공사는 황제의 능란한 선전에 동요하고 있었다.

막시밀리안의 계획은 무엇이고 얼마나 위협적인가? 이런 질문에 직면한 소데리니의 정적들도 이 미묘하고도 난처한 임무를 위해 마키아벨리를 되도록 빨리 독일로 보내야 한다고 생각했다. 공식적으로는 마키아벨리가 베토리에게 새 훈령을 전달하기 위해 보내졌을 것이다. 그러나 특사 임무가 맡겨졌을 것이다. 사실상 제2서기국 서기장은 밀사 겸 고문 노릇을 해야 했다. 마키아벨리는 막시밀리안의 구체적 계획뿐만 아니라 성격도 파악하여 이를 동맹의 입장에서 검토하고 간파하기 어려운 정치적 상황을 평가하여 상사인 베토리를 도와주어야 했다.

긴박한 상황이었다. 그래서 1507년 12월 17일 마키아벨리는 머나면 겨울 출장에 나섰다. 눈 덮인 길, 기진맥진한 말, 봉쇄된 협로, 언제나 빠듯한 돈 때문에 여행길은 고생길이었다. 악천후와 불확실한 교통편 때문에 여정은 여느 때보다 힘들었다. 마키아벨리는 밀라노를 거쳤는데, 감시가 삼엄해진 프랑스군은 그의 훈령을 빼앗아 찢어버렸다. 마키아벨리는 밀라노에서 제네바로 간 다음 거기서 다시 남티롤로 갔다. 돈과 시간이 많이 드는 에움길이었다. 그러나 마키아벨리는 이를 전화위복의 계기로 삼았다. 공화국의 외교관은 이 모든 상황을 이용하여 땅과 사람을 탐색했다. 마키아벨리는 스위스연방의 정치적, 군사적 상황에 특히 관심이 많았다. 스위스연방은 지난 30년간 부르고뉴 대공과 막시밀리안에게 승리를 거두어 세상을 떠들썩하게 했다. 이는 베토리가 일방적으로 황제를 판단하면서 간과한 요인이기도 했다. 1508년 1월 11일 마침내 마키아벨리는 느지막이 볼차노에 도착했다. 마키아벨리는 그곳에서 베토리를 만나 황제의 가신과 함께 콘스탄츠의 제국 의회로 갔다.

피렌체의 두 대리공사는 임명에 따른 온갖 정치적 음모에도 불구하고 잘 협력했다. 이때 두 사람 사이에는 평생 이어질 우정이 싹텄다. 이 우정은 1512년 이후 마키아벨리가 총애를 잃고 베토리는 점차 승진하여 메디치가의 유력한 고문이 되었음에도 유지되었다. 당시 피렌체에서 우정은 서로에게 유익한 관계를 의미했다. 이런 '친구'는 서로 도울 수도 있었고 동시에 서로 무시할 수도 있었다. 마키아벨리와 베토리 사이에는 존중과 개인적 인정이 덧붙여졌다. 그러나 두 사람 간의 사회적 지위 격차는 후에 마키아벨리가 그토록 싫어한 청원자로서 친구 베토리를 대할 수밖에 없는 결과를 가져왔다.

베토리는 막시밀리안에 대한 공동 임무에서 마키아벨리의 우월한 경험을 그대로 받아들였고 10인 위원회와의 서신도 그에게 맡겼다. 그러나 베토리는 마키아벨리의 명민함에 경탄하면서도 지적으로는 그에 뒤지지 않았다. 베토리는 사물에 대한 자신의 관점을 발전시키며 냉철한 실용주의와 각성한 회의주의로 때로는 너무 대담한 제2서기국 서기장의 이론을 수정했다. 그래서 마키아벨리가 독일에서 보낸 서신에 담긴 평가는 베토리와의 토론을 통해 여과되고 순화된 내용이었다.

두 피렌체인은 이국에서 무엇을 보고했는가? 그들은 서로에 대해 좋은 점만 이야기했다. 1508년 1월 17일자 마키아벨리의 편지에 따르면 베토리는 궁정에서 높이 평가받았다. 왜곡된 보고로 훼손된 동료의 명예는 이로써 회복되었다. 막시밀리안의 몸에 박힌 가시인 스위스연방에 대한 정보를 입수하기 어려운 만큼 베토리는 더욱 용서를 받았다. 마키아벨리는 프리부르에서 숙박할 때 이탈리아 정치에 정통한 고위 정치가 겸 장교와 이야기를 나누었다고 보고했다. 그가 스위스의 상황에 대해 직접 들은 정보는 다음과 같았다. 스위스는 독립된 12개 주로 이루어져 있고 주는 정기적으로 모여 의결하고 일반적으로 연합하여 행동한다. 그러나 현재 프랑스가 스위스를 돈으로 매수해 연방의 분위기를 해치고 있었다. 스위스에는 12개 주 외에도 그라우뷘덴 연맹과 발리스 연맹이라는 '두 스위스 공동체'가 있는데, 둘 다 스위스연방과 밀접하게 연관되어 있다.

이 외교 보고서에는 한 나라에 관한 엄청난 정보가 담겨 있었지만 피렌체의 임명권자들이 이런 것들을 알고 싶어하는지는 의심스러웠다. 그러나 마키아벨리가 보기에 한 나라와 그 주민에 관한 지식은 실제 정치와 크게 관련이 있었다. 스위스연방은 한편으로 막시밀리안을 괴롭혔다. 이 사실은 황제의 요구 사항을 현실적 수준으로 떨어뜨리기 위해 알아야 할 정보였다. 스위스연방은 다른 한편으로 프랑스와 동맹을 맺고 있었다. 이는 유럽 정치에서 루이 12세가 우위를 점하는 까닭이었다. 게다가 무엇보다도 스위스연방은 그야말로 완벽한 것을 가지고 있었다. 이는 마키아벨리의 아이디어에 따라 피렌체가 막 시험하기 시작한 전투에 능한 무적의 민병대였다!

그러나 마키아벨리의 실제 임무는 막시밀리안이 변덕스러운 황제라는 사실을 피렌체인들에게 밝혀주는 것이었다. 매사에 열심인 사절은 이를 광범하게 조사했다. 마키아벨리의 지식욕은 다른 사람들의 시선을 끌 만큼 집요했다. 사보이아 대공의 한 대사는 자신이 몇 달이 걸려도 알아내지 못한 것을 마키아벨리가 단 두 시간 만에 알아내려고 한다고 말할 정도였다. 막시밀리안의 성격은 알 수 없는 상태거나 좀 더 좋게 말하면 모호했다. 마키아벨리는 막시밀리안 성격을 파악하고 피렌체에 미리 경고해두었다.

저는 제가 모르는 것을 알아맞혀야 합니다. 귀하가 위임한 것을 실행할 용기나 신뢰가 없어서 이런 말을 하는 것이 아니라 이 임무의 어려움을 강조하기 위해 이런 말을 하는 것입니다. 예언자가 아닌 한 그 누구도 우연에 의지하지 않고는 이 사람을 제대로 판단할 수 없기 때문입니다.[78]

막시밀리안의 의도를 예측하는 일은 불가능한 임무였다. 그는 로마로 진군하려는 것인가? 베네치아로 진군하려는 것인가? 먼저 로마로 진군한 다음에 베네치아로 진군하려는 것인가? 아니면 아무것도 하지 않으려는 것인가? 이 합스부르크 왕가의 막시밀리안은 베네치아와 반목하고 있었고 로마에서는 대관식을 하고 싶어했다. 마키아벨리가 '사정에 정통한 무리'에게 곧잘 지적한 것처럼 막시밀리안이 어떤 결정을 내릴지는 황제 자신도 분명히 모르고 있었기 때문에 최측근조차도 몰랐다. 따라서 단순해 보이는 질문에도 답할 수 없었다. "그가 강한지 약한지는 판단할 수 없다."[79]

인물 탐색자인 마키아벨리가 서서히 규명한 답은 황제는 강하기도 하고 약하기도 하다였다.

황제가 좋은 병사를 많이 거느리고 있다는 점은 아무도 의심하지 않습니다. 이와 달리 황제가 병사를 얼마나 결속할 수 있는지는 의심스럽습니다. 황제는 돈으로만 병사를 결속할 수 있는데 다른 사람이 도와주지 않으면 돈이 늘 부족하기 때문입니다. 게다가 도움마저도 불확실합니다. 또한 황제는 돈을 물 쓰듯 하므로 어려움을 더합니다. (…) 그러나 시원시원한 씀씀이는 얻는 게 없다면 아무짝에도 소용없습니다. 통치에 관한 한 황제는 분명 책임감 있고 뛰어난 군 지휘관이며 노련합니다. 이런 식으로 황제는 지난 100년간 있었던 모든 전임자보다 더 많은 명성을 누리고 있습니다. 그러나 동시에 그는 선량하고 인간적이어서 쉽게 믿고 쉽게 영향을 받는 군주이기도 합니다.[80]

마키아벨리의 임무는 이제 흥정하고 속어림하는 것만 남았다. 막시밀리안은 돈을 물 쓰듯 하는 만큼 이른바 황금의 도시인 피렌체에 돈을 엄중하게 요구했다. 마키아벨리가 받은 훈령은 더없이 명확했다. 두 사절의 재량권 범위는 3만에서 5만 두카토였다. 막시밀리안이 로마로 진군하면 피렌체 정부는 더 많이 지불할 준비가 되어 있었다. 베토리와 마키아벨리는 약삭빠른 상인처럼 3만 두카토로 협상을 시작했으나 값은 필요할 때마다 올라갔다. 이로써 피렌체공화국은 재산권과 주권, 즉 국가 통치권을 확인하려고 했다. 이게 다는 아니었다. 막시밀리안은 황제 대관식을 위해 로마로 가는 중에 예정에 없이 피사에 들러 이 반역의 도시를 정복할 수도 있다!

두 사절은 황제의 요구가 터무니없다고 판명되면 거절할 수 있었다. 막시밀리안은 피렌체를 위해 위험을 무릅쓸 생각이 없었다. 이는 금세 알 수 있었다. 막시밀리안은 협상금이 너무 적다고 생각했다. 이에 마키아벨리는 늘 그렇듯 앓는 소리를 해야 했다. 루이 12세에게는 통하지 않은 방법이었다. 피렌체는 빚이 많아 파산 상태와 다름없는 영락한 도시이므로 그 이상을 지불할 능력이 없습니다! 오랜 망설임 끝에 두 사절은 결국 최고가인 5만 두카토를 제시했다. 막시밀리안은 어림없는 소리라며 적어도 그 두 배는 되어야 한다고 했다. 즉 황제는 10만 두카토를 원했다. 그러나 마키아벨리가 보기에 10만 두카토에 대한 대가로 피렌체가 무엇을 얻을지 불확실했다. 따라서 마키아벨리가 공화국에 구체적으로 권고하기는 어려웠다. 마키아벨리는 훌륭한 애국자답게 고향 도시가 파멸하면 그 책임을 뒤집어쓰는 일은 결코 없을 것이라고 임명권자에게 썼다!

이 지루한 비생산적 협상이 끝나자 봄이 왔다. 그러나 베토리도 마키아벨리도 이 아름다운 봄을 기뻐할 수 없었다. 둘 다 신경을 곤두세

독일 화가 알브레히트 뒤러가 그린 황제 막시밀리안 1세. 막시밀리안은 변덕스럽고 괴팍한 사람으로 여겨졌다.

우다가 병이 났다. 마키아벨리는 배뇨 곤란을 호소했고 방광결석은 아닐까 걱정했다. 당시에는 중년에 발생하는 결석증으로 사망에 이르기 쉬웠다. 그러나 이 걱정은 독일 문제와 마찬가지로 근거가 없는 것으로 판명되었다. 막시밀리안은 로마로 진군하지 않고 베네치아로 진군했지만 이 출정도 오래 지속되지 않았다. 1508년 6월에 이미 휴전이 결정되었다.

## 낯선 나라와 사람들

이 무렵 마키아벨리는 벌써 귀향길에 올라 볼로냐에 체류하고 있었다. 출장은 또다시 성과 없이 끝났다. 그러나 피렌체공화국 입장에서 최악의 결과는 아니었다. 결국 공화국은 4만 두카토를 주기로 막시밀리안과 합의했다. 게다가 지불 시기도 쉽게 늦추어졌다. 두 대리공사도 이득을 보았다고 느낄 수 있었다.

프란체스코 베토리에게 이번 임무는 《독일 기행Viaggio in Alemagna》을 쓰는 계기가 되었다. 베토리는 이 글에서 독일 여행을 지극히 비현실적으로 묘사했다. 거치는 역과 여관마다 살인과 상해, 비극적 사건과 경악할 만한 희극적 사건이 다반사로 발생한다. 실제로 있었던 일이라고 작가 베토리가 거듭 강조해도 이 독일 여행기는 상상의 산물이라는 게 금세 드러난다. 베토리는 막시밀리안이 언제나 사슴을 쫓는 일에 몰두해 그를 본 적이 없다고 주장한다. 그러나 문학적 허구를 감안하면 베토리가 막시밀리안을 만난 것으로 볼 수 있다. 멋대로 지어낸 수십 편의 글에서 이 피렌체 귀족은 자기가 본 세상, 즉 구제 불능의 세상을 묘사했다. 사람들은 자기가 착취자이거나 피착취자인 세상에 내던져져 있다는 것을 알았다. 지배자들은 그럴듯한 말치레 뒤에 권력욕을 감췄고 평민들은 살아남기 위해 끊임없이 거짓말하고 속이며 극단적인 경우는 살인까지 해야 했다. 그리스도의 계율에 따라 살고자 하는 사람은 그리스도처럼 처형장에서 삶을 마감했다. 온유한 군주만이 가난한 자에게 후하게 베풂으로써 세상의 악을 어느 정도 줄일 수 있었다. 이를 위해 군주는 전쟁을 벌여서는 안 되었고 가신들이 눈치채지 못하는 사이에 이익을 얻을 수 있게 연기해야 했다. 이것들은 마키아벨리처럼 하느님과 교회, 기독교적 도덕에 대한 믿음을 잃어버린 정치가의 펜에서 나온 기독교적 느낌을 물씬 풍기는 원칙이었다. 그러나 결론은 정반대였다.

베토리와 마키아벨리가 군주의 큰 씀씀이를 두고 토론했다는 것은 분명하다. 베토리가 보기에 군주의 큰 씀씀이는 적절히 실천만 된다면 덕이었다. 마키아벨리는 이를 그때그때 상황에 달려 있다고 보았다. 게다가 중요한 것은 외양이 아니라 본질이었다. 성공적인 군주는 대담하다는 명성을 얻어야 했다. 이와 동시에 돈은 목표에 맞게 권력 강화를 위해 투입해야 했다.

마키아벨리도 자신의 독일 여행을 정리했다. 그러나 그 방식은 베토리와는 완전히 달랐다. 마키아벨리는 세 편의 의견서, 즉 〈독일 보고서 Rapporto delle cose della Magna〉, 〈독일 문제와 황제에 관한 논고Discorso sopra le cose della Magna e sopra l'Imperatore〉, 〈독일 관찰기Ritratto delle cose della Magna〉를 썼다. 마키아벨리는 자신의 인상과 경험을 바쁜 공화국 공무원들이 바로 이해할 수 있게 종합적으로 간결하게 요약했다. 이는 그가 독일뿐만 아니라 스위스연방에 관한 한 자칭 전문가라는 사실을 뒷받침했다. 순전히 법적인 관점에서 볼 때 스위스연방은 여전히 신성로마제국 독일에 속했지만 그 안에서 독립적이고 자주적이었다. 마키아벨리는 또한 스위스연방을 특별한 경우로 묘사한다.

스위스인과 독일제국 도시가 적대 관계에 들어가는 것은 기이하게 보일지도 모릅니다. 이들은 자유를 보존하고 군주로부터 자신을 지킨다는 같은 목표를 가지고 있기 때문입니다. 그러나 이런 의견의 불일치는 스위스인이 제국 도시처럼 군주의 적일 뿐만 아니라 귀족의 적이기도 하다는 사실에 기인합니다. 스위스인은 그 자신의 땅에 군주도 귀족도 용인하지 않기 때문입니다. 그 대신 스위스인은 선출된 공무원으로 일하는 자는 제외하고 어떠한 신분의 구별도 없이 정말로 자유로운 자유una libera libertà를 누리고 있습니다.[81]

마지막 문장은 자유로운 자유가 있다면 자유롭지 않은 자유도 있다는 뜻이다. 이 글을 읽은 사람은 어디에서 자유롭지 않은 자유를 볼 수 있는지 알고 있었다. 자유로운 체제를 지녔지만 부와 영향력에 따른 차별과 불평등이 만연해 모든 사람이 정치적 활동의 자유를 고루 누릴 수 없는 피렌체공화국이다. 그러므로 마키아벨리에게 '자유로운 자유'는 가문의 명성에 따른 승진이 아니라 공로에 따른 승진, 즉 오로지 개인의 명성에 따른 승진을 의미했다. 이로써 지금까지 마키아벨리에게 불분명했던 정치적 지형의 시나리오가 갑자기 선명하게 떠올랐다. 고대 로마인이 성공적으로 실천한 원칙을 적어도 부분적으로 시행하고 있는 곳이 아직 이 세상에 남아 있었다. 스위스였다!

　이런 칭찬으로 마키아벨리는 100년 이상 된 가치 체계를 뒤집었다. 이탈리아의 인문주의자들은 3대 전부터 독일인과 스위스인을 함께 싸잡았을뿐더러 모두 야만인으로 취급했다. 이탈리아 문화 엘리트들이 보기에 그들은 고대 게르만족의 후계자다웠다. 독일인과 스위스인은 술에 절어 있고 약탈을 일삼으며 난폭하고 세상과 동떨어진 사람들이어서 매우 제한적으로 문명화되었다. 귀족 출신의 인문주의자이자 외교가인 에네아 실비오 피콜로미니(1405~1464), 즉 교황 비오 2세는 독일 전문가로서 독일 땅과 사람에 대해 정통했다. 그는 역사적 지역 연구서인 《게르마니아Germania》에서 번창하는 시골과 도시의 모습을 그렸지만 이런 긍정적인 서술도 이내 전임자들의 비판과 같은 결론에 이르렀다. 즉 독일의 번영과 문화는 오로지 교황제 덕분이라고 했다. 이는 곧 이탈리아의 공이기도 했다. 독일인들은 독일 교회를 로마에 바침으로써 독일 성직자들의 불평이 컸으나 겸손한 고마움을 표했다.

그러나 마키아벨리가 보기에 이탈리아의 진짜 문제는 이탈리아 인문주의자들이 자랑하는 문명이었다. 이탈리아에는 뛰어난 문인은 많았지만 용감한 병사는 없었다. 유력 가문의 인사들은 플라톤의 세계 혼을 두고 토론을 벌이지만 정치적 성공술과 군사적 용병술은 잊어버렸다. 이 점에서도 알프스 북쪽 나라들이 훨씬 더 나아 보였다.

> 알프스 북쪽 나라에서는 국민을 무장시키고 훈련해 병사에게 돈이 들어가지 않는다.[82]

독일 란치군Lanzi(Landsknechte. 16~17세기 독일 황제령 출신의 용병을 말한다. 게오르크 폰 프룬츠베르크가 지휘를 맡았다 - 옮긴이)과 스위스 용병의 경쟁은 부질없는 짓이었다. 마키아벨리에 따르면 독일 란치군과 스위스 용병을 같은 군대에서 복무하게 할 수 없었다. 독일 란치군과 스위스 용병은 만나면 격돌했다. 이것도 〈독일 보고서〉에 부수적으로 기록되어 있다. 공명심과 경쟁은 전문성을 높인다. 이탈리아는 무조건 이것을 본받아야 한다.

독일과 스위스의 군사 제도만이 본받을 점은 아니었다. 경제 상황도 이탈리아와는 반대였다.

독일은 사람과 돈, 무기가 넘쳐나 그 힘을 의심할 수 없습니다. 돈에 관해 말하자면 제국 도시마다 공적 자금이 넘쳐납니다. 스트라스부르크만 해도 수백만 피오리노의 예비비가 있다고 합니다. 돈을 거의 지출하지 않기 때문에 그렇습니다.[83]

마키아벨리에 따르면 독일이 대규모로 투자한 유일한 부문은 빈민을 위한 식량 공급이다. 이점도 독일을 좋게 보고 이탈리아를 나쁘게 보는 이유다. 사람들의 생활 방식도 달랐다.

제가 독일 사람들이 부자라고 말하는 것은 진짜 사실입니다. 무엇보다도 검소한 점이 그들을 부유하게 만듭니다. 독일 사람들은 자기 집을 짓지 않을 뿐더러 옷을 차려입지도 으리으리한 집에 살지도 않습니다. 그들은 단지 빵과 고기, 추위를 몰아낼 난로면 충분했습니다. (…) 다들 자기 형편에 맞게 삽니다. 부족한 것에는 신경 쓰지 않고 필요한 것에만 신경 씁니다. 독일 사람의 생필품은 우리보다 훨씬 적습니다. 이런 습관 덕분에 돈이 외국으로 흘러나가지 않습니다. 독일 사람들은 자기 나라에서 나는 것에 만족하고 소박하고 자유로운 삶을 누리기 때문입니다.[84]

'자유로운 자유'를 위한 그 밖의 기본 조건 다음과 같다. 국가는 부유해야 하지만 시민은 소박하게 살아야 한다. 시민들이 가난할수록 더욱 좋을 것이다. 겉모습은 눈에 보이지 않는 효과를 만들어낼 수 있다. 마키아벨리에 따르면 독일에서는 부자들이 눈에 띄는 지출을 하지 않음으로써 부자가 아닌 것처럼 행동한다. 그러면 적어도 생필품이 균등하게 분배되어 사회적 평등이 달성된 것처럼 보이게 한다. 정치적 안정을 위해서는 이런 겉으로 보이는 평등이면 충분했다. 부의 분배에서 검소한 생활 방식은 실제적 불평등이 초래되는 것을 막아주기 때문이다. 여기서도 논증은 피렌체와 다름을 보여주는 것을 목표로 한다. 피렌체에서는 부가 사회적 명망으로 왜곡되어 사치와 질시, 증오를 낳는다.

다른 민족보다 우월한 문명과 지성, 예술을 수 세기 동안 자랑하던 이탈리아가 하필이면 게르만족에게서 좋은 통치술을 배워야 한다는 주장은 전례 없는 도전이었다. 약 1500년 전 로마 역사가 타키투스처럼 마키아벨리는 동족의 잘못을 지적했다. 피렌체 사람들은 화려한 외양 뒤 삶의 질서, 특히 군사적 상황의 균열을 알아차려야 했다. 마키아벨리의 지적은 선조가 지녔던 활동력과 용기를 동족이 되찾게 하려 한 타키투스의 의도에도 부합했다. 그러나 마키아벨리에게는 가치뿐만이 아니라 정치, 경제, 사회, 군대의 구체적 처방이 중요했다. 따라서 개인이 국가를 위해 존재해야지 국가가 개인을 위해 존재해서는 안 된다는 기본 질서가 중요했다.

이런 관점에서 보더라도 그렇게 강한 나라의 군주가 어떻게 약해질 수 있느냐는 모순이 독일에도 없지는 않았다. 이 모순을 설명하기 위해 마키아벨리는 다시 막시밀리안 황제의 성격 특징에, 그것도 티롤과 콘스탄츠 현장에서의 결과에 주목했다. 마키아벨리가 보기에 황제는 용감하고 정직했지만 너무 사치스럽고 변덕스러웠으며 귀가 얇았다. 막시밀리안 황제는 성격상 루이 12세와 대조를 이루었고, 실제로 존재하는 여느 군주와 마찬가지로 마키아벨리가 그리는 완벽한 군주의 이상과는 거리가 멀었다. 그러나 악명 높은 낭비벽과 선량, 경신輕信은 황제의 정치적 약점을 설명하기에 부족했다. 그 뒤에는 근본적인 모순이 있었다. 군주와 자유도시는 죽기 살기로 싸웠지만 강한 황제를 원하지 않는다는 데서는 의견의 일치를 보았다. 그래서 그들은 불명예가 될 정도로 국가 자금을 빠듯하게 보유했다. 마키아벨리는 제국 땅에서 벌어지는 이런 군주제와 공화제 간의 투쟁을 도시의 결정적 장점으로 꼽았다. 독일의 정치적 미래는 도시에 달려 있었다. 군주는 너무 많은 상속재산 분할로 약해져 있었기 때문이다. 당시에는 그렇게 생각하는 사람이 많았다. 마키아벨리는 의심할 여지 없이 피렌체의 희망적 관측을 노골적으로 덧붙였다. 우리가 독일제국의 도시처럼 되면 이탈리아는 우리 것이다! 그러나 마키아벨리에게는 스위스인들이 훨씬 더 모범적이었다. 스위스인들은 한 가지 점에서 남독일의 이웃 국가나 경쟁국보다 훨씬 앞서 있었기 때문이다. 즉 스위스인들은 '순수' 귀족들을 더는 용인하지 않았다. 마키아벨리는 성城과 자체 사법권, 독자적 조세 징수권, 독자적 군대 징집권을 지닌 가문을 귀족이라고 생각했다. 귀족들은 국가나 다름없었다. 이들은 국가에 치명적이었다. 귀족들이 국가의 힘을 약화하기 때문이다.


## 피사에서 거둔 승리

제2서기국 서기장은 고국으로 돌아온 직후 독일에서 얻은 통찰을 유용하게 적용했다. 1509년 초 피렌체에서는 또다시 피사 탈환이 화제의 중심이 되었다. 이전에도 종종 그랬던 것처럼 조건은 양호해 보였다. 추가 안전 대책의 하나로 피렌체는 1494년 이래로 피사의 '반역자들'을 지원해온 루카공화국과 동맹을 맺었다. 최고 행정관 피에로 소데리니는 이 동맹에 반대했다. 오래전부터 피렌체에서 루카인은 믿을 수 없는 자들로 통했기 때문이다. 이때 소데리니의 충성스러운 협력자인 마키아벨리가 구두 지원에 나섰다.

그러나 국경 폐쇄에 대한 루카인들의 의지와 능력에 합리적인 의심이 들고 영토가 너무 크기도 하며, 또 그들이 신민의 복종을 확신하지 못하므로 피렌체는 확실한 결론을 내릴 수 없습니다. 그러므로 피렌체는 피사를 성공적으로 포위 공격하기 위해 루카의 지원이 아니라 우리 자신에게 의존해야 합니다.[85]

이는 구체적으로 말해 반란을 일으킨 피사를 강력한 민병대로 에워싸서 굶주려 지치게 해야 한다는 뜻이었다. 마키아벨리의 말대로 이루어졌다! 1509년 2월과 3월 마키아벨리는 농민 민병대를 이끌고 피사의 성벽 앞으로 갔다. 마키아벨리의 보고에 따르면 민병대의 기세와 분위기는 매우 좋았다. 피렌체에서는 낙관론이 크게 일었다. "보병 중대는 훌륭합니다bellissime!"[86] 탈영 문제 또는 마키아벨리의 표현을 사용하자면 '자발적 체류'의 까다로운 문제에서도 크게 걱정할 것이 없다고 했다. 다만 이웃 지역인 페시아에서 온 사람들이 집에 가고 싶어해서 이를 받아들였다고 했다. 그래서 전체적으로 볼 때 이 민병대에 큰 기대를 할 만하다고 했다.

　마키아벨리는 군사 작전 사이에 짬을 내어 외교사절로서 인근에 있는 피옴비노에 들렀다. 마키아벨리가 의심을 가득 품은 채 피렌체에 보고한 대로 피옴비노의 군주 야코포 다피아노는 자신이 평화 중개자 역할을 해야 한다고 느꼈다. 마키아벨리의 의심은 다음과 같았다. 다피아노는 시간을 벌면서 더 좋은 항복 조건을 협상할 수 있게 피사인들을 돕고 있다. 그렇지 않다면 피사인들이 평화와 명예와 재산의 보장을 대가로 다시 피렌체의 통치권 아래로 들어갈 의사가 있다는 사실을 다피아노가 어떻게 알았겠는가? 이에 대해 마키아벨리는 공화국의 입장을 분명하게 밝혔다. 조건을 결정하는 것은 항복하는 자가 아니라 항복을 강제하는 힘, 즉 피렌체다. 피렌체는 1494년 이전과 동일한 종속 관계를 견지하고 있다. 따라서 이 사절은 이 이기적인 중개자가 필요 없다는 결론을 내렸다. 결국 또다시 계약이 불발되었는데, 이번에도 이 때문에 공화국이 손해를 볼 일은 없었다.

그 대신 피렌체는 소데리니의 효과적인 지휘 아래 두 건의 중요한 협정을 체결했는데, 하나는 프랑스 및 스페인과 공동으로 체결한 공개 협정이었고 다른 하나는 프랑스와만 체결한 비밀 협정이었다. 첫 번째 조약에서 두 '초강대국'은 피렌체의 피사 탈환을 지원하기로 서약했는데, 이는 순수하게 정치적 이웃 사랑에 기초한 것은 아니었다. 향후 3년 이내에 정복에 성공할 경우 공화국은 이 막강한 두 체약국에 각각 5만 두카토를 지불해야 했다. 그리고 루이 12세는 두 번째 비밀 조약에서 똑같은 금액을 한 번 더 받기로 약속하는 일도 잊지 않았다. 이를 잊을 루이 12세가 아니었다. 베네치아가 막시밀리안 황제와 전쟁 중이었으므로 곤경에 처한 피사인들은 더 이상 외부 지원을 기대할 수 없었다. 결국 도시 인도 협상이 개시되었다. 마키아벨리의 민병대는 그라도, 메차나, 산 야코포의 보루에 포위 초병을 세워 식량 공급을 차단했다. 이때 소규모 전투가 발생하곤 했지만 큰 전투는 없었다. 그러나 이런 교전으로도 지칠 대로 지친 피사를 항복시키기에 충분했다. 마침내 1509년 6월 8일에 항복 서명이 이루어졌다. 이로써 이탈 전 예속 도시의 영토와 법적 지위가 복구되었다.

긴밀한 협력을 토대로 승리를 거둔 소데리니와 마키아벨리는 잘되면 제 탓이라는 평범한 진리를 다시 한번 깨달았다. 군사 이양 문제를 처리할 사령관에 하필 소데리니의 경쟁자인 살비아티가 선출되었다. 게다가 알라만노 살비아티는 피사인들의 요청에 따라 조건을 협상할 때도 주도적인 역할을 했다. 피사인들이 살비아티를 고집한 이유는 다

음과 같았다. 살비아티가는 피사와 그 주변에 많은 토지를 소유하고 있
으므로 피사인들을 충분히 배려할 것이다.

아레초의 반역자들을 어떻게 대해야 하는지에 대한 마키아벨리의
예전 조언은 이번에도 받아들여지지 않았다. 마키아벨리가 보기에 피
렌체는 또다시 잘못된 길을, 즉 어중간한 길을 가고 있었다. 피사인들은
열렬히 사랑했던 자유를 잃었지만 다음 기회에 다시 들고일어나기 위
한 자원은 잃지 않았다. 어쨌든 민병대의 정신적 아버지 마키아벨리는
또다시 칭찬 세례를 받은 듯한데, 이는 1509년 6월 17일자 필리포 카
사베키아의 편지를 보면 짐작할 수 있다.

> 나는 자네의 철학이 어리석은 자들에게까지 이해되리라고 생각지 않네. 그
> 리고 현명한 자들은 많지 않지. 내가 노골적으로 얘기하지 않아도 내 말을
> 이해하리라 믿네. 나는 자네가 유대인이나 다른 어느 민족의 예언자보다도
> 위대한 예언자가 아닌가 매일 새롭게 확인하네. 니콜로, 니콜로, 내가 원래
> 하고 싶었던 말을 자네에게 전부 다 말할 수 없군.[87]

주문을 외우는 듯한 마지막 문장의 의미는 추측할 수 있을 뿐이다. 공
화국의 군사위원으로 피사 작전에 참여했지만 가장 영향력 있는 집단
에 속하지는 않은 카사베키아는 아마도 모든 시민이 군인이어야 하고
성과로만 정치적 승진을 결정해야 한다는 마키아벨리의 급진적 견해를
공유했을 것이다. 예컨대 이 편지에서는 제2서기국 서기장에게 권력은
없어도 기존 지배 관계에 불만을 품은 추종자들이 있을 것이라고 분명
히 말한다.

그러나 피사 탈환의 성공에 마냥 도취해 있을 수는 없었다. 이탈리
아의 정치적 지평선에, 특히 북동쪽에서 또다시 먹구름이 몰려들었다.

1509년 5월 14일 베네치아는 캉브레 동맹군에게 참패를 당했다. 프랑스와 합스부르크, 스페인, 교황 율리오 2세가 콧대 높은 '세레니시마'에 맞서 캉브레 동맹군으로 뭉쳤다. 이 수상水上 공화국이 유럽의 모든 강대국을 자극해 반베네치아 동맹으로 뭉치게 하는 재주는 무엇보다도 이탈리아에서 무자비한 확장 정책을 추구함으로써 완성되었다. 예를 들어 체사레 보르자가 몰락한 후 베네치아는 로마냐 교황령으로 진격했다. 그 밖에도 베네치아인들은 유럽 궁정에서 이미지가 좋지 않았다. 그들은 오만하고 뛰어난 첩자로 통했다. 특히 막시밀리안 황제는 귀족처럼 굴지만 실제로는 소상인과 고리대금업자였던 건방진 벼락출세자를 차단하는 것이 소원이었다. 아그나델로에서 승리 후 황제의 부대는 베네치아를 공격해 도시의 육지 쪽을 포위했다. 그러나 베네치아는 해로를 통해 보급품을 얻었다. 게다가 의무를 망각한 정부를 전복하라는 제국의 온갖 호소에도 대다수 베네치아인은 침착함과 충성심을 잃지 않았다. 반면에 베네치아의 예속 도시인 파도바, 비첸차, 베로나 주민들은 인기 없는 베네치아 정부 탓에 자신들이 군사 점령과 약탈을 당하는 처지에 놓이게 되어 불만이 쌓여갔다. '세레니시마'의 군대는 잃어버린 영토의 엘리트에게 더 많은 독립과 자율을 약속함으로써 어렵지 않게 영토를 탈환했다.

정치적, 군사적 전환은 파도바에서 시작되었다. 외국 군대는 오래된 이 대학 도시에서 쫓겨나 베로나로 퇴각해야 했다. 그곳에서 피렌체인들은 공화국이 오랜 흥정 끝에 제국에 바치는 공물로 합의한 4만 두카토의 1차 할부금을 막시밀리안의 사절에게 지불했다. 베토리와 마키아벨리가 2년 전에 협상했을 때만 해도 이 돈은 막시밀리안의 로마 출정을 위한 것이었다. 그 후 출정은 없었지만 그래도 황제는 돈을 원했다. 그리고 피렌체는 양보했다. 시대가 불확실했기에 설령 공화국의 정치적 이익이 불명확하더라도 제국의 원수를 화나게 하는 일은 삼갔다.

1509년 11월 10일 마키아벨리는 2차 할부금을 지불하기 위해 만토바로 향했는데, 행장에는 1만 피오리노가 들어 있었고 호위는 겨우 전령 두 명뿐이었다! 그러나 할부금 전달은 여행의 목적 중 하나에 불과했다. 늘 그렇듯이 제2서기국 서기장은 정치적, 군사적 상황도 탐색해야 했으며 이를 위해 만토바에서 베네치아군과 황제군의 전투 지역을 지나 베로나로 이동해야 했다. 이 마지막 단계는 결코 쉽지 않았다. 마키아벨리가 이동하는 동안 비첸차도 황제에게서 떨어져 나갔다. 베로나도 조만간 베네치아의 통치권 아래로 복귀할 것이라고 마키아벨리는 생각했다. 더 많은 독립을 갈망한 귀족과 달리 평민은 베네치아공화국의 온화한 통치를 그리워하리라 생각했다. 따라서 전복은 시간문제일 뿐이었으며, 특히 프랑스의 도움을 기다린 막시밀리안의 기대는 헛된 것이기에 더욱 그랬다. 두 왕 중 한 명은 전쟁을 벌일 능력이 있지만 원하지 않는다. 반면에 다른 한 명은 전쟁을 원하지만 능력이 없다. 유럽의 왕위에 있는 우두머리들을 이보다 더 무례하게 조롱한 사람은 없었다.


## 베로나에서의 모험


마키아벨리는 자신이 과소평가받거나 임무가 너무 쉽게 느껴질 때마다 조롱하기를 즐겼다. 겨울에 베로나에 있었을 때가 바로 그랬다. 평소처럼 모순되는 결정으로 여기저기 상처를 입은 황제는 퇴각해야만 했다. 이로써 과거에 스칼리제르가가 통치했던 이 도시에 사절이 머물 이유가 더 이상 없었다. 그래서 1509년 12월 8일 루이지 귀차르디니에게 쓴 편지의 내용이 맞다면 마키아벨리는 자기만의 방식대로 시간을 보냈다.

> 절망적입니다, 루이지! 포르투나가 똑같은 것에 대해 사람들을 어떻게 차별하는지 보십시오. 당신은 한 여자와 섹스를 하고 두 번째 여자를 꾀는 데 성공했고 결국 세 번째 여자까지 있습니다. 그런데 나는 여기에 며칠 머물자 욕정에 눈이 멀어 출구로만 빛이 들어오는 지하 동굴에 사는 늙은 가정부와 얽히고 말았습니다.[88]

그리고 이어진 것은 가장 끔찍한 종류의 섹스였다. 마키아벨리에 따르면 이 음탕한 노파는 밝은 데서 보니 정말로 유령 같았다. 그녀는 사팔뜨기에 대머리였고 머릿니가 있었다. 게다가 이빨이 없었고 지독한 냄새까지 났으며 얼굴에 화상이 있었고 위대한 로렌초처럼 지나치게 넓은 입과 엉클어진 눈썹과 젖혀진 콧구멍을 가졌으며 입술부터 턱까지 수염이 있었다. 구역질 나는 이 이야기의 교훈은 다음과 같았다.

> 그러므로 당신은 유흥이 반복되길 기대하는 것에 대해 하느님께 감사해야 합니다. 나는 이런 불쾌감을 또다시 경험할지 모른다는 공포가 사라진 것에 대해 하느님께 감사할 것입니다.[89]

마키아벨리가 이 역겨운 사건을 실제로 직접 경험했을까, 아니면 지어냈을까? 마키아벨리는 최초의 '사실주의' 정치이론가, 즉 불쾌한 사실을 직시할 용기를 지닌 최초의 정치이론가로 여겨진다. 그러나 이런 평가는 해당 이야기를 신뢰성 있는 것으로 분류하는 것만큼이나 의심스럽다. 편지를 받은 사람은 노파가 로렌초 데 메디치 같은 입을 가졌다고 했을 때 주의해서 읽을 필요가 있었다. 이는 외설적 이야기 중에 등장한 정치적 암시였다. 그래서 이것이 정치적 의미가 있을까? 만약 그렇다면 이렇게 대담하게 묘사된 사태의 정치적 함의는 무엇일까?

편지 수취인의 신원과 소재지가 단서를 제공한다. 나중에 역사가가 된 프란체스코의 형인 루이지 귀차르디니는 젊은 세대 중에서 가장 성공한 상층에 속했다. 1494년 이전에 귀차르디니가의 이 집안은 메디치가의 가장 충실한 추종 세력에 속했고 그 혜택을 크게 보았다. 저변이 넓은 정체에서 피에로 귀차르디니와 그의 아들인 루이지와 프란체스코는 충성을 고수했지만 망명 중인 메디치가와 함께 신세를 망치지는 않았다. 역겨운 노파와 '위대한', 그러나 마키아벨리의 눈에는 정치적으로 전혀 매력적이지 않은 로렌초 데 메디치의 비교는 따라서 도발적이었다. 이는 최고위 귀족들이 전제군주와 협력함으로써 스스로를 철저히 모욕했다는 사실에 대한 암시로 이해할 수 있었다.

마키아벨리는 베로나에서 만토바로 이 '보고서'를 보냈다. 마키아벨리가 며칠 전에는 그곳에 있었는데 지금은 귀족 루이지 귀차르디니가 공식적이고 훨씬 더 명예로운 임무를 띤 채 후임으로 와 있었다. 이를 제2서기국 서기장은 수용하기 어려운 굴욕으로 느꼈을 것이다. 자신은 베로나에서 힘들게 허우적거리고 있는데 귀차르디니는 세련된 만토바에서 삶을 즐기고 있다! 이 메시지는 뚜렷이 알아차릴 수 있으며 따라서 다음과 같은 정치적 비판도 마찬가지다. 포르투나는 사랑의 모험에서 사람들을 편애할뿐더러 무질서한 공화국에서는 인생 전체까지도 좌우한다. 누구에게는 모든 것이 저절로 굴러들어오고 누구는 성공하지 않아도 공적이 계속 쌓인다. 따라서 서신의 시점에도 유의해야 한다. 민병대는 대다수 피렌체인이 보기에 피사 정복에 결정적 공헌을 했으며 이를 조직한 사람은 감사의 표시로 모호한 임무를 띤 채 북부 이탈리아로 파견되었다.

그리고 주목할 만한 이 편지에서는 또 하나의 적개심이 드러난다. 유사한 '불운'을 보고했던 호라티우스의 예가 문학에 정통했던 편지 수취인의 눈에 분명히 띄었겠지만 어쨌든 이 편지는 아주 반인문주의적으로 작성되었다. 안젤로 폴리치아노 같은 메디치가 주변의 작가들은 자신의 시에서 사랑의 소재를 최대한 정신적으로 승화했던 것과 달리 마키아벨리는 '사랑'을 가장 더럽고 천박한 형태로 그리고 가장 저속한 언어로 묘사한다.《벨파고르》에서 악마를 우롱한 농장 일꾼 잔마테오는 마키아벨리가 편지에 표현한 것처럼 말할 수 있을 것이다. 교육받은 엘리트는 사람들 앞에서 이런 단어를 사용하지 않을 것이다. 인문주의자들은 권력자를 위해 추한 것을 아름답게 말한다. 이런 비판을 하면서 마키아벨리는 피렌체의 제1서기장이자 상관인 마르첼로 비르질리오 아드리아니를 생각했을지 모른다. 인간은 본능에 따라 움직이는 자연적 존재다. 이를 보지 못하고 직접 경험하지 못한 사람은 정치적으로도 길을 잃는다.

마키아벨리에 따르면 베네치아는 이와 비슷한 이유로 정치적으로 길을 잃었다.

> 베네치아인들은 탈환하는 모든 장소에 책 대신 칼을 든 성 마르코를 그린다고 합니다. 틀림없이 그들은 책과 연구만으로 국가를 통치할 수 없다는 사실을 자비로 배웠을 것입니다.[90]

이 비꼬는 문장이 있는 편지는 마키아벨리가 1509년 12월 7일에, 즉 성적인 '동굴 모험'이 있기 전날에 피렌체에 있는 상관들에게 쓴 것이다. 더 나은 교육이 더 선량한 풍속을 낳고 더 나은 도덕이 더 나은 국가를 낳는다는 인문주의자들의 희망은 마키아벨리가 보기에 이 거친 시대에 환상으로 반증되었다. 그러나 그렇다고 해서 모든 책이 정치에 불필요하다는 것은 아니었다. 어느 정도 능력이 있으면 적절한 문서에서 현재의 정치적 성공 규칙을 읽어낼 수 있다. 마키아벨리의 자기평가에 따르면 그는 사절단 보고서와 의견서에서 이렇게 했다. 그러나 이런 지침을 현재에 유익하게 적용하기 위한 조건은 인간을 있는 그대로 인식하는 것이다. 이 일도 마키아벨리는 베로나에서 시작했다.

## 3장

# 생존의 기술
## (1510~1513)

## 프랑스와 교황의 틈바구니에서

1510년 초 마키아벨리는 피렌체로 돌아왔다. 이 무렵 공화국은 외교적으로나 군사적으로 만반의 대비를 갖추고 있는 듯했다. 얼마 전 공화국은 피사를 탈환하고 교황과 우호적 관계를 맺었으며 황제의 것을 황제에게 주고 프랑스에서 막강한 보호자를 발견했다. 그러나 그렇게 보였을 뿐이었다. 새로 형성된 전선 사이에 있는 피렌체가 무너질 위기에 처했다는 것이 몇 달 지나지 않아 분명해졌다. 몹시 까다로운 특수 임무를 또다시 부여받은 사람은 바로 마키아벨리였다. 임무의 첫 번째 과제는 위험한 분쟁의 원인을 이해하는 것이었다.

마키아벨리는 악의 근원이 로마에 있다고 생각했다. 이로써 마키아벨리가 1506년 이래 줄곧 해온 경고가 입증되었다. 괄괄한 늙은 교황 율리오 2세는 이탈리아에서 첫 번째로 불확실한 요소였다. 교황은 프랑스 왕 루이 12세를 갑자기 적대함으로써 방해 요소가 되었다. 이는 예기치 못한 대립이었다. 정치적 안목을 지닌 사람들에게는 본질적으로 불가사의하게 보일 정도였다. 추기경 줄리아노 델라 로베레는 불구대천의 원수인 보르자 가문의 교황 알렉산데르 6세가 재위하는 동안 프랑스 궁정에서 피난처를 발견했다. 프랑스 궁정에서 로베레는 샤를 8세의 정치 고문이 되었다. 1494년 정치 고문들은 샤를 8세에게 나폴리로 출정하여 이탈리아 권력관계에 새 질서를 수립할 것을 간곡히 권했다. 로마에는 프랑스에 호의적인 고위 성직자들이 오래전부터 보이지 않았다. 루이 12세와의 불화는 더더욱 불가사의했다. 이 불화는 2세기 반도 더 전에 황제 프리드리히 2세와 교황 인노첸시오 4세 사이의 분쟁을 생각나게 하는 선전 포고와 전투 조치와 함께 본격적인 섬멸전으로 첨예화했다. 그러나 제국과 교회 간의 다툼과 달리 율리오 2세와 루이

12세 간의 불화 원인은 오래되지도 심각하지도 않았다.

1508년 교황은 '반프랑스주의자'로 소문난 시옹의 주교 마테우스 쉬너를 추기경에 임명했다. 이 활동적인 발리스의 고위 성직자는 동맹 지역의 지도급 정치가들과 좋은 관계를 유지했고 필요한 경우 자신의 영토 내 용병들의 이상적인 중개자이기도 했다. 쉬너의 붉은 모자는 추기경 임명이 애초에 몰래 이루어졌다는 것을 프랑스에 분명히 보여주었다. 이는 율리오 2세가 잠재적으로 위협이 되는 상황에서 쉬너를 통해 언제든지 무시무시한 스위스 용병에 의지할 수 있다는 뜻이었다. 1507년 프랑스 왕은 전임자들처럼 제노바에 대한 통치권을 획득했다. 제노바의 예속 도시 사보나 출신인 율리오 2세가 이 정복을 곱게 볼 리 없었다. 이로써 자신의 명예가 손상되었다고 생각한 것이 틀림없다.

같은 해인 1507년 프랑스와 스페인은 사보나에서 강화를 맺었고, 교황은 이를 자신에게 맞서는 것으로 생각했다. 게다가 교회 수장과 구성원에 대한 개혁의 필요성이 사보나에서 논의되었다. 이 주제는 오래 전부터 교황에게 일종의 경고 신호였다. 속세의 권력자는 정치적 요구 사항을 관철하기 위해 교회 개혁을 구실로 종교회의를 위협하고 성직자를 파면했다. 1509년 로마가 동의하지 않는 일련의 교회정치적 결정을 루이 12세가 했을 때 율리오 2세는 더더욱 신중하게 반응했다. 그러나 프랑스 왕은 자신이 옳다고 여겼다. 1438년 국사조칙으로 자신은 사실상 프랑스 교회의 주인으로 돈벌이가 되는 주교구를 관할할 수 있다고 했다. 그러나 성좌와 자신의 개인적 명예를 무척 중시했던 교황은 이를 자신의 지위와 인격에 대한 심각한 모욕으로 받아들였다. 1510년 2월 교황이 베네치아에 대항하는 동맹을 탈퇴하고 '세레니시마'를 구원하는 동시에 굴복시키는 강화를 체결하자 루이 12세는 또다시 비위가 상했다. 거만하게 굴던 산마르코 공화국은 1503년 이후 정복한 로마냐 지역을 반환하고 이 '강탈'에 대해 정중히 사죄해야만 했다. 프랑스 왕에게 교황의 이탈은 순전히 사욕에서 나온 배신이었다.

교황과 왕 사이 아름다웠던 우정에 금이 간 것은 분명했지만 정치 관찰자들은 서로를 찌르던 바늘이 칼이 될 만한 확실한 동기를 볼 수 없었다. 분쟁이 고조될수록 양측은 더욱더 대중에게 시선을 돌렸다. 이 여론전에서 율리오 2세는 섬세한 직감으로 적확한 말을 골랐다. 착취당하는 조국 이탈리아를 갈리아 야만인의 압박에서 해방하라! 이 구호는 유력자와 학자들 집단에 불을 붙였다. 최초의 위대한 인문주의자 프란체스코 페트라르카는 이미 14세기 중엽 이와 비슷한 구호를 드높이 외쳤다.

그러나 율리오 2세의 외침은 모순인 것 같았다. 율리오 2세는 한편으로는 지금까지 프랑스인을 좋게 보았지만 다른 한편으로는 이탈리아 상류층이 매우 세련된 생활 방식을 사실상 인정하는 조야한 갈리아족보다 훨씬 더 '야만적' 민족을 이용하여 프랑스인을 몰아내려 했다. 1510년 3월 마테우스 쉬너는 스위스에서 유력한 12개 지역에 교황과 군사 동맹을 맺도록 설득했다. 이 동맹은 교황에게 유리한 조건을 제공했다. 교황은 5년간 언제든지 병사 6000명을 이용할 수 있었다! 그 대가로 율리오 2세는 몇몇 주와 발리스의 정치 지도층에게 높은 '연금'을 지급하고 용병들에게 후한 급료를 지급했다.

1510년 6월 교황은 프랑스와 전투를 벌여도 될 만큼 강해졌다고 생각했다. 한 프랑스인 추기경이 프랑스 왕에게 가려고 하다가 산탄젤로성에 감금되었다. 그 직후 교황은 프랑스 대사의 면전에서 루이 12세를 자신의 적으로 간주한다고 말하고는 문을 가리켰다. 이로써 프랑스 왕과 동맹을 맺은 피렌체공화국은 곤경에 처했다. 마키아벨리의 임무는 그 두 번째 단계에 접어들었다. 이론에는 실천이 뒤따라야 하고 상황 분석 후에는 외교적 조처가 취해져야 했다. 제2서기국 서기장을 첩자로 분쟁의 두 번째 발화점인 프랑스 궁정으로 보내야 할 때였다.

1510년 6월 20일 피렌체 최고 행정관 피에로 소데리니는 직접 마키아벨리에게 훈령을 내리며 임무의 중요성을 강조했다. 마키아벨리는 프랑스 군주에게 공화국의 충성을 확약하고 프랑스가 교황과 불행한 적대 관계에 들어서 공화국이 얼마나 곤경에 처했는지 분명히 밝혀야 했다. 훈령은 호소로 끝났다. 루이 12세는 조급해서는 안 되고 율리오 2세와의 약속을 반드시 지켜야 하며 양측의 체면을 세워줄 원만한 해결책을 찾아야 한다고 했다. 피렌체공화국은 이런 합의를 중재하기 위해 애썼다. 교황과의 평화는 피렌체뿐만 아니라 왕에게도 유익하다고 소데리니는 말했다. 훈령 중 다음과 같은 문장은 마키아벨리에게 큰 울림으로 다가왔다. 율리오 2세는 친구가 아니라 적으로서 무조건 두려워해야 한다. 소데리니가 1506년 대사의 보고서를 참조한 게 분명했다.

마키아벨리는 루이 12세에게 구체적으로 두 가지 조치를 제안해야 했다. 루이 12세는 교황의 용병 모집을 방해하기 위해 스위스와의 친분 관계를 이용해야 하고 지연 전술을 구사해야 한다고 했다. 율리오 2세는 몹시 쇠약하다고 알려졌다. 조만간 사망할지도 모른다는 소문이 끊임없이 나돌았다. 따라서 정치적, 군사적 경과를 교묘하게 늦추면 로마 문제는 저절로 해결되리라는 희망이 정당해 보였다.

1510년 7월 7일 마키아벨리가 리옹에 도착했을 때 이 훈령은 휴지 조각이나 다름없었다. 10인 위원회는 긴급 전령을 통해 공화국 대리공사에게 나쁜 소식을 차례차례 전했다. 율리오 2세가 스페인과 동맹을 맺었고 베네치아가 그의 편을 들고 나섰다. 그러고 나서 교황이 베네치아를 대신해 피렌체를 위협하여 로마의 피렌체 상인들이 절박한 위험에 처했다. 마키아벨리의 임명권자는 이 일련의 나쁜 소식에서 다음과 같은 결론을 끌어냈다. 루이 12세가 우리를 위해 긴급히 대책을 세워야 한다! 피렌체는 스스로를 교황의 분노를 진정시키는 속죄양이라고 생각했다. 교황은 프랑스 대신 피렌체를 분풀이 대상으로 여겼다.

7월 18일 마키아벨리는 블루아에서 왕과 첫 면담을 가졌고 왕은 곧바로 피렌체 정부에 다음과 같은 편지를 보냈다.

오늘 우리는 서기 니콜로 마키아벨리를 통해 편지를 받아보고 귀하의 의중을 곰곰 생각해보았습니다. 편지와 호의 그리고 귀하가 우리와 우리의 관심사에 보여주신 사랑과 애정에 진심으로 감사드립니다. 그래서 선왕 때부터 면면히 이어져온 참된 우정과 신의를 위해 귀하에게 다음과 같이 부탁드립니다. 우리 나라의 안전과 방어를 방해하고 해치려는 자들에게 맞서 우리를 위해 귀하가 어떤 도움과 호의와 지원을 제공할 수 있는지 명확히 해주십시오.[1]

정무위원회는 분명 어리둥절했을 것이다. 피렌체가 절박한 어조로 도움을 청했는데 왕이 자신을 위해 피렌체의 지원을 요구하다니! 그야말로 루이 12세다웠다. 루이 12세는 언제나 상대방에게 무언가 요구하여 죄책감을 느끼게 한다! 마키아벨리는 이미 수년 전에 꿰뚫어 보았지만 피렌체인들은 도외시했다.

마키아벨리 관점에서 7월 18일의 면담은 다음과 같았다.

폐하는 저를 무척 호의적으로 맞아주면서 이미 피렌체를 통해 많은 부와 이득을 얻었으므로 우리의 충성심과 호의를 절실히 느끼고 있다고 말했습니다. (…) 폐하는 교황에게도, 다른 누구에게도 적의를 갖고 있지 않다고 제게 말했습니다. 하지만 매일 친구와 적이 새로 생기고 있어 교황이나 다른 누

프랑스 화가 장 페레알Jean Perréal이 묘사한 루이 12세. 마키아벨리는 이 '가장 독실한' 왕을 아주 인색한 사람으로 평가했다.

군가가 이탈리아에 있는 폐하의 나라를 교란하거나 교란하려고 할 때 피렌체가 폐하를 위해 무엇을 얼마나 해줄 수 있는지 회신 때 알려주기를 바란다고 했습니다.[2]

무엇보다도 루이 12세는 언제나 예상 비용 문제를 언급하므로 10인 위원회에 보낸 이 편지에 드러난 뻔뻔스러움은 가히 숨 막힐 지경이었다. 쉽게 말해 피렌체는 한 푼도 지불해서는 안 되었다. 루이 12세가 율리오 2세 때문에 골머리를 앓고 있지 않다는 말은 새빨간 거짓말이었다. 물론 마키아벨리는 이런 말을 직접 할 수 없었다. 마키아벨리는 피렌체는 왕과 자신을 위해 필요한 일을 할 것이라고 했고 루이 12세는 이 대답을 마뜩잖게 여겼다. 왕은 그 대답을 의심하지 않는다고는 했지만 피렌체의 지원을 확실하게 보장받고 싶었다.

알현은 그것으로 끝났다. 마키아벨리는 국왕의 가장 가까운 고문으로 얼마 전 사망한 루앙의 추기경을 대신한 플로리몽 데 로베르테와 계속 협상해야 했다. 로베르테는 교황을 맹비난하고 프랑스의 군사력은 무적이니 피렌체는 안심해도 된다고 선언했다!

그새 피렌체에서 안 좋은 소식이 전해졌다. 율리오 2세가 공화국을 크게 위협하고 있었다. 율리오 2세는 소매 안에 으뜸 패를 가지고 있었다. 추기경 조반니 데 메디치가 로마에서 교황의 편을 들면서 아르노강 변에서 메디치가의 지배를 회복하기 위해 저변이 넓은 정체의 전복을 촉구했다. 루이 12세가 교황에 단호히 대처하면 할수록 교황은 메디치가와 동맹하여 피렌체에 무자비하게 행동할 수밖에 없었다.

마키아벨리로서는 난감한 소식을 피렌체로 보내야 했다. 교황이 스위스에서 모집한 용병들에게 지급한 급료의 확실한 출처를 밝혀내야 한다고 했다. 또한 루이 12세가 평화 서약에는 아랑곳없이 율리오 2세를 완전히 제압하려고 최후의 결전을 위해 무장했다고도 전했다. 이는 루이 12세가 비상수단, 즉 교황을 파면하기 위해 공의회를 소집할 수도 있다는 뜻이었다. 게다가 왕은 피렌체가 자신 때문에 큰 위험에 처했다는 주장을 공화국에 전하게 했다. 이는 곧 공화국이 루이 12세를 지지할지 말지 결정해야 한다는 의미다!

루이 12세에게 앞서 파견된 대사처럼 마키아벨리의 달변으로도 상황은 바뀌지 않았다. 기껏 교착 상태에 빠진 협상으로부터 다음과 같은 결론만 이끌어냈다. 자신을 소환하고 전권 대사를 보내라고 요청했다. 그러나 행동보다 말이 쉬웠고 귀족들이 연이어 그 까다로운 요청을 정중히 거절했다. 따라서 마키아벨리는 1510년 9월 초까지 프랑스에서 버텨야 했다. 그리고 나서 마키아벨리는 복통에 시달렸다.

> (8월 18일자 편지에 썼듯) 병을 고치고 집으로 돌아가는 데 절박하게 필요한 50두카토를 바르톨로메오 판차티치 편에 보내달라는 것밖에는 귀하에게 더는 요청할 사항이 없습니다. 뱃속을 뒤집어놓는 기침 때문에 아무것도 먹을 수 없습니다. 이 병으로 파리에서 하루에 1000명도 넘게 죽고 있습니다. 하느님, 우리를 버리지 마시옵소서![3]

마키아벨리는 앓으며 좌절감과 함께 자신의 외교 활동에 불안감을 느꼈음이 분명하다. 평소 그토록 명민한 대사가 1510년의 외교적 혼란 속에서 분명한 길을 찾지 못했다.

마키아벨리는 갈수록 위태로워지는 피렌체 상황을 해결하려면 프랑스에 찬성하든지 반대하든지 분명히 양자택일해야 한다고 보았다. 그럼에도 마키아벨리는 난관을 타개할 수 없었다. 그 대신 루이 12세의 공화국 지지와 관련하여 회의와 낙관 사이를 오갔다. 그 문제는 생각해봐야 했다. 근거와 반대 입장의 근거를 냉정히 검토할 때 교활한 현실 정치가는 취할 줄만 알고 줄 줄은 모르는 왕과의 동맹을 되도록 빨리 해제하는 결정을 내릴 수밖에 없었다. 그러면 공화국은 율리오 2세와 쉽게 화해할 수 있을 터였고 더 나아가 교황이 쌍수를 들고 환영하면서 이에 보답하기를 기대할 수 있을 터였다. 이것만으로도 수고할 가치가 충분했다. 게다가 7년 전 이탈리아 남부 전체를 정복한 스페인이 교황 뒤에 있었다. 그러나 마키아벨리는 이 새로운 세계적 강국의 부상을 단호히 부정했다. 이로써 마키아벨리는 훈령에서 아라곤의 페르난도 왕과의 동맹이 율리오 2세에게 이로울 게 없을 거라고 한 소데리니의 방침을 충실히 따랐다.

마키아벨리는 피렌체에 보내는 상세하고 긴 보고서에 입장만은 짧게 표명했다. 처음 있는 일이었다.

> 어제는 너무 늦어서 오늘 아침 일찍 왕을 알현했습니다. 저는 귀하께서 써주신 대로 왕에게 자세히 진술했습니다. 제가 왕이 잔뜩 기대를 걸고 있는 잠재적 동맹국 이야기를 하고 나서 시에나 이야기를 꺼냈습니다. 그러자 왕은 "시에나에는 피렌체에 속하는 곳이 있지 않느냐"라고 물었습니다. 제가 그렇다고 하자 왕은 "하느님이 내게 장수를 허락하신다면 시에나는 자신들의 성과 도시를 지키지 못할 것이다. 그러니 그대의 주군에게 기운을 내라고 편지를 쓰라"라고 말했습니다.[4]

마키아벨리처럼 뛰어난 외교가라면 뻔한 기만 술책이라는 단 두 마디로 족할 것이다! 피렌체가 시에나를 차지하려는 희망은 현실 정치 상황을 고려할 때 터무니없는 것이었다. 그 대신 마키아벨리는 왕의 장광설을 고스란히 보고서에 담았다.

황제에 관해서는 왕은 전적으로 확신하고 있었습니다. 왕은 스위스인에 관해 이렇게 말했습니다. "맹세코 그들을 교황에게 보내야 할지 말아야 할지 확신이 서지 않는다. 그를 위협하는 이 군대 없이 교황을 떠나게 하는 것이 더 좋을지 이 군대와 함께 떠나게 하는 것이 더 좋을지 모르겠다." 그리고 나서 왕은 스위스인에 돈과 노력을 많이 투입해도 마음대로 부리기 어려울 것이라는 견해를 자세히 피력했습니다. 스위스인은 루도비코 스포르차 공작처럼 교황을 배신하겠지만 그들을 제지하기 위해 미리 손써야 한다고 왕은 결론을 내렸습니다.[5]

루이 12세는 이탈리아의 절대 지배자로서 마키아벨리 앞에서 허풍을 떨었다. 공화국 대사는 그의 허풍을 받아들였는가? 대사는 이에 대해 나름대로 생각이 있었음에도 입장을 표명하지 않았다. 입장을 표명하는 자는 결국 동의하지 않을 수 없었다. 추신에 있는 마키아벨리 자신의 견해는 시사하는 바가 없었다.

이 점에서 다들 교황의 계획에 불만을 품었습니다. 교황이 기독교를 타락시키거나 이탈리아를 망칠 것으로 생각했습니다. 그러나 교황이 제노바 공격에 실패했으므로 더 고집을 부리지 않고 더 큰 불행을 야기하지 않으면 그리고 훌륭한 중재자를 끌어들이면 사태를 제때 멈출 수 있다는 희망이 있습니다.[6]

이는 마키아벨리를 자기편으로 만들려는 프랑스 궁정의 견해였다. 따라서 피렌체가 내린 결론은 왕과 교황 사이에서 영예로운 중재자 역할을 해야 한다는 것이었다. 평화가 실현되는 것은 좋은 일이기도 했고 공화국의 이익에 도움이 되기도 했기 때문이다.

다른 한편으로 교황에게 복수하려는 것은 위험합니다. 교회가 옹호하려는 군주에 맞서는 일은 명예롭지 않기 때문입니다. 그러므로 왕이 공공연히 교황에 맞서다가 온 세상을 적으로 만들까 봐 심히 우려됩니다. 왕은 좋은 충고를 받아들이는 편이 더 쉬울 것입니다.[7]

합리적 사고와 희망적 관측이 묘하게 뒤섞인 글이었다. 군주가 교황 보호자로서 신망을 얻고 그럴듯한 구실로 이기적 목적을 추구하는 것은 옳기도 하고 조심스러운 태도이기도 했다. 지금의 정치 상황에서 율리오 2세를 궁지에 몰아넣는 일이야말로 정치적 자살 행위나 다름없었다. 교황을 공격하는 일은 경건한 집단에 신성 모독의 인상을 풍겼다. 그래서 교황은 세속 군주를 파멸로 몰아넣을 온갖 핑계를 댈 수 있었다.

한편, 마키아벨리가 재차 분명히 권고했듯 마지막 순간에는 결국 피렌체가 모두 화해하게 하리라는 희망은 헛된 것이었다. 이런 희망은 교황 율리오 2세의 심리 상태를 오판한 결과다.

율리오 2세는 제노바에 대한 자신의 계획이 틀어진 후 더욱 겸허히 처신해야 했습니다. (…) 율리오 2세가 좀 더 소심했더라면 앞에서 말한 바와 같이 좋은 중재자가 나타날 때 조치를 취할 방도가 있었을지도 모릅니다.[8]

마키아벨리는 다음을 더 잘 알아야 했다. 반대파를 지원함으로써 프랑스 왕에게서 제노바를 빼앗는다는 허황한 시도가 좌절된 것은 이 교황의 기를 꺾기는커녕 결의만 더 단단하게 해주었다. 마키아벨리는 4년 전에 이를 꿰뚫어 보고 임명권자에게 알렸다. 베드로좌에 앉은 이 무서운 늙은이가 도대체 무엇을 두려워하겠는가? 마키아벨리가 당시에 거듭 밝힌 것처럼 교황은 교회와 자신의 명예에만 관심이 있었다. 이 명예에 비하면 이탈리아를 피폐하게 만드는 게 교황에게 대수로운 일이었겠는가?

그러나 묘하게도 교황에 대한 마키아벨리의 생각은 블루아 체류 중에 바뀌었다.

왕국의 재상은 샤를마뉴 때부터 현재의 루이 12세까지 프랑스가 피렌체에 기여한 공적을 장황하게 늘어놓았습니다. 그러고 나서 그는 제게 왕은 마음속 악령이 교황을 움직인다고 생각한다고 말했습니다.[9]

왕은 그렇게 믿고 싶었겠지만 마키아벨리도 그렇게 믿었을까? 이 설명은 대악마 벨파고르 이야기처럼 들리기도 하고 풍자처럼 들리기도 했다. 그러나 마키아벨리는 농담할 생각이 없었다.

하느님이시여, 가장 좋은 일이 일어나게 하시고 프랑스인들이 교황을 사로잡고 있다고 생각하는 악령으로부터 교황을 구원해주시기를. 교황이 귀하를 짓밟지 않게 하시고 자신의 무덤을 파지 않게 하시기를![10]

마키아벨리가 경건한 한숨을 내뱉고 역사에서 하느님과 마귀에게 수고를 끼쳤다면 마키아벨리도 피렌체도 갈 데까지 간 것이 분명했다. 다시 말해서 2주 후에 마키아벨리가 그러했던 것처럼 이윽고 피렌체는 결정을 내려야만 했다.

그래서 다들 귀하께서 프랑스와 함께 전쟁을 수행한다고 선언하거나 프랑스를 적으로 삼는다고 선언해야 한다고 생각합니다. (…) 기회는 금세 사라지기 때문에 신속히 결정해야 합니다.[11]

지금까지 외교 임무에서 세련되게 구사하던 '조언 방식'에 비춰볼 때 특이하게도 마키아벨리는 이 결정을 10인 위원회의 신중한 판단에 맡겼다. 그러나 위에서 언급한 설명을 근거로 피렌체는 프랑스와 결속을 다지는 방향으로 결정해야 했다. 이로써 율리오 2세가 평화를 가져다 준다면 문제는 해결될 터였다. 그렇지 않으면 교황을 고립시키기 위해 황제를 프랑스와 피렌체 동맹에 포함해야 했다. 그러나 이 주장도 설득력은 없었다. 무엇보다도 독일 황제는 직책상 로마교회를 보호할 의무가 있었다. 이런 중재자 자리를 인식한 막시밀리안이 기독교의 이상적 군주가 될 기회를 놓칠 리가 없었다.

## 파멸에 이르는 길

마키아벨리는 많은 임무 수행하며 용기 있게 껄끄러운 의견을 개진하고 불편한 진실을 있는 그대로 서슴없이 임명권자에게 전했다. 왜 마키아벨리는 프랑스에서 다른 얼굴을 보여주고 피에로 소데리니와 10인 위원회에 프랑스 궁정이 그에게서 듣고 싶어하는 말, 즉 프랑스와 동맹을 맺는 것 외에는 대안이 없다고 썼는가? 최고 행정관의 동생인 소데리니 추기경과 대다수 피렌체 상류층은 프랑스와의 동맹을 재정상 기정사실로 받아들였다. 고위 성직자는 프랑스에서 엄청난 봉록을 받고 있었고 상인과 은행가는 리옹과 중요한 거래 관계를 맺고 있었다. 최고 행정관 소데리니의 정치적 운명도 프랑스와 불가분의 관계에 있었다. 이는 여전히 사보나롤라의 예언을 믿고 있는 수많은 피렌체인도 마찬가지였다.

그러나 마키아벨리만은 이 모든 것에서 예외였다. 제2서기국 서기장이라는 지위는 분명 저변이 넓은 정체의 지속에 달려 있었다. 메디치는 마키아벨리를 광적인 공화주의자로 여겼다. 따라서 마키아벨리가 메디치에 유리한 쿠데타로 기대할 것은 불이익밖에 없었다. 마키아벨리는 오로지 자기 이익이라는 관점에서 현재 체제를 유지하기 위해 모든 것을 할 수밖에 없었다. 마키아벨리의 세 번째 프랑스 임무의 실제 성과는 그만큼 더 불확실했다. 눈 딱 감고 밀어붙이는 수밖에 없었다! 이제 마키아벨리는 자신을 돋보이게 한 심리적 형안과 역사적 경험의 냉정한 평가를 깡그리 무시했다.

마키아벨리는 루이 12세를 만났을 때 이 인색한 군주가 지나친 사욕에서 근시안적 정책을 추구하므로 피렌체는 그에게서 많은 것을 기대할 수 없다고 누차 역설했다. 그동안 이 냉정한 예측은 항상 사실로 밝혀졌다. 그래서 니콜로 마키아벨리처럼 관습에 얽매이지 않는 사람이 정치적 위기나 건강상 위기에 처하면 전통의 힘은 불가항력적이었다는 결론만 남는다. 마키아벨리는 또한 다른 독창적 사상가들처럼 자기 도그마의 포로가 될 위험에 처했다. 스페인은 군사적 성공과 무관하게 인정하지 않았기에 염두에 두지 않았다. 스페인은 고대 로마의 유효한 본보기로부터 영원히 멀어졌으므로 안중에 없었다. 대장군 곤살로 페르난데스 데 코르도바는 로마가 걸어보지 못한 군사적 길을 걸었다. 대사상가 마키아벨리가 인정하지 않는 것은 존재할 수 없었다.

게다가 프랑스에 찬성하는 의견을 표명할 때 마키아벨리는 가까운 친구들의 지지를 받았다. 1510년 8월 편지에서 프란체스코 베토리는 율리오 2세의 정책에 대해 속수무책이라고 했다. 베토리는 율리오 2세를 미쳐 날뛰는 전쟁 선동자라고 했다. 아울러 베토리는 교황이 곧 로마에서 추방될 것이라는 희망을 피력했다. 교황이 프랑스 왕과 전쟁을 벌이면 프랑스 왕보다 잃는 게 훨씬 더 많을 것이라고 했다. 베토리의 편지는 피렌체공화국의 정치 엘리트들이 교황제를 어떻게 생각하는지 보여준다. 정치권력의 하나인 교황제는 권력투쟁의 냉혹한 규칙을 받아들여야 했다. 종교를 통치 수단으로 무분별하게 이용하고 있는 율리오 2세가 그리스도의 대리인이라는 지위를 마음껏 누리려 할 것이라는 마키아벨리의 통찰에 피렌체의 지도층은 공감하지 않았다. 결국 마지못해 공화국 공식 대사로 프랑스 궁정에 간 로베르토 아차이우올리의 편지들도 이를 보여준다. 그도 전적으로 프랑스 동맹에 의지했고 마키아벨리에게 성공을 축원했다.

> 저는 귀향한 그대를 카사와 프란체스코, 루이지가 비밀을 캐내기 위해 집으로 데리고 가고 약속을 이행하게 하기 위해 성당에 데리고 갔다는 것을 유념하고 있습니다. 그대가 명성을 얻으면 얻을수록 더욱 인정을 받는다는 사실을 말씀드리고 싶습니다.[12]

정답게 어깨를 툭 치면서 무언가 강요하는 것은 귀족들이 서기인 마키아벨리와 교제하는 전형적 방식이었다. 이어서 적당한 거들먹거림과 함께 승진하기 위해서는 어떻게 해야 하는지에 대한 선의의 충고가 뒤따랐다. 나락으로 떨어뜨리는 임무보다 제2서기국 서기장에게 더 큰 명성을 가져다줄 임무는 없었다.

반대하는 목소리는 단 하나였다.

> 귀하의 편지에 이곳 사람들은 죄다 하품을 했습니다. 사람들은 생각을 거듭하지만 아무것도 하지 않습니다. (…) 퀸틸리우스의 말처럼 행복도 명예도 없이 승자에 대한 대가가 되는 일이 우리에게 분명히 일어날 것입니다.[13]

이는 이름을 밝히고 싶어하지 않는 서기국의 한 동료가 내린 결론이었다. 마키아벨리의 편지를 받고 사람들이 하품을 했다는 말은 편지가 선입견에 사로잡힌 정치 계급의 견해를 뒷받침했다는 의미일 것이다. 익명의 편지 작성자는 이것이 곧 큰 불행을 초래할 것이라고 했다. 위대한 현자가 보지 못하는 것을 평민이 본다. 그러나 평민은 의구심을 감히 드러내놓고 말하지 못한다. 프랑스를 의심하는 것은 금기였다. 그래서 마키아벨리는 이 '망상'을 몰래 간직했다. 마키아벨리는 편지 작성자가 누군지 분명히 알고 있었다.

대사관의 압박이 있고 난 뒤 외교관 마키아벨리는 시로 자신의 견해를 나타냈다. 기껏 5년밖에 지나지 않았는데도 마키아벨리는 두 번째 《십년기》를 썼다. 1504년에서 1509년까지 이탈리아와 피렌체공화국의 정치적 운명을 주제로 한 시였다. 대성공을 거둔 첫 시집과 마찬가지로 두 번째 《십년기》도 상투어로 가득했다.

신의 의지에 따라 예정대로
이탈리아에서 일어난
왕국, 통치권, 국가의 변천을
나는 노래한다네![14]

율리오 2세가 미처 날뛴 것도 신의 의지에 따른 것이었다. 이것은 음울하기 그지없는 색조로 묘사된다.

그동안 교황 율리오는
광기를 제어하지 못하고
교회 깃발을 바람에 흩날리게 했다네.

율리오는 타고난 광기에 사로잡혀

첫 번째 독을

교회 땅을 점령한 자들에게 뿌렸다네.[15]


두 번째 독은 피렌체를 위해 마련해두었다. 이 시를 본 사람들은 분명 그렇게 추론했을 것이다. 이탈리아의 다른 유력자들도 두 번째 《십년기》에서 비판의 십자포화를 받는다. 교만한 베네치아인은 아그나델로 전투에서 겸손을 배웠다. 마키아벨리에 따르면 이는 다른 통치자들에게도 바람직한 교훈이었다. 그들은 권력욕에 눈이 멀어 포르투나의 노리개가 된다.


그대 오만한 얼굴의 교만한 자여, 멈추어라.

왕홀과 왕관을 가졌어도

그대는 미래를 알지 못한다네![16]


이 미래를 예언할 수 있는 마키아벨리의 말에 귀를 기울여라.


명민함과 신중함으로

악을 알아채고 벗어날 수 있으면

하늘로부터 큰 권세를 받으리니.[17]


처음에는 기독교적으로 보였으나 이야기가 펼쳐지면서 점점 이교적 색채를 띤다. 하늘에서 여신 포르투나가 다스리지만 절대적이지는 않다. 신중하게 계획한 정치로 포르투나를 막을 수 있다. 미완의 시는 1510년의 상황에 답하지 않는다. 이탈리아 무대에 배우로 온 프랑스 왕은 긍정적 빛을 받으며 등장하는 유일한 정치적 인물이다.

마키아벨리가 피렌체로 돌아온 직후 어쩌면 피렌체의 중재를 통해서라도 교황과 왕 사이의 분쟁이 해결되리라는 모든 희망은 환상이라는 게 분명해졌다. 심지어 피렌체의 중재조차도 환상이었다. 1510년 10월 율리오 2세는 이탈리아에 주둔하고 있는 프랑스군 지휘관을 파문했다. 이 무렵 교황은 북쪽의 교황령을 안전하게 지키고 그곳에서 다른 작전을 병행하기 위해 볼로냐에 체류하고 있었다. 그 직후 교황이 중병에 걸렸다. 점성술사와 의사들은 교황이 곧 사망할 것이라고 했다. 그러나 오판이었다. 의지가 굳센 이 늙은이는 회복하여 미친 듯이 싸움에 뛰어들었다. 율리오 2세가 볼로냐에서 세상을 떠났다면 니콜로 마키아벨리의 명저는 십중팔구 빛을 보지 못했을 것이다.

분쟁은 갈수록 격화했다. 루이 12세가 자신의 군대를 볼로냐로 행군하게 하자 교황은 유럽의 기독교도 군주에게 보낸 편지에서 루이 12세를 그리스도와 교회의 적이라고 낙인찍었다. 교황은 채 회복이 되기도 전에 프랑스 편에 서 있는 알폰소 공작의 페라라 부근 미란돌라 성채를 몸소 정벌하고자 준비했다. 놀랍게도 1511년 1월 초 교황은 군의 선두에서 눈과 얼음을 헤치며 북쪽으로 나아가 흉갑 차림으로 모닥불 옆에 유숙했고 정복지의 갈라진 성벽 틈으로 맨 먼저 기어올랐다. 대포도 교황의 유일한 무기가 아니었다. 2월에 들어서자마자 율리오 2세는 새 추기경 여덟 명을 한꺼번에 임명했다. 이들은 얼마 전 프랑스 왕 편에 선 추기경 다섯 명을 정치적으로 대체했다. 그러나 페라라 원정은 실패했다. 교황은 물러날 수밖에 없었고 프랑스군은 진격했다. 1511년 5월 23일 프랑스군은 볼로냐를 점령했다. 조반니 벤티볼리오는 돌아가서 5년 전에 미켈란젤로가 승리의 표시로 주조한 교황 청동상을 녹이게 했다. 그 직후 볼로냐 사람들은 1511년 9월 1일 피사에서 공의회를 소집한다는 글을 공공 게시판에서 읽을 수 있었다.

루이 12세는 비장의 카드를 꺼냈다. 피사에서 열리는 공의회를 지원하라는 왕의 지시로 추기경 아홉 명이 유럽의 군주들을 초대하고 고위 성직자들에게 피사 방문을 요구했다. 그러면서 그들은 복종 의무와 설명 의무가 있는 공의회를 교황이 정기적으로 소집할 의무가 있다고 한 콘스탄츠 공의회(1414~1418)를 들먹였다. 그러나 비오 2세(1458~1464)가 이 권력관계를 다시 뒤집어 교회에 대한 교황의 절대적 우위를 선언한 바 있었다. 그런데도 콘스탄츠에서 교황 세 명이 물러나야 했고 공의회가 교회의 새 수장을 선출했던 기억은 바래지 않았다. 프랑스 왕의 수는 능란했다. 지도급 인문학자와 교회 내의 다양한 개혁 운동이 온갖 비난을 받아온 성직자들과 목회를 시정하기 위한 개혁 공의회를 오래전부터 요구해왔으므로 루이 12세는 유럽인들의 지지를 기대할 수 있었다. 그러나 통찰력 있는 관찰자라면 교회 개혁을 구실로 한 정치적 책략이라는 것을 쉽게 간파할 수 있었다.

결국 율리오 2세는 궁지에 몰렸다. 내부자들이 아는 바와 같이 그의 선택은 뇌물에 따른 것이었다. 즉 공격당할 소지가 충분했다. 게다가 미란돌라 원정으로 교황은 명성에 상당한 손상을 입었다. 피로 물든 흉갑을 걸친 그리스도의 대리자는 프랑스 측에서 보면 절호의 선전 모티프였다. 볼로냐는 빼앗기고 교회는 분열했으며 율리오 2세는 다시 중병을 앓았다. 여름에 마키아벨리가 교황이 굴복할 수 있다고 한 예상이 입증된 듯했다. 그러나 마키아벨리는 교황의 우위는 변함없다고 썼다. 신앙심이 깊은 유럽인들이 교황의 우위를 하느님에게서 도출해냈기 때문이다. 마키아벨리는 또한 명예가 위험에 직면해도 결코 단념하지 않는 율리오 2세를 신들린 사람이라고 했다. 이 판단은 최악의 곤경에 처했을 때 사실로 드러났다.

교황은 가망이 없어 보이는 상황에서 적절한 반전의 기회를 찾아냈다. 공의회를 소집한 것이다. 그것도 로마의 라테란 대성당에서 말이다. 이로써 교황은 친프랑스적 추기경들이 회의를 시작하기 전에 저지할 수 있었다. 이제 전 유럽의 성직자들은 어느 공의회가 합법적인지 결정해야 했다. 모두가 심사숙고 끝에 피사 공의회에 반대하고 라테란 공의회에 찬성했다. 율리오 2세는 전통의 힘과 교회법의 권위를 자신에게 유리하게 내세울 수 있었다. 프랑스 왕 편을 든 추기경과 고위 성직자들은 강력한 제재에 직면했다. 역사적 기록도 교황의 공의회에 한 표를 던졌다. 로마로부터의 분리는 지난 2세기 동안 쓸데없는 것임이 입증되었다. 교회를 이탈한 자들이 저주를 받은 것처럼 교회를 분열시키는 '변절자'는 모두 이단자로 박해받거나 고립된 종파의 신도가 되었고 운이 좋으면 회개하는 죄인으로서 유일하게 구원을 주는 교황의 품으로 되돌아갔다.

이 모든 것은 '피사'의 추기경들에게도 피렌체에도 좋은 징조가 아니었다. 프랑스의 공의회가 하필이면 15년간의 전투 후에 프랑스의 결정적 도움 없이 얼마 전에 되찾은 도시에서 개최되는 데 공화국이 어떻게 동의할 수 있었겠는가? 아르노강 가의 귀족들이 콜레라에 걸린 바티칸의 늙은이를 정무위원회가 머리끝까지 화나게 했다는 사실을 알면 어떻겠는가?

블루아에서 마키아벨리는 신속하고도 분명한 결정을 하도록 피렌체에 촉구했다. 곧 결정은 났다. 그것도 마키아벨리가 긴급히 촉구한 대로 말이다. '프랑스'를 말하는 자는 '피사' 문제도 말해야 했다. 루이 12세는 로마에 있는 적의 가슴에 비수를 꽂기 위해 피사에서 공의회를 개최하려고 했다. 피렌체는 싫은 내색을 해서는 안 되었다. 왕을 기분 나쁘게 하는 일이었다.

이 장기판에서 니콜로 마키아벨리는 다시 졸卒이 되었다. 프랑스 왕이 전략을 결정했고 공화국 서기는 앞으로 나아가야 했다. 1511년 5월 마키아벨리는 바위에 우뚝 솟은 성채 모나코에 있었다. 이곳은 동명同名의 제노바 귀족 가문의 하나인 루치아노 그리말디가 '도시의 통치자'로서 해적의 근거지를 다스리고 있는 곳이었다. 이 바다의 약탈 기사가 프랑스에 싸움을 건 일은 대사인 제2서기국 서기장에게 좋은 것이었다. 마키아벨리는 딱 한 번 이 외람된 대사라는 칭호로 치장할 수 있었다. 마키아벨리는 이 해적에게 토스카나 항구의 자유로운 사용을 보장해주는 협정을 체결해야 했다. 그러나 10인 위원회가 숙고 끝에 마지막 순간에 생각을 바꾸었다. 그런 동맹은 기독교도의 항해 규정에 어긋나 공화국의 명예를 손상할 것이라고 했다. 마키아벨리에게 긴급 전령이 왔고 애초의 훈령은 철회되었다. '대사'의 모나코 출장은 힘들고도 고통스러웠다. 마키아벨리는 명령대로 '통상조약' 없이 피렌체로 돌아왔다.

## 외교관의 시

외교관으로서의 부담에도 불구하고 제2서기국 서기장이 시인으로 활동할 때가 또 왔다. 마키아벨리는 187행의 교훈시 《야망dell'Ambizione》을 베로나에서 온 외설적 편지를 받은 루이지 귀차르디니에게 헌정했다. 이 시는 제목부터 의미심장했다. 정치적으로도 지적으로도 크게 활약한 형제 루이지 귀차르디니와 프란체스코 귀차르디니는 야망으로 유명하기도 했고 악명이 높기도 했다. 프란체스코 귀차르디니는 야망을 주제로 논문을 쓰기도 했다. 이 논문에서 그는 정치 경기 규칙을 준수하는 영리한 엘리트의 야망을 공화국의 영약靈藥으로 치켜세웠다. 그러나 프란체스코 귀차르디니는 대중의 야망은 해를 끼치지 않는 만족으로 바뀌어야 한다고 말했다. 이것이 재능이 출중하고 야심만만한 귀족의 견해였다.

귀족이 아닌 마키아벨리는 야망에 대해 견해를 달리했다. 마키아벨리의 시는 만족할 수 없는 인간 욕망의 자기 동력을 고려하라고 요구한다.

> 하느님이 별, 하늘, 빛, 자연을 창조하자마자
> 보기에 좋은 것들의 주인인 인간을 창조하자마자
> 천사의 교만함을 길들이자마자
> 아담은 천국에서 벌써 반란을 꾀했다네.
> 아내와 함께
> 사과를 따 먹으려고.[18]

엄격한 기독교 신학자들조차 이 도입부에 동의했다. 그들은 여기서 원죄가 언급되리라 기대했을 것이다. 다시 말해 아담과 하와는 하느님의 명령을 어겼고 이제 그들의 모든 후손과 마찬가지로 구원받기 위해 분에 넘치게 그리스도의 은총을 기대해야 했다. 그러나 마키아벨리의 시는 원죄에서 다른 곳으로 나아갔다.

> 카인과 아벨이 태어나
> 아담과 함께 일하면서
> 초라한 오두막에서 행복하고 만족하며 살고 있을 때
> 하늘에서 살고 별들 사이에서 놀면서
> 사람들을 불쌍히 여기는

신비한 힘이

푸리아 둘을 이 세상에 보내 살게 했다네.

푸리아는 인간에게서 평화를 빼앗고 전쟁을 일으키고

평온과 선을 모두 빼앗아갔다네.<sup>19</sup>

낙원에서 추방된 후 악도 이 세상에 왔다. 그러나 원죄에 대한 벌도 하느님의 명령도 분명 아니었다. 마키아벨리는 어떤 '신비한 힘<sup>potenzia occulta</sup>'이 인간과 함께 푸리아라는 괴물을 보냈다고 한다. 타락한 천사는 이미 악마로서 지옥에 있으므로 저승의 악마는 알리바이를 가지고 있다. 그러나 마키아벨리는 이 두 푸리아의 유래보다 그 존재와 인간에게 미치는 영향에 더 관심이 있었다. 마키아벨리는 두 푸리아의 정체를 12행에서 미리 밝힌다. 즉 야망<sup>ambizione</sup>과 탐욕<sup>avarizia</sup>이다. 두 푸리아는 누구나 갖고 싶어하는 아름다운 나부로 이 땅에 출현한다. 마키아벨리는 자신이 무엇을 썼는지 알고 있었다. 욕망과 탐욕은 질투, 나태, 증오, 잔인, 오만, 기만을 동반한다. 이는 7대 죄악, 즉 이른바 대죄를 마키아벨리가 자기식으로 목록화한 것이다. 마키아벨리는 기독교의 공식 7대 죄악 중 탐식<sup>gula</sup>뿐만 아니라 색욕<sup>voluptas</sup>도 단번에 삭제했다. 마키아벨리가 보기에 탐식과 색욕은 파괴적인 정치적 죄악에 비하면 아무것도 아니었다.

마키아벨리는 명성, 권력, 향락 따위를 더 많이 가지려는 야망을 인간의 잠재울 수 없는 욕망으로 보았다. 바로 이 때문에 카인이 동생 아벨을 죽였고 이웃 사랑이 이 세상에서 깡그리 사라졌다. 탐욕은 귀한 것을 차지하려는 부자와 권력자의 전도된 충동이다. 야망과 탐욕은 사람들 머리 위에 걸려 있는 재앙이다. 인간은 자기가 가진 것에 결코 만족하지 않는다. 이 이기적 충동이 모든 사람에게 내재되어 있기에 세상은 '만인의 만인에 대한 투쟁'의 무대가 된다.

그러나 마키아벨리는 더욱 독창적으로 설명한다.

> 그러나 야망이
> 사나운 심장과 무장한 추동력으로 나타나면
> 사람들은 자신의 악을 거의 두려워하지 않는다네.
> 어떤 지역 사람들이 본성대로 분방하게 살다가
> 우연히 좋은 법률의 교화를 받아 통제되면
> 다른 민족에 대한 야망은
> 법률과 지배자 없이 살던 자국민에게 향했던
> 분노를 되돌린다네.[20]

야망은 용기와 올바른 정치 질서와 결합하면 큰 힘을 발휘하지만 소심함과 결합하면 파멸을 초래한다. 이 대비는 그다음 행들에서 피렌체와 그 밖의 이탈리아에 적용된다. 특히 베네치아는 교만과 비겁함이 치명적으로 결합해 있었다. 이 부정적 예로부터 올바른 교훈을 이끌어낸다. 물론 피렌체에 가장 어울리는 교훈이다. 파괴적 야망이 벌써 토스카나의 구릉 너머로 날아가고 있다.

> 그것이 질투로 머릿속이 가득 찬 이 민족들 사이에
> 불화의 불티를 무수히 퍼뜨려
> 은총이나 좋은 질서가 이 불티를 끄지 않는 한
> 나라와 도시들을 불태우리라.[21]

시의 마지막 행은 마지막 순간에 통일과 단결을 요구하고 있다. 인간은

원래 이기적이고 공격적이라는 냉엄한 인식이 시에 깔려 있다. 세상이
나 하늘의 어떤 힘도 그 본질을 바꿀 수 없다. 그러나 기량을 지닌 현명
한 정치가는 이 파괴로 인한 결과를 바꾸어놓을 수 있다. 다시 말해 현
명한 정치가는 공격성을 묶어놓거나 군사적 팽창으로 바꾸어놓는다.
질서가 잡힌 국가는 국내적으로 안정되어 있다. 그 밖의 세계와 전쟁을
벌이기 때문이다. 정복하느냐 정복되느냐가 국가의 법칙이다. 전쟁은
국가의 영약이다. 이것은 마키아벨리가 헛된 외교 협상에서 얻은 깨달
음의 열매였다.


## 운명적 공의회

　프랑스에서 돌아온 후 마키아벨리는 피렌체에 잠시 머물렀다. 피렌
체인들은 피사를 공의회 장소로 사용했다. 루이 12세가 소집했으나 참
석자는 거의 없었다. 프랑스에 대한 정치적 충성에서 꼭 참석해야 했던
고위 성직자들도 참석을 달가워하지 않았다. 이러한 분위기는 회의 시
작 전부터 역력히 드러났다. 피렌체인들은 소집을 취소하고 싶었을 것
이다. 그러나 그렇게 하면 프랑스 왕의 분노를 샀을 것이다. 아무런 공
식 요청도 받지 않은 피사인들은 로마교황청의 공식 언어로 말하자면
기독교도들 앞에서 교회를 분열시키는 나쁜 짓을 꾀하는 비공식 공의
회의 '주인 노릇'을 하는 게 전혀 기쁘지 않았다. 피렌체로서는 이런 상
황이 더할 나위 없이 난감했다. 이런 경우 늘 그랬듯이 난제 해결사 니
콜로 마키아벨리는 여장을 꾸려야 했다. 마키아벨리의 목적지는 또 프
랑스 궁정이었다.
　1511년 9월 10일 10인 위원회가 마키아벨리에게 내린 훈령은 잘못

된 정책을 간접적으로나마 인정받으라는 것이었다. 그동안 루이 12세에 대한 외교적 임무가 으레 그랬듯이 마키아벨리에게 위임된 권한은 단계적이었다. 마키아벨리는 위에서 아래로, 즉 최대한의 요구 사항에서 시작하여 최소한 목표한 바를 잃지 않으며 필요한 만큼만 내려가는 식으로 협상해야 했다. 마키아벨리는 좋지 않은 분위기에서 시작된 공의회를 가능한 한 취소하게끔 왕을 움직여야 했다. 그러나 이는 어디까지나 희망 사항일 뿐이었다. 공의회 취소는 완전히 패배를 인정하는 것과 다름없었기 때문이다. 다음 선택지로 마키아벨리는 가능한 공의회를 다른 곳에서 개최하도록 루이 12세를 설득해야 했다. 이 역시 허황한 희망이었다. 장소를 옮기는 것이 나약함의 표시로 해석될 수도 있어서였다. 피렌체 입장에서 볼 때 세 번째로 안전한 선택지는 공의회를 두세 달 후에 피사에서 개최하게 하는 것이었고, 이에 대한 그럴듯한 이유는 왕이 이미 찾아낼 터였다. 마키아벨리가 고집하는 최소한의 요구 사항은 추기경들이 피사로 가는 도중에 피렌체를 경유하지 않는다는 것이었다. 그러면 정무위원회는 격식을 차려 달갑지 않은 손님들을 맞이해야 하는 곤혹스러운 의무에서 벗어날 수 있을 터였다. 그러나 비공식 공의회 때문에 간섭받게 될 정치적 모험에 비하면 그것은 보잘것없는 위안이었다.

피렌체인들은 아직 모든 것을 포기할 수 없었다. 프랑스가 밀라노와 볼로냐를 차지했다. 게다가 얼마 전에 프랑스 사령관 샤를 당부아즈가 죽었는데도 피렌체인들은 피사의 경험 때문에 애도의 눈물 한 방울 흘리지 않았다. 새 사령관 가스통 드 푸아의 지도력이 탁월하다는 말이 나돌았다. 이제 모든 것은 왕이 피렌체에 어떤 태도를 취하느냐에 달려 있었다. 왕에게 공화국은 교황 율리오 2세와의 싸움에서 신명을 바칠 유익한 동맹이거나 잠재적인 볼모였다. 피렌체인들은 최선을 바랄 뿐이었다.

마키아벨리가 프랑스로 가는 길에 처음 체류한 곳은 파르마와 피아첸차 사이에 있는 소도시 보르고 산 돈니노였다. 이곳에는 교회를 분열시키는 추기경 네 명이 머물고 있었다. 보르고 산 돈니노에서부터 여행은 예견한 대로 헛수고가 될 조짐이 보이기 시작했다. 마키아벨리는 고위 성직자들에게 피사 여행을 중단해달라고 정부를 대신해 요청했다. 이 요청을 들은 추기경들은 판에 박은 말로 대응했다. 피렌체공화국이 피사 공의회로 무엇을 얻을 수 있는지 알고 있다고 했다. 모든 기독교인에게 이익을 가져다줄 신의 뜻에 맞는 행동이라는 것이었다! 공의회는 머뭇거리는 조짐을 보일지라도 곧 성공을 거둘 게 분명하고 피렌체는 마땅한 명성을 얻을 것이다! 따라서 마음을 고쳐먹을지 행사를 중단할지에 대해서는 의문이 있을 수 없다.

현실은 달랐다. 격노한 율리오 2세는 피렌체에 금령을 내렸다. 이로써 사실상 피렌체에서 예배가 중단되었다. 어쨌든 관청은 일부 성직자의 예배와 시의 큰 교회 여섯 곳의 미사는 계속 올릴 수 있게 했다. 그러나 피렌체 상인들의 물품이 징발당하는 일은 막지 못했고 율리오 2세는 이 물품들을 손에 넣을 수 있었다. 로마와의 활발한 거래 관계를 고려할 때 이는 큰 타격이었다. 신자들의 불안도 컸다. 베드로의 후계자인 율리오 2세가 들여보내기를 거부하는데 천국에 갈 수 있을까?

그사이 마키아벨리는 블루아에 도착했다. 마키아벨리는 블루아에 주재하는 피렌체 대사 로베르토 아차이우올리와 함께 루이 12세에게 항의했다. 루이 12세는 프랑스가 강군으로 동맹을 보호할 테니 피렌체는 걱정하지 않아도 된다고 여느 때처럼 확약했다! 마키아벨리는 교황을 더는 자극하지 않기 위해 피렌체에 프랑스군은 필요 없다는 뜻을 루이 12세에게 슬쩍 내비칠 수밖에 없었다. 이 모욕을 누그러뜨리기 위해 두 대사는 임명권자의 호의를 다시 제안해야 했다. 피렌체는 프랑스 왕과 율리오 2세 사이를 중재할 준비가 언제나 되어 있다고 했다. 그러면 반목뿐만 아니라 공의회 문제도 해결할 수 있다고 했다. 그러나 금령이 내려진 도시가 파문당한 군주를 교황과 화해하게 한다는 것은 현실성이 없었다. 게다가 루이 12세는 이런 타협에는 전혀 관심이 없다고 했다.

> 그러나 왕은 우리가 공의회를 철회하면 교황은 결코 평화의 길로 나아가지 않을 것이라고 대답했습니다. 이에 우리는 그 같은 결론은 있을 수 없다고 대답했습니다. 공의회는 모든 징조가 보여주는 바와 같이 전쟁을 초래할 것이라고 했습니다. 교황은 피사 공의회를 믿고 협정을 권하기는커녕 전쟁 준비에 매달릴 것이기 때문입니다. 공의회 장소를 옮기는 문제에 왕은 단호하게 불가능하다고 대답하고는 어떻게 옮길 수 있는지 모른다고 덧붙였습니다.[22]

왕은 거절 이유를 둘러댈 의무가 없었다. 그는 피사를 선택하고 공표했다. 명예를 실추하지 않고는 이를 철회할 수 없었다. 공의회를 두세 달 연기하자고 할 수는 있을 것이다. 그러나 이 점에 대해서도 루이 12세는 입장을 분명히 밝히려고 하지 않았다. 이 문제는 자신의 이름으로 공의회를 소집한 적이 있는 막시밀리안 황제 및 관련 추기경과 미리 논의해야 했다. 왕은 더는 말이 통하지 않았다. 이로써 마키아벨리의 임무는 시작되기가 무섭게 끝나버렸다. 그러나 으레 그렇듯이 구체적 결과는 여행의 한 가지 목적일 뿐이었다. 더 나아가 이번에도 공화국의 대사는 중요한 질문에 대답할 수 있는 정보를 알아야 했다. 앞으로 루이 12세는 어떻게 나올 것인가? 반목이 더욱 고조되면 피렌체는 루이 12세에게서 무엇을 기대할 수 있는가? 가장 중요한 질문은 다음과 같았다. 위기가 고조되면 피렌체는 어떻게 해야 하는가?

루이 12세와 그 대신大臣들과 나눈 실망스러운 대화에 대한 보고서는 대부분 아차이우올리가 서명했으나 작성은 마키아벨리가 했다. 두 대사는 이견 없이 공통된 관점만 언급했다. 1511년 10월 2일자 보고서는 다음과 같다.

> 저는 왕의 태도가 확연히 평화로 기울어지고 있다는 것을 강조하는 바입니다. 왕이 이 세상에서 학수고대하는 것은 바로 이 평화입니다. 그에게는 공의회를 포함한 이 세상의 그 어떤 것보다 평화가 더 중요합니다. (…) 그러나 교황이 합리적인 평화 조건을 받아들이려고 하지 않고 자기 측 조건만 고집한다는 것을 알기에 왕은 공의회에 매달립니다. 왕에 대한 두려움에 의해서만 교황이 평화의 길로 움직일 수 있기 때문입니다.[23]

왕의 의견에서 두 대사가 받은 인상은 의심의 여지 없이 같았다. 따라서 결론은 1년 전과 같은 것이었다. 눈을 감고 나아가라는 것이다! 그 사이 피렌체를 향한 율리오 2세의 압박은 점점 더 커졌다. 격노한 늙은이가 전쟁도 불사한다고 생각하자마자 공화국은 전쟁을 고려하지 않을 수 없었다. 동맹국 스페인이 문제였다. 그러나 이 점에 대해서도 루이 12세는 피렌체 대사들을 만족시킬 대답을 준비하고 있었다. 왕은 아라곤의 페르난도 왕이 참견하지 않으리라고 확신하고 있었다. 그러나 예상과 달리 페르난도 왕이 어리석게도 이 괴팍한 교황 편을 든다면 프랑스군의 위력을 보여줄 것이라고 했다.

이 고무적인 예상은 피렌체의 상황 판단과는 판이했다. 피렌체에서는 마키아벨리의 임명권자들이 정반대 상황, 즉 스페인 원정군이 남쪽에서 배로 피옴비노에 상륙하여 곧장 피렌체로 진격해올까 봐 전전긍

긍했다. 대사에게 내려진 공화국의 훈령이 이번만큼 난감하게 여겨진 적은 없었다.

> 우리는 교황이 앞으로 어떤 태도를 취할지에 대한 정보를 아직 받지 못했습니다. 그렇지만 교황의 성격과 지금까지의 행동 그리고 그가 늘 품고 있는 의도로 미루어 피렌체와 그 재산을 법의 보호 밖에 두리라는 것을 쉽게 짐작할 수 있습니다. 게다가 교황은 새로운 전쟁 계획과 공격을 끊임없이 궁리하고 있어서 우리 피렌체는 지금 적지 않은 피해를 보고 있습니다. 교황의 명령으로 귀중품이 죄다 레카나티 박람회에 징발되어 내내 격심한 분쟁이 이어지고 있습니다. 온갖 피해에도 불구하고 우리는 공의회 조정을 위해 폐하에게 약속한 바를 확고히 견지합니다. 뜻밖의 특별한 이유로 사태가 생각대로 되지 않아 그렇게 하도록 강요받지 않는 한 우리는 결심을 바꾸지 않을 것입니다.[24]

처음에는 온갖 불평을 하다가 이어서 방어적 태도를 보이고 마지막에는 뒷문을 연다. 완고한 정치가 달리 보였다! 정무위원회의 태도는 상을 찌푸리는 아이를 닮아갔다.

> 즉 추기경들이 기병이나 보병과 함께 오면 우리는 이들을 영접하지 않기로 했다는 방침을 귀하는 왕이나 다른 사람들에게 이해시켜야 합니다. 추기경들은 우리 도시가 폐쇄나 다름없는 상황인 것을 알고 스스로 오지 않으려 할 것입니다.[25]

공의회는 개최하되 참가자들은 보이지 말아야 한다. 이는 한마디로 머리를 모래에 처박고 폭풍이 지나가기를 바라는 것이었다.

'동맹' 간에는 말할 것이 더 없었다. 1511년 10월 4일 마키아벨리는 바라던 대로 소환되었다. 시급히 귀국해야 할 때였다. 이 무렵 치명적 병에서 회복한 율리오 2세는 황제가 오래 망설인 끝에 피사의 공의회를 축복했음에도 고위 성직자 몇 명만 참석한 것을 보고 기뻐했다. 루이 12세가 직접 강요하지 않은 자들은 격노한 교황에게 파문당하지 않으려고 핑계를 댔다. 반면 참석을 주도한 추기경 네 명은 큰 타격을 받았다. 그들은 파문당하고 파면되었다. 율리오 2세는 더는 자제하지 않았다. 교황은 며칠 전 아라곤의 페르난도 왕과 고대하던 동맹을 마침내 체결했다. 로마에 보상할 게 많았던 베네치아공화국도 동맹에 가담했다.

비공식 공의회 개최는 스페인군과 함께 교황에게 호재로 작용했다. 루이 12세에 따르면 전 기독교도의 구원을 보증해야 할 이 공의회가 결사대 노릇을 했다. 피렌체공화국은 운명적 행사를 치를 수밖에 없었으므로 왕의 대리인을 막무가내로 쫓아낼 수 없었고 방어도 생각해야 했다. 공화국은 자국의 명예와 루이 12세의 명성을 지키려고 싫은 기색을 나타내지 않고 애쓰는 티를 냄으로써 마지못해 함께한다는 것을 교황에게 보여줘야 했다.

이 미묘하고도 모순되는 작전의 지휘자로 적합한 인물은 니콜로 마키아벨리가 유일했다. 1511년 11월 2일 교회를 분열시키는 공의회를 준비하고 접대하는 책임자로 마키아벨리가 임명되었다. 완전히 새로운 임무가 다재다능한 제2서기국 서기장에게 부여된 셈이었다. '공의회 참석자'라는 신분에 걸맞은 적절한 숙소와 접대 준비는 아직 되어 있지 않았다. 피사 사람들은 회의가 열릴 교회 문을 걸어 닫고 열쇠를 감추었다. 성배와 성체현시대, 제단용 포도주의 품귀 현상이 발생했다. 숙소 예약은 모두 거절되거나 저승길에는 노자가 두둑해야 한다는 명분으로 터무니없이 비싼 숙박비를 받았다! 도착한 몇몇 손님이 분개한 이유는 이뿐이 아니었다. 고위 성직자는 이런 행사 때 정중히 영접을 받고 비싼 선물을 챙기는 데 익숙했다. 그러나 피사에서는 컴컴한 창문으로 돌이 날아들었다. 피렌체는 반항적인 도시를 통제할 수 없을까 봐 두려워했다.

그래서 마키아벨리는 혼자 피사에 가지 않고 자신의 민병대 보병 300명과 함께 갔다. 피사 사람들에게는 마키아벨리가 점령자로 보였다. 마키아벨리는 점령자이자 공의회 의전실장으로서 첫 번째 비상조치를 취했다. 프랑스군 사령관 로트렉과 추기경들에게 뒤늦게나마 명예로운 선물을 주었다. 불안해하는 도시 주민들도 공화국 서기의 설득으로 웬만큼 진정되었다. 그러나 달갑지 않은 손님들이 오래 머무르자 상황은 더욱 험악해졌다. 11월 9일 '프랑스인'에 대한 공격이 피렌체로 보고되었다. 혼란을 막는 것은 거의 불가능했다.

질서유지 책임자인 마키아벨리가 이 '동요'를 의도적으로 부추겼다. 사흘 전 마키아벨리는 교회를 분열시키는 산타크로체의 추기경과 면담에 대해 10인 위원회에 다음과 같이 보고했다.

저는 추기경들과 피사와 결부된 어려움을 토로했습니다. 그들이 오래 머물수록 더 많은 사람이 몰려와 성하께 자신들의 정무위원회를 용서해달라고 간청할 것이므로 어려움이 더 가중될 것이라고 했습니다. 이에 대해 추기경은 어느 것 하나 넉넉하지는 않지만 이 어려움을 견딜 수 있다고 대답했습니다. 추기경들은 불평하려고도 하지 않았습니다. 그들은 이곳 궁전이 밀라노와 비교도 안 되고 생활도 프랑스처럼 편하지 않다는 것을 잘 알고 있었습니다. 그러나 그들 자신이나 귀하를 위해 장소를 변경하는 게 바람직하다면 그렇게 할 수 있을 것 같습니다.[26]

228

분명 신은 이때 프랑스에, 아니 적어도 프랑스의 지배를 받는 도시 밀라노에 머물렀다. 우리는 가톨릭교회의 호사가들 표정을 생생히 그려 볼 수 있다. 달콤한 프랑스여! 이와 달리 11월의 피사는 잿빛 바닷가에 면해 있는 음울한 도시였다. 마키아벨리가 달갑지 않은 손님들의 체류를 견디기 힘들지는 않더라도 더욱 음울하게 만들기 위해 안간힘을 썼다고 전해진다. 고위 성직자들도 이를 느꼈을지도 모른다. 마키아벨리가 산타크로체의 추기경과 나눈 대화에는 흥미진진한 대목이 있었다.

> 저는 정무위원회와 저 자신의 이름으로 장소 변경이 현명한 일이라고 추기경에게 말했습니다. 그러면 우선 추기경들은 숙소 부족으로 인한 불안에서 벗어날 수 있고, 다음으로 공의회 장소에서 멀어짐으로써 교황이 화를 누그러뜨리고 무력 등으로 반대할 가능성이 작아질 것이라고 했습니다. 셋째로 왕이나 황제가 피렌체 정부보다 백성들을 잘 통제하므로 공의회 개최지를 토스카나에서보다 더 복종적인 사람들이 있는 프랑스나 독일로 옮기면 좋을 것이라고 했습니다.[27]

하나같이 멋대로 둘러대거나 꾸며낸 그럴듯한 이유였다. 피사에 온 몇몇 고위 성직자에게 피사의 궁전은 언제나 넉넉했다. 이 궁전은 그들만이 이용했다. 공의회 장소를 바꾸면 교황이 누그러지리라는 기대는 피렌체에만 통했고 추기경들에게는 통하지 않았다. 세 번째 이유는 그야말로 노골적인 암시였다. 고위 성직자의 체류를 훨씬 더 불쾌한 것으로 만들 수 있다는 뜻이었다. 그러나 추기경도 정직하지 못했다. 그의 상대자가 꿰뚫어 보고 있듯이 이 추기경에게는 비공식 공의회 개최지를 변경할 권한이 없었기 때문이다.

얼마 후 마키아벨리는 군사적 임무를 맡았다. 마키아벨리는 피렌체에 예속된 지역과 로마냐 피렌체령에서 공화국 병사를 모집해야 했다. 그러고는 수비대와 함께 피사의 내성을 지켜야 했다. 피렌체공화국은 교황과 한바탕 전쟁을 치를 준비를 했다. 그러나 피렌체 시민이 모두 이 준비에 동의하지는 않았다. 율리오 2세에 대해 어떤 태도를 취하느냐 하는 문제를 두고 시민들은 그 어느 때보다 더 분열했다. 어쨌든 피렌체가 '교회를 분열시키는' 왕과 동맹을 철회했을 때 율리오 2세는 환영 신호를 보냈다. 1511년 11월 율리오 2세는 피렌체에 금령을 일시 철회했다. 이와 동시에 피사 '공의회'에 이의를 제기하고 그곳의 의견 불일치를 유감으로 여긴 고위 성직자 24명은 집회 장소를 밀라노로 옮겼다. 이로써 교황이 분노할 가장 큰 이유가 없어져 교황과 화해가 머지않아 실현될 듯 보였다.

조반니 데 메디치 추기경의 커져가는 영향력도 율리오 2세와의 협정에 긍정적으로 작용했다. 메디치 추기경은 현재 피렌체의 정치적 반목에 대한 매력적인 대안으로서 절묘하게 부상했다. 분쟁 초부터 교황의 파문에도 로마에 있는 메디치의 호화 저택은 성직록을 계속 받으려는 피렌체 성직자나 구속받지 않고 사업을 하려는 피렌체 사람들의 거점이 되었다. 어쨌든 완고한 아르노강 가의 지도자들에게 잘못된 정책으로 무엇을 잃게 되는지 보여주려고 한 율리오 2세의 적극적인 도움으로 메디치 추기경의 중재는 진짜 기적 같은 결과를 낳았다. 조반니 데 메디치는 볼로냐와 로마냐의 교황 특사에 임명되었다. 이는 교황이 얼마나 그를 총애하는지를 여실히 보여주었다. 이 두 도시는 프랑스의 지배를 받고 있어 무력으로 탈환해야 할 곳이었다.

## 백척간두

조반니 데 메디치가 피렌체의 지도층 가문에서 점점 인기를 얻음에 따라 피에로 소데리니는 프랑스와의 동맹을 고수할 수 없었지만 대평의회의 최종 표결에서 다수의 지지를 얻었다. 1511년 12월 말 정무위원회는 대립을 막기 위해 로마에 의사를 타진했다. 대사 안토니오 스트로치는 어떤 조건으로 교황과 화해할 수 있는지 알아내야 했다. 아울러 공화국이 굴욕적 의식 없이 이 화해 절차를 실행하면 다시 교회 품으로 들어갈 수 있게 하라는 훈령을 받았다. 공화국은 체면을 완전히 구기지 않는 한도 내에서 사과할 준비까지 되어 있었다. 동시에 정무위원회는 이 불행한 분쟁을 초래한 사건에 대한 입장을 덧붙였다. 우리는 본의 아니게 이 대결에 말려들었다는 것이 그 요지였다. 프랑스와 황제는 우리가 복종해야 한다고 결정했다. 더 나아가 스트로치는 교황의 상처에 꽂힌 칼을 마구 흔들었다. 결국 교황은 볼로냐 정복전에서 패했다. 그 결과 프랑스군이 피렌체 코앞까지 닥쳤고 공화국은 루이 12세의 뜻에 따르지 않을 수 없었다.

우리는 작은 도시라 우리 마음대로 하지 못한다. 우리에게는 잘못이 없다. 이 쓰디쓴 잔을 다 비우기도 전에 율리오 2세 앞에서 굽실거리는 것은 현명하지 못한 처사였다. 스트로치는 교황과 평화조약을 조율했다. 이 조약에는 전쟁 자금 조달을 위해 성직자에게 부과한 조세를 폐지한다는 부수적인 사항까지 포함되어 있었다. 그러나 대평의회 대부분은 그럴 준비가 되어 있지 않았다. 왜 항상 평민만 부담하고 부유한 고위 성직자는 부담하지 않으려 하는가? 그래서 임박한 분쟁을 완화할 기회마저도 사라졌다.

그 직후 강경 노선 지지자들은 1512년 2월 프랑스군이 베네치아의 도시 브레시아를 점령하는 것을 목도했다. 그 직전에 피렌체는 28세의 귀족 프란체스코 귀차르디니를 대사로 스페인에 보냈다. 귀차르디니는 교황이 피렌체를 공격하는 것이 스페인의 이익에 부합하지 않고 미쳐 날뛰는 그의 복수욕만 충족시킬 뿐이라고 하면서 아라곤의 페르난도 왕을 설득했다.

프랑스군의 성공에도 피렌체는 루이 12세의 뜻에 따르기를 거부하고 교황과 스페인에 선전 포고하기를 거부했다. 그래서 공화국 군대는 1512년 4월 11일 프랑스군이 스페인군, 베네치아군, 교황군을 라벤나에서 무찔렀을 때 전장에 발을 들여놓지 않았다. 프랑스와의 동맹을 지지한 사람들은 승리를 확인하고 대평의회에서 여느 때보다 더 의기양양하게 자신의 주장을 펼쳤다. 프랑스군에 사로잡힌 포로 중에는 교황의 특사인 조반니 데 메디치 추기경도 있었다. 이로써 피렌체 내의 위험천만한 반대파의 우두머리는 아무것도 할 수 없었다. 물론 개최지를 밀라노로 옮긴 비공식 공의회도 활기를 띠었다. 전투가 끝나고 열흘 후 율리오 2세는 교회 공무와 세속 공무에서 손을 뗐다. 롬바르디아에 남아 있던 몇몇 고위 성직자는 공식 파면을 면할 수 있었다. 마지막 뒷문은 활짝 열려 있었다.

그러나 낙관적 상태는 오래가지 않았다. '라벤나'는 곧 피루스의 승리(많은 희생을 치른 유명무실한 승리 - 옮긴이)와 동의어가 되었다. 양측에서 수천 명의 전사자가 나왔고 이 손실로 패배한 쪽보다 프랑스군의 상황이 더 나빠졌다. 전사자 중에는 카리스마 넘치는 젊은 사령관 가스통 드 푸아도 있었다. 프랑스군 새 지휘부는 사이가 틀어졌고 왕의 분명한 지시도 없었으며 보급품은 바닥이 났다. 이런 상황에서 스위스군이 교황을 지원하기 위해 진군 중이라는 소문이 퍼져나갔다. 그러자 당대의 포병대 전문가인 페라라의 공작은 전투를 결정짓는 대포를 철수시켰다.

조반니 데 메디치는 그 유명한 운을 누렸다. 감시인의 방심을 틈타 로마로 달아났다.

1512년 5월 2일 율리오 2세는 로마에서 '피사' 공의회에 대적하여 제5차 라테란 공의회를 개최했다. 라테란 공의회는 피사 공의회와 비교할 수 없을 정도로 정치적 성공을 거두었다. 마키아벨리는 프랑스 궁정에서 보낸 더할 나위 없이 현명한 보고서에서 교황이 언제든지 의존할 수 있는 전통의 힘에 대해 경고했다. 공의회 개최 때 이 힘이 얼마나 큰지 여실히 드러났다. 추기경 16명, 주교 70명, 대주교 12명, 수도회 장상 세 명과 스페인, 베네치아, 피렌체의 대사들이 참석했다! 무력한 기회주의적 행동을 보여주는 참석이었다. 공화국은 여전히 프랑스 편에 서 있었지만 전투에 참가하기를 단호히 거부하는 동시에 유일한 보호자의 불구대천지원수에게 접근했다. 이보다 더 앞뒤가 맞지 않는 정책은 생각하기 어려웠다. 이로써 율리오 2세가 결코 분노를 누그러뜨리지 않은 것처럼 프랑스 왕도 결코 기뻐하지 않았다. 이 어정쩡한 이중적 태도는 피렌체 내부의 권력관계와 대평의회의 지배적 성향을 드러낸 것이었다. 프랑스와 동맹을 유지하면 위험하고 교황, 스페인과 동맹을 맺으면 유리하다는 사실이 점점 더 분명해져도 대평의회의 다수는 프랑스 측에 서려 했다.

내부 갈등이 갈수록 심해지는 중에 마키아벨리는 쉴 틈도 없이 다시 군사적 임무를 띠고 피렌체의 예속 지역으로 보내졌다. 그곳에서 마키아벨리는 모병을 하고 성채를 순시했다. 1512년 봄 공화국은 경보가 발령된 상태였다. 로마와 주변 지역으로부터 걱정스러운 보고가 들어왔다. 메디치가와 가장 가까운 동맹인 오르시니가가 총동원되어 피렌체를 습격하려 했다. 마키아벨리는 빈틈없이 살피면서 부대의 움직임을 10인 위원회에 즉시 보고했다. 볼로냐를 탈환하기 위해 피렌체 지역을 통과하여 진군하려고 한다는 율리오 2세의 통고가 더욱 걱정스러웠다. 이 부대는 공화국에 대해 비우호적 행동을 전혀 계획하고 있지 않았다. 교황은 이 부대의 진군을 걱정하지 않아도 된다고 통지하게 했다.

그러나 피렌체 지도층은 이 통지에 경악했다. 그사이에 북이탈리아 상황이 바뀌었기 때문이다. 교황의 자금과 마테우스 쉬너 추기경의 달변은 그야말로 기적을 일으켰다. 5월 말에는 1만 8000명이 넘는 스위스 용병이 베로나에서 전투를 준비했다. 같은 시기에 막시밀리안 황제가 루이 12세의 군대에서 독일 란치군을 소환하는 바람에 루이 12세의 군대는 발판을 잃어버렸다. 1511년 6월 13일 율리오 2세의 조카 우르비노 공작이 이끄는 교황군이 볼로냐를 탈환했다. 다음 날 스위스군은 파비아 코앞에 있었고, 파비아는 곧 항복했다. 6월 20일 스위스군은 의기양양하게 밀라노에 입성했고 명성이 자자했던 프랑스군의 잔병은 알프스로 달아났다.

6월 말 로마에서는 감사하는 축제가 잇달아 열렸다. 율리오 2세에 따르면 하느님이 몸소 교회의 적을 응징하고 몰아냈다. 이러한 승리에도 교황은 복수를 잊지 않았다. 끝까지 프랑스 편에 선 페라라의 알폰소 공작에 대해서는 배신을 이유로, 다시 말해서 로마의 군주에 대한 불충을 이유로 재판이 개시되었다. 이 경우 판결은 파면뿐이었다.

피렌체의 경우 벽 위로 불꽃 신호가 올라왔다. 그러나 그 후 몇 주 동안 더 위험해졌음에도 책임자들은 단호한 행동을 취할 수 없었다. 1512년 7월 11일 공화국을 반프랑스 동맹에 가입하도록 설득하기 위해 스페인 대사가 피렌체에 왔다. 이 제의로 상황은 더욱 난감해졌다. 국가 원수인 피에로 소데리니는 무엇보다도 개인적 이유에서 프랑스와의 동맹을 계속 찬성했다. 얼마 전 율리오 2세는 소데리니를 파면할 것을 요구했다. 국면이 전환되면 최고 행정관은 첫 번째 정치적 희생양이 될 게 분명했다. 게다가 프랑스와 거래 관계에 있는 막강한 영향력을 지닌 대상인과 은행가들이 루이 12세의 보복 조치를 두려워했다. 그러나 신뢰할 수 없는 군주에게 의무를 지지 않고 있고 왕의 비호와 무관한 사람들조차 교황과 스페인 편으로 넘어가기를 망설였다. 이 경우 1494년에 추방된 메디치가를 어떻게 할 것이냐는 문제가 생겼다. 율리오 2세가 총애하는 추기경 조반니 데 메디치를 위해 유리한 조건으로 합의할 것이 기대되었다. 단, 조건이 따랐다. 이제 이 고위 성직자와 그의 수하들은 '사인私人'으로 돌아갈 수밖에 없었다. 그러나 1434년에 경험한 바와 같이 그들은 이 역할을 오래 맡으려고 하지 않을 것이다. 메디치가는 추종자가 많았을뿐더러 사람들에게 남긴 기억도 있었다. 피렌체의 상층과 중간층은 과거, 특히 위대한 로렌초 시절을 어느새 황금빛으로 윤색하며 암울하고 긴박한 현 상황에서 메디치가 지배하의 좋았던 옛날을 되돌아보았다.

1512년 7월 30일 대평의회는 장시간의 격론 끝에 그들의 보호하에 저변이 넓은 정체를 확립하도록 2만 5000~3만 두카토를 동맹들에 제공하기로 했다. 이로써 공화국은 동맹에 대한 의무에서 한꺼번에 벗어났다. 이는 마키아벨리가 10년 전 체사레 보르자에 의한 위협에 직면하여 취했던 상인식 정치였다. 분명한 결정이 요구되는 상황에서 돈은 해결책이 될 수 없었다. 적들을 자기편으로 끌어들이지도 못한 채 이루어진 이 의심스러운 타협으로 피렌체는 루이 12세에게 타격을 가했다.


## 항복

이때 마키아벨리는 공화국 위원회 비서관으로서 전쟁을 위한 모병으로 바빴고 임명권자는 스페인과 교황에게 제안해 전쟁을 저지하려 했다. 이 와중에 마키아벨리는 공화국이 협의 때 보여준 인색함 때문에 괴로워했다. 1512년 7월 31일 10인 위원회는 모병을 하되 되도록 적게 모집하라고 훈령을 내렸다.

> 귀하는 불필요한 지출이 얼마나 많은지 잘 알고 있습니다. 우리는 지출이 적으면 그만큼 득이고 귀하는 되도록 적게 지출해야 한다는 점을 상기시켜 드립니다.[28]

마키아벨리가 이 훈령을 어떻게 생각했는지 알 수는 없지만 익히 짐작할 수 있다. 위험한 순간에도 이 공화국은 더욱 분발하려고 하지 않는다. 공화국은 위험을 과소평가했을까, 아니면 스스로에 대한 믿음을 잃어버렸을까?

1512년 8월 22일 마키아벨리는 일촉즉발의 피렌체로 급히 돌아오라는 명령을 받았다. 승리를 거둔 스페인과 베네치아, 로마는 향후 대책을 협의하기 위해 8월 초 만토바에서 만났다. 예상대로 합의를 본 것은 별로 없었다. 동맹은 재빨리 체결되었다가 그보다 더 빨리 해체되었다. 그러나 한 가지 점에서는 다들 의견이 같았다. 피렌체는 응당 벌을 받아야 한다는 것이었다! 이 공화정 정부하고는 건설적 정책을 펼 수 없었다. 곤경에 처했음에도 반성의 빛이 없는 자는 신뢰할 수 없었다.

이것이 공식적 입장이었다. 그러나 몇 사람이 무대 뒤에서 움직였다. 스페인에서 협상하는 중에 프란체스코 귀차르디니는 자신의 주장을 아라곤의 페르난도 왕이 예상보다 잘 받아들여준다는 것을 알았다. 귀차르디니의 보고서에 따르면 페르난도 왕은 교황의 의도를 불신했으며 페라라의 알폰소 공작에 대한 처분에도 동의하지 않았다. 페르난도 왕은 또한 스위스의 꼭두각시 마시밀리아노 스포르차가 왕위에 오른 밀라노의 새 권력관계도 탐탁하지 않았다. 스페인은 마지못해 피렌체로 진군했다. 사실 페르난도 왕은 메디치를 위한 정벌에는 관심이 없었다. 이는 교황의 목적에만 부합할 뿐이었다. 만토바에서 결정된 피렌체 정벌은 기만술에 지나지 않았는가?

껄끄러운 공화국 정벌은 나폴리 총독 라이몬도 데 카르도나가 지휘하는 스페인-교황 연합군이 맡았다. 이 군대는 과히 크지도 않았고 강력한 대포도 없었다. 반대로 피렌체는 견고한 원형 외벽이 있어서 꽤 오랜 포위 공격도 견뎌낼 수 있었다. 게다가 마키아벨리의 민병대도 있었다. 그런데 이 아마추어 병사들이 무서운 스페인 용병의 공격을 견뎌낼 수 있었을까? 스페인 용병들은 북쪽에서 진군해 들어왔다. 그래서 피렌체의 예속 도시 프라토가 맨 먼저 그들과 맞닥뜨렸다. 그러나 위원회 전원의 재신임을 얻은 피에로 소데리니는 부대 대부분을 피렌체 방어를 위해 결집시켰다. 따라서 위험에 처한 프라토는 무방비 상태가 되었다. 그럼에도 북쪽 전초 기지에 대한 적의 첫 번째 공격을 격퇴했다. 그러자 카르도나는 3만 피오리노를 주면 퇴각하겠다고 제안했다. 첫 번째 공격은 기만 작전이었을까? 페르난도 왕이 정말로 퇴각 나팔을 불었다면 카르도나가 몸값을 얻어내려고 했을까? 아니면 이 모든 것이 군사적 약점을 숨긴 스페인군의 술책이었을까? 도시 정복이 어려울 것으로 보이면 피렌체 정부와 화해를 시도하라는 지시를 카르도나가 왕에게서 받았다는 것은 확실하다. 피렌체인들이 마지막 순간에 몸값을 지불했더라면 스페인군이 출정을 끝냈으리라는 것을 보여주는 증거는 많다.

소데리니와 고문단이 카르도나의 진짜 의도를 어떻게 생각했는지는 몰라도 그들은 그 협박을 거부했다. 마키아벨리가 보기에는 필요가 없는데도 공화국은 곧잘 무력 충돌을 피하기 위해 고액을 지불했다. 이번에는 몸값 지불이 구원을 약속할 수도 있었지만 지불하지 않았다. 그 대신 대가를 치러야 했다. 1512년 8월 29일 스페인 보병은 대대적으로 프라토를 재차 공격했다. 도시는 점령되고 무자비하게 약탈당했다. 민간인 수백 명이 맞아 죽었고 가옥 수십 채가 재로 변했다. 피렌체는 큰 충격을 받았다. 무슨 수를 써서라도 이런 운명은 면하려고 했기 때문이다. 피렌체 민병대는 다음과 같은 운명을 맞았다. 프라토 약탈 후 민병대는 바람처럼 흩어졌다. 무젤로와 카센티노 농부의 아들들은 왜 인간인 자신들이 악마들에게 무간지옥으로 끌려가 괴로워해야 하는지 이해하지 못했다. 프라토 약탈을 인간성과 하느님에 대한 범죄라고 한탄한 루카 란두치는 스페인 사람을 악마라고 불렀다. 란두치가 체념한 채 내린 결론은 다음과 같았다. 하느님이 대평의회를 주었다가 다시 빼앗았다. 주의 방법이 불가해한 것일지라도 그의 이름을 찬양할지어다.

정치 책임자들은 이제 모든 것을 포기했다. 정무위원회는 사흘 전에는 거부한 돈을 프라토에서와 같은 약탈을 막기 위해 스페인 총독에게 지불했다. 또한 메디치가가 분명히 강조한 것처럼 사인 자격으로 고향에 돌아오는 것을 허락했다. 그러나 누가 메디치가를 제어할 것인가? 이에 피에로 소데리니도 물러나고자 했지만 지지자들이 막았다. 이들은 8월 23일부터 27일까지 소데리니의 명령으로 다수가 체포된 메디치가 지지자들의 복수를 두려워했다. 최고 행정관이 싸우지도 않고 포기하면 피렌체를 내전으로 몰아넣을 피의 복수를 부를 것이 틀림없었다.

8월 31일 덜 위험했던 상층이 마침내 국면을 장악했다. 그들은 정무궁으로 가서 수감자를 석방하고 소데리니를 시외로 압송했다. 이는 메디치가에 서둘러 복종함으로써 소데리니를 보호하려는 것이었을까, 아니면 단순히 유혈 사태를 막기 위한 것이었을까?

하찮은 질문 같지만 그 답은 마키아벨리를 비롯한 당국자들의 운명을 몇 년간 결정했다. 시의 성문 앞에서 경사스러운 복귀를 기다리고 있던 메디치가는 출동 대기 상태에 있는 첩자들에게 세세한 것까지도 일일이 보고하게 했다. 결정적인 순간에 누가 충성파이고 누가 중립파이고 누가 반대파인지 알고자 했다. 소데리니가 도시에서 추방한 젊은 귀족들은 충실한 지지자였는가, 아니면 도주 방조자로서 적이었는가? 마키아벨리의 상사로서 독일에 함께 간 프란체스코 베토리의 동생이자 정치에 적극적이었던 파올로 베토리도 태도가 불분명한 사람에 속했다. 프란체스코는 상층 중에서 제2서기국 서기장이 곤경에 처했을 때 신뢰할 수 있는 유일한 친구였다. 그러나 이 친구의 동생은 메디치가의 신뢰를 받지 못하여 검증 압박을 받고 있었다. 이 압박은 적어도 부분적으로 프란체스코 베토리에게 전가되었다. 따라서 프란체스코는 친구 니콜로 마키아벨리를 마음껏 도와줄 수 없었다. 새 피렌체는 스페인 총독의 보호하에 메디치가가 돌아올 여건을 마련했다. 새 권력자의 보호를 누린 사람들은 안전하다고 느꼈다. 바야흐로 모두에게 불확실한 시기가 다가오고 있었다.

새 피렌체에서 마키아벨리는 보호의 필요성을 절실하게 느꼈을 것이다. 1512년 11월 7일 이제 메디치가의 지배를 받는 새 정무위원회는 무례한 언사와 함께 마키아벨리를 제2서기국 서기장직과 정무위원회 비서직에서 파면했다. 충실한 보좌관 비아조 부오나코르시도 마키아벨리와 함께 파면되었으나 제1서기장 마르첼로 비르질리오 아드리아니는 파면되지 않았다. 아드리아니는 모든 정치적 변동에도 1522년 사망할 때까지 직책을 유지할 수 있었다. 메디치가는 그 이유를 알고 있었다. 아드리아니는 새 권력관계에 적응하는 데 필요한 융통성이 있었으나 마키아벨리는 없었다.

## 해명

이 무렵 마키아벨리는 이름이 밝혀지지 않은 한 귀부인에게 보낸 편지에서 최근 사건에 대해 자신의 견해를 피력했다. 무엇보다도 이 편지는 피렌체의 불확실한 분위기를 매우 특수한 방식으로 묘사했지만 이후에는 엄청난 비난으로 끝을 맺는다. 피에로 소데리니는 결정적 순간에 자신의 허망한 판단에 붙잡혀 아무런 저항 없이 제압당했다. 편지에서 메디치가도 좋게 묘사되지 않았다.

> 이 위대한 메디치가가 최고 행정관에게 추방당했다가 사전에 총독과 합의도 없이 피렌체로 돌아온 것은 부당했습니다. 메디치가는 얼마간 고생을 한 후 귀환에 성공했습니다.[29]

피렌체의 지도층 가문이 요구한 수식어는 '위대한magnifico'이었지만 편지의 의례적 표현은 분명 반어적이다. 조심스럽게 확인에 확인을 거듭한 후에야 비로소 귀향한 사람들은 멋진 승리자였다. 메디치가는 지지자들에게서 비겁하다는 비난을 받아야 했다. 메디치가는 와서 보고 동등한 시민들을 억압할 권리를 되샀다. 사태가 다음과 같이 전개되었기 때문이다.

> 도시 전체가 무장한 사람들로 가득했고 시내 곳곳에서는 '팔레palle, 팔레'(공 모양의 메디치가 문장을 가리킨다–옮긴이)라는 구호가 울려 퍼졌습니다. 정무위원회는 시민들을 소집해 투표할 수밖에 없었습니다. 우리는 이를 의회라고 합니다. 의회에서 법률이 공포되었고 이 법률에 따라 메디치가는 조상들이 누린 높은 지위와 신분을 되찾았습니다. 이 도시는 완전히 평온을 되찾았고

리돌포 기를란다이오Ridolfo Ghirlandaio가 그린 피렌체 최고 행정관 피에로 소데리니. 소데리니는 전략가의 추동력과 결단력이 요구되는 때 판에 박은 정책을 펴며 불명예스럽게 퇴장했다.

메디치가 덕분에 이 도시의 아버지이자 사람들의 축복받은 기억 속에 살아
있는 위대한 로렌초가 다스리던 시절보다 더 영예로운 시절을 기대하고 있
습니다.[30]

의심의 눈초리로 보던 첩자조차도 이 엄숙한 편지의 결론에 이의를 제
기할 수 없었다. 마키아벨리도 얼마 전에 사태의 실상이 실제로 어땠는
지 말하지 않았더라면 스스로를 믿지 않았을 것이다.

총독이 보기에는 메디치가와 그 세력의 안전을 위해 피렌체의 새 정치 질서
만으로는 부족했습니다. 그래서 총독은 국가가 위대한 로렌초 시절로 되돌
아가야 한다는 뜻을 정무위원회에 분명히 밝혔습니다. 이는 고귀한 시민들
에게는 지당한 것이었습니다. 그러나 그들은 대중이 이에 찬성하지 않을까
봐 두려워했습니다.[31]

이 글은 메디치가의 통치를 스페인과 신분이 높은 귀족들이 강요했다
는 것을 말해준다. 지도층 가문들은 중산층의 요구로부터 보호되고 있
다는 것을 알았다. 그들은 애초부터 공화국을 배신하기 위해 저변이 넓
은 정체에 한참 동안 싫은 기색을 보이지 않았다. 이 몰락은 소데리니
의 환상과 우유부단에 따른 결과였으나 공화국은 상층의 몰락으로 쇠
퇴했다.

몇 주 후 마키아벨리는 시에나로 망명한 최고 행정관에게 편지를
보냈다. 마키아벨리는 예전 상사에게 보낸 편지에 애써 정치적 깨달음
을 얻으려는 모습을 드러냈다. 냉정하고 절제된 어조로 말이다.

저는 귀하와 귀하의 항해를 결정한 나침반을 알고 있습니다. 이 항해가 단

죄받을지라도 저는 단죄하지 않을 것입니다. 제 소견으로는 단죄받을 일이 아니기 때문입니다. 그리고 귀하가 얼마나 높은 파도에서 떨어졌고 이 항해가 귀하를 어느 항구로 데려다주며 지금 귀하에게 어떤 희망이 남아 있는지 알고 있습니다. 그래서 저는 명민함과 신중함만 보이는 귀하의 눈으로 귀하를 보려고 하지 않고 다른 척도에 따라 판단하려고 합니다. 이 척도는 사물은 이를 만든 수단에 따라 판단해서는 안 되고 목적에 따라 판단해야 한다고 합니다.[32]

이 거리 두기에 따라 분석은 냉정한 엄밀성을 얻는다. 소데리니는 목적이 수단을 정당화한다는 정치의 기본 법칙을 오해했을뿐더러 무서운 적들에 대해서도 곡해했다. 그는 많은 사람을 만족시키려다 어떤 대가를 치르고서라도 국가를 보존해야 한다는 위정자의 첫 번째 의무를 등한히 했다. 소데리니가 이를 위해 아무것도 할 수 없다는 사실은 처벌을 더욱 굴욕적으로 만들 뿐이다.

저는 자연이 사람의 성격, 정신, 이념을 다 다르게 만들었다고 생각합니다. 사람은 자신의 정신과 이념이 옳다고 하는 대로 행합니다. 다른 한편으로 시간과 사물의 질서도 달라지기 때문에 시대의 추세를 따르는 자만이 성공하고 행복해집니다. 반대로 시대의 추세와 사물의 질서를 거스르는 자는 실패합니다. (…) 그러나 시대의 추세와 사물의 질서는 보편적으로나 개별적으로 자주 바뀌는 반면에 사람의 이념과 행동 방식은 바뀌지 않으므로 똑같은 사람이 어떤 때는 행복해지고 또 어떤 때는 불행해집니다. 시대의 추세와 사물의 질서를 인식하여 이에 적응할 수 있을 만큼 현명한 사람은 늘 운을 누리거나 불운으로부터 자신을 보호할 수 있을 것입니다. (…) 그러나 그렇게 현명한 사람은 없습니다. 또한 사람은 근시안적인 데다가 천성에 맞설

수 없으므로 사람들과 함께하기도 하고 사람들을 억누르기도 하는 운은 변하기 마련입니다.[33]

마키아벨리에 따르면 소데리니의 정치는 아무 시기에나 맞지 않았다. 소데리니는 오래전부터 완전히 다른 자질이 요구되는 때, 즉 전략가의 추동력과 결단력이 요구되는 때에 판에 박은 정책을 폈다. 실각한 최고 행정관이 시대정신이 요구하는 바를 알아챌 능력도 없이 보통 사람들과 함께 있었다는 것은 위안이 아니라 조롱거리였다. 성공한 위정자의 신조는 마키아벨리가 몇 줄 앞에서 분명히 밝힌 것처럼 다음과 같은 것이기 때문이다.

젊은이에게 호의를 가진 운을 유혹하라. 운을 잡거든 때에 따라서는 변신하라. 성채에 감금되어 있든지 그렇지 않든지 간에, 무자비하든지 경건하든지 간에.[34]

개별적 대처는 상황을 검토한 후에 결정하여야 한다. 마키아벨리에 따르면 이런 유연성이 피렌체를 구할 수 있을 것이지만 소데리니에게는 이런 통찰력이 없었다. 마키아벨리는 실각한 최고 행정관를 비난하지 않겠다고 선언했지만 결국은 비난하고 말았다. 소데리니는 혼자서 결정하는 군주가 아니라 공화국의 수장이었기 때문이다. 공화국에서는 온갖 사람이 관직과 위원회를 대표한다. 성향이 달라 사물을 달리 보는 사람들로 구성된 대평의회는 소데리니가 자신의 한계를 뛰어넘게 도와줄 수 있었을 것이다. 그런데도 소데리니의 신조는 다음과 같은 것이었다.

244

누구에게도 충고하지 말고 대평의회 외에는 그 누구의 충고도 받아들이지 말라. 누구든 자신의 마음과 배짱이 명하는 대로 행하기를.[35]

이로써 몰락의 길로 치달았다. 마키아벨리에게 이 재앙은 깨달음을 주었다는 점에서 좋은 것이기도 했다.

인도주의, 공정, 종교가 오래전에 방기된 나라에서는 잔인함, 간계, 불신이 새 지도자에게 명성을 가져다줍니다. 반대로 잔인함, 간계, 불신이 일시적으로 지배하는 곳에서는 인도주의, 공정함, 종교가 유용합니다. 쓴 것이 미각을 불쾌하게 하고 단 것이 미각을 싫증 나게 하듯 사람들은 악을 불평하면서도 선을 달갑게 여기지 않기 때문입니다.[36]

정치에서는 언제 어디서나 유효한 미덕은 없다는 말이다. 어떤 수단이 적절하고 적절하지 않은지를 결정하는 것은 결과뿐이다. 사람들이 독재의 공포에 오랫동안 익숙해져 있으면 유순한 정치가는 몰락할 수밖에 없다. 사람들이 폭력의 언어만 이해하기 때문이다. 이때 악의 지배는 상황을 바꾸는 전제 조건이다. 사람들이 더 좋고 인도적인 새 법에 익숙해지도록 무자비하게 통치하는 지배자는 비난보다 칭찬을 받아야 한다. 그러므로 교회가 권세가에게 가르친 전통적 도덕, 즉 온유, 선, 의연함, 절제, 의로움은 융통성 없는 규정으로 정치에는 쓸모가 없다. 전통적 도덕은 예컨대 인간적인 통치자에 대한 기억이 여전히 살아 있는 나라와 같은 특정 상황에 대한 적합성을 배제하지 않는다. 이런 논법으로 마키아벨리는 도덕적 가치를 재평가하기 시작해 몇 달 후에 일단락지었다.
이로써 마키아벨리는 소데리니를 다음과 같이 평가했다.

피에로 소데리니가 죽은 날 밤

그의 영혼은 지옥문으로 갔다네.

플루토가 이렇게 소리쳤다네. 여기는 왜 들어오려고 하느냐? 둔한 놈,

다른 아이들이 있는 림보로 올라가라.[37]

최고 행정관이 불명예스럽게 피렌체에서 퇴장한 지 10년 후 마키아벨리는 이 냉혹한 추도사를 썼다. 마키아벨리에 따르면 신앙이 깊은 척하는 사람은 천국에 가지만 용기 있는 정치가는 지옥에 간다. 그런데도 용기 있고 강한 자들이 있는 저승에도 소데리니를 위한 영예로운 자리는 없다. 소데리니는 세례를 받지 못한 기독교도의 자녀들이 머무르는 림보를 떠돈다. 마키아벨리가 돌이켜볼 때 자신의 옛 상관은 시대의 징후를 이해하지 못한 희미한 존재로 전락했다. 이는 다소 독선적인 비판이었다. 소데리니는 죽을 때까지 환상에 빠져 있었는데 임종 시에는 마키아벨리가 요구한 결단력과 선견지명을 갖춘 용기, 즉 비르투가 자신에게 없었음을 한탄했다. 그러나 소데리니는 말없이 물러남으로써 피렌체에서의 유혈 사태를 막았다. 게다가 소데리니에게 프랑스에 의지할 것을 권한 사람은 대사인 마키아벨리 자신이었고, 이것이 저변이 넓은 정체의 몰락을 초래했다. 마키아벨리에게는 자신의 결함에 대한 통찰과 자기비판이 낯설었다.

## 포르투나의 힘과 무력함

파면된 제2서기국 서기장은 자신의 경험을 정치적으로 성찰할 뿐만 아니라 시로 써야 한다는 압박감에 시달렸다. 마키아벨리는 역사와

인간의 운명을 결정짓는 힘에 관한 세 편의 교훈시 중 첫 번째 시는 '소데리니에게 보낸 편지'와 관련이 있다는 것을 부인하지 않는다. 이 첫 번째 시는 전 최고 행정관의 조카 조반니 바티스타 소데리니에게 헌정되었는데 포르투나를 다루고 있다. 시에서 포르투나는 헌정받은 이의 일가를 냉랭하게 대했다. 처음부터 개인적 맥락을 다룬다.

> 그사이에 잔인한 포르투나가
> 매서운 눈길을 내게 고정한 채
> 내가 지금 그녀와 그 나라에 대해 보고한 것을 읽어주기를.[38]

사실 포르투나의 복수욕은 무섭다. 마키아벨리가 처음부터 포르투나에 관해 나쁜 점만 말하고 있기 때문이다.

> 여기서 포르투나를 비난해야 하다니
> 창피하고도 유해하도다.
> 포르투나는 온 세상을 자기 옥좌의 발밑으로 모은다네.[39]

그러나 포르투나는 모든 사람을 동등하게 다루지 않고 적을 신중히 고른다.

> 이 변덕스러운 피조물이
> 그녀가 자연을 가장 잘 보는 곳에서
> 가장 큰 힘으로 곧잘 저항하기 때문이라네.[40]

이는 운에 대한 마키아벨리의 새로운 성찰이었다. 이제까지 마키아벨리는 포르투나는 용감한 사람을 총애한다는 로마의 격언에 경의를 표했다. 마키아벨리는 자신의 경험과 미래에 대한 예상을 종합하여 포르투나는 용감한 사람들이 패배를 통해 더 큰 굴욕감을 맛보도록 이들을 기꺼이 적으로 삼는다고 했다. 이는 포르투나가 소데리니에게 복수하지 않고 시인 자신에게 복수하리라는 불손한 요청을 내비친 것이었다. 이번에는 그대가 이겼다고 시인은 포르투나에게 외친다. 그러나 이것으로 아직 결정된 것은 없다. 다시 시작하는 것이다! 여신도 자기 힘을 과대평가할 수 있기 때문이다.

> 최고의 추동력이 그녀를 가두어두지 않으면
> 그녀의 지배는 언제나 난폭하네.[41]

최고신인 유피테르조차 혈통이 모호한 이 여신을 두려워하므로 최고의 추동력인 비르투가 필요하다. 바로 이 때문에 유피테르는 포르투나가 지상에서 마음대로 하게 내버려둔다.

> 운명의 수레바퀴는 밤낮 돈다네.
> 아무도 거스르지 못하는 하늘이
> 게으름과 필연이 그 주위를 돌게 하기 때문이라네.
> 게으름은 세상을 망하게 하고 필연은 세상에 질서를 가져다준다네.[42]

아울러 이 질서를 통해 하늘은 포르투나를 정복하는 법을 보여준다. 포르투나는 적들에게는 치욕과 불행을 주면서 그녀에게 경의를 표하는 자에게는 권세, 부, 명예를 보답으로 마련해놓고 있다. 그러나 그녀는 정치의 법칙을 바꿀 수 없다. 그녀의 교활한 힘은 그다지 멀리 미치지 않는다. 이것이 그녀의 아킬레스건이다. 그녀는 마음대로 사람을 들었다 놨다 할 수 있지만 그 본질은 바꿀 수는 없다. 마키아벨리처럼 영원히 적용되는 역사의 법칙을 발견한 자는 그녀에게 톡톡히 복수를 당한다는 점을 고려해야 한다. 마키아벨리가 개인적으로는 포르투나의 노리개였을지언정 그는 그녀를 정복했다. 포르투나에게 더는 농락당하지 않는 법을 그가 세상에 보여주었기 때문이다.

　포르투나의 적에게 이는 이 세상의 유일한 위안이다. 질서 정연한 국가는 이 변덕스러운 운을 물리칠 수 있지만 그 대신 값비싼 대가를 치른다. 분노한 포르투나가 가차 없이 복수에 나서기 때문이다. 그러므로 포르투나를 제압하려는 국가는 신민들에게 헌신을 요구해야 한다.

> 그래서 마침내 사람들은
> 과거에 행복했던 사람은 별로 없고
> 이들도 수레바퀴가 뒤로 돌기 전에 죽어
> 나락으로 떨어졌다는 것을 알게 된다네.[43]

어떤 방법을 써야 포르투나와의 싸움에서 이길 수 있을지는 여기서 보편적으로만 말할 수 있다. 최고의 힘을 가진 비르투가 필요하다. 두 번째 시 〈기회Dell'Occasione〉는 비르투가 중요한 이유를 보여준다. 이 시는 야코포 살비아티의 사위인 필리포 데 네를리에게 헌정되었다. 필리포 데 네를리는 1512년 8월과 9월 메디치가가 가급적 온건한 형태로 지배하는 데 지지를 보냈고 전복된 정부의 지지자들에 대한 온건책에 찬성했다. 네를리에게 헌정한 시는 마키아벨리가 살비아티의 측근들에게 노골적으로 암시한 것이었을까? 네를리에게 헌정된 시는 고작 22행으로 짧은데, 여기에는 그럴 만한 이유가 있다.

불행히도 그대는 말로 시간을 낭비하고
쓸데없는 걱정을 하느라
내가 그대 손 사이에서 사라졌다는 것을
깨닫지 못하고 알지 못하도다.[44]

이는 기발한 문학적 계략이었다. 학자들이 곧잘 그러는 것처럼 둔중하게 의인화한 기회의 성질에 관해 시인이 묻는 동안 기회는 이미 그에게서 사라졌다. 사람들은 기회에 관해 말하지 않고 기회를 잡는다! 다음은 시에서 이를 노래한 부분이다.

나는 기회라네, 알아주는 사람이 별로 없지만
내가 쉬지 않는 이유는
한 발을 수레바퀴에 걸치고 있기 때문이라네.[45]

게다가 기회(나)의 발에는 날개가 달려 있다. 그래서 기회는 새보다 빨리 움직인다. 기회는 앞머리가 가슴까지 흘러내리지만 뒤통수는 대머리여서 옆을 스쳐 지나가는 사람은 그 누구도 기회의 머리를 움켜쥘 수 없다. 기회의 동반자는 누구인가?

그녀는 회한이라고 불린다. 그러니 유념하라.
나를 붙잡지 않는 자는 그녀를 붙잡는다는 것을.[46]

마키아벨리는 회한을 다룬 시를 쓰지 않았다. 그런 시를 썼더라면 잘못을 자백하는 셈이나 마찬가지였을 것이다. 그 대신 마키아벨리는 〈배은망덕Dell'Ingratitudine〉이라는 187행짜리 시를 썼다. 이 시에도 개인적 맥락이 눈에 띈다.

> 이 시를 통해 나는
> 내 안에서 날뛰는 불행이라는 고통을
> 가시게 하거나 적어도 누그러뜨리려 한다네.[47]

이 정치적 시론도 신화의 옷을 걸치고 있다.

> 산 자의 명성이
> 별과 하늘의 비위를 거스를 때
> 수치스럽게도 배은망덕이 이 세상에 태어났다네.[48]

모든 악은 위로부터 나온다. 마키아벨리는 야망을 다룬 교훈시에서 전개한 이 시적 개념을 배은망덕을 다룬 시론에서도 견지했다. 악이 왜 이 세상에 왔으며 어떻게 이를 극복할 수 있느냐에 대한 기독교적 설명은 깡그리 무시된다. 파괴적 힘은 인간에게 내맡겨져 있다. 이 힘이 신들의 명령이나 약함 또는 태만의 결과인지는 알 수 없고 궁극적으로 중요하지도 않다. 세상은 그런 것이고 바뀌지 않는다. 구원은 이 세상으로부터는 오지 않는다. 오로지 내면세계에만 있다. 다시 말해 다른 사람을 희생시켜야 한다. 완전한 국가만이 포르투나와 그녀의 냉담한 반려자로부터 보호해준다. 그러나 국가는 강해지기 위해 정복하고 압제해야 한다.

　마키아벨리에 따르면 혈통이 오리무중인 포르투나와는 달리 배은망덕의 부모는 알려져 있다. 배은망덕의 부모는 탐욕과 의심이라 불리고 유모는 질투다. 배은망덕의 고향은 궁정인데 그녀(배은망덕)는 여기서

부터 인간의 모든 생활 영역을 정복했다. 그녀의 화살통에는 독화살이 세 개 있다. 그녀는 이 화살로 사람의 심장을 꿰뚫는다.

> 그녀가 마구 쏘는 세 개의 화살 중 첫 번째 화살에 맞으면
> 선행이라고 하면서도
> 이를 고마워할 줄 모르게 된다네.
> 이어서 두 번째 화살에 맞으면
> 선행을 잊어버리고
> 중상하지는 않지만 이를 부정한다네.
> 마지막 화살에 맞으면
> 선행이라고 하지도 않고 이를 칭찬하지도 않는다네.
> 그 대신 선행자의 감정을 상하게 하고 모욕한다네.[49]

궁정에서 다른 세상으로 가는 도중에 배은망덕은 썩 마음에 드는 곳을 발견했다. 다름 아닌 공화국이었다. 최고의 비르투가 가장 많았던 고대 로마에서조차 그녀는 마음껏 활개 칠 수 있었다. 로마에는 푸블리우스 코르넬리우스 스키피오처럼 그녀가 유달리 좋아하는 사심 없이 국가에 공헌하는 위인들이 있었기 때문이다. 유모, 즉 질투에게서 젖을 실컷 얻어먹은 배은망덕은 껄끄러운 경쟁자들에게 음모를 가져다주고 쉽게 믿는 사람들에게 의심을 가져다준다. 그 결과 영웅의 몰락은 불가피해진다.

　염세적 시 이야기는 박해받은 공화주의자의 무죄라는 긴 회랑을 지나 느닷없이 현재로 돌아선다.

> 바예지드에게 주인 행세를 하게 해준
> 아흐메트 파샤는 그 후 얼마 안 있어

수건으로 목이 졸려 죽은 채 발견되었다네.
왕이 프랑스인을 물리쳐준 것을 고마워하면서도
자신을 의심한다고 생각한 곤살로는
풀리아를 떠났다네.[50]

마지막 세 행은 마키아벨리가 신중하게 말하기 위해 역사적 소재들을 어떻게, 즉 얼마나 자유자재로 다루었는지 보여준다. 스페인 대장군 곤살로 페르난데스 데 코르도바는 프랑스인을 물리친 후 나폴리 총독에 임명되었다가 3년 후 아라곤의 페르난도 왕에 의해 파면되었다. 마키아벨리가 보기에 이는 왕의 전형적인 배은망덕이었다. 동시대인들은 이를 다르게 보았다. 처음으로 마키아벨리를 비판적으로 평한 프란체스코 귀차르디니에 따르면 곤살로는 총독의 지위를 오래 유지하지는 못했지만 영주와 공작으로 오래 있었고 덕분에 후손들이 남부 이탈리아에서 가장 부유한 봉건영주가 되었다. 따라서 귀차르디니는 배은망덕을 달리 이해했다. 즉 군주의 사의謝意는 정당한 불신과 결부되어 있고 페르난도는 이에 따라 행동했다. 곤살로는 부하들에게 신으로 받들어졌으며 근무지를 옮겨 다녀 왕으로 받들어질 유혹에서 벗어났다. 그러나 파면당한 제2서기국 서기장 마키아벨리에게 정계에서의 배은망덕은 응보였다.

그대는 볼 것이다
국가의 개혁자와 왕국을 넘겨준 자가
언제나 추방과 죽음으로 보답받는 것을.[51]

마키아벨리는 피렌체공화국을 세우지는 않았지만 새로운 민병대를 창설했다. 그래서 같은 시민들의 따가운 눈총을 받았다.

> 국가에 헌신하느라 여윈 자는
> 그 그럴싸한 직책 때문에
> 비참하게 살다가 꼴사납게 죽는다네.[52]

이제 배은망덕의 지배로부터 어떤 결론을 이끌어내느냐는 문제에 답하는 것만 남았다.

> 배은망덕은 죽지 않기에
> 누구나 궁정과 국가로부터 달아나야 한다네.
> 원하는 바를 얻었다는 것을
> 이보다 더 빨리 애도하게끔
> 만드는 것이 없기 때문이라네.[53]

성공한 자는 같은 시민의 질투와 시기로 몰락한다. 이 말이 맞다면 마키아벨리는 파면에 감사해야 한다. 그러나 정치에서 물러난다는 것은 그 문제와 관련하여 마키아벨리가 하려는 마지막 말은 아니었다. 마키아벨리는 〈배은망덕〉이라는 시를 메디치가의 적으로 알려진 조반니 폴키에게 헌정했다. 마키아벨리처럼 폴키는 메디치가에 맞서다가 목숨을 내놓지는 않았지만 비참한 생활로 대가를 치렀다.

## 고문과 고립

마키아벨리가 해명 편지와 신랄한 시 세 편을 쓰는 사이에 정세가 급속히 진척되었다. 1512년 9월 메디치가 피렌체에 돌아왔을 때 정치적 대안은 두 가지였다. 하나는 야코포 살비아티와 필리포 데 네를리 등 온건한 지지자들이 권한 것처럼 천천히 조심스럽게 나아가는 것이었다. 즉 기존의 공화국 제도를 유지한 채 믿을 만한 지지자를 되도록 많이 요직에 오르게 하여 되찾은 영향력을 안전하게 하는 것이었다. 다른 하나는 젊은 귀족들이 권한 것으로 더욱 급진적이었다. 저변이 넓은 정체의 정치적 성전인 대평의회부터 폐지한 후 이어서 정치적 계급을 단호하게 바로잡는 것이었다. 그러면 요직은 지난 18년간 한결같이 메디치가에 충성을 바친 자들의 몫이 될 터였다.

조반니 데 메디치 추기경은 무엇보다도 온건한 해결책에 마음이 쏠렸다. 그러나 며칠 후 마키아벨리가 익명의 귀부인에게 보낸 편지에 분명히 밝혔듯 강경파의 압력은 이미 저항할 수 없었다. 귀족들은 위대한 로렌초의 피렌체를 되찾으려 했다. 이로써 대평의회의 날들이 저물고 등용의 날들이 돌아왔다. 이제 메디치의 믿을 만한 지지자들만 요직에 오를 기회를 얻었으나 곧 시대를 되돌릴 수 없다는 것이 분명해졌다. 로렌초하에서 메디치가 추종자들은 대표적 상층이 될 수 있었다. 그러나 20년이 지난 지금 이에 대해 더는 언급할 수 없었다. 추기경과 동생 줄리아노 그리고 성직자의 길을 택한 조카 줄리오 데 메디치는 좁은 범위의 후보자에만 들어갈 수 있었다. 많은 귀족이 위험한 자로 분류되었다. 그들 또는 그 부친들이 소데리니 지배하에서 너무 정치적으로 행동했기 때문이다.

마키아벨리가 관직에서 쫓겨난 것은 '위대한 메디치가'가 마키아벨리를 어떻게 생각했는지를 잘 보여준다. '메디치가가 없는' 공화국을 위한 활동은 있을 수 없었다. 그런 게 있을 수 있다면 사람을 모두 교체해야 했을 것이다. 그러나 알다시피 마르첼로 비르질리오 아드리아니는 파면당하지 않았다. 메디치가의 철천지원수 사보나롤라가 몰락한 후 마키아벨리는 비판의 도마 위에 올랐다. 이는 마키아벨리가 처한 상황을 여실히 보여준다. 마키아벨리가 주도한 민병대 창설은 딱히 메디치가를 노린 것은 아니었다. 메디치가와 이 가문이 피렌체에서 한 활동을 마키아벨리가 평한 텍스트는 이 무렵에 출간되지 않았다. 다른 한편으로 제2서기국 서기장은 무례한 재치로 유명하기도 했고 악명 높기도 했다. 이 때문에 서기국 내에 시기하는 자와 귀족 중에 적이 생긴 것은 확실했다. 메디치가에는 유능한 정보 제공자들이 있었는데 마키아벨리에 관한 정보가 입에서 입으로 그들에게 분명히 전해졌을 것이다.

마키아벨리는 관직과 함께 수입도 잃었다. 쥐꼬리만 한 재산과 줄어든 비상금을 고려할 때 대가족의 생계가 아주 어려워졌을 것이다. 그러나 이는 기나긴 내리막길의 시작에 지나지 않았다. 파면된 지 불과 사흘 후인 1512년 11월 10일 마키아벨리는 앞으로 올바로 처신한다는 보증금으로 1000피오리노을 내라는 선고를 받았다. 그렇지 않으면 1년간 피렌체 시외로 추방될 것이라고 했다. 이 액수는 마키아벨리의 전 재산보다 많은 것이었다. 그런데 세 친구가 뛰어들어 보증금을 대납했다. 그러나 유감스럽게도 그 친구들의 이름은 전하지 않는다.

그것으로 그치지 않았다. 전적으로 메디치가의 지배 아래에 있는 정무위원회는 11월 17일 마키아벨리에게 정무궁 출입을 금지했다. 이는 의도적 차별이었고 마키아벨리에게 크나큰 굴욕을 안겨주었다. 마키아벨리는 1512년 여름에 모병한 후 남은 공금을 아직도 가지고 있었다. 이를 해명하기 위해 마키아벨리는 정무위원회장에게 불려가야 했고 그

때마다 출입 금지를 풀어달라고 청원했다. 마키아벨리의 해명은 날카로운 눈으로 면밀히 검토되었을 게 불 보듯 뻔하다. 이때 털끝만큼의 결손액도 없었다는 것은 마키아벨리가 청렴했다고 평생 내세울 수 있는 영예의 타이틀을 안겨준다. 이로써 마키아벨리는 주목할 만한 예외가 되었다. 전쟁 자금 조달은 사적으로 부를 쌓을 최고의 기회를 제공했기 때문이다.

> 그 누구도 저의 청렴함과 신뢰성을 의심할 수 없습니다. 지금까지 언제나 약속을 지키며 살았는데 이제 와서 새삼 일구양설을 배우고 싶지는 않기 때문입니다. 43년간 착하고 정직하게 살아온 사람의 본성이 바뀌지는 않을 것입니다. 가난은 저의 신뢰성과 정직함을 증명합니다.[54]

마키아벨리는 1513년 12월 10일 프란체스코 베토리에게 보낸 편지에 위와 같이 썼다. 마키아벨리의 고백에 따르면 이는 자신의 영혼보다 피렌체를 더 사랑했던 사람의 자랑스러운 글귀였다. 반대로 마키아벨리는 사실상 메디치가가 지배하는 새 '공화국'을 사랑하지 않았다. 그런데 이 반감은 어느 정도였을까? 마키아벨리가 새 권력자에 맞서 음모를 꾀한 집단에 동조했을 정도였을까?

이 질문에 대한 답으로 얼마 후 생사가 판가름 났다. 정치적 격변 후에 으레 그러하듯이 추방도 감금도 되지 않은 패자는 다른 대책을 세웠다. 불만을 품은 자의 우두머리는 지도층 가문 출신이기는 하지만 개인적 영향력이 미미했던 아고스티노 카포니와 훨씬 덜 유명한 피에트로 파올로 보스콜리였다. 보스콜리는 열렬한 사보나롤라 숭배자로서 메디치가의 지배를 패륜과 쇠퇴로 돌아가는 것이라고 비난했다. 따라서 정부 전복은 그에게 신의 뜻에 맞는 행위였다. 이 두 사람이 '전제군주',

즉 추기경 조반니와 줄리아노 중에서 누구를 살해하려고 했는지는 분명하지 않지만 많은 사람이 줄리아노였다고 한다. 두 음모자는 행동에 들어가기에 앞서 1513년 2월 반메디치적이라 알려진 인물들의 명단을 작성했다. 그리고 피렌체 국가 경찰인 8인 감찰위원회가 이 명단을 입수했다. 18명가량이 명단에 올라 있었고 니콜로 디 베르나르도 마키아벨리는 일곱 번째로 이름이 올라 있었다.

역적에 대한 수배령이 내려졌다. 경찰은 올트라르노구에 있는 마키아벨리의 허름한 집 문을 두드렸으나 허탕을 쳤다. 마키아벨리는 마지막 순간에 경고를 받았던 것일까? 어쨌든 마키아벨리는 지명수배될 만한 혐의를 받고 있었다. 마키아벨리가 어디에 체류하고 있는지 아는 자는 중형에 처해지지 않으려면 한 시간 내에 관청에 신고해야 했다. 그 직후 지명수배자가 몸소 출두했다.

불길한 명단에 오른 마키아벨리는 공모자로 의심을 사 구금되어 신문을 받았다. 이는 당시 사법 관례에 따른 것이었다. 마키아벨리는 고문당했다. 당국자들은 자백하지 않으려는 혐의자의 어깨와 두 손, 무릎을 밧줄로 묶어 고통이 극에 이를 때까지 위로 들어 올렸다가 다시 내려놓았다. 통상적으로 네 번 '시도'하면 원하는 효과가 나타났다. 그러면 관절이 탈구되거나 손상되어 고문당하는 사람은 고문자가 듣고 싶어하는 말을 술술 불게 마련이었다. 마키아벨리는 그렇지 않았다. 여섯 번 '들어 올려지고도' 불지 않자 감방으로 돌려보내졌다.

다른 사람들은 술술 털어놓았다. 마키아벨리가 배은망덕에 대한 시를 헌정한 조반니 폴키는 파면당한 제2서기국 서기장과 나눈 대화를 털어놓았다. 로렌초처럼 위대한 우두머리가 없어서 메디치가가 다시 피렌체를 지배하기는 어려울 것이라는 견해를 마키아벨리가 피력했다고 말했다. 교황이 스페인, 베네치아와 맺은 동맹은 불안정하여 오래가지 못할 것이라고도 했다. 이 두 진술은 마키아벨리가 한 말처럼 여겨진다. 첫 번째 진술은 아주 다르게 해석될 수도 있다. 마키아벨리에게 로렌초 데 메디치는 그야말로 외교의 대가였을뿐더러 정치적 기만의 대가이기도 했다. 로렌초는 완벽한 군주를 결정짓는 중요한 자질도 갖추고 있었다. 로렌초의 아들들은 이 점에서 훨씬 부족했고(전통적 도덕 기준에 따르면 이는 장점이었다) 마키아벨리는 바로 이 때문에 지배의 지속성에 문제가 생겨 전복될 수 있다고 보았다. 교황과 메디치가가 더는 스페인의 측면 지원에 의존할 수 없다는 점도 전복의 성공 가능성 높였다.

그러나 마키아벨리가 이렇게 평가했다고 해서 카포니와 보스콜리의 위험한 시도에 관여했다는 것을 뜻하지 않았다. 제2서기국 서기장과 우호적 접촉을 한 또 다른 주요 혐의자 니콜로 발로리도 마찬가지였다. 발로리는 카포니, 보스콜리와 접촉했다는 것은 인정했지만 협력은 하지 않았다고 단호히 말했다. 실행 불가능하고 부도덕한 시도를 하지 말라고 두 음모자에게 충고했다고도 말했다. 그래서 관청은 폴키와 발로리에게는 공격 계획을 신고하지 않았다는 비난만 할 수 있었다. 마키아벨리는 이런 비난조차 받지 않았다.

전제군주 살해 계획을 자백한 카포니와 보스콜리는 1513년 2월 23일 처형되었다. 이틀 전 로마의 율리오 2세가 오랫동안 병고에 시달리다가 사망했다. 그 밖의 음모 '가담자들'을 어떻게 할지는 3월 11일 저녁 늦게 긴급 전령이 깜짝 소식을 들고 숨 가쁘게 피렌체에 도착할 때까지 미결인 채로 남아 있었다. 추기경 조반니 데 메디치가 레오 10세라는 이름의 교황이 되었다!

이 소식은 메디치가 추종자뿐만 아니라 투옥된 자에게도 좋은 일이었다. 조반니가 선출되자 성대한 연회를 베풀고 특별사면을 했다. 1513년 3월 12일 니콜로 마키아벨리는 다시 자유의 몸이 되었다. 감금

중에 마키아벨리는 석방해주기를 바라며 줄리아노 데 메디치에게 헌정하는 소네트를 썼다. 마키아벨리는 또다시 그릇된 사람에게 운을 건 셈이었다.

> 줄리아노여, 제 다리는 쇠사슬에 묶여 있고
> 등은 '줄'에 묶여 있습니다.
> 다른 비참함에 대해서는 더 말하지 않겠습니다.
> 시인이 이런 꼴을 당한 것은 처음이므로
> 나비처럼 큰 벼룩이
> 금이 간 벽을 기어오르고 있습니다.
> 근사한 저의 숙소에는
> 론세스바예스나 사르데냐의 숯장이보다
> 더 고약한 악취가 진동하고 있습니다.
> (…)
> 그러나 새벽에
> 〈그대 영혼을 위해 기도하라〉를
> 잠결에 듣는 것이 가장 괴롭습니다.[55]

시에서 음모자들은 사형집행인에게 끌려가지만 마키아벨리는 줄리아노에게 동정을 구한다. 줄리아노의 동정심은 그의 부친과 조부의 그 유명한 관대함을 무색하게 했다.

마키아벨리는 악취가 진동하는 감방에서도 기지와 풍자를 잃지 않는데, 이는 시의 두 번째 연에 잘 드러나 있다. 시에서 뮤즈는 기대감을 불어넣어주기 위해 감옥으로 마키아벨리를 찾아온다. 그러나 시인은 이를 알지 못했기에 뮤즈의 모욕을 감수해야 했다.

그대는 니콜로가 아니라 다초<sup>Dazzo</sup>라네.

다리와 손목이 묶여 있기 때문이라네,

마치 미치광이<sup>pazzo</sup>처럼.[56]

'파초'(미치광이)와 운율을 맞춘 '다초'(안드레아 다치라는 실제 인물-옮긴이)는 공화국 제1서기장인 마르첼로 비르질리오 아드리아니의 제자이자 엉터리 시인이었다. 공화국의 진정한 종복이 투옥되지 않고 이 시인과 그의 스승과 같은 고지식한 기회주의자들이 투옥되어 있다는 것이 이 적의에 찬 시가 전하는 메시지다. 마키아벨리는 아무리 곤경에 처해도 비굴하게 행동할 수 없었다.

호의적이었던 줄리아노가 수감자 마키아벨리의 시를 보았다면 무슨 생각을 했을까? 마키아벨리는 분명히 공격이 최상의 방어라는 신조에 따라 행동했다. 마키아벨리는 정말로 죄가 없었을까? 자고로 권력자에게 빌붙는 뻔뻔스러운 시인에게 천부적 재능과 광기는 일종의 특권을 부여해줬다. 1513년 2월 마키아벨리는 분명 이를 노렸을 것이다. 이로써 마키아벨리는 어리석은 짓에 관여했다는 것을 간접적으로 자백한 것일까, 아니면 그 반대일까?

석방 직후 집필에 착수한《로마사 논고》에서 가장 긴 장에 마키아벨리는 "음모"라는 간결한 제목을 붙였다. 마키아벨리에 따르면 이 주제는 영원한 화두다. 사람은 명예와 재산이 관련되면 복수하는 경향이 있기 때문이다. 자신의 존재가 위협받는 사람이 가장 위험하다. 카이사르를 암살한 카시우스와 브루투스가 독재를 저지하려 움직였듯이 지금도 조국을 위해 이상주의에 불타는 음모자들이 있다.

마키아벨리의 동기는 무엇이었을까? 마키아벨리는 수치스럽게도 관직에서 쫓겨나고 명예가 훼손되었지만 목숨은 그다지 위태롭지 않

추기경 줄리오 데 메디치(오른쪽)와 또 다른 조카(왼쪽)에게 둘러싸여 있는 교황 레오 10세. 라파엘로의 그림에서 이 셋이 모두 교황처럼 보인다. 그림은 교황의 정치적 우위를 잘 보여준다. 모든 권력은 메디치에게!

았다. 마키아벨리가 보기에 옛 공화국이 복귀한 메디치의 지배보다 나았다는 것은 의심할 여지가 없었다. 그러나 저변이 넓은 정체의 회복이 목숨을 바칠 만큼 가치가 있었을까? 마키아벨리 자신이 인정하고 편지로 퍼뜨린 것처럼 귀족들은 권력을 평범한 사람과 나누어가지는 것을 마뜩잖게 여겼다. 메디치를 제거하면 상층이 적당한 후임자를 물색할 터였고 이에 적합한 유력 가문이 적지 않았다. 게다가 보스콜리는 예언자 사보나롤라의 공화국을 복구하려고 하는 '통곡파piagnoni'였다. 마키아벨리는 보스콜리를 사기꾼으로 간주했다.

마키아벨리에 따르면 음모는 항상 같은 이유로 실패한다.

> 역사상 모든 음모는 권력자의 측근에 의해 꾸며졌다. 다른 사람들은 정신이 나가지 않는 한 음모에 관여할 수 없다. (…) 권력도 없고 권력자의 측근도 아닌 사람은 그들에게 헌신할 사람을 찾을 수 없다. 이들은 무엇보다 먼저 엄청난 위험을 감수할 전망을 강요하지 않는 한 음모 계획에 동조할 사람을 얻을 수 없다. 그래서 음모자들은 내막을 아는 자를 두세 명을 얻을 때마다 밀고자를 두는 셈이 되어 파멸한다.[57]

이 구절은 카포니와 보스콜리 음모가 실패한 원인을 분석한 것이므로 이 음모와 직접 관련이 있을 수도 있다. 즉 배후 조종자는 결코 기회를 잡지 못했다는 뜻이다. 그들은 마키아벨리에게 아무것도 제안하지 않았다. 그러나 모든 음모에서 가장 큰 문제는 사람이다.

> 신뢰할 만한 사람 한둘을 찾을 수는 있다. (…) 그러나 이들의 당신에 대한 호의가 위험이나 처벌의 두려움보다 커야 한다. 게다가 사람이란 다른 사람들이 보여주는 호의의 크기를 착각하기 마련이다.[58]

마키아벨리에 따르면 1478년 봄 파치가 음모가 발각되지 않고 전문 자객이 없어서 절반만 실패한 것은 기적이었다. 마키아벨리는 사건이 설명 범위를 벗어나면 곧잘 기적이라고 했다. 마키아벨리 자신이 역사에서 도출하여 정립한 법칙은 서너 명 이상이 모여 결의한 음모는 당연히 실패할 수밖에 없다는 것이었다.

> 하지만 음모가 성공할 가능성이 작으면 가차 없이 진압할 수 있으며 또 진압해야 한다.[59]

마키아벨리는 카포니와 보스콜리의 음모는 실패한 게 당연하다고 평가했다. 마키아벨리에게는 음모 역시 성공만이 중요하고 도덕은 중요하지 않았다. 따라서 마키아벨리가 1513년 2월의 어설픈 모반에 연루되었을 가능성은 극히 적다.


## 곤경에 처한 친구

조반니 데 메디치가 교황에 선출되면서 피렌체의 정치적 상황이 결정적으로 바뀌었다. 메디치가의 수장이 기독교 수장으로서 로마에서 통치했다. '신의 대리인'인 조반니는 동생 줄리아노와 조카 로렌초, 즉 1503년에 익사한 피에로의 20세 된 아들을 피렌체에 남겨두었다. 두 사람 중 누가 명목상 지도자로 임명될지는 미정이었다. 지배 왕가에서 통용되는 '왕위 계승'법에 따르면 분명히 우선권은 로렌초에게 있었다. 그러나 인기 있는 숙부 줄리아노와 달리 로렌초는 교만하고 야심만만했으며 귀가 얇았다. 무엇보다 더 큰 문제는 로렌초가 어머니 알폰시나

오르시니에게 의존하는 것이었다. 그녀는 아들과 함께 큰일을 계획하고 있었다. 이런 조건에서 가문 내 권력투쟁은 금세 마무리되었다. 선량한 줄리아노는 경작지를 정리하고 로마로 이주했다. 로렌초와 그의 고문들은 공화국을 다스리는 어려운 과제를 떠안았다. 로렌초가 이름을 물려받은 조부는 이 과제를 잘 극복함으로써 귀족의 대부분을 자기편으로 만들었다. 그러나 마키아벨리가 날카롭게 지적했듯이 시대정신은 변하고 정평이 난 처방전은 더 이상 듣지 않는다. 게다가 위대한 로렌초는 가문의 수장으로서 결정권을 지닌 주인이었다. 반면에 그의 손자는 응석받이로 그리고 실권자인 교황의 꼭두각시로 여겨졌다.

1512년 이후 메디치가의 지배는 갈수록 불신을 받으며 점점 더 인기가 없어졌다. 로마교황청에는 레오 10세가 선출되기 전에 승진과 부를 꿈꾸고 있는 사람이 많았다. 이 꿈은 극소수에게만 실현되었다. 몇 세대 동안 흥망을 함께한 푸치가와 다 비비에나가는 이제 출세하여 추기경 모자를 보답으로 받았다. 그러나 중간층은 말할 것도 없고 대다수 상층도 홀대받았다. 피렌체인들은 연회 비용까지 떠안아야 했다. 레오 10세가 대은행가인 코시모 데 메디치의 증손자이기는 했지만 그의 재정은 상업적 절약이 아니라 지출이 우선이었기 때문이다. 지출이 워낙 많아 바티칸의 금고는 금세 바닥이 났고 피렌체가 뛰어들어야 했다. 그런데도 1513년 3월 피렌체는 그 '위대한 아들'의 승리를 축하하는 축제를 벌였다.

이례적으로 메디치가의 행운이 마키아벨리에게도 행운을 가져다주었다. 마키아벨리는 여전히 요주의 인물이었지만 자유의 몸이었고 고발당하지 않았다. 그러나 마키아벨리는 직위와 수입을 잃었다. 이런 상황을 어떻게 버텨내야 하겠는가? 공화국의 전 대리공사는 왕년의 상사인 프란체스코 베토리에게 도움을 청했다. 1513년 초 베토리는 피렌체

라파엘로가 그린 줄리아노 데 메디치. 마키아벨리는《군주론》을 줄리아노에
게 헌정하려 했다. 그러나 줄리아노는 1516년 사망한다.

로렌초 데 메디치 2세. 조반니 데 메디치가 교황에 선출되면서 로렌초는 공화국을
다스리는 과제를 떠안았으나 실권자인 교황의 꼭두각시일 뿐이었다. 그림은 라파
엘로가 그렸다.

대사로서 로마에 파견되었다. 율리오 2세가 살아 있는 동안 로마에 파견된 피렌체 대사는 요직이었다. 그러나 레오 10세가 선출되자 그 모든 의미를 잃었다. 피렌체의 모든 것을 교황이 결정하는데도 왜 피렌체 대사가 필요했을까?

피렌체 대사는 메디치가의 은총이라는 태양 아래 있지 않은 사람들을 위해 필요했다. 피렌체 대사가 이런 사람들에 대해 교황에게 좋은 말을 해주었다. 마키아벨리가 로마에 있는 친구에게 보낸 편지들은 이를 분명히 보여준다. 베토리가 피렌체에 돌아와 있던 1513년 3월 13일에서 1515년 1월 31일 사이 마키아벨리는 그에게 25차례 편지를 보냈고 17차례 답장을 받았다. 발신과 수신의 비율만 봐도 누가 누구에게 무엇을 원했는지를 확실하게 보여준다. 그러나 영향력과 지위를 잃고 정치 활동을 금지당한 전 서기와 세상을 지배하는 정치 세력에 대해 의견을 교환하는 것 외에 달리 할 일이 거의 없는 대사 사이에 이루어진 서신 교환이었다. 그 결과 서신 교환은 두 당사자가 모든 것을 쏟아부은 지적 힘겨루기가 되었다. 마키아벨리는 파면당했음에도 권력자에게 무언가를 제공해야 한다는 것을 자신과 세상에 보여줘야 했다. 이를 위해 마키아벨리는 대사 보고서와 비망록에 산재해 있던 정치와 역사에 관한 생각을 완전한 논문 형태로 쓰기 시작하면서 베토리와 서면 대화를 시작했다. 이 글쓰기는 로마에 있는 베토리에게 보낸 편지에 영향을 미쳤다. 베토리는 도전을 받아들이고 이겨냈다. 이로써 마키아벨리의 편지에 대한 베토리의 답장은 생각을 자세히 밝히고 날카롭게 다듬는 계기가 되었다.

서신 교환을 시작할 무렵 마키아벨리는 곤경에 처해 있었다.

파올로 베토리에게서 들으셨을지도 모르겠습니다만 저는 이 도시가 온통 기쁨에 싸인 가운데 감옥에서 풀려났습니다. 원래는 파올로의 도움과 귀하의 지원을 받고자 했던 일입니다만 그래도 감사의 뜻을 표합니다.[60]

1513년 3월 13일자 통한의 청원서 들머리에는 비꼬는 유머가 담겨 있다. 마키아벨리는 기뻐하지 않았다. 레오 10세의 선출을 피렌체인들이 기뻐한 '덕분에' 풀려났다. 충격적인 일이 두 번 일어난다. 베토리 형제는 마키아벨리를 지원할 빚이 있었을 것이다. 그러나 형제는 비겁하게도 거부했다. 이는 따로 언급할 필요가 없다. 그래서 다음의 청원에는 풍자가 엿보인다.

> 귀하는 제 동생 토토가 어떻게 지내고 있는지 알고 있습니다. 저는 어느 모로나 귀하와 파올로에게 토토를 추천합니다. 토토도 저처럼 교황 밑에서 일하기를 원합니다. 그것도 임명장을 받아 급료를 받으면서 일하기를 원합니다. 이것이 우리가 귀하에게 청원하는 이유입니다.[61]

물론 베토리는 마키아벨리 형제에게 레오 10세 밑의 일자리와 양식을 마련해주는 기적을 일으킬 수 없었다. 마키아벨리가 이 터무니없는 청원을 하는 목적은 단지 베토리에게 양심의 가책을 느끼게 하려는 데 있었다. 베토리 당신은 잘 지내고 있겠지만 우리는 비참하게 지내고 있다는 것이다. 같은 편지에서 마키아벨리가 훨씬 더 신중하게 말하는 두 번째 청원은 당연히 진지했다.

> 토토 자신이나 그의 가속에게 도움을 주려니 제게 생각나는 사람은 귀하뿐이니 이점을 양해해주십시오. 저는 귀하를 존경하고 귀하가 제게 도움을 줄 수 있다고 믿기 때문입니다.[62]

누구보다 국가에 대해 더 많이 알고 있어서 성공적인 정치를 가르칠 수 있다고 생각하는 사람이 이렇게 썼다. 마키아벨리는 달리 방법이 없었다. 인맥을 동원하려고 온갖 노력을 하면서도 자신이 이 같은 행동을 얼마나 혐오하는지 절감하지 않을 수 없었다. 마키아벨리가 베토리에게 유용하듯이 베토리도 마키아벨리에게 유용한 지원을 해줄 수 있다고 했다. 자기 비하는 자랑스러운 자기주장이 곧 뒤따를 때만 견딜 수 있었다.

베토리의 3월 15일자 편지는 새 권력자에 대한 마키아벨리의 생각을 보여줄뿐더러 사실상 그것이 마키아벨리에게 무엇을 의미하는지도 보여준다.

> 귀하가 알지 못하는 이유로 저는 여덟 달 전부터 이전보다 더 큰 고통을 견디고 있습니다. 그러나 귀하가 감금되었다는 소식보다 더 큰 고통은 없었습니다. 저는 귀하가 진상이 밝혀져도 이유도 없이, 잘못도 없이 고문을 감내해야 한다고 처음부터 확신했습니다. 귀하가 저를 믿어주셨는데도 도와드릴 수 없어서 괴롭고 토토가 급히 소식을 전해주었을 때 조금도 도와드리지 못해 심기가 불편했습니다. 교황이 선출되었을 때 저는 교황에게 딱 한 가지 은총, 즉 귀하의 석방을 청했습니다. 교황이 얼른 허락해줘서 대단히 기뻤습니다.[63]

노골적일 정도로 직설적으로 쓴 마키아벨리와 달리 베토리 대사의 편지는 암호문 같다. 여덟 달 전부터 감내한 고통은 맥락상 저변이 넓은 정체의 몰락을 의미할 수 있다. 이로써 베토리는 은근히 그러나 분명하게 마키아벨리가 피렌체에서 애국심을 가진 유일한 공화주의자가 아니라고 알려주었다. 이는 자신만 생각하고 자기 상처만 핥고 있는 마키아벨리의 청원에 대한 베토리 나름의 질책이었다. 1513년 3월 11일 전에 마키아벨리를 위한 그 어떤 중재도 금지되었다는 사실은 그의 혐의가 얼마나 중대했는지 보여준다. 또 다른 동기가 감지된다.

> 사랑하는 벗이여, 그대에게 딱 한마디 하겠소. 이전에 비슷한 경우를 당했을 때처럼 이 박해에 관한 한 힘내고 낙관하시오. 사태가 해결되었고 이 사람들의 운la fortuna di costoro은 상상과 필설을 뛰어넘기 때문이라오.[64]

'이 사람들'은 메디치가 사람들이었다. 포르투나는 과연 이들에게 호의를 보였다. 37세 추기경 조반니는 아무런 가망도 없이 콘클라베에 참가했다가 교황이 되어 나왔다. 몇 달 전만 해도 조반니는 프랑스에 감금되어 있었다. 그사이에 외국 군대가 그의 가문을 위해 피렌체를 탈환했다. 많은 운이 이를 받은 자들에게 호의를 보였음이 분명했다. 마키아벨리는 여전히 감시하에 있었음에도 이제 두려울 게 없었다. 마키아벨리는 메디치가에 대한 베토리의 퉁명스러운 말을 분명히 새겨들었을 것이다. 그들의 운은 베토리의 운이 아닙니다. 그대를 위해 더 많은 것을 해줄 수 있을 만큼 우리는 그들과 가깝지도 않고 친하지도 않습니다. 마키아벨리와 달리 베토리는 이 쓴 알약에 설탕을 묻힐 수밖에 없다고 생각했다. 그의 편지는 친구에게 언제든지 로마를 방문해달라고 요청하는 것으로 끝났다.

마키아벨리는 곧바로 답신을 보냈다. 이 편지에서 마키아벨리는 완전히 다른 어조를 취했다.

> 귀하의 호의적인 편지 덕분에 저는 지난날 불유쾌한 일들을 잊었습니다. 귀하가 제게 가진 애정을 무엇보다 확신하고는 있었지만 이 편지는 제게 소중

합니다. 이루 말할 수 없이 고맙습니다. 저는 귀하에게 유익과 도움이 될 수 있게 하느님께서 제게 능력을 주시기를 기도합니다. 아직 남아 있는 생은 위대한 줄리아노와 파올로 덕분이라고 말할 수 있기 때문입니다.[65]

냉랭한 감정이 감사 표시에 변함없이 뒤따랐다. 무례한 태도 변화에서 마키아벨리는 자기가 석방된 것은 구제해주리라 기대한 베토리 덕분이 아니고 다른 사람 덕분임을 분명히 밝힌다. 마키아벨리는 앞날을 낙관적으로 보라는 베토리의 요구를 꽤 냉랭하고도 거만하게 물리쳤다.

> 운명에 맞서라는 귀하의 요구에 관해 말하자면 제가 견뎌낸 고통은 걱정하지 마십시오. 저는 저 자신이 자랑스러울 만큼 운명을 당당하게 이겨내고 있습니다. 우리의 새 보호자questi patroni nostri가 저를 추방하지 않으려고 한다면 이는 제게도 좋은 일입니다. 그들이 저를 대견해할 이유를 갖게 할 수 있으리라 생각하기 때문입니다. 그리고 그들이 그럴 리가 없다면 저는 지금까지처럼 살 것입니다.[66]

마키아벨리는 자기가 지금까지 베토리를 위해 해준 것 이상으로 베토리가 자신에게 빚지고 있다고 생각했다. 이와 달리 베토리는 양심의 가책을 받지 않았다. 베토리는 앞으로도 마키아벨리를 위해 힘쓰기로 했다. 그러나 제대로 도와주지 못한 데 대한 보상으로서가 아니라 순수한 우정에서 그렇게 하기로 했다.

이런 차이에도 불구하고 어느 쪽도 사적으로나 정치적으로 상대를 속박할 수 없는 의견과 경험 교환을 위한 토대가 마련되었다. 베토리는 허심탄회하게 시작했다. 마키아벨리는 이를 고맙게 받아들였다. 메디치가를 의미하는 '우리의 새 보호자'라는 마키아벨리의 표현은 보호자와 피보호자 관계라는 말에서 나온 것인데 반어적으로 사용되었다. 이 표현을 곧잘 사용한 메디치가는 피렌체의 보호자였으나 개인 운명의 보호자는 아니었다. 메디치가가 자신을 다시 고용하든지 자신과의 관계를 끊든지 간에 니콜로 마키아벨리는 자신에게 충실하리라고 결심했다. 딱히 쓸모가 없었던 대사 베토리는 이를 정확히 꿰뚫어 보았다.

따라서 피렌체에서 마키아벨리의 불안한 지위에 대해서는 그 후로 비꼬는 듯한 경멸적인 표현 외에는 더는 언급이 없었다. 이처럼 마키아벨리는 자숙하면서 자랑스러운 자기주장의 문장들 다음에 곧바로 요즘 떠도는 피렌체인에 관한 소문으로 넘어갔다. 그 후 서신 교환은 1515년 1월까지 본질적으로 두 가지를, 즉 정치와 매혹적인 분규를 중심으로 이루어진다. 판이한 이 두 주제 영역은 갈수록 점점 더 가까워진다. 누가 어떻게 그리고 어떤 정복을 계획하고 있는가? 어떤 행동 방식이 기대되는 결과를 약속하는가?

위대한 정치라는 대우주에서 중요한 문제는 두 가지다. 하나는 레오 10세는 무엇을 달성하려고 하고 이를 위해 누구와 동맹하려고 하느냐는 것이다. 다른 하나는 동맹이 지금과 앞으로 어떤 역할을 하느냐. 두 사람이 편지로 이를 논의하며 지난 일을 들추었고 가능한 억측을 다 했다. 교황이 이것을 하면 프랑스의 반응은 딱 한 가지일 것이다. 그러면 스페인이 또 개입할 것이고 영국도 가만히 있지 않을 것이며 스위스는 독자적으로 반응할 것이다. 공화국 전 서기와 할 일이 없는 대사는 자신들이 권력 게임의 구경꾼임을 늘 의식하고 있었다. 두 사람은 이런 논의가 은연중에 우스꽝스러운 결과를 초래할 상황이라는 것을 잘 알고 있었다. 1513년 7월 12일자 편지에서 베토리가 먼저 그 이야기를 꺼냈다.

사태가 이성에 따라 전개되지 않아서 이에 대해 말하고 논쟁하며 토론하는 것이 애당초 쓸데없는 짓이라고 생각하면서도 40년 넘게 봐온 일이라서 그런지 저는 다른 주제와 사상에는 익숙하지 않습니다.[67]

베토리가 보기에 정치를 적극적으로 결정짓지 못하면서 정치 이야기를 하는 것은 나쁜 버릇이었다. 그야말로 고질적 악습이었다. 베토리는 마키아벨리와 하는 모의 정치 게임을 두 사람에게 막혀버린 현실의 대용이라고 생각했다. 이로써 베토리는 정치가 금지된 마키아벨리의 상처를 아프게 건드렸다. 한편 베토리는 간혹 드러나듯 로마에서 직위를 잃은 것처럼 보여도 이에 아랑곳하지 않았다. 그래서 베토리는 이런 모의 정치 게임을 조롱할 여유도 있었는데, 1513년 11월 23일자 편지에 잘 드러나 있다.

우리가 오래되고 낡은 갑판에서 새 패를 들고 카드 게임을 시작했을 때 나와 판자노 사이에 일어났던 일이 우리에게도 일어날까 봐 그때 귀하에게 답하지 않았습니다. 심부름꾼이 새 카드를 가지고 왔을 때 우리 중 하나는 돈을 잃은 상태였습니다. 이처럼 그들이 게임을 계속하는 동안 우리는 군주를 달래는 것에 대해 이야기했습니다.[68]

정치에는 아무리 지적 노력을 기울여도 완전히 파악할 수 없는 나름의 법칙이 있다고 베토리는 말했다. 지성인은 이성으로 대처하지만 권력자는 그렇지 않기 때문이다. 권력자는 편애와 욕망에 이끌리므로 계획적으로 반응하지 않고 변덕스럽고도 예측 불가능하다. 다음 조치를 예측할 수 있으려면 외부인이 할 수 있는 것보다 더 깊이 그 내적 본질을 꿰뚫을 수 있어야 한다. 그러나 이는 군주와 공화국이 지금까지 보여준

속성에서 그들의 앞으로의 태도를 그럴듯하게 도출해낼 수 있음을 내포한다. 이는 스위스에도 적용된다.

> 카사(필리포 카사베키아)가 편지에서 말한 것처럼 스위스가 독일과 동맹을 맺으리라는 귀하의 우려는 괜한 것입니다. 그들과의 적대 관계도, 그들이 오스트리아 왕가를 끊임없이 괴롭혔다는 것도 결정적 이유가 될 수 없습니다. 오히려 황제의 강화된 지위가 그들에게 해롭다는 것을 그들이 알 만큼 영리하다는 게 이유가 될 수 있습니다. 그들이 식민지를 만드는 것도 그다지 걱정할 게 없습니다. 형편상 식민지를 만들기에는 부족합니다. 그들은 약탈한 물품과 돈을 잔뜩 모아서 귀국하는 것으로 충분합니다. 황제는 태도를 바꿀 수 있을 것이고 스위스인은 다른 민족을 희생시켜 무언가를 배울 수 있으리라고 귀하가 답변해주시면 저는 그것을 이론적으로 인정하겠습니다. 세상사는 부침이 있습니다. 제가 생각하는 평화는 몇 년간 지속하는 평화이지 항구적인 평화는 아닙니다.[69]

베토리에 따르면 역사의 기본 패턴만 예측할 수 있다. 역사는 개별 사례에서 수많은 변수를 허용한다. 상수는 동맹의 약탈 욕구다. 그들은 약탈 행각으로 부유해지려 하지만 제국을 이룰 수는 없다. 이 충동 때문에 그들은 부자의 소유물을 배불리 먹고 싶어하는 단순한 사람 수준에 머무른다. 그러나 스위스인이 앞으로 어디서 이익을 도모하고 누구와 동맹할지는 아직 명확하지 않다. 하물며 사례에 따라 어떻게 행동할지는 더더욱 알 수 없다. 탐욕은 인간을 예측 불가능하게 만든다. 변수도 많다. 그 가운데 어떤 것이 나타날지는 아무도 예측할 수 없다.

인간의 끝없는 이기주의와 이에 따른 팽창욕에 관해서는 베토리와 의견의 일치를 보았음에도 마키아벨리는 역사 인식에 대한 소극적 태도에 만족할 수 없었다. 마키아벨리는 인간과 국가의 의지 및 노력을 초월하여 역사를 결정하는 힘을 믿었다.

스위스를 어느 정도 두려워해야 할지에 대해 귀하는 완전히 착각하고 있습니다. 저는 그들을 크게 두려워해야 한다고 생각합니다. 카사는 저와 이 문제를 두고 곧잘 토론하곤 했던 친구들처럼 제가 베네치아가 잘 나가던 때부터 베네치아인을 경시했다는 것을 알고 있습니다. 그들이 제국을 상실한 것보다 정복하여 유지한 게 제게는 훨씬 더 큰 기적처럼 여겨집니다. 그들의 몰락은 되레 명예스러운 것입니다. 프랑스 왕이 아니어도 체사레 보르자나 약간의 명성이 있는 군사령관으로도 충분히 몰락시킬 수 있었을 테니까요. 이들이 이탈리아에 나타나기만 하면 병사 1만 5000명으로 거뜬히 해결할 것입니다. 베네치아인이 자체 군사령관과 병사 없이 작전을 수행했기 때문에 저는 이렇게 평가합니다. 저는 베네치아인을 두려워하지 않는 이유와 같은 이유로 스위스인을 두려워합니다. (…) 지금으로서는 그들은 예속되려고 하지 않습니다. 이득이 없기 때문입니다. 그들은 지금 그렇게 보고 있어서 그렇게 말하고 있습니다. 그러나 다른 편지에서 귀하에게 말씀드린 대로 사태는 단계적으로 진행됩니다. 인간이 자발적으로는 하지 않을 것도 부득이 하게 되는 경우도 더러 있습니다. (…) 한 조사에 따르면 지금 이탈리아에 있는 스위스인들이 밀라노 공작과 교황에게 이미 공납 의무를 지웠습니다. 그러나 그들은 이 공납을 정기 수입으로 빼돌렸습니다. 그들은 이를 포기하려고 하지 않습니다. 공납 의무를 이행하지 않으면 그들은 이를 반역으로 처벌할 것입니다. 창을 들고 출동하여 무찌르고 피정복자를 굴복시켜 병합할 것입니다. (…) 그들 간의 의견 충돌과 불화에 관해 말하자면 그들이 법률을 준수하는 한 당분간 하려고 하는 데 영향을 미칠 것으로 생각하지 마십시오. 그들에게는 추종자를 거느린 우두머리가 없고 추종자가 없는 우두머리는 금세 몰락하여 아무런 성과도 내지 못하기 때문입니다. (…) 저는 스위스인이 로마인처럼 제국을 만들 것으로 생각하지 않습니다. 저는 지리상 가깝다는 점과 우리의 분규로 인한 어지러운 질서를 이용하여 스위스인이 이탈리아에서 중재자가 되리라고 확신합니다. 저는 이것에 경악하여 이를 저지하고자 합니다.[70]

여기서 소동맹은 과장되게 묘사되었다. 스위스인이 밀라노 공작을 그들에게 의지하게 했다는 것은 맞지만 교황에 대한 공납 의무는 도대체 무엇인가? 레오 10세가 전임자처럼 스위스 용병을 고용했다고 해서 스위스에 예속되었는가?

마키아벨리의 논거는 용병이 필요한 자는 이에 의존한다는 것이었다. 율리오 2세는 스위스인의 도움으로 승리했고 레오 10세는 그를 본받으려고 했다. 이렇게 해서 의존관계가 뒤바뀌었다. 즉 두 교황은 스위스의 가신이 되었다. 마키아벨리의 이 같은 생각은 결국 정치적 상투어로 간주되었고 베토리는 이를 억지스러운 촌극으로 보았다. 메디치가의 감옥에서 풀려난 마키아벨리는 목전의 위험을 무릅쓰고 자신의 사상 체계에 사로잡혔다.

마키아벨리는 스위스 문제에 한 가지 제한을 두었다. 즉 스위스가 고대 로마처럼 위대해지지는 않으리라는 것이었다. 스위스가 그렇게 막강해진 것은 로마를 모방한 덕분이었다. 스위스인은 광범한 연구 결과를 토대로 로마의 성공 처방전을 따른 게 아니라 분명한 힘의 본능으로 이를 따를 것이다. 이로써 스위스인은 역사 해석자 마키아벨리가 확고히 입증했듯 로마를 배운다는 말은 승리하는 법을 배운다는 뜻임을 부지불식간에 보여주었다. 고대 로마인처럼 스위스인은 시민인 동시에 병사였다. 고대 로마인이 그랬듯이 스위스인에게는 정당도 없었고 메디치가 같은 조직의 지도자도 없었다. 스위스의 지도자에게는 공화국의 지배 수단인 피보호자가 없다. 그 대신 스위스 공화국에서는 유력자와 시민 간에 자유로운 경쟁이 존재했다. 또한 스위스인은 모든 성공한 국가를 움직인 필연성의 법칙에 따라 행동했다. 자칭 미래 해석자인 마키아벨리에 따르면 스위스인은 이 필연성에 따라 동맹을 단계적으로 예속된 지위로 떨어뜨릴 것이다. 고대 로마인도 이런 행동 방식을 보여주었다. 이런 식으로만 정복에 성공할 수 있었기 때문이다. 작은 국가가 큰 국가를 정복하여 곧바로 예속하려다가는 멸망할 것이다. 예속민들은 잃어버린 자유를 아쉬워하며 기회만 있으면 자유를 되찾으려고 할 것이다. 따라서 영리한 정복자는 이와 달리 행동한다. 그들은 패자를 결코 벗어나지 못할 굴레에 단계적으로 익숙하게 만든다. 로마인이 그렇게 했고 지금은 스위스인이 그렇게 하고 있다.

뜻밖에도 두 정치가의 이 같은 조망은 역사에서 배울 수 있는 것에 관한 토론을 심화했다. 마키아벨리에게 역사 법칙은 확고부동했다. 베네치아의 예에서 보듯이 로마를 본보기로 따르지 않는 자는 장기적으로 성공할 수 없었다. 베네치아는 자체 지휘관으로 해전에 임했다. 그러나 육지에서 '세레니시마'는 손해를 보면서도 용병대장을 신뢰했다. 그래서 마키아벨리는 마르코공화국이 곧 몰락하리라 예측했다. 용병에 의존하는 국가는 다른 결함도 많이 보여줄 것이 틀림없었다. 반면 마키아벨리가 느낀 스위스에 대한 이미지는 더욱 찬란했다. 스위스에서는 종교가 그에 걸맞은 역할을 했다. 종교는 이탈리아를 약화했으나 스위스를 강화했다.

베토리와의 서신 교환은 마키아벨리의 사상이 어떻게 정연한 체계를 갖추고 견고해졌는지를 보여준다. 이는 속박과 온갖 사건들이 없었다면 불가능했을 것이다. 독립된 13개 주로 이루어진 스위스연방이

1513년부터 이탈리아를 예속하려 했다는 것을 베토리는 당연히 상상도 할 수 없었다. 그러나 마키아벨리는 일찍이 로마인이 했던 일이라 지금도 가능하다고 확신했다. 마키아벨리는 피렌체공화국의 몰락과 자신의 영락을 초래한 원인에 대해서도 막무가내로 자기주장을 확신하고 있었다.

> 사건들을 전체적으로 살펴보면 스페인 왕은 명민함이나 선견지명과는 거리가 멀고 약고 운이 좋다는 것을 귀하는 알게 될 것입니다.[71]

스페인이 이긴 것도 그저 우연이었다. 이와 달리 프랑스는 왕이 마키아벨리처럼 필연성을 깨달았더라면 이겼을 것이다.

> 이 일로 스페인 왕은 (…) 쓸데없이 국가를 위험에 빠뜨렸습니다. 이는 어느 군주도 감내할 수 없는 대담한 행동이었습니다. 저는 '쓸데없이'라는 말을 씁니다. 교황이 부단히 프랑스의 감정을 상하게 하고 그 동맹국을 공격하며 제노바를 선동했다는 것을 스페인 왕이 그 전해에 경험했기 때문입니다. 그러나 교황이 부단히 프랑스를 자극했음에도 스페인은 교황에게 군대를 보내 프랑스의 보호하에 있는 나라들에 해를 끼쳤습니다. 그런데도 프랑스가 승리하여 교황을 달아나게 하고 군대를 약탈하고 스페인을 나폴리에서 쫓아냈듯이 교황을 로마에서 쫓아낼 수 있었을 때 전쟁이 끝나고 평화가 찾아왔을 것입니다.[72]

스페인의 역사는 마키아벨리가 보기에 역설적으로 진행되었다. 스페인 왕은 확고한 정치적 성공 법칙을 따르지 않았음에도 승리했다. 이런 경우 역사 법칙 형성에 허용된 단 하나의 방해 요소인 포르투나가 개입했음이 틀림없다. 이와 달리 프랑스 왕은 영원히 이탈리아를 없앨 절호의 기회를 잡고도 그냥 보내버렸다. 대사상가 마키아벨리도 이에 대해서는 무기력했다. 마키아벨리는 다음과 같이 자신에게 무죄 판결을 내렸다. 내 분석은 모두 맞았다. 예견할 수 없는 우연이 거듭 개입하지 않더라면 루이 12세가 틀림없이 승리했을 것이다.

베토리는 그 자체에 숨은 아이러니와 함께 마키아벨리의 로마 숭배와 독선에 이의를 제기했다.

귀하는 영리함과 지력, 경험을 지니고 있으므로 제가 말하고자 하는 것과 쓰고자 했던 것을 더 잘 알 것입니다.[73]

더 나아가 베토리는 최고의 영광을 드러낼 기회를 주는 난제를 친구에게 제시했다.

귀하가 이에 관해 무언가를 제게 쓰면 교황이 그 글을 읽을 수 있다는 점을 생각해주기를 바랍니다. 이것으로 제가 명예를 얻고자 한다고는 생각하지 마십시오. 정반대입니다. 귀하의 글이 적절하다고 여겨지면 귀하의 이름으로 이를 교황에게 전해줄 것을 약속합니다. 저는 다른 사람의 명예와 재산, 적어도 귀하의 명예와 재산을 훔치고 싶지 않습니다. 귀하를 제 자신처럼 사랑하기 때문입니다.[74]

마키아벨리는 정치에 관한 글을 실제 정치 대용물로 그리고 자신의 억지스러운 촌극 뒤에 감추어져 있는 우울의 치료제로 이용해야 했다.

저는 여기에서 벼룩과 함께 지내겠습니다. 이곳에는 제가 무엇을 했는지

를 기억하는 사람도, 제가 어떻게든 소용이 있으리라 믿는 사람도 없으니까
요. 그러나 오래 견딜 수는 없을 것입니다. 그러면 지치기 때문입니다. 따라
서 하느님이 제게 호의를 더 보이지 않으면 저는 집을 떠날 것이고 뾰족한
수가 없으면 가정교사나 고관의 비서로 일할 것입니다. 그렇지 않으면 저를
죽은 것으로 간주할 가족을 뒤에 남겨두고 신에게 버림받은 곳에 정주하며
아이들에게 책 읽기나 가르칠 것입니다. 돈만 축내며 살지만 안 쓰고는 살
수 없으니 가족에게는 제가 없는 편이 더 좋을 것입니다.[75]

마키아벨리가 마을 학교 교사라니 생각만 해도 웃음이 나온다. 그러나
정색하지 않을 수 없는 웃음이다. 그 뒤에는 베토리가 감지한 것처럼
절망이 깔려 있다.

베키오 궁전. 피렌체 공화정의 중심으로 정무궁, 즉 청사로 사용되었던 건물이다.

4장

·

저술
(1513~1520)

## 매혹적 정복과 환상

생활고와 고립뿐만 아니라 피렌체와 로마의 정치 상황도 나날이 마키아벨리를 불행하게 했다. 이 점에 대해서는 베토리도 의견을 솔직히 말했다. 베토리는 지금까지 피렌체를 간접 지배해온 메디치가가 군주제 형태로 지배를 강화하려 한다고 확신했다. 이 목적을 위해 메디치가는 피렌체인을 달래고 효과가 빠른 정책을 버리려 했다. 아울러 베토리는 교황 레오 10세가 가문을 위해 거창한 일을 계획하고 있다고 곡해했다.

> 레오 10세는 자기 친척에게 국가를 마련해주고 싶어하는 게 분명해 보입니다. 이전 교황들, 즉 갈리스토, 비오, 식스토, 인노첸시오, 알렉산데르, 율리오 2세도 그렇게 했습니다. 그렇게 하지 않은 자에게는 기회가 없었습니다.[1]

교회는 지독히 나쁜 두 교황, 즉 알렉산데르 6세와 율리오 2세를 견뎌냈으므로 현 교황도 견뎌낼 터였다. 이탈리아는 역사상 최저점에 이르렀는데, 이에 대해서 베토리와 마키아벨리는 의견이 같았다. 두 사람은 피렌체 정치로 기분이 상하기도 했고 위험하기도 했다. 그래서 두 사람은 강대국과의 모의 정치 게임을 책임 회피성 묘책으로 내놓았다. 이로써 암울한 현실에서 벗어나 더욱 흥미진진한 세계에서 꿈을 계속 꿀 수 있었다. 1513년 6월 20일자 편지는 마키아벨리가 이 대용물에 얼마나 크게 매달리고 있었는지 잘 보여준다. 이 편지에서 마키아벨리는 '내가 교황이라면'이라는 가정법을 사용하여 무력함에서 벗어나 글로벌 플레이어라는 지위를 꿈꾸며 이에 따른 전략을 고안했다. 그러나 상상 속

권력이라는 연기는 금세 날아가버렸다. 무기력하게 하는 지루함과 쓸모없는 존재라는 느낌에 대해 무엇을 할 수 있었겠는가?

군사적 수단이나 정치적 수단으로 정복할 수 없는 자는 매혹적인 약탈 행각에 나선다. 예민한 베토리도 이 무해한 주제를 구실로 삼았다. 베토리는 마키아벨리가 선뜻 자기를 따를 것이라고 확신할 수 있었다. 어쨌든 그는 이 분야에서 명성을 지켜야 했다. 베토리는 1513년 11월 23일에서 1514년 1월 18일 사이에 쓴 편지로 게임을 시작했다. 이 편지에서 베토리는 자신을 소심하고 우유부단한 사람으로 묘사하고 무대에 오를 준비를 한 후 후속 시나리오를 구상했다.

귀하와 달리 저는 정복자가 아닙니다. 오히려 정복당하기를 원합니다. 저는 바티칸의 바람이 들지 않는 곳인 로마 보르고에서 조용히 편안하고 소박하게 살고 있습니다. 일이 별로 없어 시간이 남아돕니다. 그래서 어리석은 생각만 합니다. 이웃집 과부는 매력적입니다. 저녁이면 우리는 벽난로 앞에 앉아 좋은 이웃 간의 잡담을 나눕니다. 이때 과부는 딸을 데리고 옵니다. 수줍어하는 과부의 딸은 젊은 만큼이나 매력적입니다. 이 만남에서 딸의 어머니가 제게 미소를 보내 머리가 어질어질합니다. 어쨌든 저는 마흔이 된 남자고 기혼이며 곧 시집갈 딸들의 아버지입니다. 이성은 모험에 반대하지만 사랑에 빠진 자에게 무엇을 할 수 있겠습니까? 이웃 여자는 우리의 이 단란한 만남에 아들, 즉 잘 교육받은 훤칠한 젊은이도 가끔 데리고 옵니다. 저의 지인 한 명도 이 젊은이에게 마술에 걸린 듯이 사로잡힙니다. 정말이지 매혹당한 데다 환상을 가진 이 지인은 젊은이에게 노골적으로 제안합니다. 그러나 이 젊은이는 가만히 흘려듣습니다. 이 다소곳한 거절은 가족의 여자들에게도 해당합니까? 저는 어떻게 해야 합니까? 귀하는 제게 뭐라고 충고할 것입니까?

286

베토리가 편지에서 보여준 상황은 억지로 꾸며낸 것 같다. 마치 미끼 같다. 마키아벨리는 이 미끼를 덥석 물었다. 마키아벨리는 베토리에게 미친 듯이 방탕하게 행동할뿐더러 경솔하게도 행동하라고 충고했다. 즉 다른 사람이 입을 열게 해야 한다는 것이었다. 그들이 입을 열면 오로지 질투에서 나온 것이다. 원칙적으로 모든 정복은 정복자에게 명성을 가져다주는데 사랑도 마찬가지라고 마키아벨리는 말한다. 인간이 즐길 수 있는 삶은 단 한 번뿐이기 때문이다. 카르페 디엠 '오늘을 즐겨라.' 기회는 생기는 대로 이용하라. 베토리는 이 충고를 확실하게 받아들였다.

도덕가의 눈에 무례한 이 도덕철학은 마키아벨리에게 분명 중요했다. 인습에 갇힌 자나 인습에 겁을 먹은 자는 자연에 반하는 삶을 산다. 마키아벨리는 이 기본 문제에 대한 교회의 판단을 인정하지 않았다. 마키아벨리에게 성性은 삶이자 놀이이자 투쟁이었다. 그래서 마키아벨리는 이런 것들을 거침없이 말했는데, 당대 인문주의자들은 금기했던 일이었다.

1514년 2월 25일자 편지에서 마키아벨리는 카사베키아가 성 사기꾼에게 기만당한 이야기를 단호한 어조로 말했다. 온 시내에 알려진 나이 지긋한 동성애자 줄리아노 브란카치는 어둠 속에서 미켈레라는 남창에게 섹스를 요구하고 화대는 나중에 주겠다면서 꾀었다. 자신을 필리포 카사베키아라고 소개한 브란카치는 이 도시에 가게를 가지고 있으니 화대는 걱정하지 말라고 했다. 다음 날 미켈레는 브란카치가 말한 가게로 가서 돈을 청구했지만 당연히 거절당했다.

미켈레, 넌 사기당했어. 난 예의 바른 사람이라 그런 무례한 짓을 좋아하지 않지. 그러니 날 비난하는 대신 나와 둘이서 이 사기를 폭로하고 그놈을 찾

을 생각을 하는 게 나을 거야. 난 그렇게 할 거야. 내일 다시 와. 그러면 내 계획을 일러주지.[2]

마키아벨리는 도덕적 스캔들로 보이는 문제를 곧바로 전략적 모의 정치 게임으로 바꾸어 생각했다. 즉 정치에서처럼 사기에는 사기로 대응해야 한다고 생각했다. 한 가지 차이는 정치에서 멀어진 자들도 이 분야에서 활동할 수 있다는 것이다. 게다가 그들은 다시 정치에 발을 들여놓을 때 도움이 될 기술을 함양할 수 있다.

그러나 현실에서 카사베키아는 생각처럼 태연하게 행동하지 않았고 "돌풍이 물보라를 일으킬 때 피사의 바다처럼 동요했다." 카사베키아의 신중함은 딜레마에 빠졌다. 미켈레에게 돈을 주면 행위를 인정하는 셈이므로 미켈레가 멋대로 협박할 수 있었다. 그러나 미켈레에게 돈을 주지 않으면 진술에 반하는 진술이 된다. 그러면 자극적인 것을 좋아하는 피렌체인들은 카사베키아를 믿지 않고 미켈레를 믿을 것이다. 결정적 증거도 없이 다른 누군가에게 뒤집어씌우면 결국 자신의 결백은 증명하지도 못한 채 적들만 만들게 될 뿐이다. 이럴 때는 냉정한 계산만이 도움이 된다. 포르투나는 옳게 결론을 도출하는 자를 도와준다. 카사베키아는 누가 자기를 곤경에 빠뜨렸는지 곰곰이 생각한 끝에 브란카치라는 결론에 이른다. 한 좋은 친구가 그의 판단을 확인해보자고 한다. 그래서 카사베키아는 미켈레를 부른다. 목소리만 듣고 지난 밤 그 남자를 알아낼 수 있느냐고 물었다. 미소년 미켈레는 그렇다고 대답하고 친구들 앞에서 큰 소리로 떠드는 브란카치를 몰래 만나러 간다. 브란카치는 미켈레를 보자 얼굴이 새파래진다. 미켈레가 손가락으로 그를 가리킨다. 사기꾼은 창피를 당하고 온 피렌체가 사육제에서 너는 브란카치냐, 아니면 카사냐 하며 흥겹게 흥얼거린다.

이야기의 교훈은 사기 치는 법도 배워야 한다는 것이다. 브란카치는 사기를 치기 위해 이름뿐만 아니라 목소리도 변조해야 했다. 정치를 위한 결론과 교훈은 합리적인 계획에 따라서 냉정한 머리로 실행해야 하므로 전략만으로는 부족하며 대응 전략이 있어야 성공한다. 이 이야기는 또한 동성애를 사형으로 처벌하려 했던 사보나롤라 이후 이제 동성애는 피렌체에서 조롱거리가 될 뿐인 죄, 즉 가벼운 죄로 여겨지게 되었다는 세태를 덤으로 보여준다. 이 사기꾼 이야기의 앞부분은 마키아벨리가 베로나에서 루이지 귀차르디니에게 보낸 편지를 떠올리게 한다. 피렌체에서는 관련자 두 명 중 한 명은 그가 누구와 관련되어 있는지 모르고 당혹스러운 일을 경험한다. 마키아벨리에게 성과 사기는 분명히 서로 긴밀하게 연관되어 있다. 이야기에서든 역사에서든 마키아벨리는 자신에게 필요한 소재로 이야기를 짜 맞췄으므로 이야기의 '신빙성'은 보장할 수 없다.

이런 주제에 대한 서신 교환은 마키아벨리가 직접 경험한 이야기를 내놓을 때만 지속할 수 있었다. 그래서 결국 베토리가 앞 장에서와 같이 방향을 제시했다. 1515년 1월 31일자 마키아벨리 편지의 도입부에 있는 다음과 같이 시작되는 소네트는 이런 맥락에서 이해할 수 있다.

활을 든 젊은 궁수가 몇 번이나
화살로 내 가슴을 쏘아댔네.
다른 사람이 당하는
재난과 불행을 그가 즐기기 때문이라네.[3]

마키아벨리에게 사랑의 신 큐피드는 마음보가 고약한 존재다. 큐피드는 호의로 사랑의 화살을 쏘지 않고 짓궂은 마음으로 쏜다. 그는 마키아벨리처럼 가슴이 다이아몬드와 같이 강하여 잘 튕겨내는 표적을 고른다. 화가 난 큐피드는 활을 바꾸고 시위를 바꾸고 화살을 바꾸어 표적을 맞힌다.

> 그는 엄청난 힘으로 화살을 쏘아
> 상처가 아직도 아프다네.
> 나는 이제야 그의 힘을 인정한다네.[4]

마키아벨리의 펜에서 나온 이 시구는 묘하게도 상투적이다. 이 시구는 매혹적인 조언자 노릇을 하는 자는 경험과 성과를 입증해 보여야 한다는 논리를 따랐다.

> 귀하의 지난번 편지에 위의 소네트 이상으로 적절하게 답을 할 수가 없었습니다. 좀도둑 큐피드가 나를 사슬에 매달려고 얼마나 애썼는지 위의 시구로 미루어 알 수 있을 것입니다.[5]

그다음 이야기는 온갖 쓸데없는 언쟁을 수반한 사랑놀이에 불과하다. 그래서 피렌체와 로마를 오간 매혹적인 '고백'에 대해서는 알려진 바와 같이 사실이 아니라는 결론만 남는다. 편지를 쓴 두 사람은 모두 자신이 보고 싶은 대로 그리고 직접 본 것처럼 썼을 것이다.

### 국내 망명

허구와 실제가 뒤섞인 게임은 편지로 계속 이어졌다. 이 편지들에서 마키아벨리는 불행한 일상을 과장하기도 하고 비꼬기도 했다. 1513년 12월 10일자 편지에는 이것이 두드러지게 나타난다. 이 편지에서 마키아벨리는 퇴락한 시골 빌라에서의 일과를 묘사한다. 먼저 마키아벨리는 부드러운 말로 베토리에게 도움을 청한다.

> 하느님의 은총이 곧 함께하기를 빕니다. 제가 귀하의 총애를 잃어버렸다고, 아니 좀 더 정확히 말하자면 저의 잘못으로 귀하의 총애를 잃어버렸다고 생각하므로 저는 위와 같이 말합니다. 귀하가 꽤 오랫동안 제게 편지를 보내지 않는데 저는 그 이유를 모르기 때문입니다. (…) 그러나 11월 23일에 받은 편지로 귀하가 별 탈 없이 공직에 임하고 있다는 것을 알고 나니 마음이 놓입니다. 앞으로도 그러기를 빕니다.[6]

이는 다음에 이어지는 문장들이 신랄한 풍자로 가득 한 데 비춰볼 때 마키아벨리의 상황이나 생활 방식과 현저히 대비된다.

> 그러나 저는 그런 은총을 입지 못하여 귀하에게 도움이 되어줄 수 없고 이곳에서 삶이 어떤 것인지 말할 수 있을 뿐입니다. 귀하가 저와 처지를 바꾸려고 한다면 이에 기꺼이 동의하겠습니다.[7]

다음은 이러한 삶이 어떤 것인지 노골적이고 대담한 말로 분명히 보여준다.

> 저는 아침에 해가 뜨자마자 일어나 제 숲으로 가서 나무를 뺍니다. 거기서 저는 두어 시간 머물며 전날 일을 점검하고 나무꾼들과 이야기를 나눕니다. 나무꾼들은 자기들끼리든 이웃하고든 곧잘 다툽니다. 이 숲과 관련해서는

제 숲에서 벌목하는 프로시노 다 판차노와 그 밖의 사람들과 저 사이에 있었던 무척 많은 미담에 관해 말할 수 있을 겁니다. (…) 숲을 나와서는 샘에 들렀다가 새 사냥을 합니다. 저는 책 한 권을 가지고 다니는데, 단테나 페트라르카나 아니면 티불루스나 오비디우스와 같은 시인들의 책입니다. 저는 그들의 매혹적인 열정과 사랑을 읽고 느끼며 제 일들을 추억해봅니다. 한동안 이런 달콤한 상념에 빠져 있습니다. 그러고 나서는 길 건너 술집에 가서 지나가는 사람들과 이야기를 나누며 그들 지역의 소식과 갖가지 사건에 대해 듣고 다양한 생각들을 접하게 됩니다. 그러면 점심시간이 옵니다. 저는 식구들과 함께 이 초라한 농장과 얼마 안 되는 재산이 허락하는 한도 내에서 식사를 합니다. 식사 후에는 다시 술집으로 갑니다. 그곳에서는 으레 푸줏간 주인이나 방앗간 주인, 벽돌 제조공들을 만납니다. 저는 그들과 스스럼없이 어울려 크리카Cricca 카드놀이나 주사위놀이를 합니다. 그러면 곧 기껏 몇 푼 안 되는 돈을 놓고 말다툼과 욕설이 난무하게 됩니다. 그 고함이 멀리 산 카시아노에서도 들릴 정도입니다. 이런 우악스러운 사람들 틈에서 저는 머리를 썻고 잠시나마 불운을 잊습니다. 포르투나가 저를 짓밟고 있지만 곧 그녀 스스로 부끄러워하게 되리라 생각합니다.[8]

마키아벨리는 시골 생활에 대한 이 같은 묘사로 문학적 전범을 뒤집고 조롱했다. 단테의《신곡》에서 저승 여행 묘사는 시인이 컴컴한 숲에서 길을 잃는 것으로 시작된다. 페트라르카는 소르그강의 발원지인 보클뤼즈 샘에서 명상을 했다. 그러나 마키아벨리는 조용히 명상하러 숲과 샘으로 가는 게 아니라 검소한 생계를 유지하기 위해 간다. 술집 장면은 목가적 분위기를 다 망쳐버렸다. 마키아벨리는 지주나 마을의 어른 자격으로 시골 사람들과 교제하지 않고 그들과 같은 한 사람으로서 교제한다. 마키아벨리는 자신이 감내하는 부당함 때문에 의기소침해 있다고 말하려는 것 같다! 이 한탄은 마키아벨리에게 적의를 품은 포르투나가 준 운명에 대한 것이다. 그러나 시골 술집에서의 이런 방종한 행동은 치유 기능을 하고 있다. 마키아벨리가 그 후에 다가올 일에 대해 골머리를 앓지 않아도 되기 때문이다.

> 저녁이 되면 저는 귀가하여 서재로 들어갑니다. 문지방에서 흙과 먼지가 묻은 평상복을 벗고 궁정에서 입던 옷으로 갈아입습니다. 저는 단정한 옷차림으로 고대의 궁정에 들어섭니다. 저는 고대인들에게서 친절한 영접을 받으며 제가 이 세상에 온 이유이자 오직 저만을 위해 지식의 양식을 쌓습니다. 거기서 저는 스스럼없이 그들과 이야기하고 그들이 그렇게 행동한 이유를 묻습니다. 그들은 곧잘 친절히 대답해줍니다. 그래서 저는 지루한 줄 모르고 꼬박 네 시간을 보냅니다. 근심을 모두 잊고 빈곤도 죽음도 두려워하지 않습니다. 온통 대화에 몰입하는 것입니다. 단테가 무언가 읽을 때마다 배운 것을 기록해둔다고 말한 것처럼 저는 대화를 통해 배운 바를 기록해두었다가 《군주론》이라는 작은 책자를 썼습니다. 이 책에서 저는 군주국이 무엇이고 어떤 종류가 있으며 이를 얻는 방법과 유지하는 방법 그리고 상실하는 이유를 고찰하면서 가능한 한 이 주제를 깊이 있게 파고들었습니다. 제 몽상의 하나가 일찍이 귀하의 마음에 들었다면 이 책도 귀하를 불쾌하게 하지는 않을 것입니다. 특히 새로 권력을 잡은 군주는 이 책을 마음에 들어 할 것입니다. 그래서 저는 이 책을 줄리아노 데 메디치에게 바치려고 합니다.[9]

이 유명한 단락도 풍자로 가득 차 있다. 고지식한 제1서기장 마르첼로 비르질리오 아드리아니는 다음과 같이 말했는데, 이보다 경건하게 말할 수 없었을 것이다. 고전 작가를 연구하면 순화되고 고상해진다. 고전 작가와 교제함으로써 다시 태어난다. 일상의 찌꺼기를 깡그리 떨쳐버리는 환복과 질문의 엄숙함, 자비심, 고대 영웅들의 친절함과 기꺼운 대화 준비 등은 모두 인문주의적 상투어일 뿐이다. 경건한 단테를 본보기로 삼은 것은 위에서 언급한 '작은 책자'라는 말과 어울린다. 이보다 더 무해한 것은 없다. 모르는 사람들은 특별한 정치적 성향을 띠고 도덕적 손가락질을 하는 무미건조한 논의를 기대했을 것이다. 그렇지 않으면 이 작은 책자를 인정미 넘치고 관대한 줄리아노 데 메디치에게 바칠 수 없었을 테니까 말이다.

## 군주론

《군주론》이라는 으리으리한 제목 자체가 이미 인문주의자들을 조롱하는 언어적 기만 전략이다. 게다가 《군주론》은 각 장의 제목만 라틴어로 쓰였고 본문은 토스카나 지방의 속어인 이탈리아어로 쓰였다. 이 책은 '이탈리아어' 제목 *Il Principe*(일 프린치페)로도 널리 알려졌다.

1513년에 쓰인 군주제와 군주에 관한 이 논문은 군주 귀감서라는 오랜 전통에 놓여 있다. 이 문학 장르는 토마스 아퀴나스와 같은 유명한 신학자들이 고안해낸 것으로 신의 뜻에 따라 신민의 행복을 위해 통치하도록 권력자들을 교육하는 데 쓰였다. 따라서 훌륭한 통치를 위한 이런 안내서는 도덕적 감언으로 가득 차 있을 수밖에 없었다. 이상적 군주는 자비로움, 공정, 자제, 의연함, 정직이라는 미덕을 가지고 있었다. 이상적 군주는 불의를 행하거나 이를 묵인하기보다는 오히려 퇴위를 택했다. 그에게는 영혼의 구제가 이 세상의 그 어떤 권력이나 영화보다 더 중요했다. 그는 호사와 사치를 포기했다. 그는 백성의 아버지였다. 그는 오로지 악인을 막기 위해서만 칼을 뺐다. 즉 이상적 군주는 자

294

수많은 마키아벨리 '초상화' 중에서 생전의 실물을 토대로 그린
것은 하나도 없다. 하지만 그 비슷한 생김새는 데스마스크를 따
른 결과일 것이다. 이 흉상은 《군주론》과 《로마사 논고》의 저자
가 근대 지식인의 원형임을 보여준다. 마키아벨리는 생각에 잠
기어 상반된 감정에 휩싸여 있다.

신에게 의탁한 신민을 국내의 혼란과 범죄로부터 보호하고 외국의 침략으로부터 지켰다. 그는 정당한 권리를 지키기 위해서만 전쟁을 했다. 그러므로 그는 새 조세 제도를 도입할 필요가 없었고, 선한 사람들에게 사랑을 받았다. 이런 군주는 아무리 작은 농가에서라도 쉴 수 있었고 신민의 무릎에 느긋하게 머리를 누일 수 있었다.

마키아벨리에게 이런 군주 귀감서의 글들은 신학자와 인문주의자의 공허한 잡담에 지나지 않았고 순전히 희망적 관측에 따라 쓰인 것이었다.

> 많은 사람이 존재한 적이 없어서 그 누구도 볼 수 없었던 공화정과 군주정을 상상해왔습니다. 어떻게 사느냐와 어떻게 살아야 하느냐는 차이가 워낙 커서 당위적으로 해야 할 일에 매달려 실제로 행해지는 일을 소홀히 하는 사람은 자기 보존보다 자기 파멸로 향합니다.[10]

노련한 외교관이자 세상 물정을 잘 아는 추방자 마키아벨리는 인문주의적 배후 조종자와 냉혹하게 결별한다. 군주가 영리하지 못하여 파멸의 근원이 되는 이들의 안내를 따르면 이들은 자신들의 환상으로 군주를 몰락으로 이끈다. 그러나 권력자는 대부분 아주 교활하여 그렇게 하지 않는다. 그들은 안내서의 지침들이 틀렸다는 것을 본능적으로 안다. 그러나 그들은 틀린 처방을 피할지언정 아직 옳은 처방을 발견하지 못했다. 마키아벨리는 《군주론》에서 옳은 처방을 군주들에게 제시한다.

그러기 위해 마키아벨리는 먼저 군주들에게 사람 보는 눈을 뜨게 해야 했다. 저자는 야망과 배은망덕에 관한 교훈시를 효과적으로 이용할 줄 알았다. 여기에서도 야망과 탐욕, 팽창욕, 저항력, 획득한 것을 악착같이 지키려는 욕심이 인간을 특징짓는 성향으로 나타난다. 아울러 이것들은 일련의 불유쾌한 속성을 낳는다.

> 인간은 원래 배은망덕하고 변덕스러우며 위선적이고 위험을 피하고 이익
> 을 탐하는 존재이기 때문입니다. 당신이 잘 해주면 그들은 당신에게 다 바
> 칩니다. 이미 말했듯이 곤경이 멀리 있을 때만 피와 재산, 목숨과 아들까지
> 바치려 합니다. 그러나 막상 곤경이 코앞에 닥치면 등을 돌립니다.[11]

이로부터 신민의 사랑에만 의존하는 군주는 버림받는다는 결론이 나
온다. 군주가 이들에게 반대급부를 요구하면 이들은 곧바로 군주를 저
버린다. 교회가 그토록 칭송한 자비라는 미덕은 잘못 사용하면 반대 결
과를 낳는다. 귀족에게 고삐를 쥐어준 군주는 자신의 의무를 저버린 게
된다. 그러면 힘이 커진 귀족들이 오만해져 백성을 괴롭히기 때문이다.
이런 자비로움은 실제로는 비겁함에서 비롯된 무자비함이다. 반대로
옳게 사용된 무자비함은 자비로움이다.

> 체사레 보르자는 무자비한 사람으로 여겨졌습니다. 그러나 그의 무자비
> 함은 로마냐의 질서를 회복하고 하나로 만들어 평화와 충성을 가져다주
> 었습니다.[12]

소수에게 적용되고 다수를 이롭게 하는 무자비함은 전적으로 정당화된
다. 그래서 마키아벨리는 국가를 위해 헌신하는 군주는 전통적 도덕 법
칙을 어길 수밖에 없다는 것을 국가이성의 첫 번째 원칙으로 공식화했
다. 군주가 전통적 도덕 법칙 때문에 주춤하면 국가와 함께 몰락한다.
그는 자비심을 곡해하여 국가에 기본적으로 필요한 것을 등한히 하게
된다.

이 재평가는 관습적 가치와 얼마나 동떨어졌는가?

> 군주의 여러 속성에 관하여 말하자면 모든 군주가 무자비하다는 평판보다
> 자비롭다는 평판을 얻으려 한다는 점은 분명합니다.[13]

이 확언은 애처롭게 들린다. 세상이 마땅히 존재해야 하는 것으로 존재
한다면 얼마나 아름다우랴. 그러나 낡은 이상과의 작별은 불가피하다.
호의만으로 사람들을 다스릴 수는 없다. 그렇다고 호의가 적절한 지배
도구가 아니라는 뜻은 아니다. 마키아벨리가 외교 비망록에서 밝힌 것
처럼 호의란 그때그때 정치 상황에 따라서 그리고 궁극적으로는 성공
에 따라서 결정된다. 사람들은 또한 좋은 것에 금방 싫증을 내고 달콤
한 것에 금세 진저리를 친다는 점을 고려하여야 한다. 마키아벨리가 오
래전에 체득한 이 지식으로《군주론》에서 내린 결론은 다음과 같다.

> 이로부터 다음과 같은 논란이 생깁니다. 사랑받는 것이 두려움의 대상이 되
> 는 것보다 나은가 아니면 그 반대인가라는 문제입니다. 그러나 둘 다 겸비
> 하기란 어려우므로 둘 중 하나를 포기해야 한다면 사랑보다 두려움의 대상
> 이 되는 편이 훨씬 더 안전합니다.[14]

그 이유는 다음의 한 문장으로 요약될 수 있다.

> 사랑은 의무라는 사슬을 수반하는데, 사람들은 악하여서 기회가 생길 때마
> 다 자신의 이익을 위해 이를 끊어버리기 때문입니다.[15]

문서화된 도덕은 정치에 쓸모가 없다. 그렇다면 정치는 도덕과 무관한

영역인가? 선과 악이라는 도덕 범주 대신 성공이냐 파멸이냐 하는 새 대안이 나타난다. 관습상 나쁜 것일지라도 군주를 성공하게 만드는 것은 좋고 그 반대로 관습상 좋은 것일지라도 군주를 파멸로 이끄는 것은 나쁘다. 이렇듯 개별 성공 규칙은 도덕에 의해 결정되는 것처럼 보인다. 예를 들면 이렇다. 군주는 두려움의 대상이 되어야 하지만 모름지기 경멸과 증오의 대상이 되어서는 안 된다.

> 두려움의 대상이자 증오의 대상이 되지 않기는 얼마든지 가능하기 때문입니다. 군주가 시민과 신민의 재산과 부녀자들에 손대지 않는 것으로 족할 것입니다.[16]

여기서 마키아벨리가 도덕규범을 설교하고 있다고 생각한다면은 단단히 오해하고 있는 것이다. 영리한 군주가 이 규칙을 명심하면 그는 전적으로 성공 전략, 즉 생존 규칙을 따르는 셈이다. 이 규칙을 위반하는 군주는 반드시 음모에 희생될 수밖에 없기 때문이다. 더 나아가 마키아벨리는 세 번째로 자제할 것을 군주에게 권한다. 힘 그 자체가 목적이 되어서는 안 된다. 살의에 사로잡힌 군주는 폭력적 죽임을 당할 것이기 때문이다.

따라서 성서의 십계명은 군주에게는 무용하다. 그 대신 다음과 같은 새로운 세 가지 계명이 들어선다. 신하의 재산에 손대지 마라. 신하의 부인에게 손대지 마라. 장난치듯이 사람을 죽이지 마라. 이것들을 지키면 눈앞의 몰락은 피할 수 있지만 그렇다고 성공이 보장되지는 않았다. 금지만으로는 충분하지 않다. 가장 일반적 성공 규칙은 체사레 보르자에 대한 마키아벨리의 판단과 이로부터 끌어낸 결론에 이미 암시되어 있었다. 교황의 아들은 무자비한 사람으로 여겨져 증오를 한몸에 받았다. 이와 반대로 성공적인 군주는 자비로운 사람으로 여겨지도록 힘써야 한다. 정치는 그럴듯하게 보이게 하는 기술이기도 하다.

> 사람들은 으레 눈으로 판단하지 손으로 판단하지는 않습니다. 누구나 볼 수 있지만 직접 접할 수 있는 사람은 적습니다. 누구나 당신을 볼 수 있지만 당신의 실제 모습은 소수만 접할 수 있습니다. 그리고 이 소수는 국가의 위엄을 등에 업은 다수 의견에 반대하지 못합니다.[17]

중요한 것은 이미지 구축과 선전이지 군주의 실제 성격이 아니다. 국가는 권력을 장악하기 위해 힘이 있는 것처럼 보이게 하는 무대다. 사람들은 곧잘 속을뿐더러 권력관계의 실제를 보려 하지 않기 때문이다. 그러므로《군주론》의 올바른 지침을 따르면 반드시 성공할 것이다.

> 군주가 오로지 승리하여 국가를 보존하면 그 방법은 언제나 영예로운 것으로 분류되고 누구에게나 칭찬받습니다. 평범한 사람들은 항상 겉모습과 결과에 이끌리기 때문입니다. 세상은 평범한 사람들로 이루어져 있으며 통찰력 있는 소수를 위한 여지는 없습니다.[18]

성공적으로 통치한다는 것은 올바른 명성을 얻는다는 것을 뜻하기도 한다. 군사적 능력, 자비심, 신뢰감, 정직함, 온유함 그리고 전통적 군줏감 목록상 그 밖의 덕성과 관련한 용기는 노력하는 군주의 이미지에 속한다. 상황에 따라 군주는 이런 칭찬할 만한 속성을 모두 내보이거나 가진 것처럼 행세할 수는 있다. 그러나 생존을 위해 이와 관련한 의무에 매달려서는 안 된다. 군주는 상황이 요구하면 훌륭한 군주의 표준화된 행동 규범을 거부할 수 있어야 한다. 군주는 그 어두운 면 앞에서 주

300

춤해서는 안 되며 힘과 공포의 기술을 똑같이 탁월하게 구사해야 한다.

> 실명을 거론하지 않는 편이 적절한 오늘날 한 군주는 항상 평화와 신의만 설교했습니다. 그러나 실제 그는 평화와 신의와는 거리가 멀었습니다. 만약 이 군주가 둘 중 하나를 따랐다면 국가와 명성을 여러 번 잃었을 것입니다.[19]

보이는 것만 존재한다. 이 원칙에 따르면 완벽한 군주는 도덕을 초월해야 할뿐더러 교회의 가르침을 믿어서도 안 된다. 마키아벨리가 요구한 것처럼 군주가 그런 태도를 보이면 틀림없이 지옥에 갈 것이기 때문이다. 전통적 가르침에 따르면 지옥은 식언과 조약 파기를 일삼는 자들이 가는 곳이며 그 나락에는 대단히 고통스러운 형벌이 마련되어 있다. 의무를 의식하는 군주가 서슴없이 이 영겁의 벌을 떠맡아야 한다는 것을 전제로 하면 교회가 옳다. 교회는 온유한 사람에게 보답하지 대담한 사람에게 보답하지는 않는다.

완벽한 군주는 이익을 가져다준다면 그게 무엇이든 그럴싸하게 보이게 할 수 있어야 한다. 이런 기술을 터득하기 위해 군주는 자신의 가치나 성격에 매달려서는 안 된다. 정치에 전력을 기울이고자 하는 자는 인간 존재의 가능성을 죄다 이용해야 하나 그중 어떤 것에 얽매어서도 안 된다. 이런 군주가 존재할 수 있었는가? 실제로 인간은 그 존재로 정해지고 시대정신이 바뀌면 영락하지 않았는가? 마키아벨리는 피에로 소데리니를 비판하면서 그렇게 말했다. 그 반대를 입증한 역사적 사례가 있었는가?

《군주론》에서 마키아벨리는 고대와 당대의 위대한 군주들을 고찰한다. 몇 사람만이 완벽한 군주로 뽑혔다. 유리한 기회를 잡아 밀라노의 군주로 등극한 용병대장 프란체스코 스포르차가 이상적 군주에 가장 가까웠다. "그(프란체스코)는 엄청난 노력으로 얻은 것을 이후 별로 힘들이지 않고 지켰습니다." 마키아벨리는 동화의 결말과 같은 이 한 문장으로 비범한 군주의 필생의 정치적 업적을 기리며 정리하고 있다. 프란체스코 스포르차는 1447년 밀라노의 상황에 딱 맞아떨어진 사람이었다. 그는 권력 장악 후 몹시 신중하게 통치했고 구빈원을 설치하여 신민들에게 좋은 평판을 받았으며 이런 식으로 아취 있는 정치적 말년을 보냈다.

그러나 마키아벨리는 그의 완벽한 군주에게 훨씬 더 많은 것을 요구한다. 영원한 것은 없지만 모든 것을 그럴싸하게 보이게 해야 한다는 요구에 따르면 이 역량 있는 자는 사자와 여우를 체화해야 한다. 사자와 여우가 동시에 될 수 있어야 한다. 사자는 거친 힘으로 지배하고 여우는 간계로 지배한다. 이 둘을 동시에 갖추어야 완벽한 지배자가 된다. 마키아벨리는 단 한 명의 군주에게서 이 짐승 같은 용기를 보았다. 최종 관문을 통과할 수 있는 단 한 명의 군주는 체사레 보르자였다. 보르자는 여우처럼 불충한 부사령관들을 세니갈리아로 유인하여 사자처럼 섬멸했다. 교황의 아들은 이 어렵기 짝이 없는 관문을 너끈히 통과했다. 갈고 닦은 무자비함으로 로마냐의 신민들에게 효과 좋은 공포를 심어주어 우수한 성적으로 통과했다. 또한 레미로 데 오르코를 비롯해 적절한 속죄양을 적절한 때에 희생시키며 전제정치의 결실을 거두는 동시에 이와 거리를 둬 점수를 따기도 했다. 자신의 지배 영역을 외국 군대를 이용하여 정복하고 이 지역을 이들에게서 독립시키려고 한 체사레 보르자의 시도도 마키아벨리의 칭찬을 받을 만했다. 체사레 보르자를 군주의 전형으로 예찬한 것은 당연했다. 그러나 마키아벨리는《군주론》 7장에서 보르자를 간략하게만 언급할 뿐이다.

마키아벨리가 이상적 군주로 꼽은 밀라노 군주 프란체스코 스포르차. 프란
체스코 스포르차는 권력을 장악하고 신중한 통치와 구빈원 설치 등으로 신
민에게 좋은 평판을 받았으며 아취 있는 정치적 말년을 보냈다. 초상화는
보니파시오 벰보Bonifacio Bembo가 그렸다.

벽지의 퇴락한 별장 서재에서 마키아벨리는 1507년 장인인 나바라 왕을 섬기다 피레네산맥 기슭에서 전사한 체사레 보르자와 상상 속에서 놀고 있었다. 마치 체사레 보르자가 10여 년 전 권력의 정상에서 생쥐를 가지고 노는 고양이처럼 그 자신과 놀았듯이 말이다. 체사레는 만일의 사태, 즉 부친 알렉산데르 6세의 죽음에 가능한 한 철저히 대비했다. 이 점도 모범적으로 여겨진다. 교황이 사망했을 때 체사레 보르자를 몸져눕게 한 것은 포르투나의 노골적인 반감이었다. 체사레 보르자의 몰락도 마키아벨리가 별도의 장에서 상술한 것처럼 인간과 역사에 절반의 영향력을 지닌 우연에 따른 결과일 뿐인가? 다음의 문장은 이런 맥락에서 이해할 수 있다.

> 공작의 모든 행동을 살펴보면 저는 그를 비난할 수 없습니다. 반대로 행운과 타인의 무력으로 권력을 장악한 사람의 전형으로 제시하는 것이 옳다고 생각합니다.[20]

행운과 타인의 무력으로 권력을 장악하고도 이것이 군주의 최고 기술이었다고 주장한다. 이 분야에서 두각을 나타낸 자는 역량 있는 자로 간주할 수 있을 것이다. 체사레 보르자에게도 이 명예로운 칭호가 마땅히 주어졌는가? 체사레 보르자는 섣달그믐날 밤에 세니갈리아에서 보복하는 방법을 보여주었다. 냉정하고도 계획적으로 그리고 기쁜 마음으로 보복했다. 그러나 유감스럽게도 그의 이야기는 이것으로 끝나지 않았다.

따라서 공작은 기필코 스페인 사람을 교황으로 세워야 했습니다. 그럴 수 없었다면 줄리아노 델라 로베레가 아니라 루앙의 추기경 '로아노'를 지지

했어야 했습니다. 중요한 인물이 새로운 혜택을 얻으면 예전의 모욕을 잊을 것이라고 믿는 사람은 자기기만에 빠진 것입니다. 공작은 중요한 선택에서 잘못을 저질렀고 이것이 그를 몰락에 이르게 한 원인이 되었습니다.[21]

마키아벨리가 거의 15년 만에 체사레 보르자의 장을 통해 내린 결론이다. 체사레 보르자를 살폈으나 그는 부족한 것으로 드러났다. 결정적 상황에서 철천지원수의 약속을 믿는 자는 당연히 파멸한다. 체사레 보르자는 정복자의 면모는 가졌을지언정 완벽한 군주가 되기에는 부족한 점이 많다.

마키아벨리는 역사에서 완벽한 군주를 발견할 수 없었다. 그렇다면 앞으로도 완벽한 군주가 존재할 수 없다는 뜻일까? 마키아벨리는 지금까지 실현되지 않은 이상을 창조한다. 그 이상은 마키아벨리의 문장과 논리 속에 있다. 완벽한 군주는 혼자 힘으로 될 수 없으며 올바른 가르침이 있어야 하기 때문이다. 마키아벨리는 이제 막 이 가르침을 적은 것이었다. 마키아벨리가 역량 있는 자를 발견하는 데 성공했다면 집필 중인 책은 물론이고 궁극적으로 자신도 필요 없었을 것이다. 그래서 미래에는 영리한 제자가 있으리라는 희망이 항상 있었다.

결국 마키아벨리는 《군주론》을 1516년에 사망하여 헌정할 수 없었던 줄리아노 데 메디치가 아니라 그의 조카인 우르비노 공작 로렌초 데 메디치에게 바쳤다. 이를 위해 《군주론》에 마지막 장을 추가하여 이 지배 가문의 자손에게 위대한 행동을 하도록 부추겼다. 로렌초는 이탈리아를 통일하고 야만인들에게서 해방해야 한다!

마키아벨리가 19세기에 이탈리아 통일의 수호성인으로 존경받은 이유는 이탈리아의 통일과 야만인들에게서 해방을 설파한 덕분이었다. 그러나 이는 두 가지 점에서 틀렸다. 마키아벨리는 폐쇄적 민족국가에는 관심이 없었고 프랑스, 스위스, 스페인이 반도를 간섭하는 데 대한 공동 방어 전선에 관심이 있었다. 게다가《군주론》의 헌사에는 노골적으로 암시하는 게 있었다. 마키아벨리는 이 책으로 자신의 통찰을 실행에 옮길 정치적 과제를 얻으려고 했다! 하필 젊은 로렌초 데 메디치가 이 엄청난 해방 과제를 맡아야 했다는 게 아이러니였다. 마키아벨리는 호의를 구걸할 수밖에 없다고 생각할 때마다 풍자적으로 말했다.

'카사'라는 애칭으로 불린 친구이자 신뢰할 만한 사람인 필리포 카사베키아는 첫 독자로서 이 '작은 책자'에서 무엇을 얻었는가? 마키아벨리의 사상 체계에는 새로운 것이 거의 없었다. 마키아벨리는 대사 보고서, 편지, 비교적 짧은 글들에서 이미 생각한 것들을 주로 통합하고 결합해왔음이 틀림없다. 이런 통합과 요약 과정을 통해 이전에 산재해 있던 주장들이 준비가 안 된 독자들을 오늘날까지도 압도하고 당황케 만드는 무게를 획득했다. 인간과 정치에 대한 거친 주장은 어떤 동정적 표현으로도 부드러워질 수 없기에 충격은 그만큼 더 컸다. 거기에는 무엇보다도 정치적, 철학적, 신학적 전통과의 단절이 있다. 경건한 기독교도들은 교부 아우구스티누스의 저작에서 정치 세계는 악이 맹위를 떨치는 악마의 제국이라는 것을 확인할 수 있었다. 마키아벨리 시대 설교자들은 인간은 극단적 이기주의와 자기 미화의 경향이 있다고들 떠들어댔다. 이 같은 설교는 개혁된 도시에서 극성을 부렸다. 그러나 바로 그 인간의 속성 때문에 시대의 지성인이 보기에는 정치와 도덕이 서로 화해할 뿐만 아니라 언제나 새로운 것에 생산적으로 융합할 필요성이 그만큼 더 컸다. 마키아벨리와 동갑내기인 로테르담의 위대한 인문주의자 에라스뮈스에게 이는 구체적으로 기독교도 군주에게 자기희생을 교육하고 유일한 대안이 권력 오용뿐이라면 자발적으로 권력을 포기하게, 즉 도덕적 무결보다는 차라리 권력을 포기하게 교육하는 것을 의미했다. 이러한 방식은 스토아철학자 세네카 같은 고대 군주 교육자의 신조였다. 마키아벨리의 《군주론》에서 보듯이 이런 배경에서 권력을 전통적 도덕에서 벗어나게 하는 것은 전례 없는 대담한 첫걸음이었다. 약한 세기 전 피렌체의 위대한 선구자 레오나르도 브루니는 그의 역사서에서 성공적 정치 행위는 높은 자주권과 고지식한 도덕가들이 용인하는 것 이상의 윤리적 여지를 가지고 있다는 점을 보여주었다. 어쨌든 이는 전통적 도덕의 토대가 없는 순수한 힘의 정치를 간접적으로 정당화하는 것이었다.

게다가 《군주론》에는 전통적 기준에 따른 절망적 세계 상태에 관한 설명이 하나도 없다는 점은 비할 바 없는 도발이었다. 원죄도 사탄도 인간의 타락 원인으로 내세워지지 않았고, 부적절한 도덕도 정치 타락의 원인으로 내세워지지 않았다. 분명히 하느님은 역사에 관여하지 않는다. 지상에서 하느님의 대리인인 교황 알렉산데르 6세는 정치적으로 성공한 대사기꾼의 전형으로 내세워진다.

마키아벨리가 군주에게 한 충고가 필요 없었던 사람은 바로 이 보르자 교황이었다. 국가 정복 후 엘리트 제거는 교황 자신과 아들 체사레에게는 지배 보장을 위한 자명한 조치였다. 보르자 부자가 마키아벨리의 많은 성공 처방전을 오래전에 실행에 옮긴 유일한 사람은 아니었다. 물론 그들은 전통적 정당화라는 공들여 지은 건물 뒤에 있었다. 《군주론》으로 인한 충격의 여파는 한편으로는 정치에서 예의라는 가면을 벗기고 지배는 연출과 선전이라고 한 데서 생겨났다. 다른 한편으로 대부분 동시대인은 이 당혹스러운 사실들이 윤리적 반성도 없이 기술, 분석, 수용되는 데 적어도 참을 수 없다고 생각했다. 이 철저히 비도덕적인 정치가 인간의 본질에 적합한 불변의 것으로 승인되었다는 것은 전적으로 받아들여질 수 없었다. 더 나아가 주의 깊은 독자는 곤혹스러운 질문을 하지 않을 수 없었다. 그것이 완벽한 군주라면 완벽한 공화국은 어떤 것일까?

마키아벨리의 《군주론》에는 군주의 힘이라는 으리으리한 건물 뒤에 있는 기본적 약점이 분명히 눈에 띈다. 군주는 인간이고 따라서 죽는다는 것이다. 단검이나 독배로 군주를 죽일 수 있다. 따라서 천성이 악한 군주도 선善의 기술을 구사해야 한다. 마키아벨리에 따르면 단일 군주는 순전히 사리사욕 때문에 신민을 공화국보다 더 인간적으로 다룰 것이다. 또한 선의 기술은 개별 군주의 성격이 초래하는 문제를 해결할 수 있었다. 이상적으로는 군주는 상황에 따라 아버지의 자비로움에서 짐승 같은 무자비함에 이르기까지 온갖 모습을 다 보여야 하지만 역사적 현실은 달랐다. 모든 군주는 그 잿빛 속에서 언제나 제한된 수의 도전만 감당했다. 반면에 이상적 공화국에서는 가장 유능한 엘리트 집단이 다양한 특성으로 완벽하게 서로를 보완할 것이다.


## 로마사 논고

마키아벨리에 따르면 결국 체사레 보르자는 온갖 조롱을 받고도 탁월한 업적을 남겼다. 체사레 보르자는 국가에 좋은 새 법률을 제정했고 이로써 군주의 주된 임무를 이행했다. 파벌이 지배하고 법률이 점점 잊혀가는 약해진 국가에서 새 법률을 그 자체가 쓸모없는 것이 될 때까지 시행하는 것이 마키아벨리에게는 군주의 첫 번째 존재 이유였다. 그래서 군주에게는 어지러울 정도로 높은 요구가 주어졌다. 군주는 제때 물러나야 했고, 더는 그의 후원이 필요하지 않은 공화국에 자리를 양보해야 했다. 절정의 순간을 인식하고 퇴위하는 것은 군주의 첫 번째 의무

이기도 했다. 그러나 기만과 권모술수의 대가임을 보여준 군주가 사심 없이 위대한 일들을 해내려고 할까?

　고대 로마에서는 타르퀴니우스 수페르부스를 강제로 추방하고 공화정이 들어섰다. 마키아벨리에 따르면 이 전제군주를 타도한 후 영원한 모델이 될 완벽한 공화정이 성립되는 데 3세기 반이 걸렸다. 세상 모든 것이 몰락을 피할 수 없듯이, 이 공화정도 몇몇 군벌이 자신의 군대를 증원하고 이 사적 주종 관계를 이용하여 공공재인 공화국을 그들의 사유물로 전락케 하자 결국 몰락했다. 그러나 마키아벨리에 따르면 옛 로마공화정은 보호자와 피보호자의 관계가 유달리 자유로웠다. 로마공화정에서는 가문의 영향력과 부에 의해서가 아니라 오로지 유능함에 따라 지위가 올라갔다.

> 그리하여 로마인들은 비상시 최후 수단으로 임시 독재 집정관을 선출하기로 했다. 그들은 작은 별장에서 손수 밭을 갈던 루키우스 퀸크티우스 킨키나투스를 독재 집정관으로 선출했다.[22]

신에게 버림받은 '별장'에 머물던 마키아벨리는 킨키나투스의 처지를 간과할 수 없었다. 그러나 그 차이점이 더욱 눈에 띄었다. 아무도 마키아벨리를 부르지 않았다. 무엇보다도 국가의 정점에 있는 자가 마키아벨리를 부르지 않았다. '관리'를 유능함에 따라 뽑지 않고 충성심과 매수 가능성에 따라 뽑은 메디치라는 이익집단이 피렌체를 지배하고 있었기 때문이다. 그러나 마키아벨리에 따르면 고대 로마에서는 오로지 비르투만 따졌다. 독재 집정관에 지명된 후 킨키나투스는 군대를 모으고 적을 정복하여 조국을 곤경에서 구해냈다. 킨키나투스는 임기가 끝나자 별장으로 돌아갔다. 별장은 농장 일꾼들의 태만으로 그사이에 퇴락해 있었다. 그러나 이 유덕한 공화 국민은 지위를 이용하여 부유해지기를 당연히 포기한 것처럼 이 모든 것을 받아들였다. 피렌체공화국의 매수되지 않는 군 비서관 마키아벨리도 꼭 그러했다. 따라서 이 이야기의 윤리적 가치는 다음과 같은 것이었다.

> 이 이야기에서 두 가지 두드러진 사실을 확인할 수 있다. 하나는 가난이다. 로마 시민은 가난에 만족했고 전쟁에서 명예만 얻고 이익은 국가에 넘겨주는 데 만족했다. (…) 다른 하나는 로마 시민의 강인함이다. 로마 시민은 군 지휘관이 되면 어떤 군주나 공화주의자보다 더 힘이 있었으나 그런 우월감에 초연할 줄 알고, 세상에 그 어떤 것도 두려워하지 않았으나 다시 사인으로 돌아가는 것을 부끄럽게 생각하지 않았다. 로마 시민은 겸손하고 검소했으며 법을 준수하고 적은 재산에 만족하며 당국에 복종하고 연장자에게 경의를 표했다.[23]

이상적인 공화국에서는 관리의 권력과 사적 지위가 엄격히 분리된다. 국가에 봉사하는 정치가는 자신의 의무 외에는 어떤 것도 하지 않는다. 정치가는 법률 위반 시 형의 사면은 말할 것도 없고 영속적 특권이나 우선권을 얻을 수 없다. 권력은 국가의 이름으로 시한부로 얻는 것이다. 그 후에는 직책과 함께 권력을 돌려주고 다시 시민의 한 사람이 된다. 피렌체는 정반대였다. 피렌체 귀족들은 마치 공화정이 자신들의 사유재산인 양 지도적 자리를 요구했다. 로마에서 시민은 국가를 위해 존재했다. 피렌체에서 국가는 귀족들에게 '코사 노스트라cosa nostra'(우리의 것)였다. 이어서 마키아벨리는 질서 정연한 공화국에서는 국고가 항상 가득 차 있지만 시민은 가난하다고 말한다. 피렌체는 이것도 그렇지 않았다. 피렌체에서는 메디치가가 그 부로 국가를 사버렸다.

실제로 존재하는 피렌체공화국에 대한 대조물로 제시된 완벽한 공화국의 이 모든 규칙은 로마의 역사가 티투스 리비우스(기원전 59~기원후 17)의 역사서 중 남아 있는 10권을 논한 《로마사 논고》에서 유래한다. 《로마사 논고》에서 정치사상가 마키아벨리는 1500년 전의 역사서를 고찰한다. 이 논평서는 재미없는 학술 이론서처럼 보이지만 사실은 정반대다. 전체 3권 142장(3권을 제외한 1권과 2권에 각각 서문이 있다)으로 구성된 책에서 자칭 입법자 마키아벨리는 완벽한 공화국에 영원히 적용할 규칙을 제시한다. 여기에는 군제軍制도 포함되는데 이는 3권의 핵심 내용이다. 분량에서뿐만 아니라 내용에서도 자신의 최고 걸작인 《로마사 논고》를 집필하면서 마키아벨리는 한 고대인과 대화를 나누었다. 그는 1513년 12월 10일자 편지에 진지하면서도 비꼬는 투로 이를 말하고 《군주론》 집필의 자극제라고 했다. 이 두 책이 동전의 양면처럼 거의 동시에 쓰였다고 보는 이유는 이뿐만이 아니다.

마키아벨리는 《군주론》에서는 자신의 인간관을 보여주었고 《로마사 논고》에서는 역사관을 보여주었다. 인간은 야망과 탐욕 때문에 본질적으로 언제나 똑같고 역사는 계속 반복되는 법칙을 따른다. 국가는 흥기하여 그 정점에서 얼마간 질서와 힘을 유지하다가 법칙대로 몰락한다. 마키아벨리에게는 이 순환을 이미 한 번 겪은 국가가 새 출발을 할 수 있느냐만이 문제였다. 마키아벨리가 보기에 가라앉을 대로 가라앉은 국가인 피렌체에 이는 문제 중의 문제였다. 여기서 마키아벨리는 한없이 깊은 염세주의와 조심스러운 희망 사이에서 결론을 못 내리고 주저했다.

역사적 기본 상황들이 규칙적으로 반복하는 데서 영원히 유효한 정치의 성공 규칙을 발견했다고 마키아벨리는 주장했다.

사람들이 고대에 얼마나 경의를 표하는지 그리고 얼마나 비싼 값에 고대 조각품의 한 부분을 사는지 생각해보자. 사람들은 조각품을 가까이 두려고 집안의 명성을 표시하려고 조각가들에게 모조품을 만들게 하려고 그것들을 사들인다. 나는 그 조각가들이 최고의 솜씨로 그 작품들을 모방하려 한다는 것을 안다. 반면에 고대 왕국과 공화국의 위대한 업적들이 역사책에 기록되어 있는데도 왕, 군 지휘관, 시민, 입법자 등 조국을 위해 봉사한 사람들의 업적은 말로만 찬양하고 본받으려 하지 않는다. 오히려 그들의 업적을 대부분의 사람이 기피하므로 그러한 고대의 비르투는 더 이상 남아 있지 않다. 나는 이를 의아히 여기며 깊은 고통을 느낀다.[24]

로마인의 영웅적 행위를 본받으려면 완벽한 공화국의 규칙부터 알아야 한다. 모든 정치적 새 출발은 고대의 이상 국가 로마를 분석하는 것으로 시작한다. 이는 마키아벨리가 던진 과제였다. 마키아벨리는 다른 나라들이 적용하기만 하면 되는 역사 법칙과 완벽한 공화국의 규칙을 자신의 지도하에 해독할 것을 주장했다. 그러나 유감스럽게도 상황은 그렇지 않았다.

그런데도 국가에 질서를 세우기 위해, 국가를 유지하고 지배하기 위해, 군대를 편성하여 전쟁을 수행하기 위해, 신민을 통치하기 위해, 영토를 확대하기 위해 군주도 공화주의자도 고대의 선례를 좇지 않는다.[25]

그래서 마키아벨리는 《로마사 논고》의 앞부분에서 알려진 세계의 끝까지 정복하여 팽창하는 것이 완벽한 공화국의 최종 목표라고 정의했다. 로마는 팔라티노 언덕에서 가축을 돌보는 사람들의 작은 부락에서 패권 국가로 흥기했다. 어떤 체제로, 어떤 군대로, 어떤 전략과 종교로 이런 정복에 성공했는지 그리고 이 규칙들을 고려하면 지금도 성공할 수 있는지를 고찰하는 것이《로마사 논고》의 주제다.

국가의 영속적 위대함을 위한 안내자임을 자임하는 인문주의 학자들의 갖가지 메시지를 마키아벨리는 통렬히 비판했다. 마키아벨리는 고대의 진짜 보배를 찾아내지 못한 채 고대의 예술과 시에만 골몰하는 인문주의 학자들에게 조롱을 퍼부었다. 그 교훈을 알지도 못한 채 역사를 인생의 스승으로 찬양한다는 것이 그 이유였다.

> 이러한 현상은 무엇보다 현재의 종교가 세상에 초래한 무기력이나 많은 기독교 지역이나 도시에서 교만한 게으름이 초래한 곤경에서도 비롯되기도 했지만 역사에 대한 무지가 초래한 결과라고도 나는 생각한다.[26]

이로써 현재 이탈리아가 타락한 원인이 모두 나타난다. 과거사에 대한 무지는 국가를 등지도록 인간을 오도한다. 국가의 위대함을 위해 헌신하는 대신 '교만한 게으름', 즉 예술, 미학, 철학 연구에 빠지면 몰락의 바닥이 드러난다. 게다가 기독교가 결정적으로 이에 이바지했다. 그러므로 정상적으로 작동하는 공화국을 세우려는 자는 파멸의 근원인 교회와 종교의 영향력부터 배제해야 한다.

> 그래서 우리 이탈리아인이 오늘날 신앙심을 잃고 타락했는데, 이것이 교회와 성직자들에게 진 첫 번째 빚이다. 그런데 우리는 그들에게 더 큰 빚을 졌다. 즉 교회가 이탈리아를 분열시키고 있다. 이것이 우리가 몰락한 두 번째 원인이다. (…) 로마교황청을 이탈리아에서 스위스로 옮길 수 있을 만큼 큰 권한이 있는 자라면 내 말이 진실임을 확인할 수 있을 것이다. 스위스인은 오늘날 고대 로마인처럼 신앙심과 군사력을 가지고 사는 유일한 민족이다.

교황청을 스위스로 옮기고 나면 어느 시대에나 생길 수 있는 불행보다 먼저 교황제라는 부패한 관습이 스위스에 어떤 무질서를 야기할지 금세 알아차 릴 것이다.[27]

교황제에 의해 교시되고 전파된 기독교는 국가에 유해하다. 교황들은 자신이 기독교도의 의무라고 선언한 것과 정반대로 한다. 그들은 갖은 술수로 속이고 조카들을 위해 국가를 정복하려고 이탈리아를 전쟁터로 만든다. 실천이 이론과 다르고 교황이 돈을 위해 자신이 공포한 법률에 예외를 수없이 인정했기에 종교는 전체적으로 믿지 못할 게 되어버린 다. 마키아벨리에 따르면 이탈리아인은 더 이상 기독교의 신을 믿지 않 고 이로써 기독교는 공화국에 쓸모가 없어진다. 국가의 법률을 위반함 으로써 하느님을 거스르려고 하는 자만이 훌륭한 시민이 된다.

실제로 어떤 민족의 입법자도 하느님께 호소하지 않고는 그의 법률을 받아 들이도록 할 수 없다. 현자에게는 명백하지만 다른 사람들은 이해할 수 없 는 이점이 많기 때문이다. 따라서 현자는 이러한 어려움을 해결하기 위해 하느님께 호소한다.[28]

천벌을 두려워하지 않는 자는 국가의 법률을 존중하지 않는다. 이 점에 서도 스위스인은 긍정적인 대조를 보인다. 스위스인은 하느님을 두려 워하여 외부 통제가 없어도 세금을 한 푼도 에누리 없이 제때 꼬박꼬박 낸다. 스위스인은 이때 하느님이 어깨너머로 보고 있다고 생각한다. 그 들은 하느님이 조국을 위해 헌신하라고 요구하고 있고 이에 보답한다 고 확신한다. 그래서 스위스인은 필사적으로 싸우지만 이런 확신이 없 는 이탈리아인은 비겁하게 군다. 따라서 마키아벨리에 따르면 종교는 이탈리아에서 존재 근거를 상실했다. 이는 국가를 종교 강화의 도구로 이용한 데 따른 결과다.

마키아벨리는 강자와 용자를 찬양하지 않고 자발적으로 불행을 감내하고 순순히 순교한 자들을 찬양한 것도 기독교의 또 다른 잘못이라고 본다.

> 고대인들이 오늘날 사람들보다 자유를 더 사랑한 이유를 곰곰 생각해보면 나는 그것이 요즘 사람들을 더 나약하게 만드는 이유와 같다고 본다. 그리고 그 이유는 과거의 교육이 현재의 교육과 달랐다는 것이다. 이는 다시 현재의 종교가 고대의 종교와 다르기 때문이라고 생각한다. 우리의 종교는 진리와 참된 길을 가르쳐주므로 세속적 명예를 덜 추구하게 한다. 반면에 이교도들은 세속적 명예를 높이 사고 최고선이라 보았다. 그래서 이교도들은 훨씬 더 대담했다.[29]

오로지 축복만을 중요시하는 기독교의 진리 앞에 마키아벨리가 고개를 숙인 것은 아이러니하다. 지상의 우리에게 악을 가져다주는 것이 무슨 초월적 종교인가? 불의에 맞서기보다 산상수훈 정신으로 이를 감내한 기독교도들과는 어떤 국가도 만들 수 없다. 제대로 된 공화국에는 기독교도가 설 자리가 없다. 그러나 마키아벨리에 따르면 실제로 그렇게 될 리가 만무했다. 이는 기독교 교의의 해석에 달려 있었다. 무엇이 옳은 해석인지는 로마의 국가 종교 예찬으로 미루어 알 수 있다. 이 국가 종교는 피비린내 나는 제물을 바치게 하고 조국에 대한 자기 헌신을 찬양하게 함으로써 시민을 강하게 교육했다. 이로써 국가 종교는 시민들이 권력을 겁내거나 죽음을 두려워하지 않게 했다. 기독교는 이런 메시지와 피의 숭배를 지향해야 했다. 국가뿐만 아니라 군대를 위해서도 종교는 불가결한 조종 수단이었다. 로마의 영리한 군 지휘관들은 신탁을 조작해 군병들에게 확실한 승리를 예언함으로써 최고 능력을 발휘하도록 자극했다.

성공한 정치가는 종교의 진리를 믿어서는 안 되지만 언제나 신앙심이 깊은 척해야 한다는 원칙은 공화국에도 적용되었다. 그러나 모든 것의 척도는 전쟁이다. 전쟁 없이는 질서 정연한 공화국도 존재할 수 없다. 전쟁은 공화국의 이익을 위해 그리고 경쟁국에 손해를 끼치기 위해 모든 인간에 내재하는 파괴적 힘을 밖으로 이끌어내기 때문이다.

모든 가혹한 예속 중에서 가장 가혹한 것은 공화국에 예속되는 것이다. 우선 그 예속이 지속적이어서 그것으로부터 벗어날 가망이 적기 때문이다. 그 다음으로는 자기 나라를 강화하기 위해 다른 모든 나라를 약화하고 착취하는 것이 공화국의 목표이기 때문이다.[30]

승리한 공화국은 필요하면 민족 전체를 강제 이송하고 굴복한 국가의 엘리트들을 제거해 이 목표를 달성한다.

인간의 파괴적 힘을 멈출 줄 모르는 정복 에너지로 바꾸기 위해서는 공화국에 내부 불화 요인이 있어야 한다. 귀족과 평민, 위대한 사람과 평범한 사람이 서로 생산적으로 경쟁해야 한다. 내부에 이런 건설적 충돌이 있어야만 대외 전쟁에 성공할 수 있다. 공화국 심장부에서의 끊임없는 경쟁을 피렌체공화국 역사의 주된 동기가 되어온 파벌이나 이익집단의 투쟁과 혼동해서는 안 된다. 권력과 명성을 둘러싼 로마인의 투쟁은 피렌체인의 파당 싸움과 정반대되는 것이었다. 마키아벨리에 따르면 로마에서는 가장 유능한 사람들이 성공을 거두었다. 그것도 추종자 없이 홀로 말이다. 마키아벨리가 베토리에게 보낸 편지에서 스위스에 대해 언급했듯 그들은 추종자를 거느린 우두머리가 없었다. 베네치아공화국처럼 모든 권력이 귀족에게 있으면 이런 경쟁은 존재하지 않고 국가는 사멸할 수밖에 없었다.

마키아벨리에 따르면 로마공화정의 위대함은 그 입법자들의 창조적 정신에 크게 힘입고 있다. 누마 폼필리우스는 시민의 머리와 가슴에 법률을 새겨넣은 정치적 종교를 창설해 인간으로서 최고의 명성을 얻었다. 로마의 혼합정체도 최고의 정치적 현명함을 보여준다. 혼합정체는 군주정, 귀족정, 민주정이라는 세 정체의 좋은 핵심 요소로 이루어졌고 어느 하나의 단일한 정체를 택하면 필연적으로 마주칠 수밖에 없는 몰락을 방지했다. 세 정체에서 가장 좋은 것을 하나로 통합한 이 현명함이 없었다면 군주정은 전제정으로, 귀족정은 무책임한 도당이 지배하는 과두정으로, 민주정은 하층민의 독재정치로 변질했을 것이다.

마키아벨리에 따르면 로마는 세 정체를 결합하여 특히 위기 때 그 안정성을 증명해 보였다. 군주의 목은 잘릴 수 있지만 공화정은 재앙 후에도 여전히 남았다. 로마공화정은 칸나에에서 한니발에게 패배한 후 가장 위대함을 보여주었다. 로마공화정은 군대를 거의 다 잃고도 살아남은 집정관을 처벌하기는커녕 그의 확고부동함을 찬양했고 전쟁을 계속하여 마침내 승리를 거두었다. 포르투나의 힘조차도 이런 공동체에서는 무력했다.

귀족과 평민 간의 경쟁은 공화정이 특별한 법적 예방 조치를 해야만 생산적일 수 있었다. 마키아벨리는《로마사 논고》1권 7장에 "자유를 보존하기 위해서는 공화정에 고소권이 얼마나 필요한가?"라는 의미심장한 제목을 달았다. 이상적 공화국에서는 악명 높은 선동자와 국사범뿐만 아니라 법을 어기지 않은 권력자도 고소한다.

시민이 부당하게 유죄 선고를 받았다 해도 공화국에는 큰 피해를 입히지 않는다. 그러한 행위가 정치적 자유를 파괴할 수 있는 사사로운 세력이나 외국 세력에 의해 이루어지는 것은 아니기 때문이다. 그러한 행위는 공공질서라는 이름으로 공권력 내에서 이루어지고 제한받으므로 공화국에 피해를 주지 않는다.[31]

정치재판에서 유무죄는 중요한 게 아니다. 정치적 고소는 국가와 법률에 효과적인 두려움을 위대한 사람 자신에게 불어넣는 데 필요한 수단이다. 그 앞에서는 본질적으로 모두가 평등하다. 그러나 특권층은 국가 제도를 무시하는 경향이 있으므로 구체적으로 죄를 범하지 않았음에도 오로지 예방적 차원에서 경고하고 위협하는 의미에서 그들을 고소하여 유죄판결을 내릴 수 있어야 한다. 이 같은 조처는 엄격함과 냉혹함의 측면에서 군주국의 조처에 필적하는 공화국의 순전한 국가이성이었다. 이런 조처는 모든 가치를 재평가한다. 실제로 존재하는 공화국에서는 상황이 정반대이기 때문이다. 공화국에서 사법 관청은 힘없는 사람을 엄격하게 수사하고 힘 있는 범죄자는 내버려둔다. 마키아벨리는 국가에 이로운 정의라는 것을 무엇보다도 중시한다. 엄격한 법으로도 유죄판결을 받은 자는 군소리 없이 동의해야 한다. 폭력적 팽창은 국가의 영예이자 최고 목적이며 앞으로도 그럴 것이다. 이 목적은 수단을 정당화한다. 개인은 아무것도 아니며 국가가 전부다.

## 쓸모없는 공화주의자

원래 《군주론》과 《로마사 논고》는 선별된 독자를 위한 것이었다. 저자 생전에 이 두 책은 인쇄되지 않았지만 피렌체의 지도층 내에 다양한 사본이 유포되었다. 그러나《군주론》에 감명받아 다시 마키아벨리에게 정치적 임무를 맡길 생각을 한 메디치가가 침묵하고 있었다.《로마사 논고》를 알고 있는 사람은 모두 이런 반응을 분명히 예견하고 있었을 것이다. 그들은 이보다 훨씬 더 나쁜 반응을 예상했을지도 모른다. 마키아벨리의 이상적 군주는 메디치가를 포함한 이탈리아의 권력자들이 오랫동안 하지 않았던 일을 거의 하지 않았지만 선전과 이데올로기라는 짙은 안개 벽 뒤에서 그들의 진짜 의도와 동기를 자신과 다른 사람들에게 숨겼다. 그러나 벽을 깨고 나와 힘의 정치 충동을 공공연히 인정할 뿐더러 정당화하는 것은 1513년의 피렌체에서는 유례없는 금기 파괴를 의미했다. 이는《로마사 논고》에 그대로 적용되었다. 전쟁을 정치적 교육 수단이자 국가의 영약으로 찬양하는 내용은 선의를 지닌 사람에 대한 엄청난 도발이었다. 기독교적 전통에서는 지상의 평화가 정치의 최고 목적이었다. 로마공화정이 특히 기독교적 관점에서 혹독히 비판받은 이유도 바로 이 고질적 적대시 때문이었다. 그래서 구세주 그리스도는 아우구스투스 황제가 평화의 시대를 열었을 때야 비로소 태어날 수 있었다. 성공한 정치가는 고소 없이는 영혼 구제에 분명 실패하리라는 주장은 말할 것도 없고 평화는 국가를 망치며 기독교는 정치의 무덤이라고 한 파면된 공화국 서기의 말에 사람들은 귀를 기울여야 했다. 마키아벨리만큼 확신을 가지고 전통과 당대를 뒤집어엎은 정치사상가는 없었다.

공화국 안팎이 평화 때문에 계층 간 지속적 타협이 달성될 수 없었다는 말은 저변이 넓은 정체의 파국으로부터 도출한 특이한 결론이었다. 따라서 1512년의 불명예스러운 몰락을 초래한 화근은 귀족과 수공업자 간의 장기간 불화가 아니라 이를 잘못 해결한 데 있었다.

메디치가하에서 성공한 정치가이자 후에 역사가가 된 프란체스코 귀차르디니는 바로 이 점에 이의를 제기했다. 귀차르디니는 마키아벨리가 사망한 직후에 《로마사 논고》를 읽고 비평문을 남겼다. 이 글은 330년 후에나 인쇄가 되었는데, 여기에서 귀차르디니는 마키아벨리의 모든 주장이 독단적이며 흑백논리에 사로잡혀 있다고 했다. 그러나 'A뿐만 아니라 B도'가 오히려 인간의 본질에 훨씬 더 부합했다. 귀차르디니에 따르면 인간은 원래 선한 경향이 있었지만 여러 가지 유혹 때문에 오도될 수 있으므로 엄격한 법률에 따라 통제되어야만 했다. 따라서 귀족인 귀차르디니는 국가이성의 원리에 찬성했다. 귀차르디니는 종교도 지배 수단적 역할을 한다고 보았다. 민중을 지금 이곳에서의 불안으로부터 멀리 떨어져 있게 하기 위해서는 내세에서의 정당한 보상을 믿게 해야 했다. 그러나 귀차르디니는 유사시에 개인을 섬멸할 수 있는 강한 국가를 찬양하지는 않았다. 귀차르디니의 국가이성은 모든 통치자의 자기기만에 이용되고 선전 기술로 신민을 더 관대하게 이끌었지만 마키아벨리의 이론에 따르는 것보다 원하는 순종의 길로 이끄는 데 덜 성공적이었다.

귀차르디니는 마키아벨리의 로마 숭배에 단호히 이의를 제기했다. 귀차르디니에게 로마공화정은 결코 영원한 본보기가 될 수 없었으며 포악하고 호전적인 억압 국가였다. 로마가 지배하면 어디든 자치와 다양성이 없어졌기 때문이다. 그래서 귀차르디니는 자체 건국 신화와 공화주의적 이데올로기에 따라 그 자체를 더욱 훌륭한 새 로마로 간주한 피렌체의 전통에 비추어 모든 것을 논증했다. 이런 배경 앞에서 마키아벨리의 테베레강 변의 '진짜' 로마 찬가는 또 다른 금기 위반이었다. 게다가 귀차르디니는 고대와 오늘날 사이의 역사적 거리를 의식하고 있었다. 로마인은 다른 표상 세계에서 살아서 가치관도, 기호도, 관습도

달랐다. 피렌체나 현재의 다른 어떤 국가에든 고대 로마 체제를 강제하는 것은 당나귀에게 말의 걸음걸이를 가르치려는 것과 같았다. 귀차르디니에게 역사는 반복하는 것이 아니라 모든 것을 아우르는 변화였다. 그러므로 역사로부터 어떤 성공 규칙이나 전망을 도출해낼 수 없다. 국가와 인간은 모두 시간과 함께 자신의 길로 나아가야 했다.

고대 로마는 혼합정체였고 이로써 권력 오용 문제를 해결했다는 마키아벨리의 명제는 그리스의 역사가이자 정치 이론가인 폴리비오스가 이미 확립한 것이었다. 그러나 이는 비판적인 동시대인에게 더 이상 옳은 명제가 아니었다. 원로원을 권력의 중심으로 삼은 귀족들이 로마공화정을 지배했다는 것은 귀차르디니의 눈에만 띈 게 아니었다. 또한 유력한 로마 정치인의 측실은 이른 아침부터 탄원자들로 만원이었다는 것을 보고한 믿을 만한 문헌이 많이 있었다. 그렇다면 마키아벨리는 하필이면 왜 모든 것이 권력자의 올바른 권고에 달린 도시이자 국가인 로마를 귀족과 피보호자의 관계에서 자유로운 곳으로 찬양하게 되었는가?

이는 오늘날까지 계속되는 질문이다. 로마 초기에 관한 리비우스의 설명이 애국적 설화로 이루어져 있다는 것을 마키아벨리의 비판적 동시대인들은 분명히 인식할 수 있었다. 그러나 마키아벨리는 이 교화적 설화를 진짜 진리로 받아들였다. 소소한 의견 차이를 제외하면 마키아벨리는 리비우스가 전한 그대로 받아들였다. 고양된 교화적 손가락을 치켜들어 타락한 당대인에게 로마 전통mos maiorum과 타락하지 않은 관습, 초기의 열렬한 조국애를 분명하게 보여준 아우구스투스 시대 역사가의 저작에 보인 마키아벨리의 태도는 16세기 초 경건한 기독교도가 보여준 성서 숭배와 닮았다. 마키아벨리는 모든 것을 조롱하고 자신마저 조롱할 수 있었지만 위대한 로마는 조롱할 수 없었다. 이 믿음은 파면되어 정치적으로 고립된 마키아벨리에게 안정과 목표, 확신 그리고 약간의 낙관을 가져다주었다.


## 인간 동물원

마키아벨리가 조카 조반니 베르나치에게 보낸 편지는 지적 생산성이 최고조에 달했던 당시의 정신 상태를 보여준다.

> 나에 대해 말하자면 나는 나 자신에게도, 친척에게도, 친구에게도 쓸모없는 사람이 되어버렸다. 나의 고통스러운 운명이 그것을 원했기 때문이다.[32]

1516년 2월 15일자 편지에 보이는 것과 같은 장탄식은 쌓여 있었다. 이 모든 낙담에도 마키아벨리는 자신의 처지를 절망적으로 그리지는 않았다.

> 작은 위안: 어쨌든 나와 가족은 여전히 건강하다. 그래서 나는 운이 오면 제때 잡기 위해 감내하면서 기다리고 있다.[33]

피렌체의 남성 우월주의자인 마키아벨리는 《군주론》에서 포르투나는 여인이므로 자기편으로 끌어들이기 위해 머리카락을 붙잡아야 한다고 썼다. 마키아벨리는 이 희망을 버리지 않고 있었다. 1517년 6월 8일자 편지에서 보듯이 공화국의 전 서기는 파면된 후에 동생 토토처럼 레반테에서 상인으로서 운을 잡으려고 하는 베르나치의 양육과 교육에 비장한 마음으로 신경을 썼다.

사람은 자신의 가치만큼 존중받기 때문이다. 네가 명망 있는 사람임을 입증해 보이므로 나는 너를 이전보다 더 사랑하지 않을 수 없다. 나는 너를 키운 일을 조금도 내세우지 않는다. 우리 집은 네가 지금 하고 있는 선善과 앞으로 할 선의 출발점이다. 나는 지금까지 겪고 앞으로도 겪을 장애 요소 때문에 시골 별장에 은거해 있다. 때로는 내가 누군지 한 달 넘게 생각하지도 않는다.[34]

그러나 이 자기 망각은 마키아벨리가 피렌체에서 총애를 잃은 것과 관련이 있을뿐더러 살아 있는 사람보다 고대 로마인과 더 많이 대화했다는 것과도 관련이 있을 것이다.

마키아벨리가 귀족 로도비코 알라만니에게 보낸 1517년 12월 12일 자 편지에 언급한 야심적인 문학 작품은 체념과 반발 사이를 오가는 감정 상태를 고스란히 반영하고 있다.

최근 아리오스토의 《광란의 오를란도》를 읽었습니다. 전반적으로 아름답고 경탄할 만한 대목이 많은 시였습니다. 그가 귀하와 그곳에 있다면 저를 소개해주시고 제 말을 전해주십시오. 그가 거론한 많은 시인 중에 저는 마치 형편없는 시인인 양 빼놓았으며 저의 《당나귀》에서는 《광란의 오를란도》에서 저를 대접한 방식으로 그를 대접하지 않을 것이라고 말입니다.[35]

《황금 당나귀Dell'Asino d'oro》라는 제목으로도 알려진 《당나귀》는 1000행이 넘는 8권짜리 자전적 우화다. 이 시가 동화 같은 마키아벨리의 이야기라는 것은 곧 밝혀진다. 시인은 컴컴한 숲속을 헤매다가 한 무리의 짐승 가운데서 머리를 땋은 예쁜 여인을 만난다. 그녀는 시인을 알고 있을뿐더러 한참 기다리고 있었다.

그대가 물으면 이렇게 답하리.
여기 보이는 짐승들은
한때 그대처럼 이 세상 사람이었다네.[36]

그곳에서 그들은 총애를 잃고 추방당했다.

그대가 내 말을 믿지 않는다면
그들이 그대를 어떻게 둘러싸고 있는지
누가 그대를 보고 있고 그대의 발을 핥고 있는지 보라.
그들이 그대를 눈여겨보는 이유는
그대의 불행을 동정하기 때문이라네.[37]

짐승 형상의 사람이 더 낫다는 것은 분명하다. 그녀는 변신했다. 아름다운 낯선 여인, 즉 그들의 여주인이자 요녀인 키르케가 모습을 드러낸다. 숲에서 죽지 않기 위해 마키아벨리는 키르케의 시녀를 따라가야만한다. 키르케의 눈에 띄어 마법에 걸리는 일이 없도록 마키아벨리는 사슴과 곰 사이에서 네발로 기어 달아나야 했다. 화자는 엉금엉금 기어서 숲의 정적을 헤치며 밝게 빛나는 궁전으로 갔다. 그는 비로소 다시 똑바로 서서 걸을 수 있었다. 그곳에서는 물과 따뜻한 불같은 문명의 안락함이 그를 기다리고 있었다. 그는 아름다운 구원자에게 점점 다가간다. 그가 장황하게 감사의 말을 전하자 그녀는 그의 소원대로 운명을 말해준다.

지금과 고대의 사람 중에서
그대만큼 배은망덕과 고생을 감내한 자는 없었다고 하면서

그녀는 말문을 열었다.[38]

화자는 다음과 같은 그녀의 말을 즐겁게 듣는다.

그 모든 것은, 여러 사람이 곧잘 그런 것처럼
자신의 잘못 때문이 아니라
운명이 그대의 훌륭한 행동에 맞서기 때문이라네.[39]

적대적 포르투나는 마키아벨리를 컴컴한 숲으로 데리고 갔다. 그녀는
자신의 희생양이 어떻게 반응하는지 유심히 살폈다.

사내가 눈물을 보이는 것은 꼴사납다.
사내는 눈물을 삼키며
운명의 타격에 맞서야 한다.[40]

자포자기할 이유는 없다. 행성이 자전하듯이 세상의 모든 것은 변한다.
전쟁 끝에 평화가 오고 평화가 지속되는가 하면 전쟁이 벌어진다. 권력
은 부침을 거듭한다. 모든 것은 흐른다. 그러나 마키아벨리는 최고의 선
견지명을 가지고 있다.

하늘은 그 뜻을 아직 바꾸지 않았다.
운명이 그대를 계속 벌하는 한
그도 그것을 하지 않을 것이다.[41]

포르투나의 복수심은 아직 진정되지 않았다. 그날은 올 것이다. 그러나

하늘이 마키아벨리에게 다시 호의를 가질 때까지 시인은 미녀와 함께 짐승들 사이에 머물러야 한다. 하늘의 뜻은 다음과 같이 정해졌다. 인간에게서 배은망덕 외에는 아무것도 기대할 수 없는 자는 인간 세상을 떠나 더 호의적인 생명체로 눈을 돌리는 편이 더 낫다.

그의 여주인은 여전히 그에게 호의를 보인다. 마키아벨리에게 일어나야 할 일들이 일어난다. 애정 어린 말들은 키스를 부르고 사랑하는 남녀는 급기야 침대로 향한다. 그곳에서 그들은 먼저 푸짐한 식사로 기운을 돋운다. 그동안 시인은 정체불명의 미녀, 즉 요녀의 시녀들이 요구하는 것을 감당할 수 있을지 조마조마한다.

나는 다음에 일어난 일들을 이야기해야 할지 말아야 할지 모른다.
진리는 진리를 말하는 자를 가끔 해치기도 하기 때문이다.
그러나 나는 그 이야기를 하여
나를 비난하려는 자를 불안에 떨게 할 것이다.
비밀로 한 즐거움은 완전한 즐거움이 아니기에.[42]

전쟁과 사랑의 영웅적 행위에서 우리는 누구에게 명예가 돌아가는지를 이야기해야 한다! 사람들이 그의 보고를 믿게 되었을 때 시인은 연인으로서 명예를 얻었다. 다음 날 아침 망명자와 그 여주인과의 신뢰 관계는 더할 나위 없이 굳어졌다. 그래서 추방된 자는 두 번째 큰 열정으로 쉽사리 정치 활로를 개척할 수 있다. 마키아벨리는 이전에 베토리와 논한 것처럼 이탈리아와 유럽의 현재 상황에 관해 연인과 함께 논한다.

침상에서 아침 식사 때 한 비판은 군주와 공화국을 다룬 두 대작에 비하면 온건한 듯 보인다. 군주는 만족할 수 없는 권력욕에 사로잡혀 있다. 다들 이 결함을 알고 있지만 방지하는 사람은 없다. 베네치아는 이탈리아에서 분출하려고 하는 이것을 한 입 덥석 물었다. 아테네와 스파르타는 이웃 도시국가들을 굴복시킨 후 나태해지고 활기를 잃어서 몰락했다. 독일 도시들은 주변 영토의 둘레가 최대 6마일에 달하므로 강력하게 요새화되어 있다. 전쟁 준비는 평화의 전제 조건이고 전쟁 수행은 내부 갈등을 극복하는 유일한 수단이다. 비르투가 게으름을 피우면 국가는 멸망한다.

이 모든 구절이 《로마사 논고》의 주된 주제로 다시 다루어진다. 그러나 새로운 논법이 이에 덧붙여진다. 공화정이 파멸하기 직전에 비르투가 마지막으로 한 번 더 나타난다. 피렌체인들이 마키아벨리의 말에 귀 기울인다는 것을 전제로 하면 그들에게도 두 번째 기회가 있다. 이와 달리 교회 도덕은 국가 생존을 보장하지 않는다. 민중을 경건하고 고분고분한 사람으로 만들기 위해서는 올바른 종교가 꼭 필요하다.

마키아벨리는 왜 이 모든 것을 시의 형식으로 한 번 더 말할 수밖에 없었을까? 마키아벨리는 시를 매개로 한 정치적 논문 형태로 다른 독자들에게 다가갈 수밖에 없었다. 마키아벨리가 10년간 쓴 시들은 마침내 열렬한 갈채를 받았다. 게다가 《당나귀》는 공격 방향이 다르다. 운을 맞춘 이 우화가 교훈을 주려 한다는 것은 의심할 여지가 없지만 이 우화는 무엇보다도 조롱이 목적이었다. 이 우화의 주제는 인간 그 자체가 아니라 한때 인간이었던 짐승이다.

나는 애초에 그대에게 약속했지.
우리 나라의 규범을 이해할 수 있는 곳으로
데리고 간다고
그러니 준비를 단단히 하고
살아오면서 알게 된 사람들을 유심히 살펴보아라.[43]

이제 보니 이 우화는 단테를 패러디한 것 같다. 마키아벨리는 이 위대한 동향인을 꼼꼼히 연구하고 나서 이 우스꽝스러운 우화를 썼다. 단테는 베르길리우스의 안내로 지옥을 돌아다녔고 마키아벨리는 연인의 손에 이끌려 키르케의 인간 동물원을 시찰했다. 단테의 지옥 속 죄인들은 심연의 여러 층에서 그 대죄에 따라 고통을 받고 있었다. 요녀의 우리도 이와 똑같은 모양이다.

> 그들의 운명이 다 다르듯이
> 짐승들이 동료와 함께
> 사는 방도 각양각색이었다.[44]

살면서 용기와 강인함을 보여준 사람은 키르케가 사자로 바꾸어놓았다. 그러나 동물의 왕은 절박한 궁핍에 시달리고 있고 피렌체에서는 따로 보급품이 오지 않는다. 피렌체인들처럼 연약한 체질 때문에 겁에 잔뜩 질린 채 우리에만 틀어박힌 이들은 꽥꽥거리는 새로 바뀌어 따뜻한 불가에 옹기종기 모여 있다. 이 모든 우리는 꼼꼼하게 보살펴진다.

그러나 마키아벨리와 연인이 다른 문을 열고 발을 들여놓자 사정이 달라진다. 이 동물원 감옥에서 정치가들은 인간의 탈을 쓰고 저지른 잘못으로 벌을 받고 있다. 고양이가 너무 망설이다가 놓쳐버린 먹이가 마냥 달아나고 있다. 이는 피렌체를 노린 타격이었다. 사자는 그릇된 충고를 따랐다면서 자기 발톱과 이빨을 뽑아버렸다. 여우는 먹이를 잡으려고 파놓은 함정을 부질없이 뒤진다. 짐승들이 당하는 고통은 죄다 완벽한 군주가 학습해야 하는 교훈, 즉 완벽한 군주는 적시에 여우와 사자가 되어야 한다는 것을 보여준다. 이 기회를 놓치거나 혼동한 자는 동물원 지옥에서 벌을 받아 마땅하다.

마지막으로 그의 안내자는 시인에게 가장 중요한 교훈을 준다.

눈을 들어
깊은 곳을 보니
살진 돼지가 진창을 헤집고 있다.
이 돼지가 누구를 닮았는지는 말하지 않겠다.
300파운드 이상으로
저울을 기울였다는 것으로 충분하다.[45]

동물원 방랑자는 이 큰 돼지와 대화를 나눈다. 먼저 그는 모습을 다시
바꾸어 달라고 연인에게 청하겠다고 불그스름한 돼지에게 제안한다.
그러나 돼지는 이 제안을 일축한다.

그대가 어디서 왔는지 난 모른다.
날 이곳에서 다른 곳으로 옮기려고 왔다면
갈 길을 가라![46]

돼지는 인간들 사이에 있을 때보다 돼지끼리 있을 때 더 인간다워지므
로 돼지로 남고 싶어한다. 인간은 자기애에 사로잡혀 스스로를 만물의
영장이라고 한다. 달변의 돼지가 100행이 넘는 시구에서 밝혔듯 바로
이 점에서 인간은 착각하고 있다. 돼지는 인간보다 똑똑하고 조심스러
우며 적응력이 뛰어나다. 무엇보다도 돼지는 타고난 능력이 뛰어나다.
그래서 돼지는 행복하고 만족하며 산다. 반면에 인간은 식을 줄 모르는
탐욕으로 더 많은 재산, 권력, 향락을 추구하다가 불행에 빠진다. 용기,
배짱, 마음과 영혼에서도 짐승이 인간보다 크게 앞서 있다. 절제, 극기,

의연함도 마찬가지다. 이로써 돼지는 교회가 가르친 기본 도덕을 완벽하게 입증했다. 다음으로 7대 죄악을 보기로 하자. 색욕 역시 인간은 무절제하게 행동하지만 돼지는 절제한다. 탐식도 인간의 죄악이다. 돼지는 한 가지 먹이로 만족한다. 동물의 왕국에서 탐욕과 질투는 전혀 알려져 있지 않다. 잔인하다는 야수도 인간처럼 성호를 긋지는 않지만 깡그리 약탈하지는 않는다.

그래서 마지막 구절은 다음과 같다.

어떤 사람이 신처럼 보이고 행복하고 즐거워 보이더라도
그를 믿지 마라.
내가 마음껏 먹을 감고 뒹구는
이 진창에서는 삶이 더 즐거우니.[47]

베토리에게 보낸 편지에서 매혹적인 욕망에 굴복할 것을 간곡히 권했을 때 마키아벨리는 이미 동물적인 것을 찬양했다. 또한 《당나귀》에서는 풍자뿐만 아니라 자신에 대한 당찬 고백도 감지된다. 베토리에게 보낸 1513년 12월 10일자 편지에 묘사한 것처럼 마키아벨리가 숲과 술집에서 나와 귀가했을 때 그의 평상복은 진흙투성이였다. 마키아벨리는 고대인과 대화하기 위해 관복을 입었다. 평범한 일상과 지적 활동의 숭고함 간의 대조는 아이러니하게도 그때 이미 깨졌다. 무엇이 내게 지력을 주는가? 나의 지력은 아무짝에도 쓸모없다. 이것이 《당나귀》에 있는 답이다. 진흙에서 뒹구는 것이 진흙으로 몸을 깨끗하게 하는 것보다 낫다. 인간은 배은망덕하지만 짐승은 그렇지 않다. 분별력은 이 세상의 불의를 인지하므로 고뇌를 낳는다. 짐승은 자연법칙을 따르며 아무 걱정도 하지 않으므로 행복하게 산다. 인문주의자는 인간을 다른 모든 생명체보다 훨씬 더 높이 올려놓았는데 때로는 신과 같은 반열까지 두었다. 이 점에서 빈정대는 질책이 그들에게 돌아간다. 그래서 우화의 교훈은 자신의 사상과 글을 부인하는 것처럼 들린다. 국가를 다룬 논문은 욕지기나는 세상에 대한 치료법이라는 것을 입증받지 못했다. 마키아벨리는 그것을 다른 방법으로 시도해야 했다.

## 안드리아와 희극론

마키아벨리는 《당나귀》와 거의 같은 시기에 《우리 언어에 관한 담화 또는 대화Discorso o dialogo intorno alla nostra lingua》라는 짧은 글을 썼다. 피렌체인이 쓴 《우리 언어에 관한 담화 또는 대화》는 귀감이 될 만한 세 작가 단테, 페트라르카, 보카치오를 자랑스럽게 언급하면서 모든 이탈리아인의 표준어이자 문어文語인 토스카나어를 칭찬하는 것으로 귀결된다. 이 공통어를 어려움 없이 이해하는 지역으로 이탈리아를 규정한 마키아벨리의 경우에도 그것은 마찬가지다. 토스카나 외에 롬바르디아, 로마냐, 교황령, 나폴리왕국까지 이에 속하지만 피에몬테, 베네치아, 시칠리아는 속하지 않는다. 그러나 순전히 언어 지리 및 언어 이론에 관한 것처럼 보이는 이 글이 정치색을 띠고 있지 않다면 마키아벨리답지 않을 것이다.

조국이 배은망덕한 것으로 밝혀지더라도 우리는 조국에 헌신해야 한다. 이것이 《우리 언어에 관한 담화 또는 대화》의 금언이다. 공교롭게도 이탈리아 최고의 시인 단테 알리기에리가 이 금언을 위배한다. 그래서 마키아벨리는 사망한 지 200년이 넘은 단테를 고소한다. 이 과정에서 마키아벨리는 《신곡》의 저자를 가차 없이 신문한다. 문답 게임에서

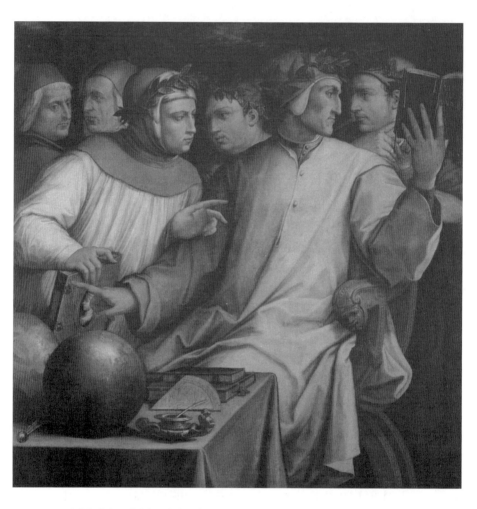

토스카나의 시인들. 바사리는 단테를 베르길리우스의 시집을 들고 있는 것으로 묘사했다. 가운데 월계관을 쓴 세 시인이 왼쪽부터 페트라르카, 보카치오, 단테다.

이 유명한 피고가 거짓말을 했다는 것이 밝혀진다. 단테는 궁정어<sup>curiale</sup>로《신곡》을 썼다고 주장한다. 그게 무슨 말이냐는 마키아벨리의 질문에 단테는 다음과 같이 대답한다.

> 궁정어란 교황청 사람이나 공작의 궁정 사람들이 쓰는 언어인데, 이들은 문학적이며 이탈리아의 그 어떤 지역 사람보다 말을 잘하기에 나는 이 언어를 사용했다.[48]

이런 의미에서 단테는 자신의 시어가 혼합되어 있다는 것을 보여주려고 한다. 즉 이 언어는 롬바르디아에서 유래했고 롬바르디아어는 라틴어에서 직접 유래했으며 라틴어는 전적으로 고유어다. 그러나 격노한 언어 변호사 마키아벨리는 그런 진술에 만족하지 않는다. 마키아벨리는 꼬치꼬치 캐물으면서 자기 나름대로 시구를 인용하여 궁지에 몰린 단테가 마침내 모두 토스카나어라고 자백하게 한다.

이는 시성을 다루는 방식이 아니었다. 단테는 피렌체에서 최고로 숭배받고 있었다. 그러나 상황은 더 나빠진다. 《신곡》의 시인에게 거짓말쟁이이자 매국노라는 유죄판결이 내려진다.

> 나는 단테에게 초점을 맞출 것이다. 단테는 조국 피렌체에 관해 쓴 곳을 제외하면 재능, 학식, 판단력 등 모든 면에서 뛰어난 자다. 단테가 온갖 모욕을 감수하면서 모든 인도주의와 철학적 교양에 맞서서 추구한 것은 바로 이것이었다. 단테는 모욕 외에는 달리 보복할 길이 없었기에 피렌체에 온갖 죄악을 뒤집어씌우고 피렌체인을 저주했으며 그 정치를 비난하고 그 관습과 법률에 대해 불리하게 말했다. 단테는 시 곳곳에서 그렇게 했을뿐더러 어디서나 생각할 수 있는 온갖 방법으로 그렇게 했다. 단테는 가차 없이 추방

되었다! 그래서 그는 복수를 몹시 갈망했다! 단테는 할 수 있는 것을 다했다. 단테가 고향 도시에 예언한 재앙 중 몇 개가 피렌체에 일어났다면 피렌체는 이 사람을 기르고 먹여 살린 것을 다른 어떤 불행보다 더 한탄했을 것이다.[49]

단테여, 그대가 그다지도 배은망덕할 수 있었단 말인가! 이 고소는 이처럼 감동적이다. 그러나 실제로 중요한 것은 피렌체가 단테에게 가한 것과 똑같은 불의를 자신에게 가했다고 생각하는 마키아벨리 자신이었다. 그렇다. 니콜로 마키아벨리는 저 위대한 문학의 저승 순례자보다 더 가혹한 타격을 입었다. 단테는 추방된 후 이웃 영주의 집에서 망명자로서 편안하게 생활했으나 마키아벨리는 자신의 농장에서 이방인으로 살았다. 그러나 단테와 달리 마키아벨리는 조국에 죄를 짓지는 않았다.

《우리 언어에 관한 담화 또는 대화》 끝부분에는 현실적 이유에서 마키아벨리를 사로잡은 문체 문제가 거론된다. 문체에 관한 한 저명한 대시인 단테도 마키아벨리에게는 논쟁의 여지가 없는 전범이 아니었다. 표현이 과장되었을 뿐만 아니라 저속하고, 심지어는 상스럽다고 마키아벨리는 단테를 비난한다. 생각을 솔직히 나타낸 《당나귀》의 시인은 이 상스러운 표현에 대한 비판을 실제로 진지하게 여겼을까? 그렇게 보기 어렵다. 이 쌀쌀맞은 비난 뒤에는 이미 쓰인 자신의 문학 작품과 곧 쓸 예정인 작품에 대한 정당화가 감추어져 있다.

나는 적절한 어휘가 없어 아름답지 않은 글을 많이 썼다. 희극은 이런 유類에 속한다. 희극은 사생활에서 잘못을 깨닫게 하는 데 목적이 있지만 어느 정도 격조 있고 웃음을 유발하는 어휘를 사용해야 하기 때문이다. 그래야만 기대한 즐거움과 그 배후에 있는 유익함을 누릴 수 있다. 그래서 진지하기 힘든 사람들이 중요한 역할을 맡는다. 믿을 수 없는 공복, 조롱받는 늙은이, 사랑에 빠진 젊은이, 아양 떠는 창녀, 게걸스러운 식객에게는 진지함이 없다. 그러나 이런 사람들 간의 호흡에서 매우 진지하고 삶에 유익한 가르침을 도출할 수 있다.[50]

이 글에서 마키아벨리가 자신의 희극으로 독자 또는 관객을 일깨우려 했다는 결론을 내릴 수 있다. 마키아벨리의 첫 희극 〈가면을 쓴 사람Le maschere〉(1504)은 전해지지 않는다. 이 희극이 현존하는 인사들을 조롱하고 있다는 이유로 마키아벨리의 손자가 이를 전승할 가치가 없다고 보았기 때문이다. 유감천만이다!

마키아벨리의 두 번째 희극 〈안드리아Andria〉는 1517년(또는 1518년) 무렵에 쓰였다. 그 줄거리를 보면 로마의 희극작가 테렌티우스의 작품을 번역했다는 것을 알 수 있다. 그런데도 이 희극은 단순한 번역이라기보다 오히려 자유로운 개작에 가깝다. 아테네 명문가 출신인 판필로는 젊은 글리체리오Glicerio(그리스어로 '달콤한 것')를 사랑한다. 글리체리오는 얼마 전에 죽은 헤테레 크리시데Hetäre Criside('금처럼 귀중한 것')의 여동생으로 여겨진다. 판필로의 부친 시모가 아들을 반드시 신분에 걸맞게 결혼시키고 싶어한 만큼 글리체리오가 명문가 자제와 결혼할 가망은 없다. 시모는 친구 크레메테의 딸을 택했다. 크레메테는 적절한 방식으로 결혼식을 치른다는 조건으로 동의했다. 판필로가 아테네에서 상당한 명성을 누리고 있었기에 조건을 단 것은 당연했다. 판필로는 글리체리오에게 반해 있으면서도 다른 여자를 임신시킨다. 판필로의 친구 카리노도 크레메테의 딸과 결혼하고 싶어하고 판필로의 동의를 얻는다. 그러나 판필로는 부친의 계획을 좌절시키기 위해 자신이 크레메테의 딸과 결혼하려고 한다고 잠시 속일 수밖에 없었다. 그래서 카리노는 판필로가 약속을 지키지 않는다고 생각한다(이것은 테렌티우스의 희극과 다른 점이다).

　시모와 판필로 부자의 소원은 양립할 수 없다. 이를 빌미로 판필로의 교활한 종 다보가 등장한다. 다보는 젊은 주인의 처지에서 이 문제를 해결해야 한다. 다보의 전략은 판필로의 명성을 깡그리 무너뜨려 크레메테가 더는 판필로를 사위로 받아들일 수 없게 하는 것이다. 이를 위해 다보는 판필로의 갓 태어난 사내아이를 크레메테 집 문턱에 갖다 놓게 한다. 크레메테는 한 탕아가 유서 깊은 집안의 일원이 되려 한다고 생각할 게 분명했다. 이로써 혼인은 결렬된다. 혼란은 극에 이르고 다들 분노한다. 그리고 마침내 크리토가 난데없이 등장하여 매듭을 푼다. 크리토는 글리체리오가 안드로스라는 섬에 표류했고 크레메테의 딸이었다고 보고한다. 그래서 이 희극의 제목이 '안드로스의 여인'이라는 의미의 〈안드리아〉다. 크리토의 말인즉 글리체리오는 이런 여인이므로 말썽꾼 판필로와 결혼해도 좋다는 것이다. 판필로는 지참금을 두둑이 받는다. 이제 친구 카리노가 글리체리오의 여동생과 결혼할 수 있게 중재할 기회가 크레메테의 사위인 판필로에게 생긴다. 그러나 자신의 전략이 적중했기에 목적을 달성한 사기꾼 판필로가 친구를 위해 중재할지는 미지수다.

　〈안드리아〉는 테렌티우스의 희극 〈환관Eunuchus〉의 플롯을 가져와 독자들에게 만족을 주지 못했다. 다보의 계략은 강요된 결혼을 저지할 수는 있었지만 그 목적을 달성하지는 못했다. 데우스 엑스 마키나 역할을 하는 크리토가 비로소 이 문제를 해결한다. 이 작품의 매력은 플롯에 있지 않고 원주제인 뛰어난 기만술에 있다. 극의 끝에 가서 모든 것이 원만하게 해결되는 듯 보이지만 집안의 명예에 대단히 자부심을 가지고 있던 크레메테는 속고 만다. 그는 막 되찾은 딸을 위해 평판이 의심스러운 사위를 받아들인다. 이는 크레메테를 만족하게는 하지만 그는 그 자신마저 속이고 있는 것이다. 반대로 사기꾼은 엄청난 보상을 받는다. 뛰어난 기만술inganno은 다보를 돋보이게 한다. 다보는 주인뿐만 아니라 독자나 관객들이 현기증이 날 정도로 거짓말과 진실, 가상과 현실을 교묘하게 다룬다. 다보는 반어적 질문으로 자신의 신조를 명확히 말한다.

> 자연이 불어넣은 대로 진심에서 하는 말과 간계로 하는 말을 구별할 수 있다고 그대는 생각하는가?[51]

이 질문에 대한 답은 성공이다. 말이 진심인지 간계인지를 구별하는 것은 도덕이 아니라 성공이라고 한다. 모든 것은 다음 두 문제의 주위를 맴돈다. 하나는 판필로가 실제로 사생아를 낳았느냐고 다른 하나는 다보는 오로지 주인이 명망 있는 크레메테의 딸과 결혼하지 못하게 하려고 모험적 기도를 고안했느냐다. 어쨌든 시모는 아들의 교활한 종이 이 손자를 꾸며냈다고 확신한다. 이 그릇된 확신을 빌미로 다보는 또 계략을 꾸민다. 이 과정에서 다보는 제삼자를 보내 크레메테와 시모에게 진짜 소식을 전하게 하고, 이 제삼자는 더욱 그럴 듯하게 속이기 위해 즉시 이를 이행한다. 이 모든 것은 '진짜' 부부, 즉 판필로와 글리체리오를 결합시키기 위한 것이었다. 진실을 실현하고 모두를 만족시키기 위해서는 거짓말을 할 수밖에 없었다. 이는 다보에게 전혀 새로운 통찰이 아니었으나 계획을 도와준 여종 비리아에게는 새로운 통찰이었다.

> 사람들 간에 신의가 없을 수 있을까? 사실 속담에도 있듯 누구나 남보다 자신을 먼저 생각하지.[52]

자신을 속이지 않는 자는 양심의 가책을 알지 못하는 사람의 제물이 되고 삶의 목표를 놓치게 된다. 정직한 사람을 사위로 삼고자 하는 크레메테의 명예관은 그만큼 시대에 뒤떨어졌다는 느낌을 준다. 그런 사위는 이제 찾기 어렵다.

> 레스비아, 당신 말대로 부인에게 신의를 지키는 남자는 거의 없군요.[53]

반대로 여자 측은 어떤가에 대해서는 아무런 언급이 없다. 그러나 여자들도 마찬가지라고 볼 수 있다. 인간은 나면서부터 이기적이게 되어 있다. 선량한 카리노조차 이를 알고 놀라지 않을 수 없다. 카리노는 판필로의 그럴듯한 기만에 분개하면서도 다음과 같은 말로 끝맺는다.

> 넌 누구냐? 내게 무슨 짓을 하는 거야? 왜 내가 원하는 것을 네게 주어야 해? 내 말 듣고 있나? 난 나 자신을 먼저 생각해야 해![54]

이기의 저주는 모든 사람을 짓누른다. 크레메테가 자식들을 혼인시키기 위해 시모를 설득하려는 데서 분명히 보여주는 것처럼 공익이라는 관념은 가소롭다.

> 그것이 양쪽에 이로우면 그렇게 하시오! 그러나 한쪽에는 이롭고 다른 쪽에는 해롭다면 부디 공동의 이익을 생각하시오.[55]

공익을 운운하는 자는 자기 이익만 생각한다. 극이 진행됨에 따라 크레메테도 이를 깨닫는다.

그대는 내 딸의 슬픔과 고통으로 그대 아들에게 도리를 깨우쳐주려 했소.[56]

인간은 그런 존재이면서 동시에 변명한다. 신들은 판필로가 앞 장면에서 확언한 것과 다른 존재가 아니기 때문이다.

신들의 환락은 그치는 법이 없기에 나는 이제 신들의 삶이 영원하다고 믿네. 앞으로 내 흥을 깨지 않는다면 나도 불멸할 거야.[57]

올림포스의 신들이 쾌락에 빠진다면 인간도 마찬가지라고 놀랄 것은 없다. 이런 원칙에 비춰 희극 〈안드리아〉는 마키아벨리의 《군주론》과 그가 베토리에게 보낸 편지에 보이는 원칙을 아우른 것이라 할 수 있다.

## 만드라골라와 희극의 실제

마키아벨리의 다음 희극 〈만드라골라〉는 1519년에 사본이 나돌았다. 마키아벨리는 그 전에 이 희극을 썼을 것이다. 극 중 올해 튀르키예인이 이탈리아를 침략해올지 묻는 것도 이를 뒷받침한다. 실제로 1518년에 이탈리아인들이 그 같은 걱정을 했기 때문이다. 그러나 이런 이야기는 곁가지다. 〈만드라골라〉는 기독교의 공동 방어 전선과 종교 전쟁을 다룬 작품이 아니다. 〈만드라골라〉 역시 기만술을 다룬 희극이다. 이 희극은 마키아벨리가 바탕으로 삼은 고대 작품이 없다. 이 작품의 배경은 고대가 아니라 오늘날 피렌체이다. 〈안드리아〉와 달리 〈만드라골라〉에는 운을 맞춘 "프롤로그"가 있는데, 그 내용이 사적이면서도 공격적이다.

이 작품은 만드라골라라고 한다.

그 이유는 공연을 보면 알 것이다.

작가는 명성이 그다지 높지 않다.

그러나 여러분이 비웃지 않는다면

작가는 여러분에게 기꺼이 포도주를 선사할 것이다.

교활한 연인,

멍청한 박사,

행실이 고약한 수도사,

약삭빠른 식객들은 오늘 기분이 좋을 것이다.

이 작품이 너무 경박해

분별 있는 사람에게

걸맞지 않은 것으로 보인다면

작가는 이렇게 시시덕거리는 것으로

자신의 불행한 삶을 달콤하게 만들려 노력한다는

말로 용서를 구한다.

다른 일로 능력을 증명하는 것이

허용되지 않고

노력에는 보수가 없어서

이제 작가가

달리 더 나은 일을 할 수 없기 때문이다.[58]

희극으로서는 상당히 논쟁적인 시작이었다. 마키아벨리는 메디치가가 자신의 더욱 의미 있는 활동을 저지했기 때문에 희극을 쓰는 일보다 더 나은 일은 할 수 없다는 것을 분명히 했다. 그렇다고 작품으로 웃음을 더 적게 선사할 수는 없었다. 잠재적 비평가들은 처음부터 다음과 같은 경고를 받았다.

> 누군가가 험담하며
> 작가의 머리카락을 잡아당기거나
> 작가를 겁박하거나 위협해야겠다고 생각하면
> 그에게 경고하는 의미로 다음과 같이 솔직하게 말한다.
> 작가도 욕설을 퍼부을 수 있다.
> 그것이 작가의 장기이기도 하다.[59]

이 경고와 관련하여 "프롤로그"에 요약된 작품의 줄거리는 단순하다. 젊은 피렌체인 칼리마코 과다니가 파리에서 고향 도시로 돌아온다. 피렌체에 세상에서 가장 아름다운 여인이자 늙은 법관 니차 칼푸치의 젊은 부인 루크레치아가 살고 있다는 소문을 들었기 때문이다. 피렌체의 한 여인이 그 어떤 프랑스 여인보다 더 아름답다고? 당시 파리는 이미 사랑의 도시이자 세련의 도시로 여겨졌다. 칼리마코는 풍문을 믿지 않았지만 호기심이 발동하여 그 모습을 그려보고는 욕망에 사로잡혀 미친 듯이 날뛰었다. 그러나 루크레치아는 아름다울뿐더러 정숙했다. 게다가 질투가 심한 남편이 아내에게서 눈을 떼지 않는다. 뾰족한 수를 찾기가 쉽지 않다.

이런 일은 약삭빠른 칼리마코의 식객 리구리오에게 알맞았다. 리구리오는 사랑에 빠진 칼리마코를 도와주고 흡족해한다. 리구리오는 꾀바를뿐더러 전략가로서 작전을 좌지우지한다. 리구리오의 계획은 니차의 약점을 노리는 것이다. 딱한 법관은 결혼한 지 6년이 지나도록 아들이 없어 이 세상 그 무엇보다도 사내아이를 바라고 있었다. 이 욕망이 그의 약점이었다. 욕망은 인간을 눈멀게 하기 때문이다. 이는 니차뿐만 아니라 칼리마코도 마찬가지였다. 리구리오만이 냉정한 머리를 가지고 있다. 리구리오는 칼리마코가 피렌체에서 거의 알려지지 않았다는 점을 이용한다. 그래서 칼리마코를 불임을 치료하는 대단한 의사라고 선전한다.

그러나 칼리마코가 처방해주는 약은 부작용이 있었다. 만드라골라 뿌리의 즙을 마신 여자는 임신하지만 맨 처음 그녀와 동침한 남자는 일주일 내에 반드시 죽는다. 아버지가 되기는 이제 어렵지 않다. 그러나 그 대가로 죽는다. 그래서 니차는 상속자를 낳을 생각을 하지 않는다. '의사' 칼리마코도 짚으로 만든 인형으로 루크레치아와 동침하게 해야 한다고 충고한다! 니차는 망설이다가 동의한다. 남자들끼리는 합의한다. 이제 또 다른 문제, 즉 루크레치아의 정숙함이라는 문제가 대두된다. 우직하고 우악스러운 남편의 말에 따르면 그녀는 남편만 사랑하고 교회의 계율을 충실히 지키기 때문에 바뀐 파트너에게 사랑을 고백하지는 않을 것이다. 그러나 이 점에 대해서도 영리한 리구리오는 해결책을 알고 있었다. 교회가 거치적거리면 누군가 치우면 된다! 그런 사람이 곧바로 나타난다. 루크레치아의 고해신부 프라테 티모테오다. 루크레치아의 어머니 소스트라타도 계략을 꾸미는 데 한몫한다. 그녀의 참여도 극단적 이기주의의 발로다. 니차는 아들을 얻지 못하면 루크레치아를 쫓아낼 것이고 장모인 자신도 덩달아 쫓겨날 터였다. 반면에 딸에게 고대하던 상속자가 생긴다면 그 상속자와 함께 멋지게 살 수 있는 데다가 딸의 늙은 남편이 먼저 죽으면 더 없는 축복일 것이었다.

프라테 티모테오는 루크레치아의 의구심을 불식하려고 한다. 그는 엉터리 신학 지식을 총동원하여 마침내 성공한다. 이제 걸림돌은 하나밖에 없다. 니차는 칼리마코를 의사로 알고 있으니 동침 후 죽을 운명인 칼리마코가 법관의 집에 불쑥 나타날 수는 없었다. 그래서 칼리마코는 변장을 한 후 밤길에 '납치되어' 루크레치아의 침실에 '끌려간다'. 두 사람만 침실에 남겨지기 전에 칼리마코는 신체 적합성 테스트에 합격해야 한다. 이 기만 작전 중에 프라테 티모테오는 니차가 마지막 순간까지 의심하지 않도록 칼리마코 행세를 한다. 다음 날 아침 루크레치아와 동침한 남자는 쫓겨난다. 그것도 니차가 생각하고 있는 것처럼 영원히 말이다. 니차는 모르는 남자의 죽을 운명에는 아랑곳하지 않는다.

그래서 다들 만족한다. 루크레치아는 젊은 연인의 자질을 확신할 수 있었고 이제는 그를 놓치지 않으려고 한다. 아니 그럴 필요도 없다. 고대하던 상속자의 출생을 볼 수 있게 된 니차가 고마운 마음에서 칼리마코를 집안 친구로 삼기 때문이다. 여기에는 소스트라타도 여전히 한몫한다. 리구리오는 칼리마코 집안에 불멸의 공을 세웠다. 보수를 두둑이 챙긴 프라테 티모테오는 이를 가난한 사람을 위해 희사하겠다고 선언한다.

기만은 사람을 행복하게 만들고 사회질서를 안정시킨다. 늙은 얼간이가 지위와 재산의 힘으로 젊은 여자와 결혼하는 사회는 반대 힘인 기만 없이는 성립할 수 없다. 기만으로만 권력을 쟁취할 수 있는 기존 사회질서는 자연에 반하기 때문이다.

이 혁명적 메시지에 비하면 다음과 같은 전형적 인물 묘사는 얼핏 보면 상투적이고 진부하게 느껴진다. 니차는 라틴어를 구사하지만 매우 어리석고 인색한 악덕 법관이다. 칼리마코는 성급한 젊은 연인이고 리구리오는 교활한 말썽꾼이다. 그 밖에도 쉽게 매수당하는 장모와 음험한 고해신부가 등장한다. 줄거리도 별로 그럴듯하지 않다. 편협하고 독선적이며 욕망에 눈먼 늙은 법관이 칼리마코에게서 치명적인 마법의 물약 처방을 받아들인 것은 이해가 되지 않는다. 게다가 얼마 지나지 않아 법관이 프라테 티모테오를 칼리마코로 생각하고 변장한 그를 알아보지 못한다는 설정도 그럴듯하지 않다.

이런 전형화와 정형화를 넘어 인물들은 그 성격상의 특징으로 개성과 생명을 얻는다. 자신의 소원에 따라 아내에게 부정한 짓을 하게 만든 오쟁이 진 남편 니차도 마찬가지다. 포르투나가 오랫동안 니차를 지나치게 편애한 것은 불가해하다. 운이 좋은 자들이 으레 그렇듯이 니차도 주제넘고 독선적이며 편협하다. 니차는 자신을 교양 있는 사람으로 생각하지만 칼리마코와 같은 가짜 의사의 횡설수설에 깊은 감명을 받는다. 게다가 니차는 처세에 능한 척하지만 사실은 리보르노 너머로는 나가본 적이 없는 안방샌님이다. 세상과 동떨어진 죽은 지식도 더는 그에게 도움이 되지 않는다. 학교 교육은 늘 그렇듯 삶과 무관하다.

포르투나가 멋대로 준 과분한 힘에는 음모만이 쓸모가 있다. 칼리마코는 음모를 꾸며 니차의 자리를 꿰차려고 한다. 칼리마코는 루크레치아를 갈망한다. 그러나 낭만적 의미에서 사랑한다는 말은 없다. 칼리마코는 지칠 줄 모르고 죽기 살기로 싸운다.

내가 뭘 해야 하나? 어떤 결정을 해야 하지? 어디로 가야 하나? 나는 해야 해. 아무리 비열하고 불명예스러운 일이라도 말이지. 이렇게 살기보다 차리리 죽는 게 더 나아. 밤에 뭔가 먹을 수 있고 잘 수 있고 누군가와 말할 수 있고 뭐라도 즐길 게 있다면 참을성 있게 기다릴 수 있어. 그러나 내가 할 수 있는 게 아무것도 없어. 어떤 결정으로도 희망이 보이지 않으면 나는 죽을 수밖에 없어.[60]

이런 대사는 사랑의 말이 아니라 전쟁의 말이다. 칼리마코는 전투를 앞둔 최고 지휘관, 아니 더욱 엄밀히 말해 마키아벨리에 따르면 모든 것을 결정짓는 전투를 앞두고 승리 아니면 죽음을 생각하는 장군처럼 말

344

한다! 다음과 같은 말이 작품 전체를 관통하고 있다.

나는 때로 스스로 극복하려고 했지. 내 광기를 비난하며 이런 말도 해봤어. "도대체 무슨 짓을 하는 거야? 돌았나? 네가 원하는 그녀를 얻으면 어떻게 될 것 같아? 네 잘못을 깨닫게 될 거야. 그간 네가 기울인 수고와 노력을 후회하게 될 걸. 그토록 갈망하던 것을 결국 얻으면 기대보다 얼마나 보잘것없는지 몰라? 이번 일로 네게 벌어질 최악의 일은 죽어서 지옥을 떠돌아야 한다는 거야. 얼마나 많은 사람이 죽었던가! 얼마나 많은 훌륭한 사람이 지옥에 있는가! 그들과 한 패거리가 되는 게 창피한가? 그렇다면 네 운명에 맞서라!"[61]

칼리마코가 혼잣말로 장황하게 궤변을 늘어놓듯이 마키아벨리의 완벽한 군주는 자신과 이야기할 수 있을 것이다. 완벽한 군주는 도덕 규칙을 무시하고 자신의 영혼 구제를 단념해야 한다. 어쨌든 용감한 강자들은 천국에 있지 않고 지옥에 있다. 칼리마코는 음모에 성공함으로써 육체적 쾌락뿐만 아니라 국가와 역사에 대한 심오한 통찰도 얻는다. 그 결정적인 밤에 칼리마코는 전장의 최고 지휘관처럼 승리를 거두고 아울러 포르투나가 결국에는 용감한 사람에게 보답하는 이유를 알게 된다. 그러나 그 전에 변덕스러운 포르투나를 자기편으로 끌어들이기 위해 모든 것을 걸어야 한다. 음모는 몇 번이나 실패할 뻔했다. 칼리마코 혼자서는 성공할 수 없었을 것이다. 〈안드리아〉의 판필로처럼 칼리마코는 조력자와 전략가에 의존했다. 리구리오는 눈에 띄지 않게 결정적 영향을 미칠 뿐만 아니라 누가 결정적 도움을 줄지 알고 있다.

신부라는 작자들은 술고래에 교활하기까지 하죠. 다 그럴 만합니다. 우리

죄는 물론 자신의 죄도 알고 있으니까요. 그래서 신부들과 어울리지 못하는 자는 실수를 저지르고 목표를 달성하지 못할 위험에 처하는 거죠.[62]

루크레치아가 지닌 덕德을 공략하기 위해서는 종교를 끌어들여야만 한다. 루크레치아는 니차처럼 고해신부가 시킨 대로 한다. 그럼으로써 사기당할 사람이 사기꾼에게 사기당하고 있다고 암시한다. 리구리오는 종교를 지배 수단으로 인식하여 성직자와 대등해진다. 당연하게도 성직자들은 자신의 사악함으로부터 다른 사람들의 사악함을 추론해낸다. 그리고 나서 성직자들은 자신들이 다른 사람보다 우위에 있다는 것을 정당화하기 위해 다른 사람들의 영적 약점을 찾아낸다. 그러나 돈과 영향력에 대한 이 식을 줄 모르는 탐욕 때문에 성직자들은 다른 사람의 도구가 된다. 그래서 리구리오는 프라테 티모테오를 공모자로 쉽게 끌어들인다. 그러나 먼저 다음과 같은 점부터 살펴야 한다. 프라테 티모테오는 어디까지 갈 것인가? 그의 흑심 때문에 결국 계획이 수포로 돌아가지 않겠는가?

만약의 경우를 대비해 리구리오는 꾸며낸 이야기를 프라테 티모테오에게 들려준다. 니차와 친한 상인이 프랑스 여행길에 오르며 결혼 적령기의 딸을 한 수도원에 묵게 했다. 거기서 딸이 임신하여 어느덧 4개월이 지났다. 이 치욕을 덮기 위해 그녀의 아버지는 300두카토을 희사하려 했다. 그녀의 아버지는 반대급부로 오로지 작은 치료제, 즉 낙태제를 기대했다.

프라테: 그 일은 생각을 좀 해봐야 할 것 같습니다.
리구리오: 왜요? 생각할 게 뭐 있습니까? 그렇게 해주시면 얼마나 좋을지 생각해보십시오. 수도원은 물론 숙녀분과 따님, 그 친척들의 평판을 지키는

게 될 것입니다. 그 따님은 아버지에게 돌아가겠죠. 그러면 여기 계시는 법관님과 친척들도 돕게 되는 것입니다(리구리오는 '임산부'를 니차의 집안사람이라고 꾸몄다). 300두카토로 할 수 있는 자선사업을 생각해보시죠. 반면 해를 입는 것은 아직 태어나지 않은 핏덩이뿐입니다. 그 핏덩이는 태어나도 갖가지 방법으로 살아남지 못할 것입니다. 어쨌든 저는 가장 많은 사람에게 좋은 일이 최선이라고 생각합니다.

프라테: 맹세코 그렇게 하겠소.[63]

국가이성은 많은 사람이 이익만 얻는다면 태중의 아이를 조용히 없앨 수 있다고 한다. 많은 사람의 이익은 수단과 방법을 가리지 않는 것을 정당화한다. 목적을 위해서는 도덕의 명령을 뛰어넘을 수도 있다. 임신 4개월로 접어들면 태아는 혼이 있고 낙태는 살인이라는 토마스 아퀴나스의 학설은 중요하지 않다.

리구리오는 음모자들에게 필요한 사람을 찾아냈다. 루크레치아의 고해신부가 낙태에 관여하면 그는 간통 작전에도 양심의 가책을 전혀 받지 않을 것이다. 그래서 확신을 가지고 가설에서 실제 계획에로 넘어갈 수 있었다. 이것은 다음다음 장면에서 일어난다.

리구리오: 저 숙녀분이 따님 혼자 유산했다고 전해왔습니다.
프라테: 그러면 그 훌륭한 희사금을 바람에 날려버릴 수도 있겠네요![64]

그러나 프라테 티모테오는 오래 의기소침하지 않아도 된다. 그는 루크레치아 음모에서 자신에게 맡겨진 역할을 하면 약속대로 사례를 받는다. 그래서 꾸며낸 이야기가 그 목적을 실현한다. 수도사는 이미 300두카토를 마음속에 확실히 새겨두었다. 이제 확실하다고 생각한 노획물을 마지막 순간에 잃고 싶지 않은 탐욕이 뒤따랐다. 여느 사람과 마찬가지로 성직자도 야망과 탐욕의 지배를 받는다. 그러나 프라테 티모테오는 탐욕적일뿐더러 교활하기도 하다. 그는 리구리오의 계획을 간파한다.

어쨌든 나는 후회하지 않아. 어려운 일인 것은 분명하지만 루크레치아 부인은 예의 바르고 착하니까. 그러니 나는 그 선량함을 이용할 거야. 무릇 여자는 둔하기 마련이니까. 여자 중에 두 마디라도 할 줄 아는 사람이 있으면 유명해질 거야. 장님들만 있는 데서는 외눈박이가 왕이니까.[65]

루크레치아를 설득할 수 있다는 첫 번째 추론은 옳지만 모든 여자는 둔하다는 두 번째 추론은 옳지 않다. 실제로 티모테오는 루크레치아의 마음을 돌리는 데 성공한다. 이때 신부는 비현실적 논증 기술의 모든 방법을 동원한다.

양심에 관한 한 선이 확실하고 악이 불확실하면 악에 대한 두려움 때문에 선을 포기해서는 안 된다는 원칙을 명심해야 합니다. 우리에게는 선이 있습니다. 부인께서 임신하여 주님에게 바쳐질 인간이 태어나리라는 것이죠. 이와 달리 불확실한 악은 부인께서 약을 먹고 난 뒤 동침하는 남자가 죽을지도 모른다는 것입니다. 죽지 않는 자도 있으니 불확실하다 말씀드리는 것입니다. (…) 행위 자체가 악이라는 개념은 터무니없습니다. 죄를 짓는 것은 마음이지 육신이 아니기 때문입니다. (…) 게다가 일의 목적이 중요합니다. 부인의 목적은 아이를 낳아 천국에 앉을 자리 하나를 마련하고 남편을 만족시키는 겁니다. 성경에서도 롯의 두 딸이 세상에 자신들만 남았다고 생각해서 아버지와 동침했습니다. 그들의 의도가 선하여 죄가 되지 않았죠.[66]

소돔과 고모라의 롯과 그 딸들의 이야기가 해피엔드가 아니라는 것을 고해신부는 고해자에게 가능한 한 숨긴다. 머리카락이 곤두서는 신학적 논법 뒤에서 또다시 국가이성이 등장한다. 목적은 모든 수단을 정당화한다. 도덕과 양심은 그 뒤로 물러서야 한다. 또 다른 독백에서 융통성 있는 신부는 유연한 양심으로 자기 행동을 되짚어본다. 그것도 칼리마코로 변장을 하고서 말이다.

> 나쁜 친구를 만나면 교수대로 끌려간다더니 그 말이 분명 맞구나. 사람이 지나치게 친절하고 착하면 지나치게 나쁜 사람과 마찬가지로 끝이 안 좋을 수 있지. 내가 누구에게도 불의를 행하지 않으려 했다는 것은 하느님께서도 아실 거야. 나야말로 작은 수도실에 살며 성무를 다하고 신앙심 깊은 교구민을 잘 돌봐오지 않았던가. 그러다가 우연히 리구리오라는 악마를 만나 처음에는 내 손가락을, 그다음에는 팔을, 결국에는 온몸을 통째로 담가버렸어. 어떻게 끝날지 모르겠어. 그러나 위안이 되는 것은 많은 사람에게 중요한 일은 많은 사람이 신경 쓸 수밖에 없는 거야.[67]

이러한 위안도 정치적이었다. 생사가 걸려 있으면 누구나 단호히 행동해야 한다. 이것은 마키아벨리가 《로마사 논고》에서 정치가와 최고 지휘관에게 한 충고였다. 그러나 프라테 티모테오는 결국 양심을 따른다. 이 악한 세상에서 나는 너무 착하다! 그는 자신이 음모를 성공시키는 데 일조했다는 생각을 떨쳐버리려고 애쓴다. 인간의 자기기만 능력은 무한하다. 범인은 자신을 희생자라고 생각한다. 그래서 처음에는 낯선 욕망의 수동적 대상이었던 루크레치아도 의미심장한 변화를 경험한다. 칼리마코와 쾌락의 밤을 보낸 후 루크레치아는 그동안의 혼미함 속에서 하늘의 섭리를 깨닫는다. 프라테 티모테오가 하느님이 그것을 원했고 앞으로도 원할 것이라고 진실을 말한 것이 틀림없다. 한 번이 어렵지 두 번은 쉽다. 루크레치아는 자기 마음에 드는 것이 하느님의 세계 질서와 일치한다는 것을 배웠다. 코지 판 투테Così fan tutte(여자는 다 그렇다).

세계는 건강해지기 위해 기만이 필요하다. 그런데 언제 어디서나 그러한가? 도덕률은 정치뿐만 아니라 사생활에서도 효력을 잃는가, 아니면 좋은 정치 질서에서라면 낡은 도덕도 일상생활에 계속 적용되는가? 〈만드라골라〉에서 일어난 사건은 피렌체에서도 일어나는 일이었다. 이 도시에서는 정치 활동이 자유롭지 않고 승진은 공적이 아니라 뇌물에 의해 이루어진다. 지배층에 속하지 않는 자의 열정은 정치에서 사생활로 흘러든다. 마키아벨리는 자신의 희극 서사에서 다음과 같이 분명히 말했다. 그대는 제게 중요한 일을 맡기지 않습니다. 그래서 저는 희극을 씁니다. 그대는 제 희극을 활용해야 합니다. 위대한 것을 꿈꾸는 칼리마코 같은 사람은 군사적으로나 정치적으로 능력을 입증할 기회도 없이 피렌체 같은 도시에서의 정사情事로 만족해야 한다는 것을 깨달아야 한다. 그들이 그렇게 할 수 있느냐 하는 문제에는 이미 답이 주어져 있다.

마키아벨리에 따르면 대다수 인간은 묵묵히 법률에 복종하며 소수만이 사회와 국가의 메커니즘을 간파하고 의문을 제기한다. 소수의 사람은 도덕 규칙은 순전히 인습일 뿐이며 국가 강화에 얼마나 유용한지에 따라 능력이 평가된다는 것을 알고 있다. 따라서 피렌체처럼 무능한 국가에서 이 소수의 엘리트는 마음대로 이 규칙을 어길 수 있다.

칼리마코와 티모테오가 증언하는 극도의 공포는 도대체 어디에서 오는가? 피렌체처럼 방종한 공동체에서 간통은 처벌받지 않는다. 게다가 니차 자신이 오쟁이 진 남편인 것을 안다면 끔찍한 복수는 하지 않을 것이다. 결국 티모테오는 금지된 일은 하지 않았다. 또한 티모테오의 부

350

도덕한 설득 작업은 고해비밀에 의해 보호되었다. 그런데도 주된 음모자 두 명은 마치 생사가 걸린 문제인 것처럼 행동한다. 이런 언어가 사건 전개는 물론 희극에도 적합하지 않다는 것은 말할 것도 없다. 〈만드라골라〉 배후에 더 깊은 의미가 숨겨져 있을까? 메디치가의 국가를 타도할 방도를 다룬 작품을 마키아벨리가 실제로 썼을까? 음모가 발각될지도 모른다는 음모자의 불안이 이를 뒷받침해주는 듯하다. 사랑과 열정에 관한 대화에서조차 전쟁과 정치라는 단어가 난무한다.

마키아벨리에 따르면 규칙으로 게임을 드러내지 않는 것이 내막을 아는 자의 의무라고 하는 희극의 정치적 독법에 이의를 제기 할 수 있다. 이는 완벽한 군주는 물론 병사들에게 전투 의욕을 고취하기 위해 신탁을 조작하지만 전조의 힘에 대한 확고한 믿음을 그럴싸하게 꾸며대는 지휘관에게도 적용된다. 게다가 이는 사인私人, 즉 호색적인 바람둥이에게도 적용될 것이다. 칼리마코는 조력자 리구리오와 티모테오처럼 기만에 대해 미주알고주알 늘어놓는 것을 조금도 부끄러워하지 않는다.

마키아벨리 희극의 정치적 의미에 대한 주된 논거는 훨씬 단순하다. 음모자들이 이 주장을 니차에게 만큼 쉽게 메디치가에 적용할 수 없을 것이다. 메디치가는 우직한 법관처럼 쉽게 믿기보다 오히려 신중해서 곧잘 의심한다. 이는 마키아벨리 자신이 몸소 경험한 바다. 그래서 마키아벨리가 〈만드라골라〉의 메시지를 다양하게 해석할 수 있게 한 데는 그럴 만한 이유가 있을 것이다. 그러나 원하는 자는 거기서 정치적 저항의 지침을 볼 수 있고 또 봐야 한다.

## 클리치아와 세대 간 투쟁

> 클리치아를 보리라 기대하지 마십시오. 그녀를 키워온 소프로니아가 명예를 위해 내보내지 않으려 하니까요.[68]

이는 〈클리치아Clizia〉의 "프롤로그" 중 일부로 연출가가 관객들에게 하는 해설이다. 사건이 그다지 까다롭게 전개되지 않으므로 이 시치미 떼는 주장은 설득하려는 게 아닌 것 같다. 연출가는 관객의 기대에 부응하려고 "프롤로그"를 낭독하기 마련이다. 연출가는 처음부터 희극의 줄거리와 결말을 미리 말한다.

> 그리스의 오래된 대도시 아테네에 한 귀족이 살았습니다. 이 귀족에게는 아들 하나밖에 없었는데 우연히 한 소녀가 집에 들어옵니다. 귀족은 이 소녀가 열일곱 살이 될 때까지 금지옥엽처럼 길렀습니다. 그런데 귀족과 그 아들이 동시에 이 소녀와 사랑에 빠지는 일이 일어났습니다. 이 애정 경쟁 속에서 기묘한 사건과 갈등이 벌어졌습니다. 그러나 문제들이 해결되고 아들이 소녀를 아내로 맞아 오랫동안 행복하게 살았습니다.[69]

이 소개는 관객을 조롱하는 것과 마찬가지다. 무미건조한 몇 문장에 모든 것이 다 드러나 관객은 집으로 돌아갈 수도 있을 것이다.

불친절한 짧은 개관은 작가가 무엇에 관심이 없는지 분명히 보여준다. 그것은 해피엔드이다. 반면 '기묘한 사건과 갈등'은 "프롤로그"에서 관객에게 알려주지 않는다. 관객은 무대를 통해서만 확인할 수 있다. 분명 이 희극은 관람할 가치가 있을 것이다. '해설자'는 힌트를 하나 준다.

똑같은 사람들이 세상에 다시 태어난다면 사건은 반복될 것이고 우리는 다시 모여 지금 하는 것과 똑같은 일을 하는 우리 자신을 100년 이내에 발견하게 될 것입니다.[70]

"프롤로그"의 첫 문장은 역사는 언제나 같은 상황을 반복한다는 마키아벨리의 역사관을 요약하고 있다. 인간은 똑같지 않지만 그 본질은 변하지 않는다.

고대 아테네에서 일어난 사건과 똑같은 사건이 몇 년 전 피렌체에서 일어났다면 믿으시겠습니까? 우리의 작가는 당연히 이야기를 한 번만 하려고 해서 피렌체에서 일어난 사건을 선택했습니다. 아마 여러분께서 크게 만족하시리라 믿습니다. 아테네는 폐허가 되었으니 거리와 광장, 건물들을 이제 알아볼 수도 없습니다. 게다가 아테네 사람들은 그리스어를 사용했으니 여러분께서는 알아듣지도 못하실 겁니다. 그러니 피렌체에서의 이야기로 만족하십시오. 작가가 성가신 일을 피하고자 실명을 사용하지 않았으니 그 집안이나 사람들을 알아볼 생각은 하지 마십시오.[71]

희극 〈클리치아〉는 영원히 유효한 교훈을 주려고 한다. 관객은 교훈극을 기대한다. 아테네에서 일어나고 피렌체에서 반복된 일은 인간과 그 역사의 일부이다.

희극의 등장인물들은 전형적이어서 언제든 다른 인물로 대체 가능하다. 등장인물들이 곧바로 관객 앞에 나온다. '연출가'가 등장인물들을 호명하면서 소개한다.

모두 이리 나오세요. 관객들이 여러분을 보고 싶어합니다. 자, 나왔습니다!

얼마나 멋진 분들입니까? 일렬로 나란히 서세요![72]

사건 전개와 시간이 뒤엉킨다.

나폴리에서 이곳으로 오는 중이어서 여기에 없는 인물이 한 명 있습니다.[73]

무대는 삶이라는 메시지보다 더 분명한 것은 없다. 당신이 여기서 보는 것은 지금 이곳에서 일어난다. 그것은 당신에 관한 것이고 당신의 도시와 운명에 관한 것이다. '실제' 삶에서도, 무대에서도 결정은 당신이 한다.

지금으로서는 이 정도로 등장인물들을 여러분께 보여드리는 것으로 족하다고 생각합니다. 관객들이 여러분을 이제 놓아주시는군요. 커튼 뒤로 들어가세요.[74]

관객들의 기대는 전적으로 '기묘한 사건과 갈등'에 초점이 맞춰져 있다. 그리고 '기묘한 사건과 갈등'은 무엇보다 클리치아를 둘러싼 아버지 니코마코와 아들 클레안드로가 벌이는 경쟁으로 빚어진다. 70세의 니코마코는 노쇠하나 자신이 대단한 성적 능력이 있다고 생각해 17세 양녀에 대한 욕망에 미쳐 날뛴다. 니코마코는 자신에게 어울리지 않는 것을 열망한다. 그렇다. 그의 무리한 요구는 전도된 것이다. 자신의 욕망을 달성하기 위해 호색한 늙은이는 도덕에 어긋난 짓을 한다. 그렇다. 니코마코는 도덕적 측면에서 괴물이 된다.

너희 둘(아들 클레안드로와 종 에우스타치오)을 감옥에 처넣을 테다. 그리고 소프로니아(니코마코의 아내)에게 지참금을 주고 짐을 싸게 할 거야. 나는 이 집의 진정한 주인이 될 테니까 모두 내 말을 들어야 해![75]

예전의 니코마코를 잘 아는 아내의 말대로 그가 완전히 다른 사람이 되어버렸을 때 이 광기는 이웃 사람은 물론 특히 가족들을 더 당혹스럽게 했다.

1년 전에 니코마코를 알았던 사람이 지금 그를 만나면 너무 변해 분명 놀랄 거야. 예전의 그는 성실하고 예의 바르며 책임감 있는 사람이었으니까. 그는 명예로운 일을 하며 시간을 보냈지.[76]

소프로니아는 우울하게 회상하면서 피렌체 속물의 일과를 다음과 같이 묘사한다. 니코마코는 일찍 일어나 아침 미사를 드리고 업무와 정치에 진력한 후 서신을 처리했다. 그러고는 청구서를 검토하고 가까운 사람들과 점심을 먹고 고대와 현대의 교훈적 예로 가득 찬 조언을 아들에게 했다. 니코마코는 다시 업무에 몰두하다가 땅거미가 깔리기 전에 집으로 돌아왔다. 그는 사랑하는 가족들과 저녁 식사를 한 후 또 일을 조금 하다가 일찍 잠자리에 들었다! 이런 목가적 생활도 이제 끝이다. 정직한 사람이 탕자가 되어 마지막 신용까지 탕진한다. 집안의 명예를 구하기 위해서는 그를 말려야 한다. 영리한 안주인 소프로니아는 불가피하게 음모자가 된다. 소프로니아는 이기적으로 행동하여 니코마코가 자신을 쫓아내지 못하게 하려고 한다. 그녀는 지배적 도덕과 더 좋은 옛 질서가 자기편임을 알고 있다. 소프로니아는 니코마코가 더는 인식할 수 없는 진짜 관심사까지 음모로 지킨다. 이 이빨 빠진 늙은이가 그 젊은 것과 무슨 짓을 하려나? 그는 남은 건강과 명성마저 해치고 있어!

클리치아를 얻겠다는 클레안드로의 뜻에 소프로니아가 동의하지 않아도 아들은 그녀의 동맹자일 수밖에 없었다. 헌신적이며 야심 찬 소프로니아는 아들을 위해 더 좋은 짝을 마음에 두고 있었다. 그러나 두 사람은 미쳐 날뛰는 니코마코에게 좋았던 예전 상태로 돌려놓을 교훈을 주기로 노력한다는 데 합의한다. 말이 떨어지기가 무섭게 실행에 옮긴다! 이로써 실현된 이성, 도덕, 질서의 대연합은 소프로니아의 음모로 성공한다. 유일한 우두머리가 되고 싶어하는 니코마코에게는 가족의 지도자가 될 수단이 없기 때문이다. 체사레 보르자처럼 니코마코도 처음에는 매사를 옳게 처리하지만 끝에 가서는 결정적 실수를 저지른다. 무엇보다도 그는 노련하게 기만하여 상대를 제압한다. 그의 교묘한 수단은 아들 클레안드로에게 신의 심판을 제안한 것이다. 우리 둘 중에 누가 클리치아를 차지해야 하는지 하늘이 결정해야 한다! 각자 제비를 뽑아 누가 이기는지 보자! 클레안드로는 이 게임에 뛰어들었다가 진다. 늙은이가 제비를 조작했기 때문이다.

니코마코는 목적을 달성하기 위해 옳은 길을 가지 않는다. 그는 클리치아와 동침하기 전에 그녀를 결혼시키려고 하는 실수를 저지른다. 니코마코는 아무짝에도 쓸모없는 종 피로를 그녀의 남편으로 정했다. 니코마코는 결혼 첫날밤에 피로의 자리를 꿰차려 했다. 그러나 권력투쟁에서 이기려고 하는 자는 전통적 도덕을 깡그리 내팽개쳐야 한다. 니코마코의 소극적 계획 덕분에 소프로니아와 클레안드로는 음모를 가속할 기회를 많이 얻는다. 가짜 예식에서 피로는 클리치아로 변장한 에우스타치오와 '결혼하고' 니코마코는 이날 밤 연인을 얻지 못하고 몽둥이질당한다. 예식이 끝날 무렵 "프롤로그"에서 말한 나폴리의 귀족이 나타나 클리치아가 자기 딸임을 알아본다. 그래서 클레안드로는 지참금을 두둑이 챙기고 명예롭게 결혼할 수 있다. 이로써 니코마코도 만족한다. 아들의 결혼은 니코마코의 성욕을 채워주지 못했지만 두 번째 주된 욕구인 탐욕을 채워주었기 때문이다.

〈만드라골라〉는 정치적으로 해석될 수 있고, 〈클리치아〉는 분명히 이렇게 해석된다. 니코마코의 제비 조작은 메디치가의 피렌체 관리 임용과 너무 닮았다. 집주인이 갑자기 바뀌기 전의 좋은 상태가 의미하는 바는 대단한 상상력을 동원하지 않더라도 곧바로 추론할 수 있다. 메디치가가 없는 피렌체! 피렌체에서 공연될 작품의 등장인물 이름이 그리스어인 것과 "프롤로그"에서와 같은 낯설게 하기의 효과는 거의 노골적인 암시였다. 역사는 반복되고 우리는 이를 옳게 이해해야 한다는 의미다. "프롤로그"에서 "관객들이 여러분을 이제 놓아주시는군요"라는 문장은 그 배경을 떠나 구체적 의미를 지닌다. 메디치가여, 정치 무대에서 떠나라!


## 모범적인 루카 문제


1520년 무렵 메디치가가 퇴장해야 한다고 생각하는 피렌체인이 점점 더 많아졌다. 특히 1516년 줄리아노가 서거한 후 민중들뿐만 아니라 귀족들도 그렇게 생각했다. 줄리아노는 피렌체인들에게 진심 어린 애도를 받은 메디치가의 유일한 구성원이었다. 위대한 로렌초의 막내아들은 형인 교황 레오 10세의 강권 정책에 끝까지 동의하지 않았다. 줄리아노는 교황이 몬테펠트로의 마지막 후손이 입양한 우르비노 공작 프란체스코 마리아 델라 로베레를 트집 잡아 쫓아내고 공작 지위를 로렌초 데 메디치 2세에게 넘겨주려 하는 데 반대했다. 그러나 교황은 이 좋은 충고를 받아들이지 않고 1515년에 우르비노를 공략해 조카에게 공작 지위를 주었다. 이로써 레오 10세는 정치 도덕률을 어기고 이탈리아인이 등을 돌리게 했다. 메디치가는 3년 전에 스페인-교황군과 교황 율리오 2세의 명령으로 피렌체로 돌아왔다. 메디치가는 그 가족, 즉 델라 로베레(율리오 2세의 삼촌 - 옮긴이)에게 고마움을 표하고 보답할 빚을 지고 있었다. 마키아벨리는 정치에서 고마움은 쓸데없다는 자신의 명제가 옳음을 확인할 수 있었다.

그러나 이제 막 우르비노 공작이 된 로렌초도 오래 살 운명이 아니었다. 1519년 5월 그는 겨우 27세의 나이로 사망했다. 피렌체에서는 다들 로렌초의 이른 죽음에 안도했다. 많은 사람이 숙부가 그를 피렌체의 지도자로 임명할까 봐 두려워했다. 피렌체군의 평생 지휘권을 넘겨준 것은 교황의 의향을 시사하는 조치였다. 게다가 로렌초는 이름이 같은 조부, 즉 '위대한 자'를 돋보이게 한 적이 없었다. 막후에서 중재하는 기술이나 지도층을 전반적으로 아우르는 기술, 충성을 다 바치는 추종자를 요직으로 끌어들이는 기술이 없었다. 이를 위해서는 붙임성이 있어야 했다. 많은 사람과 격의 없는 만남을 갖고 실력자들의 비위를 맞출 수 있어야 했다. 그리고 이런 모든 일을 할 때 자신의 우위를 잃지 않으면서도 다른 사람의 명예를 높여주는 적절한 말을 가려 해야 했다. 그러나 풋내기 우르비노 공작은 이런 일들을 무척 싫어했다. 그는 틀어박혀서 거만하게 굴며 상층만 접하고 통치는 아랫사람들에게 맡겼다. 피렌체 귀족들은 자신을 머슴으로 여기는 '상관'과 마주해야 했다. 이제 공증인들이 메디치가의 충직한 피보호자로 격상해 그 이름으로 명령을 내리며 피렌체의 정책을 결정했다. 이들은 더욱 빈번히 조세를 징수했다. 교황 레오 10세는 교황청 재정을 생각하지 않고 돈을 썼다. 교황은 우르비노 공략과 같은 일들에 거액을 들였는데 이를 피렌체 사람들이 번번이 감당해야 했다.

1519년 봄 로렌초의 죽음으로 갑자기 희망의 빛이 수평선에 떠오르는 듯했다. 이제 남아 있는 메디치가의 적통이 교황과 그의 사촌인 줄리오 추기경뿐이었기 때문이다. 줄리오 추기경은 '전 피렌체인'이 알고 있듯이 파치가 음모로 살해당한 줄리아노(위대한 로렌초의 동생)의 사생아였으나 사람들이 부모의 혼인 체결을 날조하는 바람에 나중에 혈통이 '바로잡혔다'. 메디치가에는 이 두 성직자 외에도 이들 다음 세대에 사생아 둘이 더 있었다. 이폴리토(위대한 로렌초의 아들 줄리아노의 아들-옮긴이)와 알레산드로(로렌초 2세의 아들-옮긴이)다. 1520년 겨우 열 살이 되는 두 사람은 출생과 성격에 관한 의혹은 차치하고라도 정치적 저당물이 되기에는 너무 어렸다.

마키아벨리는 정치 관련 저작과 희극들을 쓰면서도 사적인 일로 몇 번 출장을 떠났다. 마키아벨리는 피렌체의 회사를 위해 1516년에는 리보르노에, 1518년에는 제노바에, 1519년과 1520년에는 루카에 체류했다. 그는 주로 미지불 채무를 징수하는 일을 했다. 황제와 프랑스 왕에게 공무 여행을 간 것에 비하면 그야말로 몰락이 아닐 수 없다! 어쨌든 루카에서 거액이 관련된 문제와 피사대학에서 파렴치한 행동을 보인 시칠리아 학생들과 관련된 문제를 마지막 과제로 수행하고 있을 때 줄리오 데 메디치 추기경에게서 편지를 받았다. 이 고위 성직자는 편지에서 마키아벨리의 명민함을 칭찬했다. 이는 더 나은 새 시대가 올 조짐이었을까?

어쨌든 마키아벨리는 고무되어 또 정치적 의견서를 썼다. 다른 문제와 관련하여서도 마키아벨리는 소신을 지켰다. 그는 루카에서 돌아올 때 루카 문제 전문가가 되어 있었다. 그는 업무상 체류를 이용하여 루카의 정치적 관계를 집중적으로 조사했다. 그는 보고서 〈루카 문제에 대하여Delle cose di Lucca〉에서 이를 피렌체인에게 분명히 보여주었다. 마키아벨리는 미운 이웃 루카공화국의 체제가 피렌체의 모범이라고 생각했다. 이런 마키아벨리의 생각은 피렌체인들의 입장에서 볼 때 도발이었다. 그런데도 마키아벨리는 루카의 제도적 장점을 많이 발견했다. 루카에서는 정무위원회의 구성원인 안치아니Anziani(행정관)의 개인적 힘이 그다지 크지 않아서 쉽게 교체할 수 있다는 점을 마키아벨리는 특히 칭찬했다. 그로 인해 루카에서는 관직을 둘러싼 투쟁이 피렌체만큼 치열하지 않아 더 넓은 층이 지배권을 장악하게 되었다. 게다가 마키아벨리에 따르면 루카 시의회는 아르노강 변의 시의회보다 더 엄격한 통제 기능을 발휘하여 영향력이 막강한 정치가를 제어했는데, 이들에 대해서는 아테네처럼 일종의 도편추방제가 행해졌다.

> 몇 년 전에 루카는 철면피라는 소리를 듣는 악인을 선정하고자 이른바 '도
> 편법'을 공포했습니다. 시의회에서는 1년에 두 번, 즉 3월과 9월에 의원들이
> 영토 밖으로 추방해야 한다고 생각하는 자들의 이름을 도편에 적어 열 번
> 이상 거명된 자는 실제로 추방합니다.[77]

도편법은 훌륭한 규정이기는 하지만 국가를 사유물로 여기는 교만한 젊은 귀족을 주눅 들게 하기에는 불충분하다고 마키아벨리는 생각했다. 마키아벨리는 루카뿐만 아니라 무엇보다도 피렌체에서도 다음 세대가 공화국의 공동체적 가치를 짓밟을 위험성이 크다고 생각했다.

루카에서는 귀족이 주도하는 공화국을 꿈꾸는 젊은 귀족들이 루첼라이가의 정원에서 모임을 가졌다. 마키아벨리도 오르티 오리첼라리Orti Oricellari(정원의 라틴어식 이름)에 초대되었다. 마키아벨리는 오르티 오리첼라리에서 벌어진 논쟁 중에서 특히 대망을 품고 메디치가를 위해 헌신하는 젊은 정치가 프란체스코 귀차르디니의 주장에 동의하지 않았다. 마

키아벨리는 《로마사 논고》에서 민중과 귀족 중 어느 편이 더 확실하게 법률을 보호하는가 하는 문제를 논했다. 마키아벨리에 따르면 둘 다 장단점이 있지만 공화정의 기본 가치는 자신의 힘만을 지나치게 추구하는 유력 가문보다는 광범한 민중이 더 잘 보호한다. 그래서 전 제2서기국 서기장은 메디치가의 주도적 역할이 없는 새로운 공화국을 꿈꾸며 이를 위해 구체적 계획을 구상하기 시작한 공화주의자에게 반대했다.

## 마지막 정치적 꿈

이념은 로렌초 서거 후에도 결코 사그라지지 않았다. 줄리오 데 메디치 추기경은 자신의 좋은 뜻을 입증하고 시민과 함께 공화국을 안정시킬 해결책을 본격적으로 찾고 있었다. 마키아벨리를 비롯해 많은 사람이 피렌체의 새 정치 질서에 대한 의견서를 올렸다. 물론 추기경 뒤에는 공화국의 진짜 지배자인 교황 레오 10세가 있었다. 교황은 마키아벨리의 〈로렌초 데 메디치 2세 사후의 피렌체 국정 문제에 관한 논고 Discursus florentinarum rerum post mortem junioris Laurentii Medices〉를 읽고 이에 따라 행동해야 했다. 총애를 잃은 피렌체공화국의 전 서기는 마침내 피렌체 주인에게 직접 도움을 요청할 수 있었다. 그는 자신의 방식으로, 즉 당당하게 요청했다.

> 피렌체시 정부가 불안정한 이유는 진정한 공화국이거나 공국인 적이 없었기 때문입니다. 한 사람이 결정하고 많은 사람이 조언하는 국가를 공국이라 할 수 없습니다. 공화국을 지속하는 데 불가결한 열망을 충족시키지 않는 공화국이 지속된다는 것은 믿을 수 없습니다.[78]

이는 역사 법칙을 아는 역사가의 말이다. 마키아벨리의 시각은 꽤 넓지만 피렌체는 이를 여러 사례 중 하나로 국한한다. 깎아놓은 듯한 이 문장들 뒤에 숨은 주장은 원대했다. 내 조언을 따르거나 망하라는 것이다. 마키아벨리 같은 국외자에게 이는 대담한 말이었다. 메디치가의 국가는 한 사람, 한 가문, 한 이익집단의 지배로 이루어진 것으로 실제 공화국적 요소들도 섞여 있었다. 마키아벨리에 따르면 메디치가의 국가는 동시에 많은 것이 되려고 했기에 실제로는 아무것도 아니었다.

이 불행은 메디치가와 함께 시작된 것은 아니었다. 메디치가가 권력을 장악하기 전인 1434년 몇몇 유력 가문이 피렌체를 지배했고 이들은 시의 법률을 두려워하지 않았다. 이렇게 지도층은 경쟁적 조직으로 갈라졌다. 마키아벨리는 이를 파벌이라는 경멸적인 말로 표현했다. 정무위원회는 그들의 노리개였다. 수공업자들도 선출될 수 있었으므로 정무위원회는 보잘것없는 명망에 비해 너무 큰 권력을 가지고 있었다. 상층이 무대 뒤에서 오로지 자신들의 이해관계에 따라 정책적 지침을 결정했다. 코시모 데 메디치 치하에서 정치적으로 저울은 군주 쪽으로 기울어져 있었지만 완전히는 아니었다. 마키아벨리에 따르면 이 대은행가는 사실상 단독 지배자가 아니었다. 그는 중산층의 호의와 밀라노 스포르차의 지원 그리고 무엇보다도 유력한 추종자들의 동의에 의존했다. 이는 지배자들이 강제 시민 투표와 특별 위원회 같은 초법적 장치에 정기적으로 호소해야 했다는 데서 여실히 드러났다. 그러나 궁색하게 합법화된 쿠데타를 통해서만 생명을 유지할 수 있는 국가는 존재의 근거가 없었다.

마키아벨리는 제2서기국 서기장으로 14년간 일한 공화국에 가차없는 판결을 내렸다. '저변이 넓은 정체'는 권력자들을 약화하지 않았다. 권력자들이 '민중의 지배'를 두려워하지 않았고 그 규칙도 존중하지 않았기 때문이다. 대중 재판을 두려워하지 않는 자는 법률을 무시한다. 《로마사 논고》에서 내린 이 판단은 1494년에서 1512년의 피렌체에서 참임이 입증되었다. 그 후부터 1520년까지 달변의 마키아벨리도 끝까지 침묵했다.

어쨌든 마키아벨리는 감히 과거와 현재를 비교했는데 현재가 불리한 것으로 판명되었다.

> 그때 메디치가는 다른 시민들과 더불어 살며 친밀한 관계를 맺어 호평을 얻었습니다. 그러나 지금은 힘이 너무 커져 메디치가는 시민의 눈높이를 벗어났습니다. 따라서 예전의 친밀한 관계와 호평은 더 이상 존재하지 않습니다.[79]

따라서 '좋았던 옛날로 돌아가는 일'은 있을 수 없었다. 권력관계가 바뀌었고 이와 함께 사고방식도 바뀌었다.

> 시대와 사람이 바뀌었는데도 옛 체제를 고수하려는 하는 것은 가장 큰 기만입니다.[80]

마키아벨리가 여기서 요약한 역사적 변화는 상황을 악화시켰다. 메디치가도 이 점을 엄중히 유념했다. "당시 코시모의 통치는 사랑받았지만 지금은 미움을 받고 있습니다."[81] 피렌체는 몰락했고 모든 점에서 1434년보다 약해졌다. 권력자들은 마키아벨리의 생각을 탐탁지 않게 여겼다.

채찍질 뒤에 당근을 주듯 마키아벨리는 피렌체는 이탈리아와 그 너머에서 명성을 크게 잃었으므로 메디치가가 필요하다고 했다. 그 전제조건은 메디치가가 피렌체에 당장 해결책을 제시하는 대신 새 질서를 세워야 한다는 것이었다. 그렇다면 새 질서란 무엇인가? 마키아벨리에 따르면 '진정한' 공화국은 문제 밖이었다. 피렌체인은 공화국의 관직과 명예를 둘러싼 경쟁에 익숙해져 자발적으로 이를 결코 포기하지 않을 것이었다. 게다가 피렌체에는 성城과 지배권을 소유한 봉건 귀족이 없어 군주정이 성립할 수 없었다. 또한 공화정만이 피렌체의 체제 형식과 생활 방식으로 고려되었다. 그러나 시민의 평등에 근거한 이 기본 질서가 어떻게 메디치가의 이해관계와 일치할 수 있었겠는가?

마키아벨리가 익히 알고 있었던 것처럼 이 둘을 일치시키는 과정에서 갈등이 빚어졌다. 대담하게도 그는 다음과 같이 말했다. 메디치라는 가문이 존재하는 한 메디치가는 자신들이 원하는 공화정을 얻을 것이다. 지배하던 자가 세상을 떠나도 가문이 계속 존재할 수 있게 제도와 법률로 그들 마음대로 강화할 수 있었다! 이를 위해서는 철저히 정리해야 한다. 마키아벨리의 의견서에 따르면 밀접한 관련이 있는 두 개의 자문 기구와 정무위원회 같은 유서 깊은 기구들을 폐지해야 했다. 그 대신 65명으로 구성된 소위원회와 200명으로 구성된 중위원회, 1000명 혹은 600명으로 구성된 대위원회를 두고 정치적 권한은 기존처럼 분배할 것을 건의했다. 소위원회 위원은 종신직이며 집행권을 갖는다. 대위원회는 입법권을 갖고 중위원회는 소위원회와 대위원회 사이에서 중재하는 역할을 한다.

마키아벨리의 이 같은 개혁안은 그저 업무 처리 과정을 간소화한 것으로 보이지만 그 뒤에는 혁명이 감추어져 있었다. 메디치가를 위한 것이자 그다음 시대를 위한 것이었다. 그간 보궐 선거를 마음대로 조종해온 메디치가는 지속하는 동안 이 세 위원회의 위원들을 재량에 따라 임명할 수 있었다. 귀족을 감시하는 검찰도 마찬가지였다. 물론 마키아벨리가 열의를 갖고 추진한 민병대 계획도 빠질 수 없었다. 민병대는 중대 단위로 조직되었고 로마의 호민관과 유사하게 위원회 결정에 참여할 권리를 가지고 있었다.

이로써 메디치 가문의 멸절 후 이상적인 피렌체공화국 체제가 그려졌다. 전 세대의 체제와 대조되는 것은 불가피했다. 바로 이전 체제에서 메디치가는 피보호자 법률에 따라 절대적으로 지배했다. 그러나 그 폐해를 극복해야 했다. 더는 지속될 수 없었기 때문이다. 이것이 마키아벨리가 제시한 상상적 체제의 흥미진진한 대목이다. 즉 메디치파가 보는 가운데 피렌체는 옛 로마로 새로 바뀌면서 메디치가가 정치 무대에서 퇴장했을 때를 대비한 피렌체의 발전을 준비하는 방안이었다. 다양한 위원회는 유력자와 민중 사이의 생산적 경쟁을 조장할 것이고 새 법원은 유력자를 통제할 것이며 민병대는 새 영토를 정복하고자 기꺼이 출동할 것이다. 피렌체의 영광스러운 미래를 방해하는 것은 이제 없었다. 모두가 행복하고 만족할 것이었다.

국가는 점점 민중들 손에 들어가고 귀하와 귀하의 친구들을 존경하며 권력에서 배제하지 않는 것을 볼 것이기 때문입니다.[82]

권력은 민중에게 속했다. 반면에 멸절한 메디치가에는 인간이 누릴 수 있는 최고의 영예가 돌아갔다.

저는 인간의 최고의 영예는 조국이 자발적으로 준 영예라고 생각합니다. 하느님이 기뻐할 최고의 선은 조국에 베푼 선이라고 생각합니다. 또한 인간의 어떤 행동도 법률과 새 질서를 통해 공화국과 왕국을 개혁한 것만큼 찬양받지 않습니다.[83]

마키아벨리는《군주론》의 이론을 이 전대미문의 의견서에 실제로 적용했다. 메디치가는 훌륭한 군주에게 맡겨진 일을 해야 했다. 즉 생명력 있는 새 공화국의 토대를 놓고 자신을 불필요하게 만들어 역사 속에 무無로 사라져야 했다. 메디치가가 대단한 애국적 희생정신을 발휘하리라 마키아벨리가 실제로 믿었을까? 세계사가 이 정치적 이타주의의 본보기를 보여주지 않는 만큼 그럴 가능성은 희박했다. 마키아벨리의 인간관은 이에 더욱 강하게 반대했다. 자발적 권력 포기는 야망과 탐욕의 법칙에 모순되었다. 또한 지금까지 메디치가는 마키아벨리 자신이 이 의견서의 간략한 역사 분석에서 강조한 것처럼 오로지 가문과 그 추종자의 이익을 위해 지배해왔다. 메디치가가 유일하게 구원받을 수 있는 공익 원리로의 개종은 거의 기대할 수 없었다.

이에 대한 또 다른 강력한 근거는 생존에 부적합한 잡종 국가 피렌체가 놀랍게도 모든 근대 공화국 중에서 가장 좋은 공화국으로 바뀐 것을 유토피아적으로 보이게 했던 것이다. 마키아벨리가《군주론》에서 보여주었듯이 법칙은 이에 반대되는 것이었다. 그사이에 되돌릴 수 없는 변화가 일어났으므로 피렌체를 위대한 로렌초가 통치하는 정치 상태로 되돌릴 수 없다면 1500년도 더 전에 몰락한 로마공화정으로는 어떻게 되돌릴 수 있겠는가?

레오 10세와 그의 사촌 줄리오 추기경이 이 의견서에 어떤 반응을 보였는지는 알려진 바가 없다. 적어도 잠재적 공복公僕인 마키아벨리에 대한 신뢰와 관련해 생각거리를 그들에게 준 것은 분명하다. 메디치가의 두 지도자가 마키아벨리에게 글을 의뢰했을 때 기대한 바가 무엇이었을지는 내막을 아는 사람은 누구나 알고 있었다. 그들은 마키아벨리의 글에서 두 '사생아'에게도 통치 능력이 있다는 메시지와 메디치가의 권세는 피렌체의 위대함과 밀접하게 결부되어 있어서 쇠퇴할 수 없다는 메시지를 읽고 싶었다. 마키아벨리도 이를 분명히 알고 있었을 것이다. 의견서 수신자가 읽고 싶어하는 메시지를 마키아벨리가 쓰지 않았다는 것은 피렌체에서 마키아벨리의 지위를 재차 설명해준다. 마키아벨리는 국외자로서 권력자와 틀어져 있었고 유력자 집단 밖에 있었다.

1520년 4월 루첼라이 정원을 들락거린 인물인 귀족 바티스타 델라 팔라는 마키아벨리의 희극 〈만드라골라〉를 콜론나 추기경에게 헌정했으며 이 작품이 곧 바티칸에서 공연될 것이라고 로마에서 의기양양하게 마키아벨리에게 편지를 보냈다. 레오 10세와 줄리오 추기경은 대체로 마키아벨리에게 호의적이었다. 그런데 이 장밋빛 미래가 의견서 제출로 깨진 듯했다.


## 카스트루초 카스트라카니의 생애

1520년 마키아벨리는 루카에서 공화정 체제에 대한 심오한 통찰을 얻었을뿐더러 역사서 저술을 위한 자료도 가지고 왔다. 마키아벨리는 루카의 군주이자 피렌체와 싸워 승리하고 토스카나 전역을 정복하여 이름을 날린 카스트루초 카스트라카니 데글리 안텔미넬리(1281~1328)를 연구했다. 바이에른의 루트비히가 로마 원정 후 황제에 오를 수 있게 한 일등 공신인 카스트루초는 루카를 넘어 유럽 역사에 흔적을 남겼다. 카스트루초는 이미 오래전에 전설적 인물이자 애국적 통합을 상징하는 인물이 되었다. 그의 지도하에 루카는 피렌체인을 무찔러 굴복시켰다! 15세기 루카의 인문주의자들은 카스트루초를 찬양하는 전기를 통해 이 영광스러운 기억을 보존했다. 마키아벨리도 그 전기 중 하나를 가지고 있었다. 마키아벨리는 이를 모범으로 삼아 인문주의적 형식의 전기 《카스트루초 카스트라카니의 생애La Vita di Castruccio Castracani da Lucca》를 썼다.

인문주의자들은 위대한 행위와 덕을 기록함으로써 위인의 명성을 불멸하게 하고자 전기를 썼다. 전기는 위대한 인물만큼 가치 있는 사람이 되도록 미래 세대를 자극했다. 마키아벨리도 마찬가지였다.

후세를 위해 전기를 간직하는 것은 가치 있는 일입니다. 비르투와 포르투나에 관한 한 전기에서 훌륭한 선례를 발견할 수 있다고 생각하기 때문입니다.[84]

마키아벨리는 맹목적 우연과 인간의 추동력이 역사에 미치는 영향에 관한 문제도 놓치지 않았다. 그 답은 곧 자신의 좌절에 대한 평가이기도 했다. 마키아벨리 자신은 역사에 책임이 있는가, 아니면 없는가? 빼어난 역사적 인물의 생애에서 비르투와 포르투나의 힘겨루기를 조사하는 것도 자기 탐구다. 책의 첫머리에는 카스트루초와 저자 사이에 그 밖의 유사점이 강조되어 있다.

사랑하는 차노비와 루이지여, 이 세상에서 위업을 이룬 사람이나 동시대인 중에서 출중한 사람들 전부나 대다수가 혈통이 미천하거나 그렇지 않으면 운명에 무참히 휘둘렸다는 사실은 주목할 만한 점입니다.[85]

이 책을 헌정받은 사람은 '최고의 친구'로서 이름만 언급되고 있는 귀족 차노비 부온델몬티와 루이지 알라만니다. 두 사람은 위와 같은 추동력이 강한 출세자 찬양에 분명 귀를 의심했을 것이다.

이는 시작에 불과했다. 토스카나 역사에 웬만큼 정통한 독자들은 마키아벨리가 인문주의적 역사가와는 다른 길을 택했다는 사실을 몇 행 뒤에서 깨닫는다. 좀 더 심하게 말하면 마키아벨리는 역사적 진리와 떨어져 나쁜 길로 빠졌다. 마키아벨리가 루카 역사상 자신의 영웅을 독창적인 방식으로 다루었기 때문이다. 늙은 참사회원의 여동생은 오빠의 포도원에서 어린 사내아이를 발견했다. 그 아이가 어떻게 해서 거기에 있는지, 어느 집안 출신인지 아무도 몰랐다. 미래 루카의 지배자는 이렇듯 미미한 존재였다. 그는 친척도 없었고 명문가 아들들처럼 정치적으로 누리는 이익도 없었다. 그는 이름조차 없어 스스로 이름을 만들어야 했다. 여기서 모세의 발견이 떠오르는 것은 우연이 아닌데 마키아벨리가 의도한 바이기도 하다. 마키아벨리는 이를 마음대로 생각해냈다. 실제로 카스트루초는 루카의 토착 명문에서 태어났다.

마키아벨리는 이 사내아이를 온유한 성직자 집에서 자라게 한다. 그래서 우스꽝스러운 갈등이 생긴다. 점잖은 주교좌 성당의 참사회원은 업둥이를 성직자로 키우기로 결심한다. 그러나 천성은 결정적으로 정반대의 길을 가게 한다. 사내아이는 무기를 다루는 데 특출한 소질을 보였다. 또한 그는 또래 아이들 사이에서 왕의 권위를 발휘하는 우두머리였다. 카스트루초의 자질은 소문이 났다. 루카의 최고 실력자 프란체스코 귀니지는 이 기운찬 소년에 주목하여 양부의 동의를 얻어 소년을 자기 집에서 교육한다. 그곳 분위기는 사뭇 엄격했다. 귀니지 자신이 명망 있는 용병대장인 탓이었다. 교육은 짧은 시간 안에 결실을 본다.

카스트루초는 가히 놀랄 만한 속도로 진짜 귀족이 가져야 할 비르투와 태도를 전부 갖추었습니다. 그는 출중한 기수였습니다. 거친 말을 아주 능숙하게 다루었습니다. 카스트루초는 어렸어도 창술槍術과 마술馬術에서 두각을 나타냈습니다. 마상 시합에서 힘으로든 솜씨로든 그를 능가할 사람은 없었습니다. 게다가 행동거지도 의젓했습니다. 그는 특히 겸손하여 다른 사람의 비위를 거스르는 말이나 행동은 하지 않았습니다. 카스트루초는 윗사람을 존경하고 동료에게는 겸손했으며 아랫사람에게는 공손했습니다. 그래서 귀니지 집안사람들뿐만 아니라 온 루카 시민이 그를 사랑했습니다.[86]

마키아벨리가 고상한 기사도 찬양자로 바뀐 듯 보인다. 그러나 외양은 눈가림일 뿐이다. 카스트루초는 무엇을 왜 하는지 잘 알고 있었다. 첫 번째 전쟁으로 명성을 얻은 후 루카에 돌아왔을 때 보여준 것처럼 그의 신분에 걸맞은 행동은 목표 지향적이었다.

> 떠날 때보다 더 높은 존경을 받으며 루카로 돌아온 카스트루초는 지지자를 얻는 원칙에 따라 친구 만들기에 진력했습니다.[87]

이 타고난 지도자는 권력으로 향했다. 권력을 획득하기 위해 카스트루초는 널리 유행하는 방법을 사용할 수밖에 없었다. 그는 인맥을 쌓았다. 위로 치고 올라가는 중에 카스트루초는 자신에게 호의적인 포르투나 덕분에 잔인하기 이를 데 없는 사람을 피하게 된다. 멘토 프란체스코 귀니지는 카스트루초를 미성년 아들 파올로의 후견인으로 임명하고 그의 길을 가로막기 전에 죽는다. 위로 치고 올라가려는 카스트루초에게 후견인으로서의 의무는 신성한 것이다. 그는 자신이 은혜를 갚을 줄 아는 이례적인 사람임을 보여준다. 그러나 그 밖의 점에서는 완벽한 군주가 해야 하는 일 앞에서 주춤하지 않았다. 카스트루초는 적시에 자신의 말을 번복하고 군사적으로나 정치적으로 크게 성공한 피사의 지도자 우구초네 델라 파주올라와 동맹을 맺는다. 그는 파주올라의 도움을 받아 그의 대리인으로서 루카의 최고 실력자가 된다. 루카에서 카스트루초는 주요 적들을 죽이고 100개 이상의 가문을 추방한다. 그 직후 그는 자신의 진면목을 보여준다. 피렌체인들은 껄끄러운 이웃 도시 정벌을 준비하여 루카로 진군한다. 카스트루초는 몬테카티니 고개에서 그들을 기다린다. 전투에 앞서 그는 철칙이 있어야만 수적으로 우세한 적에게 승리를 거둘 수 있다고 병사들에게 말한다. 이 교훈은 결실을 얻는다. 병사들의 불요불굴한 정신과 새로운 방식으로 측면을 공격한 지휘관의 군사적 재능 덕분에 그들은 피렌체인을 패퇴했다. 피렌체의 전사자는 1만 명 이상이었으나 루카의 전사자는 300명 미만이었다!

이 승리 후 올 것이 왔다. 우구초네는 하급 장교의 명성을 시샘하여 추적자들을 루카로 보내 이 젊은 영웅을 사로잡아 죽이려 했다. 그러나 이 계획은 반만 성공했고 마지막 순간에 루카 시민들이 자신의 우상을 감옥에서 풀어주었다. 대중의 총애를 등에 업은 카스트루초는 옛 동맹자 우구초네를 추방하고 루카군 최고 지휘관이 된다. 그는 루카를 위해 새 성과 영지를 다수 정복했다. 이제 쿠데타를 일으킬 때가 왔다.

카스트루초는 자신이 군주가 되어야 할 때가 왔다고 판단했습니다. 카스트루초는 당시 루카의 유력자 파치노 달 포지오, 푸치넬로 달 포르티코, 프란체스코 보칸사치, 케코 귀니지를 매수해 통치자 자리에 오르고 민중의 결의로 축하 속에서 군주로 선출되었습니다.[88]

부패한 국가에서는 권력을 쟁취하기 위해 매수해야 한다는 것이 이 전기의 중요한 교훈이다. 그러나 파벌 형성과 매수는 업적을 계속 쌓기 위한 보조 수단일 뿐이다. 카스트루초는 권력을 쟁취했다. 고대 로마의 정치가처럼 정복을 통해 국가에 공헌했기 때문이다. 이 점에서 그는 선물과 대부貸付를 통해 지지자를 매수하여 권력을 장악한 메디치가와 달

랐다. 카스트루초는 고대 로마식으로 통치자로 올라섰고 피렌체식으로
권력을 장악했다.

새 지도자의 피렌체 방식은 200년 후 마키아벨리가 두 규칙서《군
주론》과《로마사 논고》에서 규정한 대로 행동했다는 점에서 용서할 만
한 것이다. 카스트루초는 신민들에게 무기를 들라고 호소하고 규율을
가르쳤다. 그리고 나서 온갖 술수로 적을 함정에 빠뜨리고 역적뿐만 아
니라 자칭 조정자와 중재자도 죽였다. 루카의 지배자는 사자이자 여우
였고 체사레 보르자이자 니콜로 마키아벨리였다. 카스트루초의 삶은
그 '전기 작가'의 삶과 유사했다. 두 사람은 태어날 때부터 혜택을 받지
못했는데 마키아벨리가 더 심했다. 마키아벨리는 안 좋은 가문이라는
짐을 져야 했고 카스트라카니는 '이름조차' 없었다. 또한 두 사람은 진
짜 정치적 야망을 품고 있었다. 카스트루초 카스트라카니는 전형적인
야심가였다. 루카 지배와 그 직후에 얻은 피사 지배에 만족하지 않았
다. 권력을 오랫동안 공고히 하려는 자는 확장해야 한다! 이 목적을 위
해 카스트루초는 제관帝冠을 노리는 '페데리코 디 바비에라'(바이에른의 루
트비히)와 동맹을 맺는다. 이어서 카스트루초는 피스토이아를 탈환한다.
이곳에서는 자신의 목적을 위해 경쟁 가문들의 싸움을 이용하고 채무
면제와 그 밖의 혜택을 통해 민중을 자기편으로 끌어들인다. 그는 루트
비히의 대관식으로 혼란에 빠진 로마를 수습하여 하느님이 보낸 중재
자라는 찬미를 받는다. 그 후 카스트루초는 또다시 피렌체로 진군하여
우세한 부대를 계략과 매복으로 패배시킨다. 마키아벨리에 따르면 이
번에는 피렌체인 2만 231명이 전장에 널브러져 있었고 카스트루초는
1570명만 잃었다.

루카 지도자의 승리에 급격한 몰락이 뒤따른다.

그러나 명성의 적인 포르투나는 그에게서 목숨을 빼앗아갔고 그가 오랫동안 실행하려 했던 계획을 중단시켰습니다. 그의 계획은 죽음 말고는 막을 수 없는 것이었습니다.[89]

무적의 최고 지휘관은 전투 중에 감기에 걸려 고열로 곧바로 사망했다. 카스트루초는 임종 자리에서 양아들 파올로 귀니지에게 포르투나와 자기 자신에 대한 비난을 서슴지 않는다.

아들아, 여러 번 내가 이루어낸 성공으로 기대했던 명성에 이르는 도중에 포르투나가 나를 넘어뜨리리라 미리 알았더라면 나는 덜 노력했을 것이고 네게 더 작은 국가와 더 적은 적과 질시를 넘겨줬을 것이다.[90]

카스트루초의 후계자는 피스토이아를 재탈환하고 피사 쪽으로 촉수를 뻗치는 피렌체인의 복수욕에 자신이 내맡겨져 있음을 봤다. 영리하기 이를 데 없는 지도자도 어쩌지 못하는 포르투나를 카스트루초는 임종 자리에서 비난한다.

그러나 모든 인간사를 관장하는 포르투나는 내게 그녀의 공격을 적시에 인식할 판단력을 주지 않았고, 이를 극복할 시간도 충분히 주지 않았다.[91]

이 자기비판은 사실상 무죄판결이다. 포르투나는 예측 불가능하게 행동하기 때문이다. 카스트루초가 후계자에게 크지만 약한 국가를 넘겨준 것도 잘못이 아니었다. 시간이 조금 더 있었다면 강국으로 만들 수 있었다.

인간은 자신의 결점을 깨닫지 못한다. 카스트루초가 임종 자리에서 피후견인 파올로 귀니지에게 한 다음과 같은 말도 마키아벨리의 이 명제를 분명히 보여준다.

> 네 아버지가 돌아가실 때 너와 너의 운명을 내게 맡기셨다. 나는 네 아버지에게 빚졌고 지금도 빚지고 있는 사랑과 신의로 너를 키웠다. 네 아버지의 유산과 내 운과 용기로 성취한 모든 것을 네게 물려주기 위해 나는 결혼하지 않았다. 그럼으로써 나는 내 자식에 대한 사랑 때문에 네게 갚아야 할 고마움을 표하는 데 방해받지 않으려 했다.[92]

그러나 정치에는 고마움이 설 자리가 없다. 그 밖의 점에서는 매우 모범적인 이 지도자는 자기 일을 이어받을 후손을 남기지 않은 채 죽는다. 그의 상속인 귀니지는 정복보다 수성에 적합한 인물이었다.

카스트루초 카스트라카니 이야기는 체사레 보르자 이야기처럼 끝난다. 루카의 지도자는 아들을 남기지 않았다는 치명적인 결함을 제외하면 모든 것을 옳게 했다. 카스트루초에게 자식이 없다는 설정은 역사 서술에서 허구를 허용한 마키아벨리가 고안한 것이었다. 특히 마키아벨리가 주의를 끌만큼 '변조'를 분명히 했으므로 루카 지도자의 생애는 오히려 역사 소설처럼 읽혔다. 이로써 인문주의적 규칙에 따라 쓰인 듯한 전기가, 거의 완벽한 지도자의 전기가 인문주의적 역사 서술과 권력 찬양의 패러디가 된다. 전체적으로 진실을 말하기 위해 마키아벨리는 거리낌 없이 사실을 변조하고 세부 사항에서 유례가 없을 정도로 뻔뻔스럽게 거짓말을 했다. 반면에 인문주의자는 의무를 망각한 권력자에게 꼴사납게 경의를 표하기 위해 세부 사항에는 꼼꼼했다. 즉 본질을 속이기 위해 세부 사항에서 진실을 말했다! 특히 마키아벨리는 카스트루초의 마지막 전투 때의 전사자 정보를 통해 이 유사 진실성을 한껏 경멸한다. 전사자는 정확히 2만 231명이었다. 그 이상도 그 이하도 아니었다! 이 수가 터무니없이 과장되었을뿐더러 멋대로 날조되었다는 것은 통찰력 있는 독자라면 분명히 알았을 것이다. 당시 전사자 수를 꼼꼼히 기록한 정보원은 없다. 설령 있더라도 믿을 만한 게 아닐 것이다.

인문주의적 전기의 끝을 장식하는 말이나 죽어가는 영웅의 기억할 만한 말도 분명히 독자들에게 낯선 느낌을 주었을 것이다. 카스트라카니는 미혼임에도 성적 방탕과 흥청망청하는 사치에 찬가를 바친다. 그는 소심한 자와 인색한 자를 혐오했다. 이로써 카스트라카니는 마키아벨리의 마음을 대변했다.

> 누군가가 카스트루초에게 지나치게 사치스럽게 산다고 비판했을 때 그는 그것이 악덕이라면 성인을 기리는 축제 때 그렇게 값비싼 연회를 벌이지 않을 것이라고 답했습니다![93]

하늘에 있는 죽은 순교자에게 옳은 것은 살아 있는 권력자에게도 옳은 것이다. 통치에는 이해하기 쉬운 선전이 필요하기 때문이다.

카스트루초가 권력을 위해 영혼의 구원을 희생한 것도 모욕이었다. 카스트루초에게는 그것이 어렵지 않았다. 기독교가 나쁜 사람에게 보답하는 거짓 종교이기 때문이다.

> 수사가 되려고 한 적이 없느냐는 질문에 카스트루초는 그런 적이 없다고 대답했습니다. 프라 라체로(유명한 위선자)가 천국에 가는 게 옳다면 우구초네 델라 파지올라는 왜 지옥에 가야하는지 모르겠다고 의아해했습니다.[94]

카스트루초 카스트라카니에 대한 마키아벨리의 최종 판결은 다음과 같다.

> 카스트루초는 생전에 알렉산드로스의 부친 필리포스 2세나 로마의 스키피
> 오 아프리카누스에 필적할 만한 인물이었습니다. 그리고 두 위인과 같은 나
> 이에 세상을 떠났습니다. 그가 루카가 아니라 마케도니아나 로마에서 태어
> 났더라면 분명히 두 위인을 능가했을 것입니다.[95]

이 찬양은 백조의 노래이기도 하다. 필리포스 2세와 달리 카스트루초는
알렉산드로스 같은 아들을 낳지 않았다. 그 모든 역사적 사실을 '변조'
했음에도 카스트루초도 완벽한 군주에는 이르지 못했다. 시인의 재량
으로도 완벽한 군주를 만들어내지 못하면 그는 모델로서 낡은 것이다.
　《카스트루초 카스트라카니의 생애》를 헌정받은 두 사람 중 한 명인
차노비 부온델몬티는 감사 편지에 다음과 같이 조심스럽게 견해를 밝
혔다. 마키아벨리는 역사에 의심을 제기하고 개선의 필요성을 보았다.
이런 도발 때문에 마키아벨리는 친구들 사이에서도 국외자가 되었다.


## 전술론

　1520년 11월 17일 마키아벨리의 친구인 유력자 필리포 데 네를리
는 《카스트루초 카스트라카니의 생애》와 다른 책 한 권을 더 받았다. 제
목은 《전술론 L'Arte della Guerra》(필리포 데 네를리에게 보내졌을 때의 제목은 《군제에 관
하여De re militari》였다)으로 루카 지도자의 전기와 동시에 쓰였을 가능성이
큰 책이다. 그럴 가능성이 충분하다. 소설처럼 윤색된 《카스트루초 카
스트라카니의 생애》는 대부분 전투와 전략에 관한 내용이었다. 군주와

공화국을 위한 규칙서를 바탕으로 최고 지휘관에 관해 쓰는 것은 당연하지 않은가?

마키아벨리는 《전술론》을 대화 형식으로 구성했다. 이는 인문주의자들이 높이 평가하는 형식이었다. 장소는 더 나은 공화국을 추구하며 분개하는 귀족들의 토론장인 루첼라이의 정원이었다. 주인은 코시모 루첼라이고, 손님은 《카스트루초 카스트라카니의 생애》를 헌정받은 차노비 부온델몬티와 루이지 알라만니 그리고 같은 귀족 출신인 바티스타 델라 팔라였다. 마키아벨리에 따르면 주빈主賓은 용병대장 파브리치오 콜론나와 현재의 퇴폐한 이탈리아에서 아직도 이 직책을 높이 평가하는 몇몇 사람이다. 마키아벨리가 실제로 이런 견해를 가지고 있었든 아니든 콜론나는 적절한 전쟁 수행과 잘못된 전쟁 수행에 관한 이 대화에서 마키아벨리의 분신이 된다. 새파랗게 젊은 피렌체 귀족들이 어떻게 하면 존경받을 수 있고 지식욕에 불탈 수 있는지 노련한 최고 지휘관에게 묻는다. 콜론나는 종종 모순되는 질문을 받아도 으레 현명하게 답해주었다. 이 점에서 허구의 대화는 저자가 염원하는 것이다. 마키아벨리는 미래 피렌체 지도층이 자신의 이상을 실현해주기를 원했다. 마키아벨리가 1506년 이후 민병대를 조직한 데서 알 수 있듯 그는 더 효율적인 군제 이상의 것에 관심을 두었다. 좋은 국가만이 좋은 병사를 가진다는 것이 《전술론》의 주장이다. 적절한 전쟁 수행에 관한 이 교화는 완벽한 피렌체공화국을 다루며 군사적 측면에서 고찰한다.

책의 서두에는 피렌체는 고대 로마를 지향해야 한다는 중심 주제가 관통하고 있는데, 마키아벨리는 이 부분을 평소보다 길게 썼다. 여기에서는 《로마사 논고》의 중심 주제, 즉 예술과 문화처럼 사소한 것뿐만 아니라 정치와 군제도 고대를 따라야 한다는 주제가 다시 강조된다. 그래야만 '시대의 엄청난 부패'를 극복할 수 있다. 그 엄청난 부패가 과감하게 언급된다. 마키아벨리는 자기 시대의 이탈리아에 또다시 공격을 퍼붓는다. 이탈리아는 약해졌고 매수가 횡행하며 사치에 절어 있었다. 게다가 자기주장을 할 수 없으며 설상가상으로 뻔한 업적을 자랑했다. 이와 달리 로마는 모든 점에서 그 반대였다. 다음과 같은 것이 로마의 덕德이다.

> 용감한 행동을 숭상하며 이에 보답하고 가난을 경멸하지 않습니다. 민병대 제도와 규율을 높이 평가합니다. 시민이 서로를 자신처럼 사랑하며 파벌이 없고 사익보다 공익을 우선시합니다. 이 외에도 오늘날 쉽게 되찾을 수 있는 덕들이 많이 있습니다.[96]

부패한 오늘날의 흐릿한 빛에서는 불가능해 보이지만 실제로는 할 수 있는 이 모든 것은 로마로부터 배울 수 있었다.《로마사 논고》에서 국가 이성에 관해 말한 것 중 많은 것이 여기서 다시 첨예화한다. 국가는 시민에 대해 모든 권리가 있고 시민은 국가에 전적으로 순응해야 한다. 국가는 사람들이 강제를 좋아하게끔 만들어야 한다. 그래야 재교육이 총체적으로 이루어진다. 완벽한 시민군은 외압 없이 자발적 동의만으로 복종한다. 파브리치오 콜론나가 우아한 젊은 귀족들에게 가르치고 싶어한 절대 전쟁은 이 절대 공화정에 알맞다.

절대 전쟁만이 콜론나에게는 좋은 전쟁이기 때문이다. 이와 달리 오늘날 전쟁은 우스꽝스러워졌다. 고대 로마의 전쟁은 삶의 목적이자 방식이었던 반면에 당시 이탈리아에서의 전쟁은 장사가 되었다고 마키아벨리는 구체적으로 적시했다. 로마 군단은 적을 섬멸하기 위해 싸웠다. 이와 달리 오늘날의 용병대장은 아무도 다치지 않는 모의 전쟁을 펼친다. 그것도 그럴듯한 이유에서 말이다. 군 사업가인 용병대장들은 이 위험하지 않은 전략을 통해 자신의 군대와 자본을 유지한다. 저주받은 상인 정신이 모든 것을 망쳤다. 전쟁에서는 자금 획득이나 손실은 문제가 아니다. 전쟁은 생사가 걸린 문제다. 사느냐 죽느냐 하는 문제다. 그래서 전쟁은 외국 용병으로도, 자체 직업 군인으로도 해서는 안 된다. 전쟁은 자체 시민으로 치러야 한다. 일찍이 로마가 그렇게 했고 오늘날에는 스위스가 그렇게 하고 있다.

> 고대의 선례를 보면 각국에서는 모인 군단을 어떻게 훌륭한 병사로 단련하는지 알 수 있습니다. 부족한 점은 맹훈련으로 보강할 수 있습니다. 이때 맹훈련으로 타고난 것 이상을 할 수 있습니다.[97]

이 말은 온건하게 표현된 것이다. 다른 곳에서 마키아벨리는 군사 교육에 대해 더욱 자세히 말한다. 신체 단련, 시합, 기동 훈련뿐만 아니라 갖가지 정신 무장도 군사 교육에 속한다.

> 우리의 군사 교육을 말하자면 좋은 군대를 확보하기 위해 병사를 단련해 용감하고 민첩하며 숙련하게 만드는 것만으로는 충분하지 않습니다. 더 나아가 병사들은 규율 준수를 배워야 합니다. 이를 위해 병사는 휘장이나 신호, 지휘관의 호령에 따라 정지하거나 후퇴하고 전진하며 진격하고 행군할 수 있어야 합니다. 신중히 이행해야 할 이런 규율 없이 좋은 군대는 있을 수 없습니다.[98]

규율은 무엇과도 바꿀 수 없다. 규율을 엄하게 가르치기 위해 최고 지휘관은 솔선수범해야 한다. 최고 지휘관은 용기를 보여줘야 하고 곤경에 처해도 침착해야 하며 고도의 심리적 연설로 병사를 고무해야 한다.

그러나 종교 없이는 이 모든 것이 소용없다. 하느님이 조국을 위한 죽음에 보답해준다고 사제가 설교하지 않으면 군의 사기는 떨어진다. 이를 위해 기독교를 어떻게 이용할 수 있는지는 오를레앙의 소녀가 보여준다. 마키아벨리에 따르면 잔 다르크는 하느님의 명령을 실행하라는 소명을 받았다고 말하여 프랑스 왕의 용기를 잃은 군대에 새삼 확신과 필승 의지를 불어넣었다. 고대에는 그 밖의 강한 자극들을 알고 있었다. 그래서 승자는 패자를 예속하여 노예로 팔 수 있었다.

로마 군단이 규율을 유지하는 마지막 수단은 잔인하고도 위협적인 사형이었다. 겁쟁이와 탈주병은 공식적인 인간 사냥의 형태로 동료들의 손에 죽었다. 이는 가장 큰 치욕이었으므로 효과적으로 배신을 막았다. 오늘날 스위스에 이와 비슷한 방식이 있다. 스위스인들은 백병전 때뿐만 아니라 집중 포격을 받을 때도 자신을 내던진다. 엄격함 외에 간계가 덧붙여져야 한다. 마키아벨리에 따르면 사랑과 전쟁에는 온갖 기만이 허용된다. 가공의 명예는 가치가 없고 성공만이 가치가 있다. 역사는 승자만 기록하고 역사가는 명성을 깎아내릴 수 있는 것은 죄다 빼버린다. 독극물 공격, 매수, 기만 등은 허용될뿐더러 적극적으로 권장되기까지 한다.

전쟁 공학 측면에서 마키아벨리의 《전술론》은 보병을 예찬한다. 기병, 포병, 요새는 나름대로 유용한 역할이 있었다. 1506년 피렌체 민병대는 무장의 절반은 고대 로마에, 나머지 절반은 오늘날 스위스와 독일에 맞추어져 있었다. 따라서 모든 군사적 상황의 척도는 보병의 밀집 전투 대형이었다. 밀집 전투 대형은 군대의 신념만큼이나 강했다. 다른 점에서도 파브리치오 콜론나는 군 개혁가인 마키아벨리가 옳다고 인정한다. 오늘날 사령관은 병사들과 같은 지역 출신이어서는 안 된다. 또한 로마공화정이 해체되던 카이사르 시대처럼 사적 충성과 사병 문제가 대두되지 않게 사령관은 자주 교체되어야 한다.

《전술론》에는 마키아벨리가 손수 그린 도면, 즉 세밀하게 그린 모범적 진지 편성도와 효과적 공격 대형도도 실려 있다. 이는 그가 전술을 얼마나 애지중지했는지를 보여준다. 대화 파트너가 모의 전투를 실험하는 장에서 마키아벨리의 감정은 절정에 이른다. 마키아벨리는 긴장, 용기, 대담무쌍함을 되살려내지만 유혈, 전사의 죽음과 비명, 군마의 숨소리, 장군의 독려 소리, 휘몰아치는 먼지, 칼 부딪치는 소리, 승자의 포효, 패자의 비탄도 되살려낸다. 그러면서 수많은 죽음에는 아랑곳하지 않고 강자를 크게 예찬한다. 이 전투 장면은 군신軍神의 원탁에 둘러앉은 사람들이 전투에 참여하여 승리를 거두었다고 느낄 만큼 생생하다.

문학적 허구에서 피렌체의 귀족들은 스승 파브리치오 콜론나의 훈계에 동의할 뿐만 아니라 이를 실천하는 일에 매달린다. 하지만 실제 루첼라이, 부온델몬티, 델라 팔라, 알라만니는 이 모델을 탐탁하게 여길 수 없었다. 귀족을 대표하는 그들은 뜻을 같이하는 로렌초 스트로치(마키아벨리에게서 《전술론》을 헌정받았다)처럼 민중의 무장을 가장 두려워했다. 시민이 임시로 기병대를 조직한다고 하더라도 완벽하게 훈련된 농부의 아들 2만 명은 장롱에 칼과 창을 둔 피렌체의 많은 수공업자와 상점주인 이상으로 위협적이라고 그들은 생각했다. 이탈리아인이 하필이면 스위스인, 즉 약탈을 좋아하는 사나운 야만인을 본보기로 염두에 두어야 했다는 파브리치오의 말이 그들은 귀에 거슬렸을 것이다. 마키아벨리에 따르면 스위스인은 모든 점에서 고대 로마인보다 못했으나 어쨌든 옳은 길을 택했다.

제가 말했듯 스위스인은 천성에 의해, 스페인인은 필요에 의해 좋게 되었습니다.[99]

그러나 이탈리아는 이 유익한 강제조차도 모른다. 이탈리아가 약해진 데 누가 책임이 있느냐는 문제는 오래전에 마키아벨리에게 답이 주어졌다.

> 그래서 이탈리아인은 세상의 조롱거리가 되었습니다. 이에 대해 민중이 비난받아야 하는 것은 아닙니다. 비난은 군주가 받아야 합니다. 군주는 용감한 행동을 전혀 보여주지 않은 채 수치스럽게도 국가를 잃었으므로 그 무지에 상응하는 벌을 받아야 합니다.[100]

군주와 공화국의 엘리트에게만 군사적 재앙에 책임이 있는 것은 아니다.

> 우리 이탈리아 군주는 알프스산맥 북쪽 국가들의 공격을 감지하기보다 다음과 같은 것을 배워야 한다고 생각했습니다. 군주는 책상에서 재치 있는 말을 생각해내기, 멋진 편지 쓰기, 질문과 답변에 재치 보여주기, 교묘히 음모 꾸미기, 돈과 패물로 치장하기, 그 누구보다 더 호화롭게 먹고 자기, 매혹적인 정사情事 벌이기, 신하를 우쭐대며 탐욕스럽게 대하기, 무위도식하기, 군 계급을 총애의 표시로 하사하기, 칭찬할 만한 대안을 제시하는 자를 경멸하기, 자신의 말을 신탁으로 떠받들게 하기를 먼저 알아야 한다고 생각했습니다.[101]

누가 이런 치명적 직무관을 군주에게 전수했는가? 죄인을 찾아내기 위해서는 동시대의 역사서와 군주 귀감서를 뒤적여봐야 한다. 푹신한 데서 자고 진수성찬을 즐기기 위해 권력자에게 품위 없이 처신하며 간사떨고 아첨하는 왕조의 인문주의자와 궁정의 인문주의자에게 죄가 있다. 경고하고 해결책을 제시한 자는 무시당하거나 경멸당했다. 켜켜이 쌓인 마키아벨리의 분노는 이 격한 문장에서 폭발한다. 언제든지 전투력을 갖춘 군대로 바뀔 수 있는 강한 국가만이 이를 시정할 수 있었다. 그러나 아무도 이에 관심이 없었다. 권력자는 부당한 특권을 잃을까 봐, 업적으로 치고 올라오는 자에게 자리를 뺏길까 봐 전전긍긍했다. 민중은 이를 잘 모르고 맹목적으로 낡은 관습을 고집한다. 무엇보다도 마키아벨리의 머릿속에는 시민을 마음대로 다루어 예기치 않은 팽창력을 내부적으로나 외부적으로 발전시킨 힘 있는 국가만이 존재한다.

마키아벨리의 《전술론》은 유럽의 전쟁 논쟁에서 독특한 위치를 차지한다. 고대의 저자 중에도 로마공화정의 무적 군단을 예찬한 사람이 있지만 이 예찬은 전쟁을 통해 마침내 세상에 평화를 가져다준 제국의 문명화 사명과 불가분의 관계에 있었다. 생명을 유지시키는 내부 갈등을 성공적으로 외부로 돌릴 수 있는 국가의 이상적 상태가 평화가 아니라 지속적인 전쟁이라는 사실은 《로마사 논고》에서 이미 걸림돌이었다. 마키아벨리는 적을 섬멸하는 무제한 전쟁을 옹호함으로써 이 헷갈리는 명제를 《전술론》에서 더욱 심화한다. 마키아벨리는 주로 스페인 신학자들이 생전에 논한 정당한 전쟁이냐 부당한 전쟁이냐의 문제에는 관심이 없었다. 예를 들어 살라망카학파의 수장 프란시스코 데 비토리아에게 스페인의 중앙아메리카와 남아메리카 정복은 참된 신앙을 소개하고 인간 제물과 우상 숭배와 같은 야만적 악습을 없앤다는 분명한 전제 조건하에서만 정당했다. 마키아벨리는 이런 토론을 무익하다고 보았다. 승리자가 국가를 강하게 만들고 제국을 확대하는 전쟁은 정당하다. 고대 로마인의 정치적 처세술을 명심하고 있는 자만이 오랜 기간 승리를 누리기 때문이다.

5장

·

# 도발의 기술
## (1521~1527)

# 잃어버린 지위

《전술론》결론에서 당차게 표명한 것처럼 당대의 인문주의자와 나약한 권력자를 비판함으로써 마키아벨리는 지적으로나 정치적으로 궁지에 몰렸다. 마키아벨리처럼 더 나은 공화국을 꿈꾸는 귀족들 눈에는 기존 상황에 대한 철저한 비판이 목적을 훨씬 넘어선 것으로 보였다. 귀족들은 이 바람직한 상태를 대가문의 확실한 지배를 통해서만 달성할 수 있는 내면의 평온과 같은 것으로 보았다. 피렌체의 평민들은 사보나롤라의 가르침과 예언에 따른 나라, 즉 도덕적으로 엄격한 신국神國을 그들 나름대로 꿈꾸고 있었다. 마키아벨리는 광야의 설교자 같다는 생각이 들지 않을 수 없었다. 마키아벨리는 이제 잃을 게 없었다. 따라서 당대와 동시대인을 경멸하고 조롱하는 데만 관심이 있었다.

이 같은 태도는 기이하게도 1521년 5월 전 제2서기국 서기장이 카르피시로 공무 여행을 갔을 때 분명히 나타났다. 카르피시에서는 프란체스코 수도회의 총회가 개최되었다. 순서에 따라 마키아벨리는 피렌체의 공공질서와 풍기 단속 경찰을 관할하는 8인회의 위임으로 위엄 있는 사순절 설교자를 선정해야 했다. 이는 긴급을 요하는 일이었다. 마키아벨리가 받은 훈령에 따르면 피렌체 수도원은 과거 수도원이 아니었다. 수도사의 규율이 타락하고 생활양식은 느슨하고 방종했다. 수도사들이 그런 만큼 민중들도 그러했다. 이를 바로잡기 위해 마키아벨리는 피렌체에 있는 프란체스코 수도원들을 다른 지방 수도원과 분리해야 한다는 요구를 전해야 했다. 그러면 피렌체시가 교구를 더 잘 관리하여 성직자와 평민의 도덕적 엄격성에 유익한 결과를 가져다줄 것이었다. 마키아벨리는 이 임무에 내재한 우스꽝스러움을 잘 알고 있었다. 이는 *그가 꿈꾼* 규율이 아니었다. 이상적 공화국의 법률이 지켜야 하

예복을 입은 역사가 프란체스코 귀차르디니. 크리스토파노 델 알티시모가 그
린 초상화는 마키아벨리의 유력한 친구 귀차르디니가 죽기 직전에 그려진 것
이다. 1540년에 사망한 프란체스코 귀차르디니는 피렌체를 지배한 메디치가
로부터 큰 존경을 받았지만 이탈리아 역사에 관한 한 염세적이었다.

는 엄숙주의에도 불구하고 그것은 수도원이 아닌 다른 곳에서 행해져야 했다. 마키아벨리가 카르피에서 교황청 모데나 지방 총독 프란체스코 귀차르디니에게 보낸 편지가 보여주듯이 그는 이를 억지스러운 촌극으로 받아들였다. 그 취지는 비꼬는 것이었다. 그는 어릴 때 거짓말하는 법을 배운 만큼 수도사의 공화국에 이상적인 대사였다. 마키아벨리는 피렌체인에게 한 설교자를 보낼 것이고, 이 설교자는 천국에 이르는 길이 아닌 지옥에 이르는 길을 보여줄 것이다. 마키아벨리는 자신의 임무로 피렌체뿐만 아니라 카르피의 수도사들 사이에 최대한 불안을 조장하려고 했다.

저는 이곳에서 빈둥거리고 있습니다. 수도사들이 수도회장과 간부들을 선출한 후에야 비로소 제 임무를 수행할 수 있기 때문입니다. 그동안 저는 어떻게 하면 그들이 서로 다투도록 그들 사이에 엄청난 스캔들을 야기할 수 있을지 곰곰이 생각합니다. 제 분별력이 저를 내팽개치지 않는다면 저는 이 임무에 성공할 것입니다. 그때 귀하의 충고와 도움을 기꺼이 받아들일 것입니다.[1]

레오 10세가 잠시 획득한 모데나를 통치하던 출세한 외교관 귀차르디니는 이에 싫은 내색을 보이지 않기로 했다.

수도사들 문제가 해결되면 편지를 주십시오. 그들이 서로 적의를 품고 있고 또 음흉하기 때문에 그들 사이에 불화의 씨를 뿌리거나 이 씨앗이 힘차게 발아하게 하기만 하면 역사상 가장 숭고한 일을 쉽게 성취할 수 있을 것입니다.[2]

마키아벨리의 〈만드라골라〉가 재미있었다고 한 귀차르디니는 성직자의 도덕에 관해 노골적으로 말하지 않을 수 없었다.

같은 편지에서 귀차르디니는 마키아벨리에게 자기가 그를 '매우 비범한 사람'으로 추천했다고 털어놓았다. 이 비범함이 어디에 있느냐는 문제에 대해 귀차르디니는 의식적으로 대답하지 않았고 대답은 마키아벨리 자신이 해야 한다고 했다. 이렇듯 진담은 농담에 섞여 있었다. 마키아벨리는 임무 수행 능력을 증명해야 하는 압박을 받고 있었다. 공치사도 모호했다. 매우 비범하다는 말은 마키아벨리의 능력이 비상하다는 뜻이지만 그가 상궤에서 벗어난 괴벽이 있다는 뜻일 수도 있었다. 이렇듯 귀차르디니의 편지는 너무 멀리 나가지 말고 임무를 맡은 것이 누구 덕분이고 누구에게 편지를 썼는지 잘 생각해보라는 경고를 은연중에 포함하고 있었다.

1521년 5월 21일자 줄리오 데 메디치 추기경에게 보낸 편지가 보여주듯이 마키아벨리는 이 충고를 받아들였다. 마키아벨리는 체사레 보르자의 궁정과 루이 12세의 궁정에서 그랬듯 엄숙하고 정치가다운 태도를 보였다. 그리고 마키아벨리는 이 탁월한 군주들에게 늘 실패했듯 이번에도 임무는 본질적으로 실패였다.

> 제 임무를 설명하고 나자 수도사들은 오랜 상의 끝에 저를 불러들였습니다. 그들은 우리 공화국과 궁정과 전하에게 얼마나 빚지고 있는지를 가장 먼저 강조했습니다. 그리고 귀하의 소원을 들어주는 것이 자신들의 꿈이지만 유감스럽게도 그 일은 불가능하다고 했습니다.[3]

노련한 외교관인 마키아벨리는 이렇게 둘러대는 것을 훤히 꿰뚫어 보았다. 마키아벨리가 만족하는 태도를 보이지 않은 것은 당연했다.

저는 그들에게 이 답변 중 두 가지가 전하의 마음에 들지 않을 것이라고 말했습니다. 하나는 결정을 지체하고 있다는 점이고 다른 하나는 주교좌성당 참사회가 결정을 내린다는 점이라고 했습니다. 소수가 무언가를 내키지 않아 하거나 질질 끌려고 할 때는 결정을 다수에게 넘긴다는 사실을 귀하는 잘 알고 있을 것입니다.[4]

불만을 가져올 결정이 초래할 해로운 결과를 막기 위해 이를 민주적으로 포장하는 것은 메디치가의 중요한 통치술 중 하나였다. 또 다른 국가이성 원칙이 곧바로 뒤따랐다.

인간의 지혜는 간직할 수도 팔 수도 없는 것을 선물해주는 데 있다는 것을 저는 그에게 분명히 보여주었습니다.[5]

영리한 정치가는 자기가 해야만 하는 일을 자발적으로 한다고 함으로써 도량이 크다는 명성을 얻는다. 이는 《군주론》에 어울릴 법한 원칙이었다. 마키아벨리가 자신을 정치적 조언자로서 메디치가에게 천거해 더 높은 임무를 맡으려고 한 것은 분명하다. 그러나 마키아벨리는 경건하고 도덕적으로 엄격한 사람으로 알려진 줄리오 데 메디치 추기경 같은 고위 성직자가 그런 냉소적 지혜에 귀를 기울이려 하는지 자문하지 않았다. 이로써 상황은 귀차르디니에게 분명해졌다. 마키아벨리는 너무 극단적으로 행동하여 권력자에게서 신뢰를 잃었다. 그러나 마키아벨리를 비판함으로써 무언가를 야기하려고 하는 자는 멀리 가지 못했다. 마키아벨리는 자신의 조언이 유익한 결과를 얻으리라 기대하지 않았다. 이 권력자들은 싹이 노랬다.

1521년 12월 1일 교황 레오 10세가 로마 근교 말리아나의 수렵용 별장에서 46세의 이른 나이로 사망했다. 교황의 죽음은 피렌체에서 메디치 가문의 위상에 큰 타격이자 동시에 기회였다. 피렌체 귀족들은 그들의 자랑스러운 도시가 로마의 지배를 받은 것에 자존심이 크게 상했고 메디치가가 그 앞잡이 노릇을 했다는 데 머리끝까지 화가 치밀었다. 이 굴욕이 이제 끝난 것인가? 줄리오 데 메디치 추기경이 피렌체에 거주하면서 공화국이라는 무대 뒤에서 지배할 것인가? 이 죽음으로 이미 쪼그라질 대로 쪼그라진 가문의 위상이 더 떨어져 이제 그는 피렌체의 정상에 있었던 날들을 헤아릴 일만 남은 것인가?

메디치가의 권력은 위태위태했다. 그래서 시민과 가까이 있다는 것을 보여줘야 했다. 모든 것은 금기 없이 논의되어야 한다는 슬로건과 함께 공화국이 나아갈 길을 제안해달라고 메디치가는 피렌체인들에게 다시 요구했다. 마키아벨리는 새삼 펜을 들어 필요한 일에 대해 생각을 피력하지 않을 수 없었다. 마키아벨리는 메디치가가 자신의 조언을 결코 따르지 않으리라는 것을 잘 알고 있었다. 화해하기에는 늦었다고 생각했다. 이번에 마키아벨리가 제출한 개혁안은 1520년의 〈로렌초 데 메디치 2세 사후의 피렌체 국정 문제에 관한 논고〉보다 제안이 훨씬 적을 수밖에 없었다. 껄끄러운 상황을 입에 발린 말로 얼버무릴 필요도 없다고 생각했다. 그 대신 개혁안의 목표, 즉 모든 시민의 공동 이익에 기초한 공화국을 만드는 것에 대해 기탄없이 썼다.

자유롭게 협의하고 현명하게 토론하며 결정 사항을 착실히 실행하는 성스럽고 통합된 진정한 공화국의 토대가 되는 질서보다 하느님과 인간 앞에서 더 찬양받을 수 있는 법률은 없습니다.[6]

피렌체에 존재한 적이 없는 이 자유를 보장하기 위해서는 파벌을 모두 제거해야 했다. 이와 같은 목적으로 저변이 넓은 정체 시대의 시의회, 즉 그동안 메디치가가 아주 교묘하게 유용한 옛 회의장에서 법률을 공포하고 관리를 선출하는 포괄적 권리를 가진 시의회를 다시 설치해야 했다. 조세와 재정을 관장할 위원회, 즉 위원 100명으로 구성된 중위원회를 설치해야 했다. 그 밖의 사항은 첫 정무위원회를 임명할 수 있는 줄리오 데 메디치 추기경과 함께 자유롭게 선출된 '개혁가' 10명이 규정했다. 그러나 이들 체제 결정자 11명은 시의회 권리를 침해해서는 안 되며 그 전권도 1년으로 한정했다. 마키아벨리가 1520년에 부추긴 절멸 전 메디치가의 황금시대에 대해서는 언급하지 않았다. 메디치가는 신중하게 영향력을 행사하며 안전하게 퇴장할 수 있었다. 그 후 더 나은 공화국의 시기가 왔다. 마키아벨리는 그토록 인정받으려 애썼던 메디치가의 수장을 카르피에서도 여전히 의식적으로 모욕하고 있었다. 그가 피렌체의 미래를 제시하지 않았기 때문이다.

줄리오 데 메디치는 사촌 교황 레오 10세가 사망하자 콘클라베에서 그의 후계자가 되려고 갖은 수를 썼다. 그러나 줄리오 데 메디치가 추기경들에게 약속한 공약은 물거품이 되었다. 1522년 1월 어쩔 바를 모르는 추기경들은 극심하게 분열되었고 성과 없는 여러 차례의 표결 끝에 네덜란드 위트레흐트에서 출생한 아드리안 플로렌츠 데달을 선출했다. 외국인인 아드리안은 황제 카를 5세의 스승이었는데 하드리아노 6세라는 이름을 택했다. 메디치가는 9년간 로마에서 적을 너무 많이 만들었다. 메디치가에 의해 맨 먼저 추방된 프란체스코 마리아 델라 로베레 몬테펠트로 공작이 자신의 중심 도시 우르비노로 돌아왔다. 이로써 메디치가는 피렌체 밖의 마지막 권력 기반을 잃었다. 줄리오 추기경이 지금 죽더라도 열두 살짜리 '사생아' 두 명, 즉 이폴리토와 알레산드로가 잃어버린 자리에 앉을 거라는 소문이 나돌았다. 방계 혈족이 아직 남아 있었고 그중에는 모계 쪽 종가 출신인 세 살배기 코시모도 있었다. 그러나 추기경은 이 '어린' 메디치가 자격을 다 갖추었거나 통치 능력을 갖춘 것으로 보지 않았다. 줄리오 추기경은 그들이 여러 세대 동안 살아온 곳에 모습을 드러내게 하려고 온갖 수를 썼다.

단 하나의 생명의 끈이 피렌체를 지도자 없고 무질서한 공화국으로 돌아가는 것을 막았다. 이 끈을 강제로 끊어내고 줄리오 추기경을 죽일 사람이 없었다는 것은 르네상스를 치밀한 암살의 전성기라고 한 야코프 부르크하르트의 진부한 말을 무색하게 한다. 1512년 말부터 1513년 초 무렵에는 운명을 진척시키기 위해 손을 잡은 음모자들이 없었다. 포르투나는 또다시 메디치가 편에 섰다. 그럴 수밖에 없었다. 하드리아노 6세는 로마에서 금세 인기가 시들해졌다. 새 교황은 신뢰할 만한 사람으로 구성된 네덜란드 네트워크를 구축해 새로 분배할 성직록 대부분을 이들에게 돌아가게 하면서도 많은 고위 성직자의 세속적 생활양식을 비난했기 때문이었다. 이 모든 폐해는 포괄적 개혁, 즉 교회의 머리에서부터 발끝까지에 이르는 '전면적' 개혁으로 해결해야 했다. 신성로마제국의 종교개혁 초기에 정치적 술책으로 싸우려 한 레오 10세와 달리 이 네덜란드 출신 교황은 교회와 성직자를 포괄적으로 개혁하려고 했다. 그 결과 절대다수의 추기경은 그를 선출한 것을 뼈저리게 후회하며 메디치가 출신의 교황 시절로 되돌아가고 싶어했다. 마키아벨리와 같은 희극작가와 온갖 해학가가 주는 즐거움을 높이 평가할 줄 알았던 교황하에서 안락하게 살 수 있었던 시절을 사람들은 애수에 차서 회상했다. 줄리오 데 메디치 추기경은 인격적으로 나무랄 데 없는 도덕적으로 엄격한 사람으로 여겨졌으나 교황이 되면 '더불어 산다'는 신조를 받들 게 분명했다.

이렇듯 시국은 추기경의 손에 놀아났다. 1523년 9월 하드리아노

6세가 사망하자 추기경과 인문주의자 대부분이 기뻐했다. 1523년 11월 19일 포르투나는 또다시 메디치가에 애착을 보였다. 비용이 많이 드는 장기간의 콘클라베 선거전 끝에 줄리오 추기경이 클레멘스 7세로서 베드로좌에 올랐다. 이는 마키아벨리처럼 메디치가가 조용히 몰락하기를 바라던 피렌체인에게 나쁜 소식이었다. 그래서 이번에는 아르노강 가에서도 환호하는 발표가 없었다. 레오 10세는 교회 금고를 거덜내고 빚을 잔뜩 쌓아놓았다. 새 교황에 찬성표를 던진 추기경들 외에는 아무도 큰 선물을 기대할 수 없었다. 선거인들조차 결국 빈손으로 돌아가야 했다. 남은 것은 교회가 파산했고 피렌체가 돈을 대야 한다는 엄혹한 사실뿐이었다.

메디치가 출신의 두 번째 교황을 위해 돈을 댈 수 없다는 것이 대다수 피렌체인의 의견이었다. 게다가 이번에는 인사 문제도 있었다. 교황은 꼭 로마에 있어야 했다. 누가 피렌체 시장으로서 그의 대리인이 될 것인가? 그는 어떤 세력의 도움으로 피렌체를 다스릴 것인가? 두 명의 '사생아' 중에서 (적어도 공식 기록에 따르면) 아프리카 여자 노예와 로렌초 2세 사이에서 출생한 알레산드로가 그 자리를 이어받았다. 이폴리토 데 메디치는 성직자의 길을 걸어 1529년 불과 19세의 나이에 추기경이 되었다.

클레멘스 7세는 메디치가의 충직한 종자인 코르토나 출신의 실비오 파세리니 추기경을 알레산드로의 멘토이자 그의 피렌체 대리인으로 임명했다. 그것은 적절한 선택이 아니었다. 예속 도시 출신의 벼락출세자가 이제 피렌체의 귀족들에게 명령을 했다. 아르노강 가의 엘리트들은 화가 머리끝까지 났다. 이에 실비오 파세리니는 "지금이 그 어느 때보다 낫다!"라고 하면서 외면하며 쌀쌀맞은 언행으로 이들을 경멸했다. 이런 분위기에서 메디치가 추종자들은 더욱더 곤경에 처했다. 이들이

마키아벨리에게 《피렌체사》를 의뢰한 교황 클레멘스 7세. 세바스티아노 델 피옴보는 치세 초기의 클레멘스 7세를 당당하고도 자의식이 강한 인물로 묘사했다. 그러나 실제 이 메디치가 교황은 결단력이 없어서 독일인 용병과 스페인인 용병이 몇 달간 로마를 약탈한 1527년의 로마 약탈을 불러일으켰다.

군주 지배를 위한 단호한 돌파책에 찬성표를 던지는 동안 귀족 대부분은 기대를 저버린 현재의 공화국에 대한 대안을 논의했다. 그러나 그들은 단호한 반대에 부딪쳐 분열되었다.

## 피렌체 역사에 대한 저주

피렌체인이 그 정치적 미래에 대해 논쟁하고 있는 동안 마키아벨리는 《피렌체사》를 쓰고 있었다. 붙임성 덕분에 대중의 칭송을 받는 클레멘스 7세가 아직 추기경이었을 당시인 1520년에 의뢰한 책이었다. 마키아벨리는 이 과제로 자신의 경지를 다시 한번 보여주었다. 마키아벨리는 중요한 정치 활동에 그다지 신뢰할 만한 인물이 아니라고 여겨졌다. 그러나 독창적 사상가로서의 명성은 마땅히 그에게 걸맞은 것이었다. 사람들은 마키아벨리의 《피렌체사》에서 특별한 무언가를 기대했을 것이다. 아울러 이를 통해 그를 시험할 수 있었다. 메디치가는 1434년부터 피렌체 역사에서 주된 역할을 했다. 널리 알려진 체제 비판자 마키아벨리는 메디치가의 역할을 어떻게 기술할 것인가? 마키아벨리는 굴복하여 최근 역사를 추기경 마음에 들게 기술할 것인가? 넉살 좋게도 선조의 역사를 음울한 빛깔로 채색할 것인가? 사람들은 기대에 부풀었을지도 모른다.

마키아벨리는 난처한 입장을 의식하고 있었다. 어쨌든 그에게는 신뢰할 만한 프란체스코 베토리와 프란체스코 귀차르디니가 있었다. 이 두 사람은 적어도 비밀리에 마키아벨리의 비판적 평가를 공유했고 메디치가와 직접 연줄이 닿아 있었다. 1523년 4월 마키아벨리는 정적들이 부과하려고 하는 부담스러운 세금을 방어하기 위해 베토리에게 도움을 청했다. 그 같은 세금 부과 방식은 피렌체에서 오랫동안 사용되어 효과가 입증된 정적 축출 방법이었다. 이 술책이 그의 《피렌체사》와 관련이 있는지는 말할 수 없다. 전해지지 않는 마키아벨리의 편지에 베토리가 라틴어로 쓴 답장만 전해진다. 분명히 모종의 암호화가 필요했을 것이다. 1524년 8월 말 마키아벨리는 귀차르디니에게 《피렌체사》에 대한 조언을 직접 구했다.

> 저는 별장에 틀어박혀 '역사서' 집필에 몰두해왔습니다. 귀하가 제 곁에 있어서 어느 정도 진척되었는지 보여줄 수 있으면 10센트쯤 드려야 할 것입니다. 나중에 몇 가지 매우 특수한 점에 이르면 사건들을 과대평가하거나 과소평가하여 감정을 상하게 할지도 모르니 귀하의 견해를 들어야 하기 때문입니다. 그 대신 저는 숙고함으로써 아무에게도 상처를 주지 않고 진실을 말하려 노력하고 있습니다.[7]

첫머리에 익살스러운 어투로도 근심은 감출 수 없었다. 사람들은 클레멘스 7세에게서 얼마나 엄격한 진실을 기대할 수 있었을까? 어떤 점에서 사람들은 자신에게 정직하지 않는가?

4년이 지나자 의뢰인은 점점 더 안달했다. 1525년 3월 베토리는 책이 차츰 완성되어 가는지 클레멘스 7세의 이름으로 물었다. 마키아벨리는 1492년까지의 피렌체 역사는 완결되었다고 호기심 많은 교황에게 답할 수 있었다. 이 주제는 마키아벨리에게도 까다로웠다. 완성된 원고조차도 이를 읽은 베토리가 분명히 인식한 것처럼 까다로웠다.

> 저는 성하(클레멘스 7세)에게 혼란스러운 상황이 아니었다면 귀하(마키아벨리)가 직접 그 책을 헌정하러 왔을 것이고 이를 읽고 흡족해했을 것이라고 말

정치적 비밀을 폭로한 자의 묘한 미소. 산티 디 티토의 이 그림은 피렌체인이 마키아벨리를 어떻게 기억하고 있는지 보여준다. 기지 있고 비꼬기를 좋아하며 도발적인 모습으로 그려졌다.

했습니다. 성하께서는 당연히 귀하가 와야 한다고 하며 온다면 그 책을 반갑고 기쁜 마음으로 읽을 것이라고 말했습니다. 이것이 성하와 제가 나눈 말의 전부입니다. 그러나 요즘 성하의 기분을 감안할 때 귀하가 빈손으로 돌아갈 게 뻔하여 저는 귀하를 굳이 이곳까지 오라고 하고 싶지 않습니다.[8]

클레멘스 7세는 심기가 불편한 상태였다. 클레멘스 7세는 황제 카를 5세에 맞서 프랑스 왕 프랑수아 1세와 동맹을 맺었다. 그러면서 상황을 오판했다. 베토리의 편지를 받기 11일 전인 2월 24일 황제군은 파비아에서 프랑스군을 궤멸하고 프랑스 군주를 사로잡았다. 이제 교황은 무방비 상태로 승리자에 맞서야 했다. 교황은 복수하려고 한 것일까? 로마에는 불안이 감돌았다. 그러나 베토리가 일촉즉발의 정치 상황만 걱정하지 않았다는 것은 분명하다. 그는 마키아벨리의 《피렌체사》가 불러일으킬 논란을 걱정했을지도 모른다.

베토리는 마키아벨리가 넘겨준 원고를 클레멘스 7세에게 헌정하며 동시대의 여느 역사서와는 다르다는 점을 강조했다. 아울러 베토리는 이 차이점이 교황에게 긍정적으로 보이게 하려고 했다.

제가 얼마나 아첨을 싫어하는지 모두 알아볼 수 있게 성하의 선조들이 한 일을 있는 그대로 서술하라 성하께서 명하셨습니다. 성하께서는 진정한 찬사를 좋아하시듯 은혜를 바라며 꾸며대는 거짓 찬사를 불쾌해하시기 때문입니다. 그렇기에 조반니의 관용과 코시모의 명민함, 피에로의 자비심, 로렌초의 위대함과 명민함을 기술할 때 성하님의 명을 어겼다는 인상을 드릴까 두렵습니다.[9]

마키아벨리가 아첨을 의심스러워한다고 하면서도 곧바로 의심에 대해

격의 없이 말한 것은 독창적인 전략이었다. 메디치가는 워낙 대단하여 편견 없는 역사가조차도 그 빼어난 특질에 경탄하지 않을 수 없었다! 문학에 조예가 깊고 박식한 클레멘스 7세가 여기에 속아 넘어갔을까?

실제로 마키아벨리의 《피렌체사》에는 수박 겉 핥기식으로 읽으면 교황의 마음에 들 대목들이 있었다.

> 코시모는 일찍이 자체 무력 없이 피렌체나 다른 어떤 도시를 지배한 사람 중에서 위세가 대단하고 가장 많이 존경받는 사람이었다. 권위와 부뿐만 아니라 관대함과 명민함에서도 모든 동시대인을 능가했기 때문이다. 코시모가 지닌 모든 지도자적 자질 가운데 위대함과 함께 특히 관대함이 돋보였는데, 이는 그를 다른 모든 사람보다 두드러지게 했다. 코시모가 세상을 떠난 후에 아들 피에로가 그의 유산을 정리할 때에야 비로소 그 관대함의 크기가 밝혀졌다. 꽤나 고귀한 사람 중 그에게서 큰돈을 빌리지 않은 사람이 없을 정도였다.[10]

메디치가 지배를 확립한 대코시모를 위한 추도사는 서거한 조국의 아버지에 대한 찬가처럼 낭독되었다. 그러나 이는 달리 해석할 수도 있었다. 코시모는 관대하고 명민했을뿐더러 관대함을 명민하게 사용하기도 했다. 그는 엄청난 재산으로 피렌체와 영향력이 큰 시민들을 샀다. 코시모는 빌려주고는 받지 않은 돈으로 그들을 예속했다. 그들은 코시모의 자선에 대한 반대급부로 빚지고 있었기 때문이다. 그들은 코시모가 마련해준 직책에서 이를 이행할 수 있었다. 그래서 코시모는 평범한 시민 중의 시민임을 자처하며 마키아벨리의 말대로 고향의 지도자로서 공화국을 마음대로 조종할 수 있었다. 코시모는 '같은 시민'에게 공화국을 다스리게 한 피렌체의 대부代父였지만 사실상 국가를 지배했다. 선전의 귀재인 그는 결코 마르지 않는 돈의 샘을 이용하여 수많은 교회와 자선 기관을 세우는 데 자금을 댔다. 교회와 자선 기관은 한결같이 메디치가는 곧 피렌체며 피렌체를 돌보고 피렌체를 찬란한 시대로 이끈다는 메시지를 전했다.

한마디로 코시모 데 메디치는 유리한 상황을 이용하는 재주가 있었다. 이는 마키아벨리가 말하는 완벽한 군주의 자질과도 일치했는데 완벽한 군주로서 코시모 자질은 이뿐이 아니었다.

> 군주국과 공화국에 관한 지식은 동시대인 중 코시모에게 필적할 사람은 없었다. 그래서 코시모는 부침을 적지 않게 겪으면서도 피렌체처럼 변덕스러운 시민을 가진 불안정한 도시에서 31년간 권력을 유지했다. 코시모는 매우 명민하여 문제를 일찌감치 인식해 문제가 생기지 않게 하거나 문제가 첨예화하더라도 자신을 해칠 수 없도록 미리 손을 썼다. 이런 식으로 그는 국내 공화주의자들의 야망뿐만 아니라 운 좋고 명민한 군주들의 야망도 굴복시켰다. 코시모나 피렌체와 동맹을 맺는 군주는 모두 적에게 우위를 점하거나 적을 정복했으며 적들은 시간과 돈, 국가를 잃었다.[11]

이는 자랑스러운 성과였다. 코시모는 정치적 재능을 타고났음에도 다른 경쟁자들에 앞서는 결정적 이점을 하나 가지고 있었다. 그는 역사나 고대에서는 물론이고 직접 경험한 최근 사건들에서도 배웠다. 그래서 그는 다른 동시대인들과는 달리 정치 원칙을 꿰뚫어 보았다. 이 점에서는 겨우 마키아벨리만이 코시모를 필적하거나 능가할 수 있었다. 마키아벨리는 이론 지식에다가 감정을 자제한 실천이 덧붙여질 때야 비로소 군주가 완벽해진다고 보았다. 그래서 코시모 데 메디치는 자신의 권력을 자손에게 넘겨줄 수 있었다. 반면 카스트루초 카스트라카니에게는 그런 점이 부족했다. 이탈리아 전역에서 누린 성공 또한 코시모가 평민의 옷을 입은 완벽한 군주임을 보여주었다. 그러나 이처럼 클레멘스 7세를 분명히 기쁘게 해주었을 대목들의 행간에도 엄혹한 비판이 있었다. 코시모는 피렌체와 전 이탈리아의 야심가를 길들였으나 로마 공화정의 정치가들처럼 이를 정복 왕조로 바꿀 수는 없었다.

코시모는 피렌체에 평화를 가져옴과 동시에 시민의 고상한 충동을 질식시켰다. 그는 피렌체공화국을 새로운 로마로 만들려는 의도가 없었다. 그것은 이미 불가능한 일이었다. 코시모가 절반은 공적으로, 절반은 이익집단의 우두머리로서 권력을 장악했기 때문이다. 그래서 그에게는 추종자들의 기대를 충족시킬 의무가 있었다. 아울러 코시모는 자신이 없으면 추종자들이 더 나빠진다는 것을 늘 새로이 보여줘야 했다. 그래서 코시모는 공화국 관직 선발을 다시 공개 추첨으로 해달라는 요구에 때때로 굴복했다. 이런 식으로 코시모는 피렌체의 귀족 가문들에게 그들과 자신과의 관계를 재확인해주었다. 수공업자와 상점 주인들의 정치적 요구로부터 귀족 가문들을 보호할 수 있는 자는 그뿐이었다! 메디치가의 수장은 그의 아들 피에로와 손자 로렌초도 그러했듯이 이 모든 것을 적절히 잘 이용했다. 이 세 사람은 마키아벨리가 《군주론》에서 역량 있는 자의 행동이라 규정한 대로 행동했다. 그러나 결정적 차이점이 하나 있었다. 피렌체의 대부로서 공화국을 그들의 사유물로 만들었다는 것이다.

이 전도된 국체에서는 공적을 쌓아서가 아니라 오로지 충직한 추종자가 되어야만 승진할 수 있었다. 메디치가의 피보호자들은 헌신의 대가로 법률에서 예외로서 사법적 특권을 누리고 요직을 차지했으며 돈을 두둑이 챙겼다. 그러나 공적이 없는 자가 승진하면서 공화국은 몰락했다. 피렌체가 군사적으로 약하다는 것은 이를 여실히 보여준다. 메디치가의 강점은 국가의 약점이기도 했다. 메디치가는 가문을 유지하기 위해 국가를 착취했다.

코시모의 손자 로렌초는 이 사실을 잘 알고 있었다. 파치가가 메디치가의 지배를 타도하려 했지만 어설픈 공격으로 실패하고 말았다. 로렌초는 중대한 연설에서 자신을 피렌체 시민의 뜻과 자유의 집행자라고 했다. 그러나 마키아벨리의 정곡을 찌르는 설명에 따르면 피렌체에는 이미 오래전부터 자유 시민이 존재하지 않았다. 메디치가는 시민을 돈으로 매수했으며 꼭두각시들에게 은전恩典을 베풀어 자유를 질식시켰다.

자신과 가문의 권력을 유지하기 위해 로렌초는 능란한 외교술에 의지했다. 이로써 그는 피렌체를 군사적으로 약화했다. 그래서 외교 담당 정치가의 기량이 민병대를 대체했다. 이런 식으로 피렌체의 역사는 파멸의 역사가 되고 역사의 저주가 된다. 마키아벨리의 교훈시에 나오는 나쁜 여신들이 사람들 사이에 치명적 속성을 뿌려놓았듯이 정치적 저주가 오래전부터 아르노강 변의 도시 위에 걸려 있었다. 마키아벨리가 보기에 이곳에는 서로 싸워서 국가를 쇠약하게 만드는 파벌만이 언제나 군림했다. 따라서 로마를 위대하게 만든 유력자와 민중 간의 생산적 경쟁은 피렌체에 결코 있을 수 없었다.

'피렌체의 역사'는 파멸의 역사이자 강하고 자유로운 국가를 확립할 기회를 날려버린 기록이다. 촘피ciompi(모직물 노동자) 봉기가 일어난 1378년에 기회가 있었다. 촘피를 비롯한 하급 노동자들은 동등한 경제적, 정치적 권리를 촉구했다. 그들은 임금 교섭 때 고용주에게 권리를 주장하기 위해 자체 조합을 요구했고 공화국 관직에 그들의 몫을 요구했다. 마키아벨리에 따르면 이 모두가 잘못된 것은 아니었지만 충분한 것도 아니었다. 그래서 마키아벨리는 촘피 우두머리의 입을 빌려 다음

스테파노 우시Stefano Ussi가 묘사한 파치가 음모. 1478년 봄 파치가 음모로 인한 줄리아노 데 메디치의 죽음은 로렌초의 섬뜩한 응징으로 이어졌다.

과 같은 선동적 연설을 한다.

보다시피 이 도시 전체가 우리에 대한 원한과 증오로 가득 차 있다. (…) 따라서 우리는 반드시 두 가지를 명심하고 이에 노력을 기울여야 한다. 하나는 우리가 최근에 한 일 때문에 처벌받지 않도록 신경 써야 한다는 것이다. 다른 하나는 앞으로는 이전보다 더 많은 자유와 만족을 누리며 살 수 있게 해야 한다는 것이다. 이전의 폭력 행위를 잊기 위해서 우리는 새롭게 행동해야 할 것이다. 우리는 범죄, 방화, 약탈을 몇 배나 증가시키고 되도록 많은 자를 연루시켜야 한다. 많은 사람이 법률을 어기면 아무도 기소되지 않기 때문이다. 작은 위반은 처벌받지만 중한 위반은 보상받는다.[12]

마키아벨리에 따르면 봉기를 감행한 자는 도중에 그만두어서는 안 된다. 권력관계뿐만 아니라 소유관계도 완전히 뒤집어야 한다. 더 좋은 말로 하면 전복해야 한다. 이때 아무도 양심의 가책을 느낄 필요가 없다.

많은 사람이 양심의 가책을 받아 자신의 행동을 후회하고 이 때문에 새로운 일을 감행하려고 하지 않아 나는 몹시 고통스럽다. 그리고 이것이 사실이라면 여러분은 내가 생각했던 그런 사람이 아니다. 양심도 치욕도 여러분을 당황하게 하지 않기 때문이다. 과정이 어떻든 간에 승리한 자는 결코 치욕스러워하지 않는다. 양심은 쓸데없는 것이다. 우리처럼 굶주림과 감옥의 위협에 시달리는 자는 지옥을 두려워하지 않기 때문이다. 사람들이 어떻게 엄청난 부나 큰 권력을 획득했는지 살펴보면 기만이나 힘으로 얻었다는 것을 알게 될 것이다. 가증스러운 획득 방법을 은폐하기 위해 그들은 기만이나 힘으로 획득한 것을 명예로운 획득이라고 한다.[13]

마키아벨리에 따르면 세상의 부는 대담하게 손을 뻗쳐 이를 자기 것으로 만든 사람에게 돌아간다. 모든 도덕과 종교는 정당화되지 않은 부의 이 위계질서 위에 세워져 있다. 그러면 신학자와 철학자가 이에 의해 만들어진 권력관계와 소유관계를 정당화한다. 모든 철학과 신학은 권력자의 이익을 위한 이데올로기다. 이런 인식은 비참한 생존 외에 잃을 것이 없는 혁명가들에게 길을 알려준다.

> 그들이 반대 논거로 주장하는 오랜 혈통 때문에 기죽지 마라. 모든 사람은 하나에서 기원해 나이가 같기 때문이다. 또한 자연은 모든 인간을 같게 창조했다. 발가벗으면 모두가 같다는 것을 알게 될 것이다. 그들의 옷을 우리가 입고 우리의 옷을 그들에게 입혀라. 그러면 우리는 고귀하게, 그들은 망측하게 보일 것이다. 우리와 그들 사이에는 빈부 차이만 있다.[14]

여기에는 마키아벨리 특유의 확신이 배어 있다. 그러나 촘피는 그들을 지켜주고자 한 혁명적 설교를 믿었을까? 우두머리가 그들의 양심에 간곡히 호소하면서 설득해야 했다는 것은 실패를 의미한다. 가난한 사람들은 그들이 더 높은 사람으로 간주한 귀족 앞에서 여전히 경외심을 품고 벌벌 떨며 살았다. 이 잘못된 믿음이 제거되어야 비로소 전면적 혁명이 성공할 수 있다.

여기서 마키아벨리는 날카로운 통찰력으로 대가문, 특히 메디치가의 통치가 무엇을 기반으로 했는지를 진단한다. 메디치가는 화려한 궁전과 값비싼 의복, 사치스러운 생활양식으로 사회적 명성을 얻었다. 이런 식으로 그들은 이 달콤한 생활과 공화국의 관직에 대해 어떤 도덕적 요구도 할 수 없다는 사실을 숨겼다. 마키아벨리의 공화주의적 신조에 따르면 질서 정연한 국가에서 사회적 명성은 오로지 통찰력과 대담함과 결부된 비르투와 용기 있는 행동을 통해 얻을 수 있었다. 그것은 상속받은 부와 교화된 생활양식으로 얻을 수 있는 게 아니었다. 촘피 우두머리는 비르투를 갖추고 있었고 용기 있는 행동을 했다. 그래서 역량 있는 자로 천거되었다. 그러나 유감스럽게도 그는 이 자질로 국가에 기여할 기회를 얻지 못했다. 결국 보수적 성향의 인내력이 더 강한 것으로 판명되었고 정치적, 사회적 혁명은 일어나지 않았다. 그 후에는 오히려 귀족의 기반이 그 어느 때보다 더 확고해졌다.

특히 마키아벨리는 피렌체의 군사적 약화를 예로 들어 이후에 피렌체공화국의 역사가 얼마나 잘못 전개되었는지 보여주었다. 예외적으로 1440년에 피렌체가 앙기아리 전투에서 밀라노를 이겼을 때는 몇 시간에 걸친 접전에도 단 한 명의 '전사'가 죽었다. 그것도 말 다루는 데 서툰 전사가 낙마하여 목이 부러져서였다. 이로써 마키아벨리는 현란한 문체로 전투를 묘사한 글에서 권력과 권력자를 찬양한 인문주의자를 한 번 더 조롱했다. 유덕한 지도자와 질서 정연한 사회를 칭송한 인문주의자의 여느 역사서와 달리 《피렌체사》는 빼어난 역사 폭로서다. 마키아벨리는 선전의 배후를 보여주며 불의한 사회제도와 국가 제도를 가능케 한 힘, 즉 권력자의 사기와 억눌린 자의 두려움과 오해를 보여주는 데 관심이 있었다. 키케로에서부터 레오나르도 브루니에 이르기까지 정치의 기본 단위인 피보호자와 '내가 줄 테니 너도 줘라'라는 공화정의 기본 원칙은 철저히 배제되고 무시되었다. 브루니의 말대로라면 마키아벨리만이 자유와 공명정대한 공적을 통해 완벽한 공화국 피렌체의 잘못을 지적할 용기를 가졌다. 모든 권력은 강탈한 것이고 그 정당화는 순전히 이데올로기다. 따라서 이 세상에서 저주받은 자는 억압자를 타도하고 지배권을 휘두를 권리가 있다. 그러나 3세기 반 후의 카를 마르크스와 달리 마키아벨리는 이런 타도를 통해 인간의 본성이 바뀌리라 믿지 않았다.


## 폭풍 전의 고요


1525년 초 마키아벨리의 〈클리치아〉가 피렌체에서, 그것도 '포르나차이오'(대규모 가마 소유자)라고도 불리는 상인 야코포 팔코네티의 집에서 성황리에 상연되었다. 마키아벨리는 이 부유한 평민 주변에서 젊은 여가수 바르베라 살루타티 라파니를 알게 되었고 곧장 열정적 내연 관계에 들어갔다.

1525년 6월 마키아벨리는 《피렌체사》를 클레멘스 7세에게 헌정하기 위해 마지막으로 로마에 갔다. 교황은 답례로 개인 금고에서 120두카토를 주었다. 마키아벨리는 클레멘스와 최측근 고문에게 전쟁 시국에 적합해 보이는 계획, 즉 그들의 영토에 민병대를 두는 계획을 제안할 기회를 잡았다. 교황은 이 계획에 금세 깊은 인상을 받았다. 그는 사촌 레오 10세가 야기한 교황청의 재정 궁핍과 여전히 싸워야 했던 데다 곧 드러나는 것처럼 매우 인색했기 때문이었다. 이런 배경 때문에 마키아벨리가 제안한 민병대는 이상적 해결책처럼 보였다. 이탈리아최고의 병사로 알려진 로마냐 주민 2만 명을 자신의 감독하에 징집하고 자신의 장교가 지휘하게 하다니!

클레멘스 7세는 고무되어 곧바로 마키아벨리를 파엔차의 프란체스코 귀차르디니에게 보냈다. 귀차르디니는 '수장', 즉 교황의 로마냐 지방 총독으로서 이 계획의 실행을 담당하거나 담당할 사람이었다. 우유부단하여 망설이기만 하는 교황이 이 계획에 고무되기는 했지만 아직 아무것도 결정하지 않았기 때문이다. 무엇보다도 전문가 귀차르디니가

이 계획에 대해 의견을 표명해야 했다. 클레멘스 7세에 따르면 여기에 많은 것이 달려 있었다.

> 저희는 이것이 대단한 일이라고 생각합니다. 그렇습니다. 로마 교황령과 이 탈리아와 거의 모든 기독교도의 안전이 위험에 처해 있습니다.[15]

1525년 6월의 상황에 대한 이러한 표현은 완곡하게 말해서 과장되었다. 파비아에서 승리한 후 황제 카를 5세는 교황이 프랑스 편에 섬으로써 모든 기독교도의 아버지로서의 의무를 어겼다고 불만을 나타냈지만 보복에 마음을 빼앗기지는 않았다. 그래서 클레멘스 7세는 마음껏 행동할 수 있었다. 클레멘스 7세는 중립적 태도를 보이며 황제와 동맹을 체결하거나 프랑스와의 동맹을 고수할 수 있었다. 메디치가 출신의 교황은 이 상황을 자신에게 유리하게 이용하기로 했다. 그러기 위해서는 자신의 군대가 절대적으로 필요했다. 마키아벨리가 귀차르디니에게 전달해야 했던 교황의 교서는 '로마냐를 무장시켜라!'라는 작전이 전망상 매혹적이나 위험이 없지 않다는 것을 시사했다.

> 그러나 이를 위해서는 이례적 규율과 신중함뿐만 아니라 신민들의 열의와 사랑이 필요하다고 생각합니다.[16]

귀차르디니에 따르면 없는 것은 바로 그것이었다. 귀차르디니는 로마에 있는 그의 대리인 체사레 콜롬보에게 보낸 1525년 6월 22일자 편지(그 직후 또 수정했다)에서 이 계획에 대해 자신의 견해를 피력했다.

> 이 계획에는 성하(클레멘스 7세)께서 교서에서 현명하게 언급하고 이 계획의

전제 조건이라고 생각하는 토대, 즉 민중의 열의와 사랑이 빠져 있다는 것을 짚고 넘어가고자 합니다. 교회는 로마냐에 친구가 없습니다. 질서 정연한 삶을 살려는 자들이 신민의 생명을 보호할 수 없는 지배에 동의하지 않을 것이기 때문입니다.[17]

또한 이 '수장'은 교황의 교황령 통치가 형편없게 된 이유도 간과하지 않는다. 교황령에서는 몸값만 내면 풀려나기 때문에 범죄자는 처벌받지 않고 법률은 무시된다. 규정도 당시 교황이 살아 있는 동안만 적용된다. 이 지역 주민은 위로부터의 보호가 없어서 오래전부터 자조에 익숙했다. 가족과 가문, 부락과 마을, 도시와 지방 간의 반목이 일상을 특징지었다. 게다가 경쟁 파당(이들은 각기 황제당Ghibellinen과 교황당Guelfen이라는 옛 명칭으로 기록되어 있다)의 우두머리들은 대권력과 결탁했다. 설상가상으로 마을과 시는 부채가 많아 민병대 비용을 부담할 수 없다. 그런데도 민병대를 두는 것은 화약통에 불꽃을 던지는 격일 것이었다. 머지않아 전 지역이 혼란의 도가니에 빠질 것이고 교황의 통치는 끝장날 것이다. 귀차르디니가 내린 결론은 이 자살적 계획에서 손을 떼라는 것이었다.

로마냐 지방 총독은 마키아벨리처럼 주군에게 껄끄러운 말을 할 수 있는 용기가 있었다. 귀차르디니의 경고는 원하는 결과를 가져다주었다. 로마냐 민중을 무장하는 일은 일어나지 않았다. 상황을 냉정히 평가할 때 귀차르디니의 결론이 옳았다고 할 수밖에 없다. 전쟁이 일어나면 로마냐 민병대는 로마에 첫 번째 위험 요소가 될 것이었다. 로마냐 전문가인 마키아벨리가 이 사실을 몰랐을 리가 있을까? 마키아벨리는 민병대가 우월하다는 자신의 이론에 도취해 반대 논거와 경고를 모두 무시했는가, 아니면 사실은 그 반대를 노린 것인가? 클레멘스 7세가 1525년 여름 유럽의 지평에 나타난 대분쟁 때 불리했다면 피렌체에서 메디치가의 시대는 끝나고 아르노강 가에서 정치적 새 출발을 위한 전제 조건이 만들어졌을 것이다. 약 2년 후 실제로 교황이 로마에서 패배하여 피렌체에 새 시작을 가져다주었음에도 마키아벨리가 민병대라는 아이디어로 교황을 함정에 빠뜨리려고 했다는 가설이 나돌았다. 마키아벨리는 지금까지 경험에도 불구하고 1525년과 1526년의 위기의 해에 프랑스 편을 들었다. 그와 비슷하게 생각한 교황은 그럼으로써 파멸을 가속한 상황을 볼 수 없었거나 보려고 하지 않았다. 그러므로 마키아벨리 만년의 민병대 계획에 대한 더욱 그럴듯한 설명은 정치적, 군사적 현실과는 상관없이 자신이 만든 신화를 한 번 더 확인하려고 했다는 것이다.

마키아벨리가 자신이 열의를 가진 계획을 귀차르디니가 단호히 거절한 데 실망한 것은 말할 것도 없었다. 마키아벨리보다 열네 살 어리며 클레멘스 7세의 최측근이자 출세한 이 외교관은 편지로 그를 달래려 했다.

귀하가 칭찬을 받아서 정말로 기쁩니다. 저는 항상 귀하가 만족하기를 바라던 터였습니다. 단언컨대 귀하가 이리로 온다면 언제든지 환영받을 것이고 더욱 환대받을 것입니다.[18]

그 직후 마키아벨리는 유력한 대변자를 위해 사적인 일을 처리했다. 그래서 마키아벨리는 귀차르디니의 농장을 살펴보고 매각을 권유했다. 사실상 마키아벨리는 귀차르디니의 대리인이 되었다. 로마냐의 수장은 그를 지적으로 대등한 사람으로 간주했다. 12년 전 마키아벨리와 프란체스코 베토리가 주고받은 편지에서 보듯이 이 딜레마는 불가피하게 특수한 분위기를 빚었다. 아이러니다!

그래서 1525년 8월 귀차르디니는 "피노키에토의 마돈나로서 몇 가지 점에서 마키아벨리의 판단을 바로 잡기 위해Al Machia vello Madonna di Finocchieto desidera salute e purgato giudizio" 편지를 보냈다. 이 편지는 흥미진진하고 대찬 문학적 허구로 가득했다.

> 그대가 내 주군에게 나에 대해 쓴 것이 적의에서 나왔다면 그대를 (…) 이 적의에서 해방할 노력을 하지 않았을 것입니다. (…) 그러나 적의가 원인이 아니라 명예롭지는 않지만 용서할 수 있는 오해가 원인이라고 확신하기 때문에 그대에게 사실을 밝히는 것이 인도주의적 의무인 것 같습니다.[19]

마돈나라 불리는 귀차르디니는 마키아벨리의 눈을 뜨게 해주려고 한다. 그는 자신이 보아야 하는 것을 보지 못하기 때문이다.

> 아무나 하고나 살면서 아무도 사랑하지 않는 여자는 정숙한 생각을 하는 여자와 다른 보석과 아름다움, 행동을 기대한다는 사실을 그토록 많은 역사서를 읽고 썼으며 세상사에 경험이 많은 그대는 알아야 합니다. (…) 그대는 또한 사물의 외양이 아니라 본질을 찾아야 한다는 것을 알지 못합니다.[20]

쉽게 말해서 그대의 여자 친구 바르베라는 창녀다. 환상에 젖어 있는 그대만 빼고 다들 그 사실을 알고 있다. 마지막 문장은 묘하게 적의에 차 있었다. 권력자의 가면을 벗기고 모든 선전의 배후를 봐야 한다고 주장하는 마키아벨리는 사적인 것에 눈이 멀었다! 그런데도 마키아벨리는 이 편지 작성자를 나쁘게 생각하지 않은 것 같다. 그 직후 귀차르디니는 마키아벨리의 희극 〈만드라골라〉를 모데나에서 공연하게 할 계획을 세웠다. 이에 극작가 마키아벨리는 그에게 고맙다고 하면서 도와

줄 것을 약속했다. 마키아벨리는 공연을 위해 자신의 희극에 몇 마디 덧붙이고 노래를 추가했다. 이 노래에서 우리는 귀차르디니의 질책에 대한 답변을 볼 수 있었다.

> 만족을 모르고
> 불안과 근심 속에서 사는 자는
> 세상의 기만을 알지 못하네.[21]

이와 달리 마키아벨리는 기만을 알고 있었다. 그는 기만에 정통한 자를 자처했다. 바르베라가 다른 사람에게 호의를 보였을지라도 그녀는 진심으로 마키아벨리를 좋아한 창녀였다는 것을 귀차르디니조차 인정하지 않을 수 없었다.

이 무렵 마키아벨리는 〈유흥 모임을 위한 단원〉 규칙을 작성했다. 이 모임이 실제로 존재했는지, 문학적 허구인지는 불확실한데 이는 이 규칙을 이해하는 데 중요하지도 않다. 마키아벨리는 〈유흥 모임을 위한 단원〉을 통해 세상의 잘못을 지적할 기회를 마련했다. 인생의 향락에 관한 이 규칙들은 '실제' 사회의 도덕 규칙을 깡그리 뒤집었다. 성적 방탕이 허용되었을뿐더러 권장되었고, 가장 능란하게 속이는 자가 가장 존경받았다. 이런 카니발적 유희는 마키아벨리가 세상에 대해 가지고 있는 인상에 꽤 근접했다. 그 규칙은 전도된 것이었으나 체계적으로 무시되었다. 사람들이 서로 체결할 수 있는 단 하나의 신뢰할 만한 묵계는 다음과 같은 것일 수밖에 없었다.

> 누구나 다른 사람에 대해 나쁘게 말해야 한다. 다른 사람이 저지른 죄는 가차 없이 알려야 한다.[22]

정치적 결정 방법도 〈유흥 모임을 위한 단원〉의 공격적 쾌락주의라는 규칙 내에서 통렬한 조롱으로 다루어졌다.

> 이 모임에서는 모인 자의 극히 일부가 합의한 사항에 대해서만 논의가 이루어지고, 몇 사람이 합의한 것이 받아들여진다. (…) 헛소리를 가장 많이 한 자가 칭찬과 존경을 가장 많이 받는다.[23]

## 전쟁의 비참함

1525년 8월 마키아벨리는 귀차르디니와 베토리의 주선으로 영향력이 막강한 피렌체 양모조합의 위임을 받아 마뜩잖은 베네치아공화국으로 갔다. 베네치아공화국은 레반테 출신의 젊은 피렌체 상인 세 명을 투옥하고 물품을 압류했다. 이 사건은 큰 파문을 일으켜 교황 클레멘스 7세도 개입했다. 피렌체인의 물질적 손해를 떠나 마키아벨리가 가로챘다고 하는 당혹스러운 편지가 문제였다. 마키아벨리 측에서 어떤 편지도 받은 적이 없어서 그가 이 불가해한 용무로 무엇을 달성할 수 있을지는 불확실했다.

그사이에 로마와 피렌체의 정치적 상황은 더욱 나빠졌다. 오랜 망설임과 주저 끝에 클레멘스 7세는 황제에 맞서 프랑스와 다시 동맹을 맺는 데 찬성한 고문들의 말에 따르기로 했다. 이 동맹은 1526년 1월 국왕 프랑수아 1세가 스페인에 구류되어 있다가 풀려났을 때 이미 결정된 것이었다. 프랑스 왕은 풀려나자마자 황제의 교도관이 강요한 조항(평화 의무 포함)은 무효라고 선언했다. 클레멘스 7세도 카를 5세에 맞서야 한다고 생각했다. 신성로마제국 황제와 스페인 왕을 겸하면서 시칠리아와 밀라노를 포함한 이탈리아 남부를 지배하고 신세계로부터 엄청난 금은을 끌어들이는 군주가 강대해지는 것을 교황은 참을 수 없었다. 1526년 5월 22일 클레멘스 7세, 프랑수아 1세, 베네치아공화국, 밀라노 공작 프란체스코 스포르차는 이 목적을 위해 코냐 동맹을 체결했다.

이 동맹은 외교적, 군사적 현실보다 문서상 더 인상적으로 보였다. 주지하듯이 베네치아는 오로지 북이탈리아에서 자신의 이익을 지키기 위해 동맹에 참여했다. 게다가 세레니시마의 군사령관은 메디치가의 적이었다. 프란체스코 마리아 델라 로베레 몬테펠트로가 의외로 교황과 틈이 벌어져 있었다. 클레멘스 7세의 사촌 레오 10세는 그를 한때 국외로 추방했다. 클레멘스 7세 자신은 공국의 몇몇 변두리 지역 반환 의무를 프란체스코 마리아 델라 로베레 몬테펠트로에게 지고 있었다. 이 장군이 교황 클레멘스 7세를 위해 싸우려고 할지 당연히 의심스러웠다. 프랑수아 1세에게 중요한 것은 밀라노 재탈환뿐이었다. 냉정하게 생각해볼 때 그가 피렌체와 메디치가를 위해 위험을 감수하리라고는 거의 기대할 수 없었다. 한편 프란체스코 스포르차는 카를 5세의 은혜를 입은 꼭두각시 통치자였다. 그는 주군에게 반기를 들고 음모를 꾸몄으며 마침내 스페인 군대에 맞서기 위해 자신의 수도 밀라노 성채에 보루를 쌓았다.

이렇게 불확실한 동맹이었으나 클레멘스 7세는 안전하다고 생각하여 마키아벨리의 민병대 계획을 최종적으로 포기하고 대규모 용병 모집도 필요 없다고 생각했다. 1526년 후반 상황은 극적으로 긴박해졌다. 콜론나가가 그들의 힘을 줄이려고 한 교황에 맞서고자 로마 근교에 집결하여 9월에 바티칸으로 밀고 들어왔다. 클레멘스 7세는 마지막 순간에 달아날 수 있었으나 교황청은 약탈당해 황폐해졌다. 북쪽의 사태는 훨씬 더 급박했다. 1526년 11월 2일 늙은 최고 지휘관 게오르크 폰 프룬츠베르크가 볼차노에서 모병을 시작하자 나이든 추종자 수천 명이 몰려들었다. 프룬츠베르크는 원래 은퇴하려고 했으나 마지막으로 적 이탈리아로 진격하라는 카를 5세의 요청을 외면할 수 없었다. 프룬츠베르크는 사비로 봉급을 주는 군대를 이끌고 눈과 얼음을 헤치며 알프스 산맥을 넘었다. 1526년 11월 30일에 그는 만토바 부근의 포강 변에서 동맹군 부대와 첫 번째 전투를 벌였다. 이 전투에서 교황군의 지도자이자 교황의 먼 친척인 조반니 데 메디치가 목숨을 잃었다. 이로써 동맹군은 유일한 유능한 장군을 잃었다.

프란체스코 마리아 델라 로베레 몬테펠트로는 이런 상황에서 움직이지 않았다. 그는 밀라노에서 스페인인을 몰아낼 호기를 하나씩 놓쳤다. 스페인인이 롬바르디아 중심지에 눌어붙어 있으면 프랑스의 전 총사령관 부르봉이 이끄는 부대가 프룬츠베르크의 란치군과 합쳐질 위험이 있었다. 부르봉은 국왕 프랑수아 1세를 배반했다. 이 일에 충분히 인정받지 못하고 결국에는 사기당했다고 느꼈기 때문이다. 그러나 부르봉의 동료들은 그를 변절한 배신자로 주군의 철천지원수라고 생각했다. 부르봉은 명예를 회복하기 위해서라면 어떤 위험이나 수단도 상관없다고 생각했다. 황제로부터 급료를 받지 못한 프룬츠베르크의 란치군은 잃을 것은 거의 없고 얻을 것만 많았다. 란치군이 피렌체든 로마든 엄청나게 부유한 이탈리아의 도시가 나타나기만 하면 마음껏 약탈할 꿈을 꾸고 있었다는 것은 공공연한 비밀이었다.

위기에 처했다고 느낀 피렌체인이 위기 때 곧잘 도움을 준 외교관을 복직시킨 것은 당연했다. 1526년 9월 피렌체인은 마키아벨리를 로마냐의 프란체스코 귀차르디니에게 보냈다. 마키아벨리는 친구를 위해 특수 임무를 맡았다. 크레모나로 가서 그곳의 동맹군 진영을 점검하는 것이었다. 동맹군 사령관은 밀라노로 가는 대신 지방 도시 크레모나를

델라 로베레 가문 출신의 프란체스코 마리아 다 몬테펠트로는 말년에 마키아벨리를 절망시킨 사람이었다. 티치아노가 그린 초상화는 우르비노 공작을 용감하고 성공적인 최고 지휘관으로 묘사하고 있다. 그러나 동맹군 장군인 그는 황제군과의 전투를 거부함으로써 교황 클레멘스 7세와 메디치가에게 잔인하게 복수했다.

포위할 것을 강력히 주장했다. 마키아벨리는 포위가 실패로 돌아갈 이유를 탐지해야 했다. 이 원정의 성공 여부는 크레모나를 급습하여 정복할 세부 계획에 달려 있었다. 그러나 무기력한 지휘관은 그렇게 단호한 행동을 취할 수 없었다.

전선의 소식은 피렌체의 책임자들을 놀라게 했다. 1526년 11월 30일 마키아벨리는 8인회의 명령으로 또다시 모데나의 총독 프란체스코 귀차르디니에게로 가고 있었다. 마키아벨리는 피렌체가 어떤 궁지에 처해 있는지 귀차르디니에게 긴급히 상기시킬 참이었다.

> 사실상 불필요한 설명이더라도 귀하는 귀차르디니에게 우리 도시의 돈, 용병, 장교 문제가 얼마나 엉망인지, 어느 모로 보나 이 란치군으로부터 안전할 가능성이 얼마나 적은지 설명해야 합니다. 그러나 우리 병력이 충분하고 동맹군 부대에 걸었던 희망들이 우리를 파멸로 몰아넣지 않게 사전 조치를 한다는 게 확실해지면 우리는 기꺼이 자신을 방어하고 포르투나에 맞설 것입니다.[24]

포르투나에 맞설 것이라는 훈령의 표현은 마키아벨리의 저서에서 인용한 듯 보인다. 그러나 피렌체인은 성공 가능성이 있을 때만 이런 영웅적 노력을 할 준비가 되어 있었다. 그러니 이 표현은 마키아벨리와 무관하다. 책임자들은 다른 일들이 일어날 가능성을 열어두었다.

모데나에서 마키아벨리가 보낸 보고서는 귀차르디니의 신중함과 추동력을 극찬하고 절망적 상황은 아니지만 전반적으로 위기 상황이라고 했다. 우르비노 공작이 움직이지 않는 것은 불확실한 요소 중 하나였다. 마키아벨리에 따르면 클레멘스 7세가 자체 군대를 모집하기 위해 돈을 더 많이 동원했다면 구제와 평화의 가능성이 있었다. 마키아벨리가 돌아온 지 몇 주 안 되어 8인회는 전선이 피렌체에 더욱 가까워진 북쪽으로 그를 또 보냈다. 1527년 2월 초에 마키아벨리는 파르마에서 귀차르디니를 또 만났다. 베네치아 장군들이 만성적인 소극적 태도를 보인 덕분에 적의 부대는 사실상 하나가 되어 있었다. 살을 에는 듯한 겨울 추위 속에서 급료와 식량 없이 버티는 그들에게는 남하하는 길만 남아 있었다. 우르비노 공작이 자발적으로 싸우지 않으면 그에게 싸우도록 강요했어야 했다. 이는 현명한 제안이었지만 유감스럽게도 실행 불가능한 것이었다.

3월 중순 스페인 용병과 독일 란치군은 로마냐에 있었다. 마키아벨리는 걱정이 갈수록 태산인 피렌체의 임명권자에게 거의 매일 볼로냐에서 보고했다. 프룬츠베르크는 그의 부대가 폭동을 일으켰을 때 뇌졸중에 걸렸다. 마키아벨리는 즉시 이에 담대한 희망을 걸었다.

포르투나가 우리에게 호의를 보인다면 그는 죽을 것입니다. 그것은 우리의 구원과 그의 파멸의 시작이 될 것입니다.[25]

프룬츠베르크는 살아남았으나 반신불수 상태로 페라라에 머물렀다. 그러나 이 최고 지휘관의 부재가 피렌체에 구원을 가져다주지는 않았다. 이 지휘관 없이도 굶주림에 지치고 누더기를 걸친 군대는 부르봉의 지휘하에 계속 남쪽으로 향했다. 마키아벨리에 따르면 무조건 그들을 막아야 했다. 적들이 더 온화한 남쪽에서 군량을 발견할 것이기 때문이다. 따라서 피렌체 특사의 보고는 더욱더 경종을 울렸을 것이다. 마침내 동맹군은 필요한 전투욕만 있으면 이길 결전을 감행키로 한다. 이 결정이 없었다면 교황은 적군을 철수시킬 몸값을 지불해야 했을 것이다. 둘 중의 하나는 꼭 행해져야 했다. 그렇지 않으면 재앙이 닥칠 것이었다.

우리가 적의 어려움을 가중하고 이를 이용할 수만 있다면 적은 파멸할 것입니다. 그러나 우리가 이를 이행할 수 없다는 것이 우리의 슬픈 운명입니다.[26]

1527년 3월 30일 마키아벨리가 전선에서 보낸 보고서의 이 문장은 인생의 좌우명처럼 생각된다. 1527년 몹시 추운 봄 마키아벨리가 30년 전부터 이탈리아에 적시한 모든 위기 징후가 동시에 나타났다. 용병에게는 싸울 동기가 없었고 최고 지휘관에게는 싸우려는 의지가 없었다. 권력자는 불안해하며 어쩔 줄 몰라 했고 민중은 피할 수 없는 위험에 두려움을 느꼈다. 국가의 재정은 악화했고 국민의 애국심은 부족했으며 외부에 대한 무방비 상태에 이르렀다. 이 모든 것은 '슬픈 운명', 즉 평생 마키아벨리를 따라다닌 포르투나의 비호의와 결부되어 있었다. 이에 대해서는 언제나 그렇듯이 단 한 가지 처방이 있었다. 용감하게 저항하는 것이다! 변덕스러운 포르투나는 결국 용기 있는 자를 도울 것이다.

적은 로마냐의 어떤 도시도 점령하지 못할 것이라고 우리는 여전히 굳게 확신합니다. (…) 그래서 뜻밖에 일이 발생하지 않는다면 우리는 안전할 것입니다.[27]

1527년 4월 8일 마키아벨리가 포를리에서 보내온 보고서는 이렇게 낙관하고 있었다. 5일 후 마키아벨리가 같은 도시에서 보낸 보고서도 피렌체에 대해 낙관하고 있었다.

필요necessità할 때 능력virtù이 있어야 한다고들 합니다. 그러나 능력이 필요보다 우선하려면 그 능력은 강력해져야 합니다.[28]

마키아벨리는 비르투와 네체시타로 세상을 설명하려 했다. 그러나 1527년 봄에는 꼭 필요한 비르투가 없었다. 우르비노 공작은 움직이지 않았고, 황제군은 아펜니노산맥 넘었지만 끔찍한 피렌체 약탈은 일어나지 않았다. 1526년 4월 마키아벨리는 이미 고향 도시 성채들을 점검하고 마지막으로 정비해두었다. 부르봉은 피렌체를 공격하지 않고 로마로 계속 갔다. 로마에서는 클레멘스 7세가 아직도 몸값 지불을 거부하고 있었다. 마침내 1527년 5월 6일 스페인 용병과 독일 란치군은 영원한 도시 로마의 벽을 쳐부수고 그 주인에게로 쳐들어갔다. '로마 약탈Sacco di Roma'이 시작되었다. 클레멘스 7세는 테베레강 변의 난공불락의 성채 산탄젤로성으로 피할 수 있었다. 그는 몇 달간 그곳에 갇혀 있었다. 클레멘스 7세가 치비타베키아로 달아났다는 소문이 나돌자 귀차르디니는 마키아벨리를 교황의 항구 도시로 보내 교황 도피용 갤리선을 준비하게 했다. 1527년 5월 22일 마키아벨리는 치비타베키아에서 귀차르디니에게 보고서를 보냈다. 이것이 마키아벨리가 썼다고 전해지는 편지 중 마지막 편지다.

로마 정복 소식이 피렌체에 도달했을 때 메디치가의 날들도 헤아려졌다. 5월 17일 메디치가는 피렌체를 떠나야 했다. 이로써 정치적 시계는 새로 0시를 쳤다. 새 공화국을 위한 길이 열렸다. 그러나 새 공화국이 마키아벨리가 주창한 공화국이 아니라 사보나롤라가 주창한 공화국이 되리라는 것이 금세 드러났다. 중산층이 기회를 놓치지 않고 잡았다. 1522년 마키아벨리가 보고서에서 요구한 것과 같은 시의회가 다시 설치되었다. 그러나 그 직무는 수요가 없었다. 6월 10일 새 공화국의 제2서기국 서기장으로 마키아벨리가 아니라 프란체스코 타루지라는 자가 선출되었다. 마지막으로 실망한 지 11일 만에 니콜로 마키아벨리는 위장병으로 세상을 떠났다.

## 천국 또는 지옥

경건한 동시대인들이 주장한 것처럼 마키아벨리는 착한 기독교도로서 죽었는가? 왜 인간은 본성이 악하고 끊임없이 속여야 하는지, 왜 국가는 전쟁이 없으면 존립할 수 없는지, 왜 정치 도덕은 쓸모없는지에 대해 마키아벨리는 언제나 시로만 생각을 표현했다. 그러나 인간에게 파괴적 성질을 심어놓은 이교의 여신에 관한 시로는 세상사의 원인에 관한 질문에 사실상 답변할 수 없다. 이들 판도라는 신이 시킨 일을 하고 있는가? 그렇다면 그들은 기독교의 신을 섬기는가, 아니면 이교의 신을 섬기는가? 마키아벨리가 이에 대해 어떤 생각을 했는지는 간접적으로나마 짐작해볼 수 있다. 마키아벨리의 텍스트에는 구세주 그리스도가 인간의 불화를 신학적으로 설명할 수 있는 원죄만큼 적게 나온다. 그것도 그다지 중요하게 언급되지 않는다. 마키아벨리는 신학적 원리가 아니라 정치에 관해 썼다. 옳은 종교는 국가의 '세속적' 도구에 불과했다. 기독교의 역사적 발전이 보여주듯이 기독교가 정치에 부적합했다는 것은 반드시 기독교가 천국에 이르는 길을 가리키지 않았다는 것을 의미하지는 않는다. 이런 점에서는 기독교적 의미에서 마키아벨리를 구제하려고 한 선의의 동시대인들이 옳았다.

그럼에도 마키아벨리의 기독교 도용은 설득력이 없다. 마키아벨리에 따르면 성공적 군주는 기독교 교의에 비춰볼 때 자신의 영혼 구제에 실패하게끔 행동할 수밖에 없다. 선량한 기독교도인 마키아벨리는 이 풀리지 않는 모순을 몹시 유감스러워했다. 그러나 이 딜레마는 마키아벨리에게 자세히 논평할 가치가 전혀 없었다. 더 나아가 마키아벨리의 수많은 글, 예컨대 위인들이 있는 지옥에 관한 글은 그가 세상과 인간에 대한 해석 수단으로는 기독교가 너무 낡았다고 생각했다는 것을 분명히 보여준다. 마키아벨리가 세상을 설명하는 다른 체계를 세우지 않았다고 해서 기독교의 의의를 받아들였다고 생각해서는 안 된다. 마키아벨리가 이에 대해 실제로 어떤 생각을 했는지는 그의 만년의 글 중 하나를 보면 알 수 있다.

마키아벨리는 만년에 성직자의 언어와 사고방식을 특유의 방식으로 조롱했다. 다음은 참회를 권하는 어느 수도사의 허구적인 설교이다.

지극히 높으신 하느님은 인간이 얼마나 쉽게 죄에 빠지는지 알고 계십니다. 하느님은 누군가 복수를 고집하고 있을 때 한 사람만 구원할 수는 없다는 것도 알고 계십니다. 하느님은 용서할 수 없는 것은 죄가 아니라 죄에 대한 고집이라는 것을 인류에게 명심시키는 것 외에 달리 인간을 무력함에서 벗어나게 할 수 없습니다. 그래서 하느님은 인간이 첫 번째 길에서 벗어날 때 천국에 갈 수 있는 속죄의 길을 열어두었습니다.[29]

그러므로 하느님은 나쁜 입법자다. 하느님은 인간의 본질에 부합하지 않는 체제를 세상에 주었다. 하느님은 훌륭한 정치가들이 하듯 인간을 더 잘 가르치는 대신 보호자들이 피보호자들에게 하듯 법률을 느슨하게 한다. 앞으로 인간은 회개, 눈물, 후회의 고백, 속죄 단계를 거쳐야 천국에 갈 수 있다. 이것이 메디치가가 고안해낼 수 있었던 타락한 방법이다.

기독교 신앙으로 충만하지 않은 자는 이웃 사랑이 충만할 수 없습니다. 이웃 사랑은 이렇습니다. 참고 온유하며 질투하지 않습니다. 도덕에 이의를 제기하지 않고 교만하지도 않고 공명심도 없으며 자신의 이익을 추구하지 않습니다. 반항하지 않습니다. 악을 행하지 않고 악을 기뻐하지도 않으며

천박하지 않으며 모든 것을 참고 믿으며 기대합니다.[30]

이상적인 그리스도는 그러했다. 그러나 국가의 지도자는 그래서는 안 되었다. 모든 것을 믿고 터무니없는 희망을 품은 정치가를 마키아벨리는 평생 많이도 봐왔다. 순진하여 쉽게 믿는 자도 천국에 간다. 그러나 누가 거기에 가려고 하는가?

오, 신의 덕이여! 당신을 가진 자는 행복합니다! 천국에 계신 우리의 황제 예수 그리스도와 함께 천국의 결혼식에 들어가려면 우리는 이 천상의 옷을 입어야 합니다! 이 옷을 입지 않은 자는 이 향연 자리에서 쫓겨나 영원의 불에 내던져질 것입니다.[31]

그곳에서 마키아벨리는 우구초네 델라 파주올라와 카스트루초 카스트라카니의 자리 밑에 자신의 자리가 있는 것을 보았다.

불경한 사상가 마키아벨리에 대한 논쟁은 생전에 이미 시작되었다. 로마 약탈 후 암울한 몇 달이 지나서 프란체스코 귀차르디니는 마키아벨리의 《로마사 논고》에 대해 비판적 논평을 썼다. 이 예리한 논평에서 귀차르디니는 《로마사 논고》에 매혹되기도 하고 비위가 뒤틀리기도 했다는 것을 보여주었다. 우리는 앞에서 귀차르디니가 마키아벨리의 로마 숭배와 역사관을 비판했다고 언급했다. 귀차르디니는 마키아벨리의 역사관에 맞서 미지의 역사로 나아간다고 했다. 1527년 혼란 중에 교황의 지방 총독으로서 귀차르디니는 마키아벨리가 무엇을 쓰고 있는지 그리고 얼마나 전쟁을 찬양하는지 알고 비판했다. 전쟁은 정치의 원동력이 아니라 그 반대로 반드시 피해야 할 것이었다. 전쟁은 경제, 사회, 국가를 파괴하기 때문이다.

필리포 카사베키아에 이어 두 번째로 《군주론》을 읽은 프란체스코 베토리는 마키아벨리의 도발적 사상을 집중적으로 검토하면서 인간과 국가에 대한 자신의 견해를 피력했다. 베토리에게도 세상은 평민들이 기만할 수밖에 없는 곳이었다. 강자의 착취로부터 자신을 방어할 수단은 오직 기만뿐이었기 때문이다. 베토리에 따르면 본성은 기만하려 하고 기만은 감각과 정신을 날카롭게 한다. 이 게임에 참가하지 않는 자는 온유하고 의로운 그리스도가 십자가에 달린 것처럼 파멸한다. 모든 정치 기술은 세상의 철폐할 수 없는 불의를 완화하는 데 국한된다. 그러나 이 기술은 실제로 잘 적용되지 않는다. 통상적으로 정치는 합법화된 억압이자 부자의 빈자 착취에 지나지 않는다. 이런 점에서 공화국이 군주국보다 더 나쁘다. 공화국에는 착취자가 많고 이들의 욕망은 도무지 충족되지 않기 때문이다. 따라서 가장 덜 나쁜 국가는 군주국이다. 군주국은 최대한 민중을 굶주림으로부터 보호하고 민중에게 계발의 여지를 최대한 허용하며, 귀족을 제어하고 전쟁과 정복 같은 파괴적 시도를 경계한다. 최고의 군주는 자신이 게임에 참여하면서도 가신들이 자기도 모르게 게임에서 이기게 하는 자이다. 이로써 군주는 손해 없이 상층의 야망을 잠재운다. 마키아벨리에 대한 이보다 더 분명한 거부는 없었을 것이다.

마키아벨리의 주요 저서인 《군주론》, 《로마사 논고》, 《피렌체사》는 1531년과 1532년에 인쇄되었다. 그 밖의 글들은 16세기 중반 이전에 인쇄되었다. 처음에 피렌체의 귀족들에게 유포된 마키아벨리의 저작은 이탈리아 엘리트들에게 도달하고 곧 이어서 번역본의 형태로 유럽 사람들에게 도달했다. 유럽에서 그의 저작은 엄청난 주목을 받았다. 마키아벨리의 부정적 인간상은 종교개혁 시대에 받아들여질 수 있었다. 칼뱅도 인간이 불가항력적인 악의 성향에 완전히 사로잡혀 있다고 보았다. 그러나 이 파괴성을 강한 국가를 위해 이용하고 이를 위해 도덕률을 무효화해야 한다는 마키아벨리의 주장은 기독교 신앙에 물든 유럽에 엄청난 도발이었다. 이리하여 마키아벨리는 일찍이 악의 화신이 되었다. 게다가 '니콜로'라는 이름도 악마의 별명인 '올드 닉Old Nick'과 맞아떨어져 영미권에서 마키아벨리의 이름은 악마와 동의어로 여겨진다.

그렇다고 이 가증스러운 책이 덜 읽힌 것은 아니다. 그 후 모든 국가론은 마키아벨리의 상스러운 명제에 대한 논쟁으로 바뀌었다. 마키아벨리 수용에서 주요 흐름은 뚜렷한 차이를 보인다. 좋은 지도자의 전통적 이상을 아버지 같은 교육자이자 민중의 도덕적 모범으로 새롭게 정립하려는 논문에는 기독교에 대한 분개가 담겨 있는데, 기독교는 정치를 악마적 파괴자라고 한다. 영국 추기경 레지널드 폴과 같은 저술가들도 국가권력의 엄청난 강화를 언급하지 않고는 그 이상적 설계를 할 수 없었다는 것은 의미심장하다.

피에몬테의 조반니 보테로 같은 정치사상가들도 큰 진척을 이루었다. 16세기 말 보테로는 국가이성과 기독교의 어려운 통합을 이루려 했다. 마키아벨리처럼 보테로도 종교를 정치의 가장 중요한 수단으로 간주했다. 그러나 마키아벨리와 달리 보테로는 기독교가 지도자의 권력 강화에 특히 적합하다고 생각했다. 기독교는 양심에 토대를 두었다. 기독교도는 양심을 통해 자신이 죄를 지었고 따라서 구원이 필요하다는 것을 인정했다. 하느님이 주신 지도자에게 절대복종하는 것이 의무라고 기독교도에게 명심하게 하면 국가권력을 구축할 수 있다. 17세기 프랑스 추기경 리슐리외는 이를 바탕으로 기독교적 국가이성을 더욱 진척시키고 이를 실제로 적용했다. 체사레 보르자처럼 '추기경' 리슐리외는 절도 있는 생활을 통해 사람들을 지상에서 천국으로 끌어올릴 수 있게 하느님이 보존을 요구한 국가라는 이름으로 귀족 음모자들을 재판 없이 처형했다.

프랑스의 모나르코마키|monarchomachi(폭군방벌론자)들은 마키아벨리가 완성한 국가론의 또 다른 흐름을 형성했다. 이들은 위그노파 신도 수천 명을 학살한 1572년 '성 바르텔미 축일의 대학살' 이후 대비 카테리나 데 메디치를 마키아벨리의 악마 같은 제자라고 비난했다. 이 비난은 로렌초 데 메디치의 둘째 딸이자 프랑스 왕비인 카테리나가 피렌체 출신이고 동향인의 저작을 잘 알고 있었던 만큼 합당했다. 프랑수아 오트망 같은 칼뱅파 저술가들은 이른바 전제정치 예찬자인 마키아벨리에게 맞서 민의에 바탕을 둔 좋은 군주정 모델을 발전시켰다. 이 모델에 따르

면 주권은 민중에게 있었다. 그러나 실제로는 사회 엘리트를 통해 국왕이 지배했다. 군주의 임무는 왕국의 신분제 의회가 공포한 법률을 집행하는 것이었다. 이를 위해 양측이 준수해야 하는 계약이 체결되었다. 군주가 이 계약을 어기면 그의 권한은 정해진 절차에 따라 박탈할 수 있었다. 마키아벨리의 완벽한 군주의 이상으로부터 이보다 더 멀어질 수는 없었다.

본질적인 점에서 마키아벨리에게 동의하는 데는 용기가 필요했다. 토마스 홉스는 이 용기가 있었다. 홉스는 자연 상태에서 인간 상호 간의 전쟁, 즉 만인에 대한 만인의 투쟁이라는 마키아벨리의 관념을 《리바이어던Leviathan》의 출발점으로 삼았다. 이 책에서 홉스는 마키아벨리와 비슷한 이유로 강한 국가를 지지했다. 이 지배가 전제정으로 타락하더라도 저항은 허용되지 않는다. 국가의 모든 것이 국가 밖 인간의 삶보다 더 견딜 만하기 때문이다.

'음험한 군주의 심복' 마키아벨리에 가장 심하게 저항한 사람들은 계몽주의의 대표적 국가사상가들이었다. 프로이센의 황태자 프리드리히 폰 호엔촐레른이 격렬한 논박을 촉발했다. 그는 1740년에 볼테르의 도움으로 《반마키아벨리론Anti-Machiavel》을 썼다. 이 책에서 황태자는 마키아벨리의 인간상은 인간을 멸시하는 것이고 정치 이론은 순수한 전제정으로 안내하는 것이라고 혹평했다. 황태자 프리드리히에 따르면 군주는 비상시에만 전쟁을 수행할 수 있다. 이를 제외하면 군주는 신민의 생명을 최고선으로 간주하고 보호해야 한다. 이 매우 도덕적인 텍스트를 완성하고 몇 주 후에 황태자는 프로이센의 프리드리히 2세가 되었다. 그러나 프리드리히 2세는 정복전부터 시작할 수밖에 없었다. 이 전쟁은 휴전을 거듭하면서 1763년까지 이어져 100만 명 이상이 희생되었다. 물론 프리드리히 2세는 이 전쟁이 순수한 긴급 방어라고 주장하는 것을 잊지 않았다.

그러나 18세기 마키아벨리는 반대로 해석되었다. 제네바 시민 장 자크 루소에게 마키아벨리는 군주의 심복이라는 가면 뒤에서 전제군주를 피하는 방법을 유럽에 분명히 보여준 위장한 혁명가였다. 더 나아가 루소에 따르면 마키아벨리는 《로마사 논고》에서 공화국을 번영으로 이끄는 데 꼭 필요한 것이 무엇인지 보여주었는데, 그것은 애국심을 낳는 시민 종교와 국가를 강하게 하고 안정시키는 공동 의지였다.

19세기 초 나폴레옹의 패권을 타도하기 위한 수단과 방법을 찾고 있던 프로이센의 개혁가들은 '좋은' 마키아벨리의 전통을 다시 들먹였다. 마키아벨리의 '전술'은 카를 폰 클라우제비츠의 길잡이가 되었다. 마키아벨리가 규율을 높이 평가하고 그럼으로써 시민의 신념을 높이 평가했기 때문이다. 이리하여 이 피렌체인은 뜻밖에도 우세한 프랑스에 맞서는 민족 해방 투쟁의 선구자가 되었다. 이탈리아에서도 마키아벨리는 민족 통일 운동 리소르지멘토<sup>Risorgimento</sup>의 예언자 반열에 올랐다. 마키아벨리는 《군주론》의 마지막 장에서 외국인을 이탈리아 밖으로 추방하자고 촉구하지 않았던가? 1870년 9월 20일 이탈리아 부대가 교황의 수도 로마로 돌격할 때 그날의 구호는 '마키아벨리'였다.

그 시대의 위대한 국가사상가와 역사가가 모두 그러했듯이 마키아벨리는 자신이 불행한 예언자임을 보여주었다. 마키아벨리 사후 피렌체는 완벽한 군주를 경험했다. 그러나 이 군주는 마키아벨리의 이상적 군주에 부합하지 않았다. 메디치가의 방계 출신으로 피렌체 공작이었다가 나중에 토스카나 대공이 된 코시모 1세는 엘리트들과 협정을 체결했다. 이 협정에 따라 코시모 1세는 최고 군권, 선전 주권, 지도자 지위를 차지했다. 예전의 공화국 지도층은 위엄 있는 관직과 귀족 칭호, 궁정 독점권을 이어받을 가능성만 가졌다. 민중도 이 조정으로 얻은 것이 있었다. 메디치가 군주는 저렴한 빵 가격과 온건한 사법, 일상에서의 광범한 자유를 평민에게 보장했다. 이는 마키아벨리가 말한 강한 국가는 아니었다. 오히려 메디치가 군주는 마키아벨리의 편지 상대로서 1530년 후 수석 고문으로 승진한 프란체스코 베토리의 제안을 따랐다. 이 같은 체제는 1737년 그들이 죽을 때까지 주효했다. 만족한 엘리트들과 배부른 민중이 안정을 보장했기 때문이다. 군사적 성과도 있었다. 1555년 코시모 1세는 시에나공화국을 점령함으로써 토스카나 남쪽 절반을 차지했다. 이때 코시모 1세는 군사 작전 실행은 장군들에게 맡기고 자신은 서재에서 계획을 세우는 전략가 역할로 만족했다. 이것도 마키아벨리의 처방에 역행하는 것이었다.

마키아벨리의 이상적 군주도 나오지 않았을뿐더러 그가 꿈꾼 공화국도 결코 실현되지 않았다. 독일의 미래는 제국 도시에 속하지 않고 군주의 영토에 속했다. 시대 분위기를 지배한 것은 고대 로마의 이교 재수용이 아니라 초기 기독교로의 회귀였다. 근대 국가는 얼마 남지 않은 베네치아 같은 공화국과 동맹주에서 생겨나지 않고 중앙집권화된 군주국에서 생겨났다. 그런데도 마키아벨리는 예언자로서 20세기 독재자를 요구했다. 마키아벨리는 이탈리아 파시즘의 창시자인 베니토 무솔리니를 위해 전체주의적 패권 국가를 미리 생각해냈다.

이런 평가는 옳기도 하고 그르기도 하다. 마키아벨리의 이상적 공화국이 시민에게 부담을 지우고 선전을 통해 공화국을 구체화하며 국가 권력이 요구할 때는 개인을 파멸시킬 수 있고 내부적으로 공화국을 보존하고 다른 나라를 정복하기 위해 전쟁을 벌여야 한다는 것은 옳다. 그러나 이 공화국에서는 유력자든 이름 없는 자든 모두가 법 앞에 동등하고 그 권력은 한시적으로만 행사할 수 있으며 그 후에는 두말없이 양도해야 한다. 근대 초 어떤 정치사상가도 20세기 전체주의 국가의 비인

NICCOLÒ MACCHIAVELLI

피렌체 우피치 미술관에 있는 마키아벨리 동상.

간적 효율성을 예상조차 하지 못했다. 그리고 마지막으로 마키아벨리는 당시 국가가 법과 질서의 수호자로서 임무를 수행하기에 너무 약했기 때문에 강한 국가를 기대했다. 그러나 이것이 20세기 전체주의 이데올로기의 목표는 아니었다.

이 중 어떤 것도 지적 선동자인 마키아벨리를 묵살하거나 그를 위해 변명하려는 의도에서 언급한 게 아니다. 마키아벨리를 인권에 바탕을 둔 다원론적 민주주의의 선구자로 받아들이는 자는 그의 시대와 그 관심사를 곡해하고 있는 것이다. 마키아벨리를 정치범 수용소와 강제 노동 수용소의 예찬자로 비난하는 자도 마찬가지다. 마키아벨리를 당대의 관점에서 이해할 때에만, 당대의 위기이자 모든 시대의 화근에 구제책을 고안해낸 탁월한 지적 아웃사이더로 이해할 때에만 그를 제대로 이해할 수 있다.

# 연보

1469년 5월 3일 피렌체 출생. 아버지 베르나르도는 유력 가문의 몰락한 집안 출신의 변변찮은 변호사.

1476년 라틴어 수업 시작.

1479년 아버지 베르나르도가 페스트에 걸렸다가 회복.

1486년 로마 역사가 티투스 리비우스의《로마사》를 처음 읽음. 그 직후 로마 에피쿠로스학파 시인인 루크레티우스 카루스의 교훈시《사물의 본성에 관하여》를 읽음.

1498년 3월 9일 한 편지에서 지롤라모 사보나롤라를 사기꾼으로 간주함.

5월 28일 80인 위원회에 의해 제2서기국 서기장으로 선출.

6월 19일 대평의회에서 임명을 승인받음.

1499년 피옴비노의 야코포 다피아노와 포를리의 카테리나 스포르차 리아리오에게 파견.

1500년 5월 10일 아버지 베르나르도 사망. 얼마 안 되는 유산을 동생 토토와 나눔.

7월 프랑스 왕 루이 12세에게 파견. 프랑스와 피렌체 사이의 쟁점은 피사 재탈환 전투에서 폭동을 일으킨 스위스인에 대한 급료 지불과 프랑스 장군 보몽의 거부.

1501년 마리에타 코르시니와 결혼. 슬하에 프리메라나(1502)와 베르나르도(1503) 등 5남 2녀를 두게 됨.

1502년 로마냐 공작 체사레 보르자에게 2회 파견. 특히 1502년 10월에서 1503년 1월 사이 두 번째 체류에서는 피렌체에 절박한 위협으로 느껴지는 체사레 보르자의 의도를 파악하는 게 주된 임무였음.

1503년 피렌체공화국의 위임으로 10월에서 12월까지 로마에 파견. 체사레 보르자의 몰락과 교황 율리오 2세의 선출을 지켜봄.

1504년 프랑스 왕 루이 12세에게 두 번째 파견. 루이 12세에게 더 큰 군사적, 정치적 지원을 헛되이 요청. 10년간의 피렌체 역사와 이탈리아 역사를 시 형식으로 설명한 첫《십년기》발표.

1505년 피사 전투에서 피렌체 패배. 공화국의 위임으로 유능한 지휘관을 물색하지만 실패.

1506년 8~10월까지 피렌체 대사 자격으로 교황 율리오 2세의 페루자와 볼로냐 정복 출정 수행.

12월 농민 민병대 계획 승인.

1507년 12월 프란체스코 베토리와 함께 밀라노와 제네바를 경유하여 막시밀리안 황제에게 파견. 합스부르크 왕가가 로마에 출정할 경우 피렌체가 지불해야 할 금액 협상.

1508년 독일과 스위스에서 받은 인상을 의견서로 정리. 여기에서 독일과 스위스의 군사 제도와 재정 제도를 이탈리아의 모범으로 칭찬.

1509년  6월 농민 민병대의 활약으로 피사 재탈환에 성공.

1510년  교황 율리오 2세와 프랑스 왕 루이 12세 사이의 갈등으로 피렌체가 유럽 강대국 간의 전쟁에 휘
말림. 세 번째 프랑스 파견. 마키아벨리가 프랑스 왕에게 피렌체를 적극적으로 보호해달라고 설
득하지만 공허한 약속만 받음.

1511년  교황 율리오 2세가 개최하는 비공식 공의회 개최지를 루이 12세가 피렌체에서 피사로 변경. 이
에 교황이 피렌체 교회에 벌을 내림. 네 번째이자 마지막으로 프랑스에 파견. 마키아벨리가 프랑
스 왕에게 교황과의 화해를 설득하고 피렌체의 피해를 최소화하려 하지만 실패로 끝남.

11월 피사 비공식 공의회 '접대 책임자'로 임명.

1512년  피렌체가 스페인-교황 연합 제안을 거부하고 친프랑스 정책을 고수.

8월 스페인-교황 연합군 프라토 점령. 피렌체 항복. 메디치가 피렌체 복귀. 메디치가 대평의회
폐지, 가문의 추종자 중심으로 피렌체 통치 시작.

11월 7일 제2서기국 서기장 직에서 파면. 훌륭하게 처신하겠다고 서약.

1513년  1월 로마에 있는 프란체스코 베토리와 서신 교환 시작. 두 사람 사이의 편지 교환은 1515년까지
이어짐.

2월 23일 반메디치가 음모 연루 의혹으로 체포되어 고문당함.

3월 11일 조반니 데 메디치 추기경의 교황 선출로 사면되지만 정부의 감시하에 놓임.

12월 10일 《군주론》 완성. 이후 1517년까지 《군주론》에 필적하는 《로마사 논고》 집필.

1517년  1519년까지 약 3년간 (부분적으로는 고대의 작품을 모방한) 기만술을 주제로 한 희극 세 편 완성. 이
중 〈만드라골라〉와 〈클리치아〉는 피렌체의 메디치가 지배에 반대하는 정치적 성격이 강함.

1520년  1519년부터 피렌체 회사들의 의뢰로 두 차례 루카에 파견. 《카스트루초 카스트라카니의 생애》와
《전술론》 집필. 특히 《전술론》에서 고대 로마와 스위스를 모범으로 한 민병대 구상. 이 무렵 메디
치가 지배로부터 이상적 공화국으로 이행을 위한 의견서 작성.

1521년  피렌체 사순절 설교자 초빙을 위해 카르피에 파견.

1523년  줄리오 데 메디치 추기경(교황 클레멘스 7세) 《피렌체사》 의뢰.

1525년  《피렌체사》에서 코시모와 로렌초는 완벽한 군주로서 자질이 있었지만 그 자질을 국가를 위해 사
용하지 않고 피보호자의 이익을 위해 사용했다는 내용으로 메디치가의 역할 혹평.

1526년  피렌체 공식 위임으로 북이탈리아의 군사 분쟁 관찰자로 1527년까지 활동. 이때 피렌체와 로마
를 위협하는 황제군에 단호히 맞설 것을 독려하지만 물거품이 됨.

1527년  6월 21일 위병으로 피렌체에서 사망.

# 주

**프롤로그**

1       Epistolario, S. 472.

2       Epistolario, S. 472f.

3       Epistolario, S. 392.

4       Epistolario, S. 387f.

5       Epistolario, S. 389.

6       Capitoli per una compagnia di piacere, opere 4, S. 401.

7       Capitoli per una compagnia di piacere, opere 4, S. 401.

8       Capitoli per una compagnia di piacere, opere 4, S. 402.

9       Capitoli per una compagnia di piacere, opere 4, S. 402.


**1장      명성을 얻는 기술**(1469~1498)

1       Epistolario, S. 243.

2       Epistolario, S. 239.

3       Epistolario, S. 475f.

4       Epistolario, S. 312f.

5       Epistolario, S. 313.

6       Epistolario, S. 421.

7       Epistolario, S. 320.

8       Istorie Fiorentine, opere 3, S. 453.

9       Istorie Fiorentine, opere 3, S. 278f.

10      Istorie Fiorentine, opere 3, S. 389f.

11      Epistolario, S. 11.

12      Epistolario, S. 15.

13      Epistolario, S. 9f.

14      Epistolario, S. 10.


**2장      외교의 기술**(1498~1510)

1       Istorie Fiorentine, opere 3, S. 391f.

2       Legazioni e commissarie 1, opere 6, S. 13.

3       Ridolfi , S. 42.

4        Discorso sopra Pisa, opere 2, S. 199.

5        Discorso sopra Pisa, opere 2, S. 200.

6        Legazioni e commissarie 1, opere 6, S. 19.

7        Legazioni e commissarie 1, opere 6, S. 25f.

8        Legazioni e commissarie 1, opere 6, S. 26.

9        Legazioni e commissarie 1, opere 6, S. 27f.

10       Legazioni e commissarie 1, opere 6, S. 37.

11       Legazioni e commissarie 1, opere 6, S. 42.

12       Epistolario, S. 19.

13       Epistolario, S. 19.

14       Favola. Belfagor Arcidiavolo, opere 4, S. 252.

15       Favola. Belfagor Arcidiavolo, opere 4, S. 258.

16       Favola. Belfagor Arcidiavolo, opere 4, S. 259.

17       Epistolario, S. 22.

18       Epistolario, S. 22f.

19       Epistolario, S. 23.

20       Ridolfi , Bd. 1, S. 56.

21       Legazioni e commissarie 1, opere 6, S. 116f.

22       Legazioni e commissarie 1, opere 6, S. 133.

23       Legazioni e commissarie 1, opere 6, S. 145.

24       Legazioni e commissarie 1, opere 6, S. 147.

25       Legazioni e commissarie 1, opere 6, S. 156f.

26       Legazioni e commissarie 1, opere 6, S. 157.

27       Epistolario, S. 95 (Brief vom 24.11.1503).

28       Epistolario, S. 86f. (Brief vom 7.11.1503).

29       Legazioni e commissarie 1, opere 6, S. 291.

30       Legazioni e commissarie 1, opere 6, S. 305.

31       Legazioni e commissarie 1, opere 6, S. 298.

32       Legazioni e commissarie 1, opere 6, S. 298.

33       Legazioni e commissarie 1, opere 6, S. 299.

34       Legazioni e commissarie 1, opere 6, S. 299.

35       Legazioni e commissarie 1, opere 6, S. 302.

36       Legazioni e commissarie 2, opere 7, S. 17.

37       Legazioni e commissarie 2, opere 7, S. 57 (Niccolò Valori an Machiavelli, 21.10.1503).

38       Legazioni e commissarie 2, opere 7, S. 50.

39       Legazioni e commissarie 2, opere 7, S. 44f.

40       Legazioni e commissarie 2, opere 7, S. 44.

41       Legazioni e commissarie 2, opere 7, S. 74.

42      Legazioni e commissarie 2, opere 7, S. 75.

43      Legazioni e commissarie 2, opere 7, S. 68.

44      Legazioni e commissarie 2, opere 7, S. 75.

45      Legazioni e commissarie 2, opere 7, S. 62f.

46      Discorso del gastigo si doveva dare alla città d'Arezo et Valdichiana quando si ribellò nel 1502, opere 2, S. 239.

47      Parole da dirle sopra la provisione del danaio facto un poco di proemio e di scusa, opere 2, S. 233.

48      Discorso del gastigo si doveva dare alla città d'Arezo et Valdichiana quando si ribellò nel 1502, opere 2, S. 240.

49      Parole da dirle sopra la provisione del danaio facto un poco di proemio e di scusa, opere 2, S. 231.

50      Legazioni e commissarie 2, opere 7, S. 264.

51      Legazioni e commissarie 2, opere 7, S. 266.

52      Legazioni e commissarie 2, opere 7, S. 274.

53      Legazioni e commissarie 2, opere 7, S. 275.

54      Legazioni e commissarie 2, opere 7, S. 304.

55      Legazioni e commissarie 2, opere 7, S. 283f.

56      Legazioni e commissarie 2, opere 7, S. 290.

57      Legazioni e commissarie 2, opere 7, S. 313.

58      Legazioni e commissarie 2, opere 7, S. 339.

59      De Natura Gallorum, opere 2, S. 248.

60      Decennale primo, opere 4, S. 282 (Verse 463–465, 472–474).

61      Decennale primo, opere 4, S. 281 (Verse 442–444).

62      Decennale primo, opere 4, S. 280 (Verse 397–402).

63      Decennale primo, opere 4, S. 284 (Verse 523–525).

64      Decennale primo, opere 4, S. 284 (Verse 538–540).

65      Decennale primo, opere 4, S. 284 (Verse 549–550).

66      Legazioni e commissarie 2, opere 7, S. 527.

67      Legazioni e commissarie 2, opere 7, S. 527.

68      La cagione dell'ordinanza, dove la si truovi et quel che bisogni fare, opere 2, S. 251.

69      La cagione dell'ordinanza, dove la si truovi et quel che bisogni fare, opere 2, S. 251.

70      La cagione dell'ordinanza, dove la si truovi et quel che bisogni fare, opere 2, S. 255.

71      Epistolario, S. 122f.

72      Epistolario, S. 160 (Brief vom 15.12.1506).

73      Legazioni e commissarie 2, opere 7, S. 596.

74      Legazioni e commissarie 2, opere 7, S. 597.

75      Legazioni e commissarie 2, opere 7, S. 670.

76      Legazioni e commissarie 2, opere 7, S. 674.

77      Legazioni e commissarie 2, opere 7, S. 641.

78      Legazioni e commissarie 3, opere 8, S. 49.

79      Legazioni e commissarie 3, opere 8, S. 60.

80      Legazioni e commissarie 3, opere 8, S. 50.

81      Rapporto delle cose della Magna fatto questo dì 17 giugno 1508, opere 2, S. 291.

82      Rapporto delle cose della Magna fatto questo dì 17 giugno 1508, opere 2, S. 290.

83      Rapporto delle cose della Magna fatto questo dì 17 giugno 1508, opere 2, S. 290.

84      Rapporto delle cose della Magna fatto questo dì 17 giugno 1508, opere 2, S. 289f.

85      Provvedimenti per la riconquista di Pisa, opere 2, S. 297.

86      Legazioni e commissarie 3, opere 8, S. 125.

87      Epistolario, S. 193.

88      Epistolario, S. 205.

89      Epistolario, S. 206.

90      Legazioni e commissarie 3, opere 8, S. 170.

**3장**    **생존의 기술**(1510~1513)

1       Legazioni e commissarie 3, opere 8, S. 211f.

2       Legazioni e commissarie 3, opere 8, S. 213.

3       Legazioni e commissarie 3, opere 8, S. 282.

4       Legazioni e commissarie 3, opere 8, S. 224.

5       Legazioni e commissarie 3, opere 8, S. 225.

6       Legazioni e commissarie 3, opere 8, S. 227.

7       Legazioni e commissarie 3, opere 8, S. 227.

8       Legazioni e commissarie 3, opere 8, S. 227.

9       Legazioni e commissarie 3, opere 8, S. 266f.

10      Legazioni e commissarie 3, opere 8, S. 271.

11      Legazioni e commissarie 3, opere 8, S. 257.

12      Epistolario, S. 223.

13      Epistolario, S. 219.

14      Decennale secondo, opere 4, S. 285 (Verse 4~7).

15      Decennale secondo, opere 4, S. 287 (Verse 85~90).

16      Decennale secondo, opere 4, S. 290 (Verse 181~183).

17      Decennale secondo, opere 4, S. 290 (Verse 190~192).

18      Dell'Ambizione, opere 4, S. 339 (Verse 16~21).

19      Dell'Ambizione, opere 4, S. 339 (Verse 22~30).

20      Dell'Ambizione, opere 4, S. 341 (Verse 91~99).

21      Dell'Ambizione, opere 4, S. 344 (Verse 184~187).

22      Legazioni e commissarie 3, opere 8, S. 393.

23      Legazioni e commissarie 3, opere 8, S. 406.

24      Legazioni e commissarie 3, opere 8, S. 398.

25      Legazioni e commissarie 3, opere 8, S. 398.

26      Legazioni e commissarie 3, opere 8, S. 445f.

27      Legazioni e commissarie 3, opere 8, S. 446.

28      Legazioni e commissarie 3, opere 8, S. 498.

29      Epistolario, S. 233.

30      Epistolario, S. 233f.

31      Epistolario, S. 233.

32      Epistolario, S. 234f.

33      Epistolario, S. 236.

34      Epistolario, S. 235.

35      Epistolario, S. 235.

36      Epistolario, S. 236f.

37      Epigrammi, opere 4, S. 425.

38      Di Fortuna, opere 4, S. 351 (Verse 19~21).

39      Di Fortuna, opere 4, S. 351 (Verse 4~6).

40      Di Fortuna, opere 4, S. 351 (Verse 10~12).

41      Di Fortuna, opere 4, S. 351 (Verse 14~15).

42      Di Fortuna, opere 4, S. 353 (Verse 82~84).

43      Di Fortuna, opere 4, S. 356 (Verse 190~192).

44      Dell'Occasione, opere 4, S. 357 (Verse 19~22).

45      Dell'Occasione, opere 4, S. 357 (Verse 4~6).

46      Dell'Occasione, opere 4, S. 357 (Verse 16~18).

47      Dell'Ingratitudine, opere 4, S. 345 (Verse 16~18).

48      Dell'Ingratitudine, opere 4, S. 345 (Verse 22~24).

49      Dell'Ingratitudine, opere 4, S. 346 (Verse 46~54).

50      Dell'Ingratitudine, opere 4, S. 349 (Verse 160~165).

51      Dell'Ingratitudine, opere 4, S. 349 (Verse 169~171).

52      Dell'Ingratitudine, opere 4, S. 350 (Verse 181~183).

53      Dell'Ingratitudine, opere 4, S. 350 (Verse 184~187).

54      Epistolario, S. 305.

55      A Giuliano di Lorenzo de' Medici, opere 4, S. 420.

56      A Giuliano di Lorenzo de' Medici, opere 4, S. 420f.

57      Discorsi sopra la prima deca di Tito Livio III, 6, opere 1, S. 338.

58      Discorsi sopra la prima deca di Tito Livio III, 6, opere 1, S. 340.

59      Discorsi sopra la prima deca di Tito Livio III, 6, opere 1, S. 354.

| 60 | Epistolario, S. 237. |
| 61 | Epistolario, S. 237. |
| 62 | Epistolario, S. 237. |
| 63 | Epistolario, S. 238. |
| 64 | Epistolario, S. 238. |
| 65 | Epistolario, S. 239. |
| 66 | Epistolario, S. 239. |
| 67 | Epistolario, S. 272. |
| 68 | Epistolario, S. 298. |
| 69 | Epistolario, S. 278f. |
| 70 | Epistolario, S. 295ff. |
| 71 | Epistolario, S. 254. |
| 72 | Epistolario, S. 253. |
| 73 | Epistolario, S. 343. |
| 74 | Epistolario, S. 343. |
| 75 | Epistolario, S. 338. |

**4장**  **저술**(1513~1520)

| 1 | Epistolario, S. 273. |
| 2 | Epistolario, S. 324. |
| 3 | Epistolario, S. 363. |
| 4 | Epistolario, S. 363. |
| 5 | Epistolario, S. 363. |
| 6 | Epistolario, S. 301f. |
| 7 | Epistolario, S. 302. |
| 8 | Epistolario, S. 302f. |
| 9 | Epistolario, S. 303f. |
| 10 | Il Principe XV, opere 1, S. 48. |
| 11 | Il Principe XVII, opere 1, S. 51f. |
| 12 | Il Principe XVII, opere 1, S. 51. |
| 13 | Il Principe XVII, opere 1, S. 51. |
| 14 | Il Principe XVII, opere 1, S. 51. |
| 15 | Il Principe XVII, opere 1, S. 52. |
| 16 | Il Principe XVII, opere 1, S. 52. |
| 17 | Il Principe XVIII, opere 1, S. 55. |
| 18 | Il Principe XVIII, opere 1, S. 55. |
| 19 | Il Principe XVIII, opere 1, S, 55f. |
| 20 | Il Principe VII, opere 1, S. 26. |

21   Il Principe VII, opere 1, S. 27.

22   Discorsi sopra la prima deca di Tito Livio III, 25, opere 1, S. 393.

23   Discorsi sopra la prima deca di Tito Livio III, 25, opere 1, S. 394.

24   Discorsi sopra la prima deca di Tito Livio, Vorrede zum ersten Buch, opere 1, S. 93.

25   Discorsi sopra la prima deca di Tito Livio, Vorrede zum ersten Buch, opere 1, S. 94.

26   Discorsi sopra la prima deca di Tito Livio, Vorrede zum ersten Buch, opere 1, S. 94.

27   Discorsi sopra la prima deca di Tito Livio I, 12, opere 1, S. 130f.

28   Discorsi sopra la prima deca di Tito Livio I, 11, opere 1, S. 127.

29   Discorsi sopra la prima deca di Tito Livio II, 2, opere 1, S. 236.

30   Discorsi sopra la prima deca di Tito Livio II, 2, opere 1, S. 238f.

31   Discorsi sopra la prima deca di Tito Livio I, 7, opere 1, S. 115.

32   Epistolario, S. 367.

33   Epistolario, S. 367.

34   Epistolario, S. 368f.

35   Epistolario, S. 371f.

36   Dell'Asino d'oro, opere 4, S. 306 (Kapitel II, Verse 127~129).

37   Dell'Asino d'oro, opere 4, S. 306 (Kapitel II, Verse 130~135).

38   Dell'Asino d'oro, opere 4, S. 310 (Kapitel III, Verse 76~78).

39   Dell'Asino d'oro, opere 4, S. 310 (Kapitel III, Verse 79~81).

40   Dell'Asino d'oro, opere 4, S. 310 (Kapitel III, Verse 85~87).

41   Dell'Asino d'oro, opere 4, S. 310 (Kapitel III, Verse 100~102).

42   Dell'Asino d'oro, opere 4, S. 314 (Kapitel IV, Verse 82~87).

43   Dell'Asino d'oro, opere 4, S. 321f. (Kapitel VI, Verse 28~33).

44   Dell'Asino d'oro, opere 4, S. 322 (Kapitel VI, Verse 49~51).

45   Dell'Asino d'oro, opere 4, S. 328 (Kapitel VII, Verse 115~120).

46   Dell'Asino d'oro, opere 4, S. 329 (Kapitel VIII, Verse 25~27).

47   Dell'Asino d'oro, opere 4, S. 333 (Kapitel VIII, Verse 148~151).

48   Discorso o dialogo intorno alla nostra lingua, opere 4, S. 369.

49   Discorso o dialogo intorno alla nostra lingua, opere 4, S. 366f.

50   Discorso o dialogo intorno alla nostra lingua, opere 4, S. 374.

51   Andria, opere 4, S. 69.

52   Andria, opere 4, S. 39.

53   Andria, opere 4, S. 42.

54   Andria, opere 4, S. 55.

55   Andria, opere 4, S. 48.

56   Andria, opere 4, S. 71.

57   Andria, opere 4, S. 85.

58   La Mandragola, opere 4, S. 98.

59      La Mandragola, opere 4, S. 98f.

60      La Mandragola, opere 4, S. 109.

61      La Mandragola, opere 4, S. 142.

62      La Mandragola, opere 4, S. 126.

63      La Mandragola, opere 4, S. 131f.

64      La Mandragola, opere 4, S. 133.

65      La Mandragola, opere 4, S. 135.

66      La Mandragola, opere 4, S. 137f.

67      La Mandragola, opere 4, S. 152f.

68      Clizia, opere 4, S. 181.

69      Clizia, opere 4, S. 180.

70      Clizia, opere 4, S. 180.

71      Clizia, opere 4, S. 180.

72      Clizia, opere 4, S. 180.

73      Clizia, opere 4, S. 181.

74      Clizia, opere 4, S. 181.

75      Clizia, opere 4, S. 205.

76      Clizia, opere 4, S. 199.

77      Delle cose di Lucca, opere 2, S. 390.

78      Discursus fl orentinarum rerum post mortem junioris Laurentii Medices, opere 2, S. 393.

79      Discursus fl orentinarum rerum post mortem junioris Laurentii Medices, opere 2, S. 399.

80      Discursus fl orentinarum rerum post mortem junioris Laurentii Medices, opere 2, S. 399.

81      Discursus fl orentinarum rerum post mortem junioris Laurentii Medices, opere 2, S. 398.

82      Discursus fl orentinarum rerum post mortem junioris Laurentii Medices, opere 2, S. 414f.

83      Discursus fl orentinarum rerum post mortem junioris Laurentii Medices, opere 2, S. 415.

84      La Vita di Castruccio Castracani da Lucca, opere 3, S. 11.

85      La Vita di Castruccio Castracani da Lucca, opere 3, S. 11.

86      La Vita di Castruccio Castracani da Lucca, opere 3, S. 13f.

87      La Vita di Castruccio Castracani da Lucca, opere 3, S. 14.

88      La Vita di Castruccio Castracani da Lucca, opere 3, S. 18.

89      La Vita di Castruccio Castracani da Lucca, opere 3, S. 29.

90      La Vita di Castruccio Castracani da Lucca, opere 3, S. 29.

91      La Vita di Castruccio Castracani da Lucca, opere 3, S. 29f.

92      La Vita di Castruccio Castracani da Lucca, opere 3, S. 30.

93      La Vita di Castruccio Castracani da Lucca, opere 3, S. 32.

94      La Vita di Castruccio Castracani da Lucca, opere 3, S. 34f.

95      La Vita di Castruccio Castracani da Lucca, opere 3, S. 35.

96      L'Arte della Guerra, opere 2, S. 17.

97      L'Arte della Guerra, opere 2, S. 26f.

98      L'Arte della Guerra, opere 2, S. 54.

99      L'Arte della Guerra, opere 2, S. 189.

100     L'Arte della Guerra, opere 2, S. 190.

101     L'Arte della Guerra, opere 2, S. 190f.


**5장 도발의 기술**(1521~1527)

1       Epistolario, S. 388.

2       Epistolario, S. 390f.

3       Legazioni e commissarie 3, opere 8, S. 562f.

4       Legazioni e commissarie 3, opere 8, S. 563.

5       Legazioni e commissarie 3, opere 8, S. 563.

6       Minuta di provvisione per la riforma dello Stato di Firenze l'anno 1522, opere 2, S. 427.

7       Epistolario, S. 405.

8       Epistolario, S. 406.

9       Istorie Fiorentine, opere 3, S. 39.

10      Istorie Fiorentine, opere 3, S. 395.

11      Istorie Fiorentine, opere 3, S. 396.

12      Istorie Fiorentine, opere 3, S. 189f.

13      Istorie Fiorentine, opere 3, S. 190.

14      Istorie Fiorentine, opere 3, S. 190.

15      Legazioni e commissarie 3, opere 8, S. 569.

16      Legazioni e commissarie 3, opere 8, S. 569.

17      Legazioni e commissarie 3, opere 8, S. 571.

18      Epistolario, S. 410.

19      Epistolario, S. 413f.

20      Epistolario, S. 414.

21      La Mandragola, opere 4, S. 95.

22      Capitoli per una compagnia di piacere, opere 4, S. 400.

23      Capitoli per una compagnia di piacere, opere 4, S. 400f.

24      Legazioni e commissarie 3, opere 8, S. 595.

25      Legazioni e commissarie 3, opere 8, S. 621.

26      Legazioni e commissarie 3, opere 8, S. 628.

27      Legazioni e commissarie 3, opere 8, S. 631.

28      Legazioni e commissarie 3, opere 8, S. 637.

29      Esortazione alla Penitenza, opere 4, S. 437f.

30      Esortazione alla Penitenza, opere 4, S. 439.

31      Esortazione alla Penitenza, opere 4, S. 439.

# 참고문헌

## 원전

마키아벨리의 작품은 여러 차례 출간되었지만 그중 어느 것도 이 책의 요구 사항을 충족하지 못했다.

Opere di Machiavelli, a cura di Sergio Bertelli, Edizioni Valdonega, Verona

Band 1: Il Principe; Discorsi sopra la prima deca di Tito Livio, 1968 (인용: opere 1)

Band 2: L'Arte della Guerra; Scritti minori, 1979 (인용: opere 2)

Band 3: La Vita di Castruccio Castracani; Istorie Fiorentine, 1968 (인용: opere 3)

Band 4: Teatro e scritti letterari, 1969 (인용: opere 4)

Band 5: Epistolario, 1969 (인용: Epistolario)

Band 6: Legazioni e commissarie, 1970 (인용: opere 6)

Band 7: Legazioni e commissarie 2, 1971 (인용: opere 7)

Band 8: Legazioni e commissarie 3, 1980 (인용: opere 8)

## 학술 논문

비교적 오래된 문헌의 광범한 자료는 S. 루포 피오레S. Ruffo Fiore의 《니콜로 마키아벨리, 현대 연구의 주해판Niccolò Machiavelli. An annotated bibliography of modern scholarship》(뉴욕/런던, 1990)이 있다. 마키아벨리 저서에 관한 해설서는 넘치지만 그의 전기와 관련된 문헌은 적다. 정선된 문헌은 다음과 같다.

W. Andreas, Der Vater Machiavellis, in: Historische Zeitschrift 186 (1958), S. 328~333

S. Anglo, Machiavelli: a Dissection, London 1971

F. Bausi, Machiavelli, Roma 2005

S. Bertelli, When did Machiavelli write 《Mandragola》?, in: Renaissance Quarterly 24 (1980), S. 317~326

H. C. Butters, Governors and Government in Early Sixteenth Century Florence. 1502~1519, Oxford 1985

G. Bock/Qu. Skinner/M. Viroli (Hg.), Machiavelli and Republicanism, Cambridge 1990

A. Bonadeo, Corruption, Conflict and Power in the Work and Times of N. Machiavelli, Berkeley 1973

G. Cadoni, Crisi della mediazione politica nel pensiero di N. Machiavelli, F. Guicciardini, D. Giannotti, Roma 1994

J. Cervelli, Machiavelli e la crisi dello Stato Veneziano, Napoli 1974

F. Chabod, Machiavelli and the Renaissance, New York 1965

_____, Scritti sul Machiavelli, 2 Bände, Torino 1980

F. Chiapelli, Studi sul linguaggio del Machiavelli, Firenze 1952

_____, Nuovi studi sul linguaggio del Machiavelli, Firenze 1969

E. Cutinelli-Rendina, Chiesa e religione in Machiavelli, Pisa 1998

R. Devonshire Jones, Francesco Vettori: Florentine Citizen und Medici Servant, London 1972

_____, Some observations on the relations between Francesco Vettori and Niccolò Machiavelli during the embassy to Maximilian I, in: Italian Studies 23 (1968), S. 96~113

H.-J. Diesner, Machiavellis Illusion eines perfekten Staates, Göttingen 1994

P. S. Donaldson, Machiavelli and the Mystery of State, New York 1988

E. Dupré-Theseider, Niccolò Machiavelli diplomatico, Como 1945

F. Fido, Machiavelli, Palermo 1975

M. Fischer, Machiavelli's Political Psychology, in: The Review of Politics 59 (1997), S. 789~829

A. Fontana/J.-L. Fournet/X. Tabet/J.-C. Zancarini (Hg.), Langues et écritures de la république. Etudes sur Machiavel, Genova 2004

M. Fröhlich, Mysterium Venedig. Die Markusrepublik als politisches Argument in der Neuzeit, Bern 2010

F. Gilbert, Machiavelli and Guicciardini. Politics and History in Sixteenth Century Florence, Princeton 1965

M. P. Gilmore (Hg.), Studies on Machiavelli, Firenze 1970

P. Godman, From Poliziano to Machiavelli. Florentine Humanism in the High Renaissance, Princeton 1998

S. de Gracia, Machiavelli in Hell, New York 1989

F. Hausmann, Zwischen Landgut und Piazza. Das Alltagsleben von Florenz in Niccolò Machiavellis Briefen, Berlin 1987

D. Hoeges, Niccolò Machiavelli. Die Macht und der Schein, München 2000

M. Hörnqvist, Machiavelli and empire, Cambridge 2004

M. Hulliung, Citizen Machiavelli, Princeton 1983

P. Jodogne (Hg.), Il Cristianesimo di Machiavelli, Bologna 1980

W. Kersting, Niccolò Machiavelli, München 2006

H. C. Mansfield, Machiavelli's virtue, Chicago 1996

J.-J. Marchand, L'évolution de la figure de César Borgia dans la pensée de Machiavel, in: Schweizerische Zeitschrift für Geschichte 19 (1969), S. 327~355

V. Masiello, Classi e stato in Machiavelli, Bari 1997

R. D. Masters, Fortune is a River. Leonardo da Vinci's and Niccolò Machiavelli's Magnificent Dream to Change the Course of Florence's History, New York 1998

A. Matucci, Machiavelli nella storiografia fiorentina. Per la storia di un genere letterario, Firenze 1991

H. Münkler, Machiavelli. Die Begründung des politischen Denkens der Neuzeit aus der Krise der Republik Florenz, Frankfurt a. M. 1982

H. Münkler/R. Voigt/R. Walkenhaus (Hg.), Demaskierung der Macht. Niccolò Machiavellis Staats- und Politikverständnis, Baden-Baden 2004

L. von Muralt, Machiavellis Staatsgedanke, Basel 1945

J. M. Najemy, A History of Florence, 1200~1575, London 2006

\_\_\_\_\_, Between Friends. Discourses of Power and Desire in the MachiavelliVettori Letters of 1513~1515, Princeton 1993

\_\_\_\_\_, Arti and Ordini in Machiavelli's Istorie Fiorentine, in: Essays presented to Myron P. Gilmore, Band 1, Firenze 1978, S. 161~191

O. Niccoli, Rinascimento anticlericale. Infamia, propaganda e satira in Italia tra Quattro e Cinquecento, Roma/Bari 2005

R. Pesman Cooper, The Florentine ruling group under the 《governo popolare》, 1494~1512, in: Studies in Medieval and Renaissance History 7 (1985), S. 73~95

J. G. A. Pocock, The Machiavellian Moment, London 1975

G. Prezzolini, Vita di Niccolò Machiavelli Fiorentino, Milano 1994

G. Procacci, Machiavelli nella cultura europea dell'età moderna, Roma/Bari 1995 P. A. Rahe (Hg.), Machiavelli's liberal republican legacy, Cambridge 2006

V. Reinhardt, Blutiger Karneval. Der Sacco di Roma 1527-eine politische Katastrophe, Darmstadt 2009

\_\_\_\_\_, Francesco Vettori (1474~1539). Das Spiel der Macht, Göttingen/Bern 2007

\_\_\_\_\_, Der unheimliche Papst. Alexander VI. Borgia 1431~1503, München 2005

\_\_\_\_\_, Francesco Guicciardini (1483~1540). Die Entdeckung des Widerspruchs, Göttingen/Bern 2004

\_\_\_\_\_, Die Medici. Florenz im Zeitalter der Renaissance, München 3. Auflage 2004

\_\_\_\_\_, Machiavellis helvetische Projektion. Neue Überlegungen zu einem alten Thema, in: Schweizerische Zeitschrift für Geschichte 45 (1995), S. 301~329

R. Ridolfi, Vita di Niccolò Machiavelli, 2 Bände, Firenze 1969 (zitiert: Ridolfi)

A. Riklin, Machtteilung. Geschichte der Mischverfassung, Darmstadt 2006

\_\_\_\_\_, Die Führungslehre von Niccolò Machiavelli, Bern 1996

N. Rubinstein (Hg.), Florentine Studies, London 1968

L. Russo, Machiavelli, Roma 1966

G. Sasso, Niccolò Machiavelli, 2 Bände, Bologna 1993

\_\_\_\_\_, Niccolò Machiavelli. Storia del suo pensiero politico, Bologna 1980 Qu. Skinner, Machiavelli, Bologna 1999

G. Silvano, Vivere civile e governo misto a Firenze nel primo Cinquecento, Bologna 1985

J. Soll, Publishing the Prince. History, reading, and the birth of political criticsm, Ann Arbor 2005

J. N. Stephens, The Fall of the Florentine Republic. 1512~1530, Oxford 1983

O. Tommasini, La vita e gli scritti di Niccolò Machiavelli, Roma 1927

P. Villari, Niccolò Machiavelli e i suoi tempi, 3 Bände, Firenze 1877~1882

M. Viroli, Il Dio di Machiavelli e il problema morale dell'Italia, Roma/Bari 2005

G. C. B. Waldenegg, Krieg und Expansion bei Machiavelli. Überlegungen zu einem vernachlässigten Kapitel seiner «politischen Theorie», in: Historische Zeitschrift 271 (2000), S. 1~55

J. H. Whitfield, Machiavelli, Princeton 1975

B. Wicht, L'idée de milice et le modèle suisse dans la pensée de Machiavel, Lausanne 1995

R. Zagrean, Der Begriff der virtù bei Machiavelli, München 2002

## 옮긴이의 말

마키아벨리즘Machiavellism이란 국가의 유지와 발전을 위해서라면 모든 수단과 방법이 정당화된다는 국가 지상주의 정치사상을 가리킨다. 그러나 마키아벨리가 이런 의미의 마키아벨리주의자가 아니었다는 것은 이미 학계에서 널리 인정되는 사실이다. 마키아벨리에 대한 올바른 평가는 그가 살았던 시대의 맥락 속에서 그를 이해하려는 노력에서부터 출발해야 한다고 이 책의 저자이자 저명한 르네상스 전문가인 폴커 라인하르트는 말한다.

마키아벨리가 태어난 1469년에 그의 고향이자 도시국가였던 피렌체는 공식적으로 매우 진보적인 체제를 갖춘 공화국이었다. 10인으로 구성된 정무위원회가 피렌체의 최고 정책 결정 기구였고 그 밖에 약 50개에 달하던 고위직도 임기가 있는 선출직 공무원으로 모두 충원되었다. 또한 대의기관인 대평의회에서 은행가와 상인 같은 부르주아계급은 귀족계급과 함께 국정을 논할 수 있었다. 그러나 비공식적으로 피렌체의 권력은 여전히 메디치가를 필두로 한 몇몇 명문 가문의 손안에 있었다. 메디치가가 지배한 피렌체에서는 아첨꾼, 추종자, 간신, 기회주의자가 득세했고 이들은 비굴한 복종의 대가로 권력의 일부를 나눠가졌으며 법을 어겨도 처벌받지 않았다. 이런 부패한 현실을 혐오한 마키아벨리는 이상적인 공화국을 꿈꿨다.

이상적인 공화국에서는 관리의 권력과 사적 지위가 엄격히 분리된다. 국가에 봉사하는 정치가는 자신의 의무 외에는 어떤 것도 하지 않는다. 정치가는 법률 위반 시 형의 사면은 말할 것도 없고 영속적 특권이나 우선권을 얻을 수 없다. 권력은 국가의 이름으로 시한부로 얻는 것이다. 그 후에는 직책과 함께 권력을 돌려주고 다시 시민의 한 사람이 된다.(310쪽)

1498년에 마키아벨리는 공석이 된 제2서기국 서기장으로 선출된다. 몰락한 귀족 가문 출신으로 내세울 만한 경력이나 직함도 없던 29세의 청년이 어떻게 비교적 높은 공직인 제2서기국 서기장에 선출될 수 있었는지에 관해 당시의 기록으로는 알 수 있는 것이 거의 없다. 어쨌든 이렇게 서기장이 된 마키아벨리는 유럽의 복잡한 세력 관계에 얽혀 있던 피렌체공화국의 대리공사로서 유럽 곳곳에 파견되어 당대의 권력자들이었던 황제, 교황, 왕, 군사령관 등과 협상을 벌이면서 뛰어난 외교술을 발휘했다. 외교의 베일 뒤에 감춰진 권력자들의 진정한 의도를 간파하려 했던 마키아벨리는 고국의 상관에게 보낸 보고서에서 프랑스 왕 루이 12세를 탐욕과 이기심으로 가득 찬 인물로 묘사했고 스위스의 동맹 세력을 프랑스의 돈에 쉽게 매수될 집단으로 평가했으며, 독일 황제 막시밀리안은 자신이 어떤 결정을 내릴지 본인도 모르는 변덕스럽고 괴팍한 인물이라 보았고 로마교회의 권력 확장을 꾀한 교황 율리오 2세에 대해서는 경멸감을 숨기지 않았다. 그리고 마키아벨리가 경탄을 금치 못했던 냉혹하고 예측 불가능한 발렌티노 공작 체사레 보르자는 나중에 마키아벨리가 집필한《군주론》의 모델이 되었다.

권력을 잃고 피렌체에서 쫓겨났던 메디치가가 1512년에 다시 피렌체로 돌아와 권력을 잡으면서 14년에 걸친 마키아벨리의 공직 생활은 마감을 고하게 된다. 메디치가는 반대 세력을 숙청했고 이 와중에 마키아벨리도 서기장직에서 파면되어 감옥에서 고문을 당하기까지 했다.

그러다 메디치가의 일원이 교황으로 선출되면서 단행한 사면 덕분에 석방된 마키아벨리는 정계를 멀리한 채 시골에 머물면서 1527년에 사망할 때까지《군주론》,《로마사 논고》,《피렌체사》등을 집필했다. 이 외에도 사회를 풍자한 몇몇 희극 작품 등을 쓰기도 했다.

유럽의 권력자들을 상대하면서 냉혹한 권력정치의 메커니즘을 예리하게 간파했고 공직에서 물러난 뒤에는 자신의 정치 경험과 인간 이해를 글로 정리한 마키아벨리의 삶을 재구성한 이 책에서 그는 무엇보다도 '도발자', '삐딱한 사고의 소유자', '금기의 파괴자', '자유 연애론자' 그리고 결론적으로는 자신의 시대가 처한 위기에 대한 해결책을 제시했고 뒤이은 모든 시대에 논쟁의 불씨를 안긴 '지적 선동자'로 묘사된다.

권모술수가 판치는 정치 현실 속에서 정치적 무관심에 빠지기보다 정치 메커니즘의 냉철한 분석을 바탕으로 더 인간다운 사회를 꿈꿨던 마키아벨리의 삶은 현대의 독자에게도 역사적 관심 이상의 의미를 지닐 것이다. 이 소중한 책의 출판을 결정하신 출판사 대표님의 혜안에 경탄의 마음을 표하며 역사 지식이 일천한 두 역자의 졸고를 놀라울 정도로 세심하게 검토해준 편집자에게 깊은 감사의 말씀을 드린다. 다만 이 역서에서 발견될 수 있는 모든 오류는 전적으로 역자의 책임이며 재판을 발행할 경우 독자의 피드백을 성실히 반영해 그사이 발견된 오류를 바로잡을 것을 약속드린다.

2022년 11월
최호영

# 찾아보기